目　　次

第5章　語彙と文法からみた地域分類

第6章　大垣語からみた日本列島

まえがき

　日本列島のほぼ中央、本州の陸地が一番狭まっている位置に半独立峰の伊吹山（標高1,377m）がそびえています。この伊吹山をはさんだ滋賀岐阜県境は、西日本と東日本を分かつ境界線として知られています。日本語学・方言学においても、1906年（明治39）の文部省国語調査委員会による調査以降、東西方言の境界線の一つとしても注目されてきました。

　本書の目的は、滋賀岐阜県境域の方言の状況を、東側＝岐阜県側の視点から明らかにすることです。この県境域における方言の状況は、自立語アクセントに関してはかなり明らかにされています。その一方で、語彙や文法に関しては、大阪大学による『彦根〜岐阜間グロットグラム調査報告書』（真田信治編1991）があるだけというのが現状です。そこでは「関西方言の影響がこの地域にどれくらい及んでいるか」が考察されていますが、岐阜県側の方言の影響にはまったく触れられていません。本書では、大阪大学とは反対のアプローチをし、「西美濃の中心都市、大垣の方言（大垣ローカル語）が、関西（滋賀県側）にどれくらい及んでいるか」を明らかにすることにしました。

　6章からなる本書の構成について簡単に説明しておきます。

　第1章は、東西方言境界線の概説です。方言学の研究者ではない、調査域の一般の読者の皆さんにも東西方言境界線の基礎的知識を知っていただくことにより、当域の方言が全国的に見てどのような位置にあるのかを理解していただけたらと思っています。

　第2章では、古地図や地形図を多用しながら、調査域の歴史的・地理的環境について解説をしました。従来の方言調査報告書は、調査地点の歴史・地理についての解説は簡素なものがほとんどです。しかし、東西方言境界地帯の当域の方言の状況を考察するには、当域の複雑な歴史・地理の考察は不可欠だと考えています。

　第3章と第4章では、岐阜県側から滋賀県側にかけて方言がどのように移行しているかを明らかにしました。岐阜県側の大垣から滋賀県側の彦根まで（約37km）の旧街道沿いの32地点、及び京都・名古屋・岐阜・滋賀県長浜を加えた計36地点において、大垣ローカル語を中心に語彙157語・文法79語を調査しました。

　調査結果の統計分析により、各地点の言語距離を系統樹を用いて視覚化しました。従来の手法であるグロットグラムや分布図では、1項目ごとでしか地域差を明らかにできないなど、全体を把握するには限界がありました。統計分析を行うことにより多項目による調査結果を総合的に図示することができました。その結果、県境域には複数の境界線があり大垣方言から近江方言へと段階的に推移していく様子が明らかになりました。

　また、語彙・文法の調査項目の語誌や全国分布の解説も行いました。大垣ローカル語の多くは、日本語学会において考察されることもあまりなく、『日本方言大辞典』に記載されてない項目も多くみられます。これらが列島においてどのように分布しているのかは全く不明でした。そこで、『日本方言大辞典』、及び、各地で刊行されている方言辞典・方言集約300冊を基に分布状況を調べ130枚の分布図を新

たに作成しました。

第5章では、語彙・文法・待遇表現の統計分析を元に、36地点を地域分類しました。その結果、岐阜県は大垣・関ケ原方言圏と今須方言圏、滋賀県は湖北方言圏と湖東方言圏に大別され、これらの4方言圏の境界域には混交方言が存在することが明らかになりました。分析結果を地形図に示すことにより、調査域の方言圏を規定するのは地形であることを示しました。

第6章では、対象を滋賀岐阜県境から列島へと広げ、大垣ローカル語の視点から列島を地域区分しました。大垣が属する岐阜県は、語彙・文法からみると西日本の辺境に位置することがわかりました。加えて、東西方言境界線が形成された要因・過程を歴史的に考察しました。語彙・文法の東西境界線である糸魚川-浜名湖線は、中世の二つの武家政権による東西分割統治により形成されたことを示しました。

県境調査を始めるに至った動機や過程について記します。

伊吹山の東側、濃尾平野北西端の岐阜県大垣市赤坂町で生まれ育った筆者からすると、意識は常に岐阜や名古屋など、濃尾平野の方向を向いていて、伊吹山の向こう側は「異文化圏」との認識しかありませんでした。

方言研究を志した当初から、筆者には、「東西方言境界線を挟んで、方言はどのように異なっているのだろうか？」という素朴な疑問が常にありました。言語地理学的調査の基礎資料となる大垣方言の記述に10年を要し、その後の歴史的研究も杉崎（2011）で一段落したことで、よくやく念願の県境調査へと進むことができました。

県境調査に挑むに当たって、滋賀県に全く伝手のない筆者が最初に相談したのが、岐阜県立大垣東高校同級生の石川顕博氏（真宗大谷派青苔寺住職）でした。石川氏の大学同級生で滋賀県米原市在住の世継俊浩氏（真宗大谷派浄念寺住職）と福井県大野市在住の関哲城氏（浄土真宗本願寺派専福寺住職）を介して街道沿いの浄土真宗のご住職を紹介していただき、さらに生え抜きの70歳以上のご門徒さんを紹介いただくという方法で滋賀県側の調査を開始することができました。

もうお一人が、以前から交流のあった岐阜大学教授の山田敏弘氏です。岐阜県側は、氏と懇意の服部真六氏（中部地名文化研究会会長）を介して話者を紹介いただき、一部、岐阜県側の調査にも協力いただきました。

調査3年目で県境調査にご協力いただくことになったのが、統計学がご専門の小野原彩香氏です。遺伝学や形質人類学などで利用される系統樹を方言学の分野でも用いて、集落間の言語距離を視覚化するという方法は斬新で、是非、県境調査でも同様の分析を行いたいと思いました。小野原氏には系統樹の作成方法をご教授いただき、本書では筆者自身で系統樹の作成を行いました。

調査の準備を本格的に始めたのは2011年です。その後の調査や執筆も諸事情で何度か中断するなど、予想以上に長い年月を要してしまいました。今回はまず〈上巻〉として語彙・文法の調査結果と分析を報告することにします。アクセントの調査結果と分析、および総合的な考察は〈下巻〉に譲ることにします。

第 1 章　東西方言境界線概説

1．東西方言境界線の状況

　文法やアクセントからみた東西方言の対立[1]や代表的な方言区画など、東西方言境界地帯の状況を紹介しておきたい。

1．1　文法

　日本を東西に分ける代表的な形式として次の 5 つがある（国語調査委員会1906、牛山1969）。

	［東日本］	［西日本］
①一段動詞命令形〈見ろ〉	ミロ	ミヨ・ミー
②五段動詞ウ音便〈払った〉	ハラッタ	ハロータ
③形容詞連用形〈広くなる〉	ヒロクナル	ヒローナル・ヒロナル
④断定の助動詞〈雨だ〉	～ダ	～ジャ・～ヤ
⑤動詞否定形〈しない〉	シナイ	セン

　これら 5 項目の境界線を示すと、図1-1のようである（一部省略）。②が岐阜県の西側を、その他の 4 項目が岐阜県の東側を通過している。

図1-1　文法の東西方言境界線

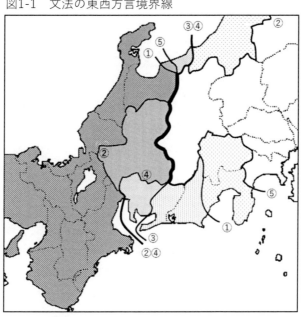

---

1 列島の中央部を通過する東西方言境界線は、列島規模でみると周圏分布の東側の境界線でもある。ここでは滋賀・岐阜県境域に焦点を当て、便宜上、近畿を西日本、関東を東日本とした。

1．2　アクセント

　アクセントは、2拍名詞アクセントを基準にした分布図がよく知られている。列島中央部に近畿式が分布し、列島外縁に向かって垂井式（近輪式[2]）→内輪式→中輪式→外輪式→二型式→無型式と、放射状に広がっている。県境域は、近畿式と内輪式の境界地帯で、その間に垂井式（近輪三型式・近輪二型式）が分布している（図1-2）。山口（2003）では、文節アクセントによる分布図が初めて示された。2拍名詞アクセントが7層であるのに対し、文節アクセントは5層とより単純になっている（図1-3）。

図1-2　2拍名詞アクセントの境界線　　　　図1-3 文節アクセントの境界線

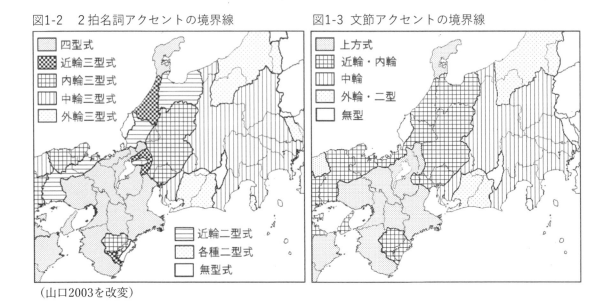

（山口2003を改変）

1．3　方言区画

1．3．1　列島からみた方言区画

　1927年（昭和2）の東條操『大日本地図』以降、多くの研究者により様々な方言区画論が示されてきた。岐阜県方言の帰属に関しては学者によって異なるが、東條操（1953）と都竹通年雄（1949）に代表される2派にほぼ分かれている。東條案（図1-4）はアクセント、都竹案（図1-5）は文法に重点が置かれているといえる。また、岐阜県方言は愛知県方言とともにギア方言と一括され、「西部辺境方言」（大岩正仲）、「西日本の非近畿式方言」「中輪方言」（金田一春彦）、「西日本の東周辺」（楳垣実）などと位置付けされてきた。

　これら従来の区画論が主観的であったのに対し、『日本言語地図』のデータをもとにした客観的な区画論もみられる。主なものに、語彙の一致度からみた五條啓三（1985）の研究、標準語形の統計分析による井上史雄（1982）の報告がある。五條案（図1-6）は、西美濃周辺を東西いずれにも属さな

2　山口（2003）は垂井式に代わって近輪式を提唱している。杉崎（2021）では山口の案を継承している。

いが独立した等質地域でない「移行方言圏」としている。井上案（図1-7）は、岐阜県方言を富山県・石川県方言と同じ「北陸」とした上で西部に区分している。

　滋賀県以西は近畿方言・西日本方言、静岡県・長野県以東は東日本方言として安定しているのに対し、岐阜県、特に西美濃は区分が一定しておらず、境界域であることを示していると言えよう。

図1-4　東條案（東條1953を改変）

図1-5　都竹案（都竹1949を改変）

図1-6　五條案（五條1985を改変）

図1-7　井上案（井上1982を改変）

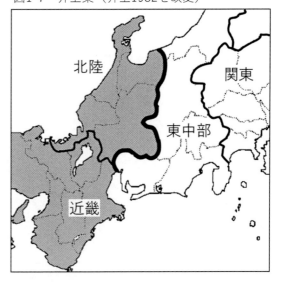

１．３．２　滋賀県・岐阜県の方言区画

　筧（1982）によると、滋賀県の方言区画は以下のようである。特異な湖北方言と、京都的な湖東・湖南・湖西方言に大別され、湖南方言の中でも甲南方言を他地域とは異質な方言としている。

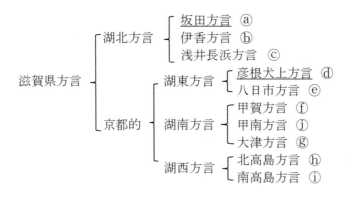

奥村（1976）によると、岐阜県の方言区画は以下のようである。南北対立や東西対立では重複する地域がみられたので、一部、簡略化した。岐阜県内の内部差はあまり著しくないが、特異な地域として、「近江方言影響地域」と「三河方言的地域」を設定している。南北対立からみると、郡上や東濃北部などの美濃北部ⓝを飛騨と共に北部に含めるべきだとしている。

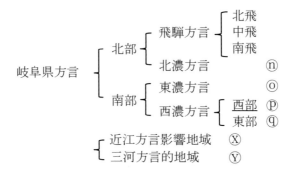

滋賀県と岐阜県美濃地方の方言区画を地図化すると、図1-8のようになる。県内で方言が特異な地域は、ⒿⓍⓎのように記号を丸枠で囲んで示した。

図1-8 滋賀県・岐阜県美濃地方方言の区画図

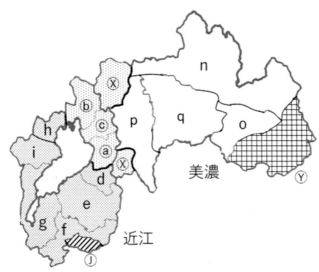

2．東西方言境界線の研究史

　東西方言境界線や東西方言の対立について述べられた主な文献について紹介しておく。1）と2）は、東西方言境界線について述べた文献には必ず登場する古典である。3）と5）は、どうして東西対立が発生したのかの考察が中心で、前者が日本語基層説（起源は複数）、後者が日本語単一説に依るものである。4）と6）は、滋賀岐阜県境域の方言調査の報告である。

1）『口語法調査報告書』（国語調査委員会編1907）

　1903年（明治36）、文部省の国語調査委員会により、日本で初めて全国的な方言調査が行われた。調査結果をもとに『口語法分布図』が作成され、37枚の言語地図が公表されている。中でも、一段動詞命令形や5段動詞ウ音便など、5項目では、列島中央部に東西対立の境界線があることが初めて発見された（図1-1参照）。後の方言区画における重要な指標にもなっている。

2）『東西方言の境界』（牛山初男1969）

　長野県諏訪郡湖東村（現茅野市）生まれの牛山が、1950年代に発表した方言論集。牛山のデビュー作となる「語法上より見たる東西方言境界線」は、自身による2年の調査をもとにまとめられたもので、『口語法調査報告書』の5項目を改めて調査し、半世紀を経てもそれらの境界線が動いていないことを明らかにした。当時の学界では、共通語の影響で境界線が西に移動していると予想されていたが、東西方言境界線は共通語の影響を受けることなく変化していなかったことが証明された。

3）『東日本と西日本』（大野晋・ほか1981）

　東西方言境界線の形成を、単に言語学だけの問題でなく、広く形質人類学・考古学・民俗学・歴史学などの関連領域の成果を基に、東西日本の対立を縄文期までさかのぼるとする学際的研究のさきがけとなる書である。大野の『日本語の起源』(1957)の延長上にある。2006年の再販時には、「列島社会の多様な歴史世界」というサブタイトルが付された。『万葉集』に記された奈良時代の東国方言に関する記述から、東国（アヅマ）を3つの領域に区分しているのは興味深い。

　日本語の起源を、縄文期にみられた南方系の先住民と、弥生期に渡来したアルタイ系の渡来民からなるとする混合説に求めている。ただし、大野は途中から日本語とタミール語との関係に傾倒し、多くの批判を受けるようになった。

4）『彦根-岐阜間グロットグラム調査報告書』（真田信治編1991）

　大阪大学の真田信治らにより実施されたグロットグラム調査の報告書。彦根市〜岐阜市間の26地点を、のべ36名の研究者が調査した、滋賀岐阜県境域では初めての本格的な研究である。「幕末以降の大阪口語変遷の研究」の一環として行われた近畿周辺部の言語動態に関する調査という目的から、近畿の視点で調査・考察されている。

待遇表現、アスペクト表現、打消し表現、可能表現、仮定表現、命令表現、語彙、言語意識、アクセントなど多項目にわたって調査がされ、グロットグラムを使用しながら言語動態も明らかにしている。

　　「調査フィールドは（中略）、近畿方言と中部方言とが接触する地域にあたり、語彙・アクセント・表現法・言語意識など、各ジャンルにわたって興味深い地域差の存在が予想されるところである。また、この調査では、方言の中で現在最も勢力を有する関西方言（その中心は京阪方言である）の影響がこの地域にどれくらい及んでいるかを明らかにすることを重要課題として揚げた。」

5）『日本語の歴史１〜方言の東西対立』（柳田征司2010）

　日本を東西に分ける代表的な形式やアクセントの差異は比較的新しい時期に派生したもので、東西対立は民族の移動がかかわっているという基層説を否定する、いわゆる日本語単一説に依る説を展開している。東西アクセントが分岐した時期を院政・鎌倉期以降とし、内的な変化によって生じたものとしている。

6）『滋賀・岐阜県境を越えた方言ハンドブック』（はびろネット2016）

　滋賀県柏原地区の市民グループ「はびろネット」が2015年度に、県境を挟んだ５つの中学校学区（滋賀県米原市３校、岐阜県関ケ原町２校）の３世代809名を対象に行った多人数調査の報告書である。筆者も、調査の準備段階で協力した。『滋賀・岐阜県境を越えた方言ハンドブック』の調査項目40項目106語は、筆者の街道調査の結果を基に、柏原生え抜きである「はびろネット」のスタッフの意見を加味して選定した。滋賀岐阜県境をはさんだ柏原・大垣の生え抜きの話者が調査項目を選定したことからも、『彦根-岐阜間グロットグラム調査報告書』（大阪大学）では触れられなかった県境域のローカル語の動態が明らかになった。

　調査結果として、次の４点が挙げられている。

　①米原・関ケ原は対立しながらも、京都や名古屋とは異なる独自性のある言語文化圏を形成している。

　②柏原の高齢層は美濃系の影響を大きく受けている。今須では全世代を通じて古い方言を残している。

　③調査語彙の８割近くが、中学生では死語化しつつある。一方で、学校方言を中心に定着している語彙もみられる。

　④調査地点の中でも、街道から離れた東草野・河内（米原）、上の谷・下の谷（関ケ原）に古い方言が残存している。

コラム1

街道歩き

　1996年（平成8）秋、NHKラジオで「東海道ネットワークの会」事務局長の秋田氏による街道歩きの紹介がありました。広重の絵に魅せられて街道歩きを始められ、「尺取虫方式」で東海道53次を歩き終えたそうです。

　中仙道の宿場町・赤坂で生まれ育った私としても、かねてから街道歩きに関心があり、この話に感化されて妻と二人の娘と共に街道歩きを始めることにしました。手始めは「美濃路」。1997年（平成9）に東海道宮宿（名古屋市熱田区）を出発、気候のいい春と秋の年2回歩くことにし、2001年（平成9）、11回掛けて美濃路の終点、垂井宿（岐阜県垂井町）に到達しました。その後は妻と二人でさらに西へと向かい、京都・三条大橋を経て、2014年（平成26）に最終目的地である大阪・高麗橋（大阪市中央区）に到達しました。

　往時の旅人の気分に浸りながら歩くというのも乙なもので、目の前に伊吹山が迫って来たり、峠を越えると眼下に琵琶湖が広がっていく光景は感動的でした。歩を進めるにつれて古い民家の形態や、すれ違う子供たちの方言が変わって来たりと、刺激的な旅でもありました。

　当時からこの街道沿いの方言調査を行いたいとの目標を持っていました。実際に街道を歩いてみてその思いを益々強くしました。調査を開始できたのは、街道歩きで現地を通過した10年後のことです。見覚えのある街道筋の集落を調査で再訪したときには、感慨深いものがありました。

中仙道・長久寺（2002/11/03）

コラム2

滋賀県・初調査

　滋賀県側における街道沿いの方言調査の第一段が、2012年（平成24）9月に訪れた梓（滋賀県米原市・旧山東町）でした。当地の慈圓寺ご住職、岡さんにご挨拶した後、近くの自治会館に移動。お声掛け頂いた3名の女性とご住職ご夫妻の5名で調査にご協力いただきました。最年長の83歳の方を中心に語彙や文法の調査を開始、途中で、梓の方言についての解説をいただいたり、話題が全然別の方向へ行ったりしたこともありました。

　その後の調査でもみられたことなのですが、地元の方同士の会話が始まると方言による自然会話が聞かれますし、思いがけない地元の情報なども得ることができました。なかなか貴重な体験でした。岡さんには、隣接する柏原の話者をご紹介いただいたり、その後の2回に渡る再調査の度に話者の皆さんにお声掛けいただきました。

　梓での調査で、思いがけない発見がひとつ。それが、河内方言です。話者のお一人が、梓より谷奥に入った河内からお嫁にいらっしゃった方でした。なんでも、河内は保守的・閉鎖的で、この地域でも独特の古い方言を残している集落として知られているそうです。河内の方言に興味が沸いてきて、その後、調査地点に追加し、河内生え抜きの石田さんを改めてご紹介いただきました。アクセントだけではなく、語彙にも古い要素が残存していることがわかりました。その成果は、石田さんのご協力により、本書に「河内語彙集」として収録することができました。

中仙道・梓（2012/09/12）

第２章　調査概要

１．調査地点

１．１　調査地点の選定

　調査地域は滋賀県と岐阜県の県境地域である。滋賀県彦根市から岐阜県大垣市までの32地点、および京都市・長浜市・岐阜市・名古屋市の４都市を加えた36地点を調査した。京都や名古屋を含めた広域図を示すと図2-1、調査地域の詳細図を示すと図2-2のようである。

図2-1　調査地域・広域図（カシミール３Ｄで作成）

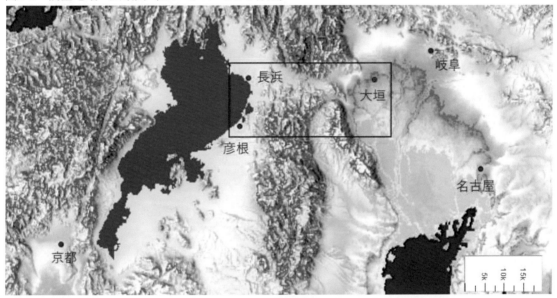

図2-2　調査地域・詳細図（カシミール３Ｄで作成）

　調査地点は、次の４つのグループに区分できる。番号は図2-2の地点番号を示している。滋賀県側をＳ、岐阜県側をＧとし、西から順に番号を割り振った。なお、本書では地名の「関ケ原、竹之尻、醒ケ井」を、系統樹や表での表記を簡素化するため「関原、竹尻、醒井」と簡略化することにした（ただし、関ケ原の戦い、関ケ原地溝帯、関ケ原町、関ケ原中学などは除く）。

１）旧中仙道・美濃路沿い

　滋賀県彦根から岐阜県大垣に掛けての次の21地点である。

《滋賀県側》　S1-彦根、S2-鳥居本、S8-番場、S9-樋口、S10-醒井、S11-一色、S12-梓、
　　　　　　　S14-柏原、S-15長久寺

《岐阜県側》　G4-今須西、G5-今須、G8-山中、G9-松尾、G10-関原、G11-野上、G12-垂井、
　　　　　　　G13-綾戸、G14-長松、G15-静里、G16-久瀬川、G17-大垣

２）旧北国街道・国道21号線沿い

　旧中仙道沿いの調査では摺針峠を境にアクセントにおいて大きな差異がみられた。そこで、旧北国街道、現在の主要道である国道21号線沿いの次の４地点を調査地点に追加した。

《滋賀県側》　S3-甲田、S4-米原、S5-西円寺、S6-寺倉

３）旧街道から離れた集落

　旧街道沿いの調査過程でご紹介いただいた話者が、旧街道から外れた山間の集落在住であったり、調査時に他地域出身の方がご同席される場合があった。これらの地点の方言が旧街道沿いの集落の方言と異なるとのご指摘をいただき、実際に調査をするとかなりの差異がみられた。そこで、旧街道沿いと山間を比較対照するため、これらの７地点を調査地点に追加した。

《滋賀県側》　S7-高溝、S13-河内

《岐阜県側》　G1-貝戸、G2-新明、G3-竹尻、G6-祖父谷、G7-平井

４）都市

　滋賀県彦根市と岐阜県大垣市の背後にある大都市の京都市、名古屋市、さらにそれぞれの近隣の都市である滋賀県長浜市と岐阜県岐阜市の４地点を調査地点に追加した。彦根〜大垣間の調査地点が、これらの都市の方言からどのような影響を受けているのかを考察するためである。

　各調査地点の概要は、表2-1〜2-2のようである。滋賀県側の梓河内は、S12-梓・S13-河内、岐阜県側の今須地区は、G1-貝戸・G2-新明・G3-竹尻・G4-今須西・G5-今須・G6-祖父谷・G7-平井の大字を調査した。

　明治期の人口・軒数は、『滋賀県市町村沿革史』、『安八郡各町村略史』、『不破郡各村略史』を参照した。調査当時の2012年（平成24）の人口・軒数は、明治期の行政区と同範囲の区域の統計であり、明治期以降に新たに合併した区域は含まれていない。統計は各自治体の公式サイトで公開されている世帯・人口集計表による。公開されていない自治体については、直接、問い合わせをした。

表2-1　調査地点概略（滋賀県側）

	S1 彦根	S2 鳥居本	S3 甲田	S4 米原	S5 西円寺	S6 寺倉	S7 高溝	SN 長浜	S8 番場	S9 樋口	S10 醒井	S11 一色	S12・13 梓河内	S14 柏原	S15 長久寺
郡	犬上郡			坂田郡											
荘園 奈良～室町期	犬上注	小野注			箕浦注		朝妻注	八幡注	箕浦注		長岡注		長岡注	柏原注	
藩 江戸後期	彦根藩										郡山藩	宮川藩／黒田注		大和郡山藩	
助郷 江戸期	彦根	鳥居本		米原	番場			長浜	番場		醒井			柏原	
行政区 明治2(1889)	彦根町	鳥居本村		入江村	息長村		坂田村	長浜町	息郷村		醒井村		柏原村		
行政区 昭和31(1956)	彦根市			米原町	近江町			長浜市	米原町				山東町		
行政区 平成17(2005)	彦根市			米原市				長浜市	米原市						
学区 小学校	城西小	鳥居本小		米原小	息長小		坂田小	神照小	息郷小		醒井小		柏原小		
学区 中学校	彦根西中	鳥居本中		米原中			双葉中	北中	河南中				柏原中		
商圏 小→大	彦根	鳥居本		米原				長浜		樋口	醒井	今須			
		鳥居本		米原				長浜		彦根			柏原		
				彦根							彦根			大垣	
人口 明治14(1881) [軒数]	21,826 [4,928]	1,553 [356]	451 [91]	996 [210]	184 [44]	261 [67]	225 [65]	5,966 [1,526]	965 [220]	410 [89]	747 [206]	312 [52]	658 [165]	1,848 [430]	118 [27]
人口 平成24(2012) [軒数]	12,213 [5,042]	964 [406]	126 [44]	211 [75]	153 [55]	239 [70]	240 [78]	9,751 [4,063]	537 [177]	228 [81]	731 [282]	285 [114]	411 [143]	1,961 [652]	59 [21]

表2-2　調査地点概略（岐阜県側）

	G1~7 今須	G8 山中	G9 松尾	G10 関原	G11 野上	G12 垂井	G13 綾戸	G14 長松	G15 静里	G16 久瀬川	G17 大垣
郡	不破郡										安八郡
荘園（奈良～室町期）	山本郷		関所	関原郷	野上荘	藍川郷	文部郷	荒崎郷	塩田郷		大井荘
藩（江戸後期）	天領（大）	竹中氏		天領			天領（大垣藩預）				大垣藩
助郷（江戸期）	今須			関原			垂井				大垣
行政区　明22(1889)	今須村	山中村	松尾村	関原村	相川村	垂井村		荒崎村	静里村		大垣町
明30(1897)			関原村			垂井町					大垣町
昭29(1954)			関原町						大垣市		大垣市
学区　小学校	今須小	貫通小	関原小	関原小	野上分校	垂井小	垂井東小	荒崎小	静里小	大垣西小	大垣東小
中学校	今須中		関原中			不破中		西部中		大垣西中	大垣東中
商圏　小→大	今須 柏原		松尾 関原			垂井 大垣		荒川	若森	久瀬川	
人口　明治4(1872) [軒数]	2,021 [454]	270 [59]	266 [73]	2,014 [473]	541 [210]	1,819 [440]	415 [87]	582 [144]	491 [108]	1,637 [403]	10,452 [2,250]
平成24(2012) [軒数]	1,328 [452]	145 [47]	516 [183]	5,059 [1,822]	353 [126]	5,967 [2,191]	2,951 [1,005]	3,144 [1,169]	970 [365]	711 [290]	8,048 [3,503]

注）令和3年（2021）、今須小中学校は、関ケ原小学校・関ケ原中学校に統合された。

1．2　地形

　県境域は、伊吹山系と鈴鹿山系にはさまれた地溝地帯であり、その両端には沖積平野が広がる。

　滋賀県側は、天野川が形成した沖積平野が広がり、平野には彦根山(125m)、佐和山(232m)などの島状山地のほか、横山山塊(300m)、長岡山塊(280m)、清滝山山塊(439m)などの孤立山塊が特異な地形を形成し、リアス状の複雑な地形境界がみられる。

　岐阜県側の今須は、今須川が作った谷底平野が続く。今須峠の東側に広がる関ケ原台地は、隆起と浸食の繰り返しにより階段状の地形となり、さらに藤古川や相川による浸食により深い谷を形成している。沖積扇状地の垂井を抜けると沖積平野である広大な濃尾平野が広がる。静里から東は輪中地帯である。調査域の地形図を示すと、図2-4・2-5・2-7のようである。

1．3　歴史

　滋賀県側と岐阜県側を隔てる東西日本境界線の歴史は古く、弥生初期の弥生人と縄文人の対立、さらには縄文初期の気候変動による植生分布の境界線成立など6千年前までさかのぼることができる。境界線の成立史については杉崎(2021)で考察したので参照されたい。

　東西対立とは別に、滋賀県側には南北対立がみられる。室町期以降、江南は六角氏が支配し、江北は佐々木氏が、戦国期になると京極氏が支配した。江南と江北の国境となったのが、犬神郡と坂田郡の郡境であり、佐和山城（彦根）、太尾山城（米原）、鎌刃城（番場）など多くの「境目の城」が築かれ、領国争いの戦乱が絶えなかった。南北の対立は、織田氏の近江領有（1573）まで続いた。江南と江北を隔てる境界線は、現在も継承されている。

1．4　交通体系

　調査域における大正期の地図を示すと図2-3・2-6・2-8、江戸期の地図を示すと図2-9・2-10のようである。急峻な伊吹山系と鈴鹿山系に隔てられた近江・美濃の国境において、関ケ原地溝帯が両国を結ぶ唯一の連絡路として機能してきた。近江醒井から美濃垂井までの不破越えは、以下のように古代の東山道、中世の東海道、近世の中仙道と継承されていて、鈴鹿越えと並び、都と東国を結ぶ重要な幹線路であった。現在も交通の要所としての役割は変わらず、東海道本線や東海道新幹線、名神高速道路、国道21号線などが通過している。中仙道が番場経由であったのに対し、鉄道や国道は米原経由にルートが変更されている。

　　《中世東海道》　　小野、番場、醒井、柏原、今須、山中、野上、垂井、青墓
　　《近世中仙道》　　鳥居本、番場、醒井、柏原、今須、関原、垂井、赤坂
　　《東海道本線》　　彦根、米原、醒井、長岡、柏原、関原、垂井、大垣
　　《名神高速道路》　彦根、米原JC、関原、大垣

　不破越えの通路は、伊勢湾と琵琶湖、太平洋側と日本海側を結ぶ重要な物資輸送路でもあり、江戸期、同区間を通過する九里半街道は、通過する宿場町に繁栄をもたらした。

20

図2-4　滋賀県側西域の地形図

図2-3　滋賀県側西域の大正期地図

1/5万「竹生島」「近江長岡」「彦根西部」「彦根東部」1920年修正を元に作図

図2-5　県境域の地形図

（カシミール３Ｄで作成）

図2-6　県境域の大正期地図

1/5万「近江長浜」「彦根東部」1920年修正を元に作図

図2-7　岐阜県側東域の地形図

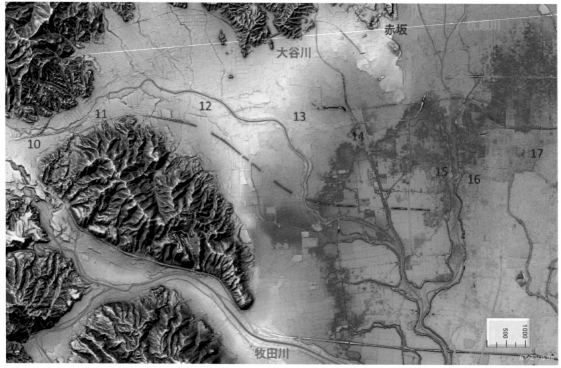

（カシミール3Dで作成）

図2-8　岐阜県側東域の大正期地図

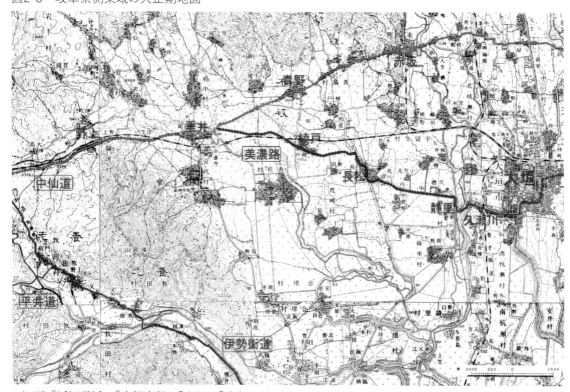

1/5万「近江長浜」「彦根東部」「大垣」「津島」1920年修正を元に作図

図2-9　江戸期近江の地図

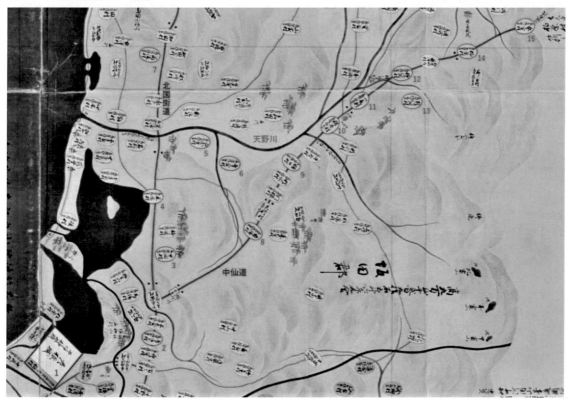

（天保国絵図・近江国を改変）

図2-10　江戸期美濃の地図

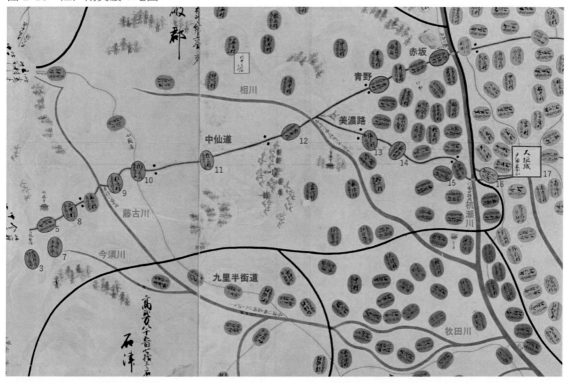

（天保国絵図・美濃国を改変）

1．5　調査地点の概説

　以下、調査地点の概略を記していくことにする。それぞれの県の地点を、西側から順に紹介する。（話）は、調査時に話者から提供いただいた情報であることを示す。写真は筆者の撮影による。

1．5．1．滋賀県

1）彦根[ヒコネ]（写真1）

　彦根が湖東地方の拠点として重要視されるようになったのは、鎌倉初期の佐和山城築城までさかのぼる。関ケ原の戦（1600年）以後も幕府により、交通の要衝として重要視され、井伊家30万石の居城として彦根城が築城された。江戸期から現代に至るまで、湖東地方の最大の都市であり、大津に次ぐ県下第2の都市として発展してきた。

2）鳥居本[トリイモト]

　西に佐和山、東に霊仙山系があり、湖東平野を北上してきた中仙道も当域から山間部へと進んでいく。戦国期は佐和山城の城下町の末端にあり、江戸期になると南に位置していた小野から宿場町が移された。鳥居本の北の矢倉で街道が分岐し、東は摺針峠を越えて中仙道、北は北国街道となる。江戸期には、佐和山を越えて彦根城下へと入る彦根道が開削された。昭和6年（1931）、米原～八日市間を結ぶ近江鉄道の鳥居本駅が置かれている

3）甲田[コータ]

　鳥居本から北上する北国街道沿いの集落である。甲田から米原までの北国街道は、霊仙山系と内湖に挟まれた狭い回廊を通過している。米原に近く、西円寺とともに「鉄道の町」と呼ばれていた（話）。

4）米原[マイハラ]（写真2）

　米原は、江北と江南を結ぶ道の重要な地点であり、戦国期は佐々木氏により太尾山に城が築かれている。戦国期を通じ「境目の城」として紛争が続いた。

　米原が交通の要衝として急速に発展したのは、1603年に彦根藩の政策により米原湊が開かれ、1611年に番場宿とを結ぶ深坂道が開削されて以降のことである。米原湊から番場宿に出て、美濃の関原宿から牧田川右岸の美濃三湊（船附、栗笠、烏江）に至る街道は、琵琶湖と伊勢湾を結ぶ最短のルートであった。北陸に通じる湖上交通と、名古屋・桑名に通じる河川交通を結ぶ重要な物資輸送路となり、九里半街道と呼ばれた。江戸期を通して九里半街道の物資の運送は相当に多く、米原は上方・北陸と東海・関東を結ぶ要衝として栄えた。

　1889年（明治22）に鉄道の重要幹線である北陸線と東海道線が米原駅で結ばれ、引き続き交通の重要拠点であり続けた。1913年（大正2）に機関区が創設され、大垣と並んで鉄道の町として発展した。1957年（昭和32）における鉄道従業員は1700名以上であったという。

5）西円寺[サイエンジ]（写真3）

　霊仙山系の最北端に張り出す山の尾根に囲まれるように集落がある。米原と隣接し、同じ天野川水系の坂田・息長両村は「鉄道で有名な米原町のアクセサリー的存在」になるのを避けるため、昭和30

写真 1　彦根（S1）

彦根城から北方向を望む。右側手前が佐和山城、奥が伊吹山。

写真 2　米原（S4）

太尾山城から西方向を望む。米原駅の手前が旧米原宿、駅の辺りに米原湊があった。

写真 3　西円寺（S5）

太尾山から伸びる山地の北端に位置している。まるで、太尾山城の出丸のようである。

年（1955）に近江町を発足させている（近江町史編さん委員会1989）。米原市に編入されたのは、平成17年（2005）のことである。寺倉や高溝も旧近江町に属していた。

6）寺倉[テラクラ]（写真4）

天野川の南岸、西円寺の東隣に位置する。本調査域では伊吹山系と霊仙山系が最初に接近する地点であり、当域から関ケ原地溝帯へと入っていく。

7）高溝[タカミゾ]

天野川の北岸、伊吹山系の南端に張り出す丘陵の麓に位置する集落である。岩脇（米原と西円寺の中間）から長浜方面へと通じる山西街道が通過している。当域では、天野川が長浜文化圏と米原文化圏の境界線と認識されている（話）。

N）長浜[ナガハマ]

1575年、羽柴秀吉が長浜城を築城し湖北の中心地となる。江戸期は彦根藩領となり、北国街道の宿場町・琵琶湖水運の湊町として発展した。長浜湊は、松原湊・米原湊ともに藩が管轄する彦根三湊と呼ばれた。湖東地方からみると、長浜を中心とした湖北地方はオコナイを始めとした伝統行事が色濃く伝承されている、保守的な地域として認識されている（話）。

8）番場[バンバ]

鳥居本から中仙道の摺針峠を越えると、中仙道の番場宿に入る。鎌倉期から宿場町として栄えた。江戸期初頭、中仙道と米原湊を結ぶ深坂道が開通して以降、宿場町は深坂道との分岐点に移動した。旧来の番場を上番場、新しい宿場を下番場といった。深坂道の完成により摺針峠を経由する街道の交通量が減少したことにより、上番場は宿場町としての機能を早期に失った。

明治期以降は、鉄道が中仙道に取って代わったこと、昭和37年（1962）、国道21号線が米原に接続したことにより、番場は幹線道路より外れ、交通の要衝としての機能を失った。番場は新しいルートから取り残されて谷の中に取り残されたような恰好になり、1時間歩いて米原まで行くしかなかった（話）。

9）樋口[ヒグチ]

北上する中仙道と天野川の結節点に位置する。平安期より江戸期初頭までは、湖上交通の中心だった朝妻湊と中世東海道を結ぶ朝妻街道が樋口で合流していた。国道21号線は旧中仙道を通らず、樋口から寺倉や西円寺を通過して国道8号線に合流し米原と接続するルートとなった。昭和初期までは、坂田郡の経済・文化の中心地だった（話）。

10）醒井[サメガイ]

「居醒清水」という清水が記紀に登場するなど、古い歴史を有する地である。鎌倉期より宿場町として栄えた。江戸期、中仙道の宿場町が置かれた。

11）一色[イッシキ]

天野川と梓川の合流点に位置する。江戸期は宮川藩領であった。北に延びる脇道は北国脇往還に接続するバイパスの役割を果たしていたことから、長浜との結びつきも強かったという（話）。

写真４　天野川　（右側が寺倉）

伊吹山系と鈴鹿山系の間を流れる。こちらはさしずめ、太尾山城の外堀のようである。

写真５　鎌刃城より　（右側が樋口、左側奥が高溝））

鈴鹿山系から伊吹山系を眺める。間に天野川が流れる。右奥は伊吹山。

写真６　河内（S13）

梓川の上流に位置している。京極氏の出城があった河内は、天然の要害である。

12）梓[アンサ]

　南北を急峻な山にはさまれ、壬申の乱（672年）のときは「粉川の関」が、その後はさらに「梓ノ関」が設けられるなど、古来より政治上重要な地点であった。京極時代は、河内城を防衛する地点と考えられていた。室町期より、河内と合わせて「梓河内」として扱われてきた。東海道本線は、当域を避け清滝山の北側を迂回して醒井と柏原を結んでいる。梓より西側が近江文化圏、旧山東町を含む東側が美濃文化圏、梓はその境界地点と認識されている。河内の枝郷であった（話）。

13）河内[カワチ]（写真6）

　梓から南に伸びる谷の最奥に位置する天然の要害であり、京極氏の支城である河内城が置かれていた。膳所藩がまとめた『近江輿地志略』（1723）によると、「一般的な肩衣袴と異なる素袍着を着用していた」とされる。650年前に天台宗の寺院が焼失した際にそれ以前の歴史書が焼失しているので、詳細な歴史は不明である。現在も周辺域の集落から、保守的・閉鎖的な集落と指摘されている（話）。

14）柏原[カシハラ]（写真7）

　鎌倉中期、守護佐々木氏から別れた京極氏が柏原（清滝）に拠点を置き、江北を治めた。鎌倉期以前から、宿場町として発展した。江戸期は中仙道の宿場町が置かれ、将軍の宿泊所であるお茶屋屋敷が設けられていた。滋賀県側の柏原・長久寺と岐阜県側の今須は同じ婚姻圏・文化圏で、昔から交流があった（話）。

15）長久寺[チョーキュージ]（写真8）

　近江・美濃の国境の地である。『近江輿地志略』（1734）によると、「この地に25軒あり、5軒が美濃、20軒が近江に属する。壁一重を隔てて両国の者が寝ながらにして物語をするほど、近い。両国の間には溝一つ隔てているだけである。5軒の家は美濃なまりのことばを使い、貨幣は金を通用し銀は通用しない。20軒は近江詞で銀を通用していた」とされる。県境には現在も両県を隔てる溝があるだけで、自然障壁はない。

1．5．2．岐阜県

1）貝戸［カイト］

　今須川上流部は、「上の谷」と呼ばれる街道筋からは独立した地域で、今須地区では保守的な地域と考えられている。現在は、貝戸・新明・竹尻・下明谷（ゲメンダ）の4つの大字があるが、江戸以前には谷のさらに奥部に大河内・関谷・下土などの集落があり、各集落には郷士が居住し集落を治めていた。谷奥から次第に平地に移住し、江戸期に今須宿が置かれてからは街筋に移ったと考えられている。貝戸から南下して今須山の峠道を越えると多良に通ずる。江戸期には多良の殿様（高木家）も馬に乗って峠を越え、今須を訪れたという（話）。

2）新明［シンミョー］（写真10）

　貝戸の北側に位置する。以前は、今須川右岸に字「小林」があったが、新明に統合された。明治12年（1873）から昭和60年（1985）までの間、小林には今須小学校の小林分校が置かれていた。新明から西に伸びる谷を進むと観音峠（写真9）を越えて柏原に至る。両地点を結ぶ重要な峠で日常的に利用されていた。実際に歩いてみると、30分で柏原に到達した。

写真 7　柏原（S14）

長比城から西方向を望む。中央やや右よりの狭隘部が梓（S12）である。

写真 8　中仙道　県境

溝の左側が岐阜県、右側が滋賀県となる。

写真 9　観音峠

中仙道の南側に位置する、県境を結ぶ道である。

写真10　新明（G2）

「上の谷」最奥部から北の中仙道方面を眺める。正面は伊吹山系。谷の深さがわかる。

3）竹尻［タケノシリ］

　新明の北に位置する「上の谷」の中でも一番街道寄りの集落となる。1280年頃に丹波から葉栄原（ハエバラ）という、現在の竹尻よりも西の山奥に移住した集団が、応仁の乱が収まって以降、今の竹尻に降りてきたと伝えられている（話）。

4）今須西［イマスニシ］

　今須宿の街道筋には西から、門間、西町、中町、門前の4字がある。調査地点の今須西町を、本書では便宜上、今須西とした。

5）今須［イマス］

　承久の乱（1221年）の後、鎌倉幕府の御家人だった長江氏が今須に移住し今須城を築いた。柏原の京極氏と同盟関係にあり、長江氏に実子があったのに京極氏から養子を迎えるほど関係が深かった。応仁の乱（1468年）のとき、美濃守護代の斎藤氏により長江氏と京極氏は当地を追われている。以後、長江氏菩提寺の妙応寺門前町として発展してきた。

　江戸期は中仙道の宿場町が置かれた。九里半街道のルートのうち、関原宿を経由せずに、今須川沿いの脇道を利用して牧田宿・美濃三湊からの今須宿へ上り荷物を運ぶ「平井道」があった。このことから、今須・関原とも大垣を経由せずに河川交通を通じて名古屋・桑名との繋がりがあったことがわかる。

6）祖父谷［ソフタニ］

　今須川の上流の「上の谷」に対し、下流は「下の谷」と呼ばれる。今須川の支流、祖父谷川沿いにある。江戸期以前は郷士の三輪氏が治めていた。

7）平井［ヒライ］　（写真11）

　「下の谷」の集落。江戸期以前は郷士の三和氏が治めていた。今須川と並行する平井道沿いに位置している。

《今須地区》

　表2-2では、今須地区全体の人口や戸数を記した。岐阜県今須地区の各字の人口・軒数については、江戸期や明治期は不明であるので、1960年（昭和35）の統計を参考のためここに記しておくことにする。

表2-3　岐阜県今須地区の人口・軒数

	上の谷				街道筋				下の谷	
	下明谷	貝戸	新明	竹尻	門間	西町	中町	門前	平井	祖父谷
人口	106	177	195	238	210	297	210	163	188	139
［軒数］	［23］	［37］	［46］	［48］	［51］	［69］	［50］	［35］	［39］	［30］
人口	716				880				327	
［軒数］	［154］				［154］				［69］	

注）坪井（1974）を参照。

《今須峠》

　中仙道が通過する近江と美濃の間では一番の難所であり、ここが今須川と藤古川の分水嶺になる。古来より堅要と言われ、一条兼良は『藤川記』（1473年）に「今須峠というは美濃の境にて堅城とみえたり、一夫関にあたれば万夫過ぎ難き所というべし」と記している。江戸期にも、馬が滑るほどの急坂の難所であった。道路改修の時に3mほど掘り下げたため、現在の旧道は難所だった往時の面影はない。江戸期だけでなく、昭和初期にも峠に茶店が置かれていた。

　西美濃でも有数の豪雪地帯で、昭和初期には1〜2m積もった。国道21号線バイパスが開通する昭和30年代より以前は交通の要衝であったので、峠の両側の今須と山中では組ごとに交代で除雪作業を行っていた（話）。

8）山中[ヤマナカ]

　今須峠を越えると山間の集落、山中に至る。律令期に定められた三関の近くには「山中」という地名があり、「国境を隔てる山の中央」を意味する地名とされている。南北朝期の青野ヶ原の戦い（1337年）では、足利方が当地に山中要害を築いている。

9）松尾[マツオ]

　河岸段丘上に位置し、律令期には三関のひとつ「不破の関」が置かれた（写真12）。背後の松尾山は、関ケ原の戦いのときに西軍の小早川秀明の陣地が置かれたことで知られる。

10）関原[セキガハラ]

　古代より交通の要衝で、壬申の乱や関ケ原の戦いがこの地で行われたことはよく知られている。江戸期は中仙道の宿場町が置かれた。北へは北国北往還、南へは伊勢街道が分岐し、九里半街道の連絡地点でもあったことから栄え、美濃16宿の中でも最大の宿場町であった。

11）野上[ノガミ]

　壬申の乱（672年）のとき、大海人皇子（天武天皇）が行宮を置いて不破道を塞いだとされる。平安期末から鎌倉初期にかけては、東海道の宿場町として栄えた。鎌倉後期には廃れ、宿場町の機能は垂井宿に取って代わられた。江戸期は関原宿と垂井宿の間宿であった。

12）垂井[タルイ]

　関ケ原地溝帯を抜け、相川扇状地上に位置する。古代は美濃国府や美濃一宮が置かれるなど、美濃国の中心であった。鎌倉後期になると野上宿に代わって宿場町として発達してきた。江戸期は中仙道の宿場町が置かれ、大垣や名古屋を結ぶ美濃路の起点でもあった。

13）綾戸[アヤド]

　中仙道も綾戸より濃尾平野へと進んでいく。明治30年（1897）に綾戸村・長松村など4ケ村が合併して荒崎村が発足した。昭和29年（1954）の分村合併により、綾戸が垂井町に、長松が大垣市に編入された。

14）長松[ナガマツ]

　大谷川西岸に位置する。天正年間（1573-92）、竹中氏により長松城が置かれた。関ケ原の戦いの

後、廃城になっている。

15) 静里[シズサト]

杭瀬川西岸、静里輪中南部に位置している。明治8年（1875）に塩田村と徳光村が合併して成立した。江戸期、塩田には湊があり、塩田湊は杭瀬川水運の拠点である赤坂湊と桑名湊の中継基地として賑わった。昭和15年（1940）に大垣市と合併した。

《杭瀬川》 （写真13）

揖斐郡池田から大垣市西域を南に流れ、烏江付近で牧田川に合流してから揖斐川に合流する。かつては揖斐川の本流であったが、1540年の大洪水の後、本流は現在の位置に変わった。現在も広大な河川敷が残り、本流であった当時の姿を残している。古代より不破郡と安八郡の郡境となっていて、西岸の静里は旧不破郡、東岸の久瀬川は旧安八郡に属していた。

16) 久瀬川[クゼガワ]

杭瀬川の流路が現在の位置に変わってからは廃川敷の原野となり、江戸初期に開拓が始まってから切石村の枝郷となった。明治2年（1869）に切石村より分村し、明治22年（1889）に大垣町と合併した。大垣中心部よりも杭瀬川をはさんだ旧不破郡との交流が深く、橋があるため川はあまり交流の支障にはならなかったという（話）。

17) 大垣[オーガキ]

16世紀前半、守護土岐氏の家臣が城郭を増強し、1585年には天守閣が築城され、城下町として整備されるようになる。江戸期は、大垣藩10万石の城下町として発展した。美濃路の宿場町・揖斐川水運の湊町としての機能も持ち、西美濃の経済の中心であった。大垣は揖斐川水運を通じて、桑名や四日市との結びつきが強かったが、明治中期に鉄道が通るようになると、県庁所在地である岐阜市との結びつきが強まっていった。

G) 岐阜[ギフ]

16世紀前半、斎藤氏が井口城を整備した頃より発展した。1567年に織田信長が入り岐阜と改称、信長の天下布武の拠点として繁栄した。江戸期は、尾張藩領の岐阜町として経済の中核都市となり、南域の加納には加納藩城下町・中仙道宿場町が置かれた。明治期は県庁所在地となり、岐阜県の政治経済の中心となる。

写真 11　平井（G7）

平井道沿いに集落が続く。

写真 12　藤下・山中方面（G8）

「不破の関」の置かれた段丘から西方向を望む。手前が藤古川。ここから山間部へと入っていく。

写真 13　杭瀬川

旧安八郡の東岸から旧不破郡の西岸を望む。奥が伊吹山。河川敷の幅は約 250ｍある。

2．調査概要

2．1　話者

　いずれの地点も、70歳以上の生え抜き話者をお願いしたが、一部、60歳代の話者もみられる。調査にご協力いただいた話者の一覧は、表2-4のようである。

　この地域の特徴として、同一の集落内でも滋賀県側と結びつきが強い家庭・個人や岐阜県側と結びつきが強い家庭・個人が混在している点が挙げられる。例えば、醒井の話者は定年まで国鉄大垣駅に勤務し、綾戸の話者は滋賀県側の親戚との結びつきが強かったという。県境を跨いだ両側に反対側の県の影響を受けた人がいるわけである。また、話者の生年も大正8年（1919）から昭和23年（1948）と29年の年齢差がみられる。

　本調査では1地点1人の調査であるが、もし話者の条件が異なればある程度異なった結果が得られる可能性もあるという点を指摘しておきたい。

2．2　調査方法

　調査地点の話者のご自宅、および寺院、公民館、図書館において、2〜5時間の面接調査を行なった。文法、語彙、文化・社会については、アンケートに基づく質問形式で行い、アクセントについてはリストを2回読み上げていただいた。

　第1次調査、および第2次調査の初期の10地点では、アンケートに不備があったり、調査項目を追加したことにより、1〜2回の追加調査を行なった。

　調査期間、協力先は以下のようである。なお、協力者のうち、筆者の家族・親戚・友人は略した。

1）第1次調査
　第1回調査は、当初の調査協力者の山田と垂井で共同調査を行なった。以後、杉崎が滋賀県側で4地点、山田が岐阜県側で4地点を調査した。
　［期　間］　2012年（平成24）6月〜10月
　［方　法］　臨地調査
　［調査員］　杉崎好洋、山田敏弘
　［協力先］　真宗大谷派寺院〈浄念寺・米原市世継、慈圓寺・梓河内、正覚寺・樋口〉、服部真六
　　　　　　　（中部地名文化研究会）
　［調査地］　9地点

2）第2次調査
　滋賀県側を中心に調査した。後半は、追加調査を実施した。
　［期　間］　2013（平成25）年7月〜2014（平成26）年1月
　［方　法］　臨地調査
　［調査者］　杉崎好洋

[協力先]　真宗大谷派寺院〈浄念寺・米原市世継、三倫寺・祖父谷、等倫寺・一色、法善寺・醒井、正覚寺・樋口〉、浄土真宗本願寺派寺院〈専福寺・福井県大野、専宗寺・鳥居本、光善寺・甲田、善行寺・米原〉、山本克巳（はびろネット）

[調査地]　11 地点。追加調査：8 地点。

3）第 3 次調査

　岐阜県側を中心に調査した。滋賀県側で西円寺・寺倉・高溝・長浜の 4 地点、そして京都市と名古屋市も調査地点に追加した。

[期　　間]　2014 年（平成 26）6 月〜2015 年（平成 27）4 月

[調査者]　杉崎好洋

[調　査]　臨地調査

[協力先]　真宗大谷派寺院〈浄宗寺・西円寺、願養寺・長浜、慈圓寺・梓河内〉、曹洞宗寺院〈妙応寺・今須〉、服部真六（中部地名文化研究会）、山本克巳（はびろネット）

[調査地]　16 地点。追加調査：10 地点。

4）第 4 次調査

　岐阜県側の今須地区の 2 地点を調査地点に追加した。滋賀県側では、西円寺・米原・河内の 3 地点を追加調査した。

[期　　間]　2016 年（平成 28）10 月〜11 月

[調査者]　杉崎好洋

[調　査]　臨地調査

[調査地]　2 地点。追加調査 3 地点。

5）第 5 次調査

　美濃地方の中心都市である岐阜市を調査地点に追加した。

[期　　間]　2019 年（令和 1）10 月

[調査者]　杉崎好洋

[調　査]　臨地調査

[調査地]　岐阜市

2．3　倫理的配慮

　調査協力者には研究の趣旨を説明し、同意を得たうえで調査を実施した。また、生年や職業、外住む歴などを報告書で公表してよいことの了解を口頭で得ている。

表 2-4　話者一覧

地点		氏名	性別	生年	外住歴	（職業）	勤務地
K	京都(西陣)	HA	女	昭13	なし	主婦	・・・
滋賀県	S1　彦根(本町)	KT	女	昭7	なし	小売業	・・・
	S2　鳥居本	ST	女	大7	京都3年	主婦	・・・
		SY	男	昭2	なし	公務員	彦根
	S3　甲田	NY	女	大14	なし	主婦	・・・
		UT	女	昭3	なし	主婦	・・・
	S4　米原	MT	男	昭12	なし	郵政局	・・・
	S5　西円寺	KK	男	昭20	京都2年	教員・住職	米原
	S6　寺倉	HH	男	昭22	大阪3年	会社員	・・・
	S7　高溝	KH	男	昭22	岐阜市3年	教員	米原
	SN　長浜(神照)	KK	男	昭23	なし	会社員	長浜
	S8　番場(西)	HH	女	昭7	米原10年	主婦	・・・
		FK	男	昭17	なし	教員・住職	岐阜市4年
	S9　樋口	HN	男	昭7	大津2年	教員・住職	彦根
		HT	男	昭10	大阪3年	会社員	彦根・長浜
	S10　醒井	IY	男	大15	なし	国鉄	大垣市
	S11　一色	OK	男	昭13	なし	教員	長浜・近江町
	S12　梓	HH	女	昭7	なし	主婦	・・・
	S13　河内	IM	女	昭2	なし	主婦	・・・
		IN	女	昭16	結婚後、梓	主婦	・・・
	S14　柏原	UF	女	昭10	なし	主婦	大垣2年
	S15　長久寺	TS	男	昭5	名古屋4年	教員	岐阜・大垣
岐阜県	G1　貝戸	HY	男	昭22	なし	サービス業	・・・
	G2　新明	NK	男	昭10	なし	林業	・・・
	G3　竹尻	OT	男	大14	なし	会社員	・・・
	G4　今須(西町)	YM	男	昭23	なし	会社員	・・・
	G5　今須(門前)	MK	女	大8	関原2年	主婦	大垣8年
	G6　祖父谷	MK	女	昭18	なし	主婦	・・・
		NK	男	昭2	結婚後、新明	会社員	関原
	G7　平井	MS	男	昭22	なし	農協	
	G8　山中	TM	男	昭10	瑞浪・美濃市	教員	・・・
	G9　松尾	KH	男	大13	なし	国鉄	・・・
		KY	男	昭12	29歳より大垣30年	国鉄	大垣・名古屋
	G10　関原(中町)	・・・	男	昭11	なし	青果業	・・・
	G11　野上	KT	男	昭21	名古屋20年	国鉄	・・・
	G12　垂井	KM	男	昭5	なし	教員	大垣
	G13　綾戸	HM	男	昭3	なし	建築業	米原
		O・	男	昭7	―	―	米原
	G14　長松	YK	男	昭13	なし	農業	・・・
	G15　静里	KT	男	昭10	なし	会社員	・・・
	G16　久瀬川	KR	男	昭5	恵那2年	公務員	岐阜県内
	G17　大垣(本町)	AJ	男	昭11	土岐2年	公務員・食品業	岐阜県内
	GG　岐阜(大仏町)	KT	男	昭23	なし	公務員・住職	・・・
N	名古屋(城西)	BN	女	昭15	なし	飲食業	・・・

> コラム3
>
> # 城郭と地形

　子供の時からの趣味の一つが、城郭です。小学校低学年の頃、大垣中心街に向かうバスの車窓から大垣城天守閣（復元）を見るのをいつも楽しみにしていたものでした。城郭ファンになった決定的な出来事が、小学4年生だった1970年（昭和45）、大阪万博見学の際に両親に連れて行ってもらった姫路城です。以降、毎年欠かさずに城郭を訪問しています。

　ここ20年来の城郭訪問の際のテーマが、「どうしてそこに城郭が築かれたのか」、そして「どのような地形にどのような縄張りがされているのか」を観察することです。城郭の立地や形態は時代ごとに異なりますが、滋賀県東部は城郭の変遷を知る上で興味深い地域です。

　鎌倉期、武士団の登場により山麓平坦部に居館が設けられ、山頂には有事の際の詰城が築かれました。1241年に柏原を本拠とした京極氏の柏原館がその代表です。戦国期には群雄が割拠し、領国防衛の境目には多くの山城が築かれました。佐和山城、鎌刃城、河内城、長比城などがみられます。戦乱の世が治まってくると、城郭には防御性よりも経済性が重視されるようになり、街道と水運の結節点である平野部に城下町が築かれるようになりました。長浜城や彦根城がよく知られています。

　戦国期の「境目の城」は地域を分断し文化圏の境界域となります。江戸期の城下町は文化発信基地として文化圏の中心となります。方言圏と言いかえることもできます。そしてこれらを規定するのが地形です。方言の歴史に地理的・歴史的環境の考察が必須だと考えるのも、城郭ファンであることが根本にあるからでしょう。その点については、下巻で考察予定です。

図 2-11　柏原館周辺の地形図（国土地理院・空中写真（昭和 49）を加工））

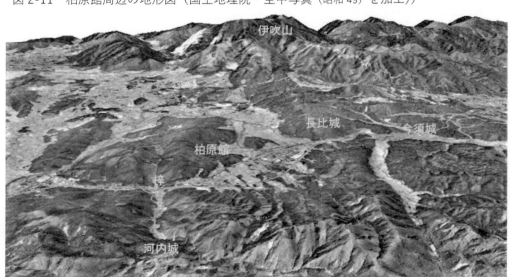

コラム4

今須と長久寺

　今回の県境調査で一番注目をしていたのが、県境を挟んで隣接する 2 つの集落。それが、岐阜県側西端の今須と、滋賀県東端の長久寺です。

　今須は、行政面では岐阜県関ケ原町に属していますが、言語面では滋賀県に近いと言われてきました。一方、長久寺については、1999 年（平成 11）の大垣の郷土研究会で、大正期生まれの方にその存在を教えていただきました。今須との婚姻関係を通じて結びつきが強いとのことでしたので、それでは方言はどうなのかと、興味を持つようになりました。

　調査を開始するに当たり、下図のような関係を想定しました。それぞれ背後にある集落や都市が、県境にある二つの集落の方言にどのような影響を与えているのかを調査するのが、本調査の課題の一つとなりました。

　今須は、旧宿場町中心部のみの調査を予定していたところ、紹介いただけたのが谷筋の祖父谷と竹之尻でした。こちらでお聞きしたお話しがとても刺激的で、今須地区内でも集落間で方言差がとても大きいとのこと。そこで、今須については、上記の 2 集落のほか、門前、西町、新明、貝戸、平井の計 7 集落を調査しました。方言の差異は予想以上に大きく、歴史的・地理的な背景を考察するのがとても楽しみになりました。

　当初は、醒ケ井〜垂井間の 18 地点の調査の予定でした。しかし、調査の過程で次々とこのような発見があり、結果的に 36 地点まで増えてしまいました。調査に予想以上の時間を要してしまいましたが、当初の課題である長久寺と今須の言語的な位置も、より明確に解明できたと思っています。

　図 2-12　各地点の方言関係予想図

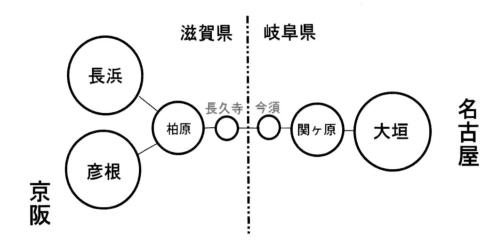

第３章　語彙

１．調査項目

語彙の調査項目は、以下の４つのグループ、138項目159語である。

１）大垣方言特有の語彙

　『美濃大垣方言辞典』（杉崎・植川2002）の収録語彙[1]のうち、『滋賀県方言語彙・用例辞典』（増井2000）の湖東・湖北に使用がみられない語彙を102語選定した。筆者の出身地である大垣市赤坂方言の２語、No.75「セーデッテ」とNo.132「シナンタロー」も追加した。

２）近江・大垣方言共通語彙

　『滋賀県方言語彙・用例辞典』と『美濃大垣方言辞典』の両方に記載がある、近江方言と大垣方言の共通語彙を、34語選定した。

３）近江方言特有の語彙

　大垣方言特有の語彙と対立する近江方言特有の語彙が『滋賀県方言語彙・用例辞典』に記載されている場合に調査項目に加えた。調査の過程で、近江方言独特の語彙の例示があった場合も調査項目に追加した。近江方言特有の語彙は「*ボス*」のように斜体で示した。15語選定した。

４）京都方言特有の語彙

　同時に、京都方言がどのように美濃側に侵入しているかを調査するために、京都方言特有の語彙を『分類京都語辞典』より選定し、調査項目に加えた。No.133〜138の６語である。京都方言も近江方言と同様、斜体で示した。

２．調査結果

　36地点における調査結果は、表3-1のようである。○は使用、・は不使用、△は上の世代が使用していたのを聞いたことがある語（理解語）を表わす。□は、大垣方言と語形・意味が少しずれているが、大垣方言ネイティブの筆者から見て、それほど違うとは思われない形式（異形態）である。１項目で複数の回答があった場合は、新しい形式をⓃ、使用が少ない形式を小さな○で示した。

　各形式の文献における初出年も併せて記載した。[ ]で示した年代は、その形式が原義で使用された初出年を表わす。

　表3-1の左側に京都と滋賀県の各地点を、右側に名古屋と岐阜県側の各地点を配置した。

---

[1]　『美濃大垣方言辞典』は、明治44年（1911）生れ、旧大垣市街林町生抜きの植川氏個人の使用語・理解語を収録した語彙集である。

表3-1　36地点における語彙の調査結果（その1）

No.	方言	訳	品詞	初出年	K 京都	S1 彦根	S2 鳥居本	S3 甲田	S4 米原	S5 西円寺	S6 寺倉	S7 高溝	SN 長浜	S8 番場	S9 樋口	S10 醍井	S11 一色	S12 梓	S13 河内	S14 柏原	S15 長久寺	G1 貝戸	G2 新明	G3 竹尻	G4 今須西	G5 今須	G6 祖父谷	G7 平井	G8 山中	G9 松尾	G10 関原	G11 野上	G12 垂井	G13 綾戸	G14 長松	G15 静里	G16 久瀬川	G17 大垣	GG 岐阜	N 名古屋
1	アガリバナ	入り口	名	1785	・	・	□	○	○		□	□	・	△	○	○	・	○	○	○	○	○	○	○	○	○	○	○	○	○	○	○	○	○	○	○	○	○	○	○
	アガリコグチ			[1603]	・	○		○	○					○	△				○	○	△													○	△					
	アガリト			—	・	・	・	・	・	○	・	・	○	○	・	・	○	△	・	○	△	△	○	○	○	・	○	○	○	○	○	○	○	○	○	△	○	○	□
2	アカル	こぼれる	動	—	○	・	△	○	○	○	○	○	○	・	○	○	○	△	□	○	○	△	○	○	○	・	○	○	○	△	○	△	○	△	○	○	○	・	○	○
3	アゴタ	顎（あご）	名	1688	○	○	△	○	△	○	□	・	○	△	○	○	○	○	○	○	○	・	・	○	○	・	○	○	○	△	○	○	○	△	○	○	△	○	○	○
4	アサッパラ	朝早く	名	1774	○	○	○	○	○	○	○	・	○	○	○	○	○	○	○	○	○	・	○	○	○	・	○	○	○	△	○	○	○	○	○	○	△	○	○	○
5	アジナイ	不味い	形	1707	○	○	△	・	△	○	□	□	○	・	○	□	・	・	○	○	○	○	○	○	△	・	○	○	○	○	○	○	○	○	△	○	○	○	○	○
6	アセビッチャ	汗で濡れている	名	[1908]	・	・	○	○	○	・	○	□	○	・	○	○	□	□	・	○	○	・	・	○	○	・	○	○	○	○	○	○	○	・	○	○	○	○	・	・
	アセズックリ			[1822]	□	○	・	・	・	・	□	□	○	・	○	□	・	○	・	○	・	○	△	・	△	○	・	・	△	・	△	△	△	○	○	・	○	○	○	・
7	アツコイ	厚い	形	—	・	・	△	○	○	○	・	・	□	△	○	○	△	△	○	○	○	△	○	○	○	○	○	○	△	△	○	△	△	○	○	・	○	△	△	○
8	アッチベタ	あちら側	名	—	・	・	○	○	○	・	・	・	・	△	○	・	△	・	・	○	○	△	・	・	○	・	・	○	○	△	○	△	○	○	・	○	・	○	○	・
9	アノジン	あの人	連	1707	・	○	△	○	○	○	□	□	□	△	○	□	○	・	・	○	○	△	・	・	△	・	△	○	○	○	△	△	○	・	○	△	○	○	○	○
10	アビル	泳ぐ	動	—	・	○	・	・	・	・	・	□	○	・	○	○	・	○	○	○	○	○	○	○	・	・	○	○	○	○	△	○	△	○	○	・	○	○	○	○
11	アマタラコイ	甘すぎる	形	—	・	・	・	○	○	○	・	□	・	・	○	○	・	○	・	○	・	・	・	○	○	・	○	△	○	○	○	・	○	・	・	・	○	○	○	・
	アマッタルイ			—	○			○	○	○	□		・	○	○	○	○	○	○	○	○	○	○	○	○	○	○	○	○	○	○	○	○	○	○	○	○	○	○	○
12	アライマシ	洗い片付け	名	—	○	・	○	○	○	○	・	・	・	○	○	・	・	・	・	△	○	・	・	○	○	・	○	○	○	○	○	○	○	・	○	△	○	○	○	○
13	アラビル	暴れる	動	（10c終）	・	○	・	○	・	・	・	・	・	・	△	○	○	○	・	○	△	△	・	・	△	・	△	△	△	○	○	○	○	○	・	○	○	○	○	・
14	アンバヨー	きちんと	副	1771	□	○	○	○	○	○	○	□	○	○	○	○	○	○	・	○	○	・	△	○	・	・	○	○	△	○	□	○	○	・	○	○	○	○	○	□
15	イザル	移動する	動	970	△	・	△	○	○	○	□	□	・	○	△	・	△	・	○	○	△	△	△	○	○	・	△	△	△	○	○	○	○	○	△	△	△	○	○	○
16	イシナ	小石	名	1775	・	・	・	○	○	○	・	□	・	○	○	○	・	・	○	○	○	・	・	・	○	・	・	△	○	○	○	・	○	・	○	・	○	○	・	○
17	イタダク	頂く	動	1853	・	・	・	・	・	・	・	・	・	△	△	・	・	・	・	・	△	△	○	○	○	・	・	△	△	○	・	○	・	○	・	○	○	△	△	・
18	ウワッパリ	上着	名	1766	○	○	○	○	○	○	○	○	○	○	○	○	○	○	○	○	△	○	○	○	○	○	○	△	△	○	○	○	○	○	○	○	△	○	○	○

表3-1（その2）

No.	方言	訳	品詞	初出年	N 名古屋	GG 岐阜	G17 大垣	G16 久瀬川	G15 静里	G14 長松	G13 綾戸	G12 垂井	G11 野上	G10 関原	G9 松尾	G8 山中	G7 平井	G6 祖父谷	G5 今須	G4 今須西	G3 竹尻	G2 新明	G1 貝戸	S15 長久寺	S14 柏原	S13 河内	S12 梓	S11 一色	S10 醍醐井	S9 樋口	S8 番場	SN 長浜	S7 高溝	S6 寺倉	S5 西円寺	S4 米原	S3 甲田	S2 鳥居本	S1 彦根	K 京都
19	ウワボル	上に着る	動	[1596]	·	○	·	·	·	·	·	○	·	·	○	·	·	·	·	·	·	·	·	·	·	·	·	·	·	·	·	·	·	·	·	·	·	□	·	·
20	エゾクラシー	煩わしい	形	1769	·	·	·	△	△	△	□	△	·	·	·	△	□	·	·	○	□	·	·	△	□	·	□	□	□	·	·	□	□	·	·	○	○	·	○	□
21	エライ	疲れる	形	19c中	○	○	○	○	○	○	○	○	○	○	○	○	○	·	·	○	·	·	○	○	○	○	○	○	○	·	·	○	○	·	·	○	○	·	○	·
22	オーチャクイ	横柄な	形	—	○	○	○	○	○	○	○	○	○	○	○	○	○	·	○	○	·	·	○	○	○	○	○	·	·	·	·	○	○	·	·	·	○	·	○	·
23	オク	止める	動	1520	○	○	○	○	△	○	○	○	○	○	○	○	○	·	○	○	○	○	○	○	·	○	○	○	○	·	·	·	○	○	○	○	·	○	○	·
24	オケゾク	御下がり	名	1560	○	○	○	○	·	○	□	○	□	□	○	○	○	·	·	·	·	·	△	○	□	·	·	·	·	·	·	□	·	·	○	□	○	·	○	□
25	オッサン	伯父さん	名	1745	·	○	○	○	·	○	○	○	○	○	○	○	○	·	·	○	·	○	△	○	○	○	○	○	○	○	△	○	△	·	·	○	·	○	○	○
	オッチャン			1907	○	○	○	○	○	○	·	○	·	·	○	○	□	·	○	○	·	·	·	·	·	·	·	·	·	·	·	○	·	·	·	·	·	·	·	○
26	オバサ	伯母さん	名	—	·	·	·	·	·	·	·	·	·	·	·	·	○	○	·	○	·	·	·	○	·	·	·	·	·	·	·	○	□	·	○	·	·	·	·	○
27	オダイジン	お金持ち	名	1681	○	○	○	○	○	○	·	○	○	○	○	○	□	·	○	○	·	□	·	△	·	○	□	·	·	·	△	○	□	·	□	·	·	·	○	·
	オダイ			1797	○	·	·	·	·	·	·	·	·	·	·	·	○	○	○	○	·	○	○	○	·	·	○	·	·	·	·	○	○	·	○	○	○	○	·	○
28	オブー	子供を背負う	動	1770	·	·	△	·	·	·	·	·	·	·	·	·	□	·	·	·	·	·	·	·	·	·	□	·	·	·	·	·	Ⓝ	·	·	·	·	·	·	·
	ボス			—	○	○	○	○	○	○	○	○	○	○	○	○	○	·	○	○	·	·	○	○	○	○	·	○	·	·	·	○	○	·	·	·	·	·	○	·
29	オブクサン	仏飯	名	1600	·	○	○	○	○	○	·	○	·	·	○	·	·	·	·	○	·	·	·	○	○	○	·	·	·	·	·	○	○	·	□	·	·	·	·	·
	オブッパン			—	○	○	△	○	○	○	·	○	·	·	○	○	·	·	○	○	·	○	·	○	○	○	○	·	○	·	·	○	·	·	·	○	·	·	○	·
30	オボワル	覚える	動	1893	·	○	○	○	○	○	○	○	○	○	○	○	○	·	○	·	·	·	○	○	·	·	·	·	○	·	·	○	○	·	○	·	·	·	·	·
31	オメル	人見知りする	動	1220	○	○	○	○	○	○	·	○	·	·	○	·	·	·	·	·	·	·	·	·	·	·	·	·	·	·	·	○	·	·	·	△	·	·	·	·
32	オモショイ	面白い	形	—	·	○	○	○	△	△	·	○	·	·	○	○	·	·	·	·	·	·	·	·	·	·	·	·	○	·	·	○	○	·	□	·	·	·	·	·
33	カウ	鍵をかける	動	1913	○	○	○	○	○	○	·	○	·	·	○	·	○	·	○	○	·	·	○	○	○	·	○	·	·	·	·	○	·	○	·	·	·	·	○	·
34	カザガク	匂いをかぐ	動	1860	·	○	○	○	·	·	·	○	·	·	○	·	·	·	△	·	·	·	·	·	·	·	·	·	·	·	·	○	·	·	·	·	·	·	·	·
35	カジケル	寒がる	動	1813	·	○	○	○	○	○	·	○	·	·	○	○	□	·	○	○	·	·	·	·	·	·	·	·	·	·	·	○	·	·	·	·	·	·	·	○
	カジカム			1700	○	○	○	○	○	○	△	○	△	△	○	○	□	·	○	○	·	△	·	·	·	·	·	△	·	△	·	○	△	·	·	·	·	·	○	○

表3-1（その3）

地点	36	37	38	39	40	41	42	43	44	45	46	47	48	49	50	51	52	53	54	55	56	57	58
N 名古屋	○	○	○	·	○	○	○	○	○	○	○	·	·	○	·	○	○	○	·	·	·	○	○
GG 岐阜	○	○	○	○	○	○	○	○	○	○	□	○	○	○	○	○	○	○	○	·	○	○	○
G17 大垣	○	○	○	○	○	○	○	○	○	○	△	○	○	○	○	○	○	○	○	○	○	○	○
G16 久瀬川	○	○	○	○	○	○	○	○	○	○	○	○	○	○	○	○	○	○	○	○	○	○	○
G15 静里	○	○	○	○	·	○	○	○	△	○	△	○	△	○	△	○	△	○	△	○	△	○	·
G14 長松	○	○	○	○	○	○	○	○	○	○	○	○	○	○	○	○	○	○	○	○	○	○	○
G13 綾戸	○	○	○	○	○	○	○	○	○	○	○	○	○	○	□	○	○	○	○	○	○	○	○
G12 垂井	○	○	○	○	○	○	○	○	○	○	○	○	○	○	○	○	○	○	○	○	○	○	○
G11 野上	○	○	○	○	○	○	○	○	○	○	○	○	○	○	○	○	○	○	○	○	○	○	○
G10 関原	○	○	○	△	○	·	○	△	○	○	·	○	○	○	△	○	△	○	○	·	○	○	△
G9 松尾	○	○	○	·	·	○	○	○	○	△	○	·	○	○	○	○	○	○	○	○	○	○	○
G8 山中	○	○	○	△	·	○	○	○	○	○	□	○	○	○	○	○	○	○	○	○	○	○	○
G7 平井	○	○	·	·	○	○	○	○	○	△	○	○	○	○	○	○	○	○	○	○	○	○	○
G6 祖父谷	○	○	○	○	○	○	○	○	○	○	○	○	○	○	○	○	○	○	○	○	○	○	○
G5 今須	○	○	○	○	○	○	○	○	○	○	○	○	○	○	○	○	○	○	○	○	○	○	○
G4 今須西	○	○	○	○	○	△	○	○	△	○	·	○	△	○	△	○	△	○	·	○	△	○	·
G3 竹尻	○	○	·	○	○	○	○	○	○	○	·	○	○	○	○	○	○	○	○	○	·	○	·
G2 新明	○	○	△	○	·	○	○	○	○	○	·	○	○	○	○	○	○	○	○	○	○	○	○
G1 貝戸	○	○	○	·	○	·	○	·	○	○	·	○	○	○	○	○	△	○	○	○	○	·	·
S15 長久寺	○	○	△	·	○	○	○	·	○	·	○	·	○	·	○	○	·	○	○	○	○	○	·
S14 柏原	○	○	○	○	○	△	○	△	○	○	·	○	○	○	△	○	○	○	○	○	○	○	○
S13 河内	○	○	○	○	○	○	○	○	·	○	○	○	○	○	○	○	○	○	○	○	○	○	○
S12 梓	○	○	○	○	○	○	○	·	○	·	○	○	○	○	○	○	○	○	○	○	○	○	○
S11 一色	○	○	○	○	○	○	○	·	·	○	·	○	○	○	○	○	○	○	○	□	○	·	·
S10 醒井	○	○	○	○	○	○	○	○	○	○	·	○	·	○	○	○	○	○	○	○	○	○	○
S9 樋口	○	○	△	○	△	○	△	○	○	△	○	·	○	△	○	○	○	△	○	○	△	○	○
S8 番場	○	○	○	○	○	○	○	○	○	○	·	○	○	○	○	○	○	○	○	○	○	○	○
SN 長浜	○	○	·	○	○	○	○	○	○	○	○	·	○	○	○	○	○	○	○	○	○	○	○
S7 高溝	○	○	·	○	○	○	○	○	○	○	○	○	○	○	·	○	○	○	○	○	□	○	○
S6 寺倉	○	○	○	○	○	·	○	○	○	○	○	△	○	○	○	○	○	○	○	○	○	○	○
S5 西円寺	○	○	○	○	○	·	○	○	○	○	·	○	○	○	○	○	○	○	○	□	○	○	○
S4 米原	○	○	○	○	○	△	○	·	○	○	·	○	○	○	○	○	○	○	○	·	○	△	○
S3 甲田	○	○	·	○	○	△	○	○	○	○	·	○	○	○	○	○	○	○	○	□	○	△	○
S2 鳥居本	○	○	○	·	○	○	○	○	○	○	△	○	○	○	○	○	○	○	○	○	○	○	○
S1 彦根	○	○	○	○	·	○	○	○	○	○	·	○	○	○	○	○	·	○	·	○	○	○	○
K 京都	○	○	△	○	○	·	·	○	·	○	□	·	·	○	·	△	·	○	·	·	○	○	·
初出年	1850	898	1775	—	—	1179	1802	[1736]	—	1783	[1660]	8c	—	1676	—	1563	—	8c後	13c前	—	[1792]	974	—
品詞	名	動	動	形動	動	動	動	形	形	形	形動	副	形動	動	名	形	動	動	名	名	副	形	名
訳	鶏肉	米をとぐ	どなる	こびりついている	蚊にさされる	荷造りをする	考える	黄色の	汚い	ご汚い	大嫌い	今日なんかに	ゆるい	じゃれる	隅	羨ましい	引っ越す	肥る	僧侶	校下・学区	順番に	親しい	粉
方言	カシワ	カス	ガナル	カバリツバ	カマレル	カラゲル	カンコースル	キーナイ	キタナコイ	キタナラシー	キツツクレー	キョーラ	グスグス	クルー	クロ	ケナルイ	コエテク	コエル	ゴエンサン	コーカ	コグチカラ	ココロヤスイ	コンコ
No.	36	37	38	39	40	41	42	43	44	45	46	47	48	49	50	51	52	53	54	55	56	57	58

表3-1（その4）

No.	方言	訳	品詞	初出年	N 名古屋	GG 岐阜	G17 大垣	G16 久瀬川	G15 静里	G14 長松	G13 綾戸	G12 垂井	G11 野上	G10 関原	G9 松尾	G8 山中	G7 平井	G6 祖父谷	G5 今須	G4 今須西	G3 竹尻	G2 新明	G1 貝戸	S15 長久寺	S14 柏原	S13 河内	S12 梓	S11 一色	S10 醒井	S9 樋口	S8 番場	SN 長浜	S7 高溝	S6 寺倉	S5 西円寺	S4 米原	S3 甲田	S2 鳥居本	S1 彦根	K 京都
59	コンドカエリ	今度	名	—	・	・	△	○	・	・	○	○	・	・	・	・	・	・	・	・	・	・	・	・	・	・	・	・	・	・	・	・	・	・	・	・	・	・	・	・
60	コンドカエン	今度	名	1804	・	○	△	△	・	・	・	○	・	・	・	・	・	○	・	・	・	・	・	・	・	・	・	・	・	・	・	・	・	・	・	・	・	・	・	・
61	ザイハライ	はたき	名	1816	○	○	○	△	△	△	○	△	・	△	△	△	・	○	○	・	□	・	・	・	・	□	・	・	・	・	・	□	・	・	□	□	・	・	○	□
62	サッキニカラ	先ほどから	句	1710	・	○	・	・	△	△	・	△	・	・	・	・	・	・	・	・	○	・	・	△	・	○	・	・	○	○	○	・	・	□	・	○	△	・	・	・
62	サブボロ ／ サブイボ	鳥肌	名	—	○	○	○	□	□	・	○	○	○	○	○	○	○	・	・	・	○	○	・	・	・	○	○	○	・	・	・	・	・	・	・	・	・	・	○	○
63	サラエル	全部集める	動	1310	・	○	○	○	・	○	○	○	○	○	○	○	○	・	・	・	○	○	・	○	・	・	・	・	○	△	○	○	○	○	○	○	○	○	○	○
64	シオカライ	しょっぱい	形	1120	○	・	○	○	○	・	○	○	○	○	○	○	○	・	○	○	○	○	・	・	・	○	○	○	○	○	○	・	□	○	○	○	○	○	○	○
65	シカシカする	痛痒い	形	1477	○	○	○	○	△	○	○	○	○	○	○	○	○	・	・	・	○	○	・	○	・	○	○	○	○	○	○	○	○	○	○	○	○	○	○	○
66	シジクダル	しずくが垂れる	句	—	○	○	○	○	○	○	○	○	○	○	○	○	○	・	○	○	○	○	・	□	・	○	○	○	□	○	○	○	○	○	○	○	○	○	○	○
67	ジッキニ	直ぐに	副	1783	・	○	△	○	○	○	○	○	○	○	△	○	○	・	○	△	○	□	・	○	・	○	○	○	○	○	○	○	○	○	○	○	□	○	○	・
68	シャクニサワル	腹が立つ	句	1789	○	・	□	○	○	○	○	○	○	○	○	○	○	・	○	○	○	○	・	○	・	○	○	○	○	○	○	○	○	○	○	○	○	○	○	○
69	シャチヤク	余計な世話をする	句	—	○	○	○	○	○	○	○	○	○	○	△	○	○	・	△	○	○	○	・	○	・	○	○	・	○	○	○	○	○	○	○	○	□	○	○	・
70	ジュルイ	ぬかるんでいる	形	1477	・	○	○	○	△	○	○	○	○	○	○	○	○	・	○	○	○	○	・	○	・	○	○	○	○	○	○	○	○	○	○	○	○	○	○	○
71	ジョーブイ	丈夫な	形	—	○	・	・	○	○	○	○	○	○	○	○	○	○	・	○	○	○	○	・	○	・	○	○	○	○	○	○	○	○	○	○	○	△	○	○	□
72	ションネー	仕方がない	句	1909	○	○	○	○	○	○	○	○	○	○	○	○	○	・	○	○	○	○	・	○	・	○	○	○	○	○	○	○	○	○	○	○	○	○	○	○
73	ズツナイ	苦しい	形	[1187]	・	○	○	○	△	○	○	△	○	○	○	○	○	・	○	○	○	○	・	○	・	○	○	△	○	△	○	○	○	○	○	○	○	○	○	・
74	ズルケル	怠ける	動	1786	○	○	○	○	・	・	○	○	○	○	○	○	○	・	・	△	○	○	・	○	・	○	○	△	○	○	○	○	○	○	○	○	・	△	○	○
75	セーダイ ／ セーデッテ	精出して	句	[1806]	○	○	○	△	△	・	○	○	○	○	○	○	○	・	・	・	・	・	・	・	・	・	・	○	・	・	・	・	□	・	・	○	・	・	・	○
76	セワシー	忙しい	形	1020	○	□	□	・	・	○	・	○	○	○	○	○	○	○	○	○	○	○	・	○	・	○	○	○	○	○	○	○	○	○	○	○	○	○	○	○
77	ゾゾゲダツ	ぞっとする	連語	[1797]	○	○	○	○	○	○	△	△	・	○	○	○	○	・	○	・	・	・	・	・	・	□	・	△	○	○	・	・	・	・	・	○	・	・	△	△
78	ターケ	馬鹿な	名	[1603]	○	○	○	○	・	○	△	○	・	○	○	○	○	・	・	・	□	・	・	○	・	□	・	○	○	・	・	□	・	□	・	□	□	・	・	・

表3-1（その5）

No.	方言	訳	品詞	初出年	K 京都	S1 彦根	S2 鳥居本	S3 甲田	S4 米原	S5 西円寺	S6 寺倉	S7 高溝	SN 長浜	S8 番場	S9 樋口	S10 醒井	S11 一色	S12 梓	S13 河内	S14 柏原	S15 長久寺	G1 貝戸	G2 新明	G3 竹尻	G4 今須西	G5 今須	G6 祖父谷	G7 平井	G8 山中	G9 松尾	G10 関原	G11 野上	G12 垂井	G13 綾戸	G14 長松	G15 静里	G16 久瀬川	G17 大垣	GG 岐阜	N 名古屋
79	ダカマエル	抱く	動	1768	△	△	○	△	○	○	○	○	·	○	△	○	○	○	○	○	○	○	○	○	○	·	○	○	△	○	○	○	○	○	○	○	○	○	○	○	·
80	タグネル	丸めて積む	動	—	·	·	○	·	·	·	·	○	○	·	·	○	·	·	·	·	·	·	○	·	○	·	·	·	△	△	○	○	○	○	·	·	·	·	·	○	○
81	ダダクサにする	粗末にする	句	1660	·	○	○	○	○	○	○	○	○	○	△	·	○	○	○	·	·	○	○	○	○	·	○	○	△	○	○	○	○	○	○	○	○	○	○	○	○
82	ダマクラカス	騙す	動	1742	○	○	·	·	·	·	·	·	○	○	△	○	△	·	·	·	·	○	○	○	○	·	○	○	△	○	○	○	△	△	△	○	·	○
83	タマリ	醤油	名	1603	○	△	·	△	·	·	○	○	·	○	·	·	○	○	○	○	○	○	○	·	·	·	○	○	△	○	○	○	○	○	○	○	○	○	○	○	·
84	チャット	急いで	副	1439	□	·	○	·	·	·	○	·	□	□	·	·	·	·	□	·	·	○	○	○	·	·	○	○	△	○	○	○	○	○	○	○	○	○	○	○	□
85	チョースク	威張る	動	—	·	·	·	□	·	○	○	□	·	□	·	·	·	·	□	□	·	·	□	□	○	·	○	○	○	○	○	○	○	○	○	○	○	○	○	○	□
86	チョーラカス	あやす	動	1811	·	○	○	·	○	○	·	○	○	□	△	○	○	○	·	○	·	○	○	○	·	○	○	○	○	○	○	○	○	○	○	○	○	○	○	○	○
87	チンチン	非常に熱い	形動	1823	○	○	○	○	○	○	○	○	○	○	△	○	○	○	○	○	○	○	○	○	·	○	○	○	○	○	△	△	○	○	○	○	○	○	○	△	○
88	ツマル	肩が凝る	動	—	○	○	○	○	○	○	○	○	○	○	○	○	○	○	○	○	○	○	○	○	·	○	○	○	○	○	○	○	○	○	○	○	○	○	○	○	○
89	ツモイ	窮屈な	形	—	△	·	·	·	·	○	·	·	○	·	·	○	·	·	·	·	·	·	·	·	·	·	·	·	○	·	·	○	△	·	·	△	·	△	·	△	·
90	ツラッテ	連れ立って	句	1821	·	○	○	○	○	○	○	○	○	○	○	○	○	○	○	○	○	○	○	○	·	○	○	○	○	○	○	○	○	○	○	○	○	○	○	○	○
91	ツラマル	支えに摑まる	動	1793	·	·	○	·	·	○	·	·	○	○	○	○	○	·	○	·	△	△	·	·	·	·	○	○	○	○	△	△	○	○	△	○	△	○	○	○	·
92	ツル	机を運ぶ	動	1681	○	·	○	·	○	○	○	○	○	○	·	○	·	○	○	○	○	·	□	·	·	·	○	○	○	○	○	○	○	○	○	○	○	·	○	○	○
92	カク	机を運ぶ	動	—	·	○	·	○	○	·	·	·	·	○	·	○	·	·	·	○	○	·	·	·	·	·	·	·	·	○	○	·	·	·	·	·	·	·	·	·	·
93	トッツク	届く	動	—	○	·	○	·	○	○	○	○	○	○	·	·	·	○	○	·	·	·	·	○	·	○	○	○	○	·	·	·	○	○	○	○	○	○	○	○	·
94	ドバッチ／ドバッチが当たる	（さま見る）ドバッチが当たる	句	—	·	○	○	△	·	○	○	○	△	△	△	○	·	·	△	○	·	·	△	○	·	△	○	○	○	△	·	·	·	·	○	○	○	○	○	△	○
95	ドブドブユー	文句を言う	連語	—	·	·	·	·	·	·	·	·	○	·	·	·	·	·	·	·	·	·	·	○	·	○	○	○	○	·	·	·	·	○	○	○	·	○	○	○	·
96	ドベ	最下位	名	—	△	○	○	○	○	○	○	○	○	○	△	○	○	○	○	○	○	○	○	○	·	○	○	○	○	□	○	○	○	○	○	○	○	○	○	○	·
97	ドモナラン	どうしようもない	句	1689	△	○	○	△	·	○	·	·	○	○	△	○	·	○	○	○	○	○	○	○	·	△	○	○	○	△	·	○	○	·	○	○	○	○	○	○	○
98	トロクサイ	馬鹿な	形	1728	·	○	○	·	□	○	○	·	△	△	△	○	·	·	·	○	·	·	○	○	·	△	○	○	○	△	○	○	○	○	○	△	△	○	○	△	○
99	ナーニ	いいえ	句	[1779]	·	·	○	○	·	○	·	·	△	△	○	○	·	·	·	·	·	·	·	·	·	·	·	·	△	·	·	·	○	○	○	△	△	△	△	○	·
100	ネタグル	すり付ける	動	[1715]	□	·	·	·	□	○	·	·	□	□	○	□	□	□	□	□	○	·	□	□	·	·	△	○	·	·	△	·	·	○	○	○	○	△	○	○	□

表3-1（その6）

No.	方言	訳	品詞	初出年	N 名古屋	GG 岐阜	G17 大垣	G16 久瀬川	G15 静里	G14 長松	G13 綾戸	G12 垂井	G11 野上	G10 関原	G9 松尾	G8 山中	G7 平井	G6 祖父谷	G5 今須	G4 今須西	G3 竹尻	G2 新明	G1 貝戸	S15 長久寺	S14 柏原	S13 河内	S12 梓	S11 一色	S10 醒井	S9 樋口	SN8 番場	SN 長浜	S7 高溝	S6 寺倉	S5 西円寺	S4 米原	S3 甲田	S2 鳥居本	S1 彦根	K 京都
101	ネブル	舐める	動	898	○	○	○	○	○	○	○	○	○	○	△	○	○	○	○	○	○	○	○	○	○	○	○	○	○	○	○	○	○	○	○	○	○	○	○	○
102	ハシリゴーコ	駆けっこ	名	一	・	・	・	・	・	・	・	・	・	・	・	・	・	・	・	・	・	・	・	□	・	・	・	・	・	・	・	・	・	・	・	○	・	・	○	・
103	ハゼル	熱して割れる	動	1591	○	○	○	○	○	○	○	○	○	○	○	○	○	○	○	○	○	○	○	○	○	○	○	○	○	○	○	○	○	○	○	○	○	○	○	○
104	ハマル	落ちる	動	1563	○	○	○	○	○	○	○	○	○	○	○	○	○	○	○	○	○	○	○	○	○	○	○	○	○	○	○	○	○	○	○	・	・	○	○	○
105	バリカク	引っ掻く	動	一	○	○	○	○	○	○	○	○	○	△	○	△	○	○	○	○	○	○	○	○	○	○	○	○	○	○	○	○	○	○	○	・	・	△	○	○
106	ビーシ	B紙、模造紙	名	一	○	○	○	○	○	○	○	○	○	○	○	○	○	○	○	○	○	○	○	・	・	・	・	・	・	・	・	・	・	・	・	・	・	・	・	・
107	ヒビリ	ひび	名	[1227]	○	△	○	○	△	○	○	○	○	○	・	○	○	○	○	○	○	○	○	○	○	○	○	○	○	○	○	○	○	○	○	○	○	○	○	・
108	ヒマガアク	用事が片つく	句	室町末	・	○	○	○	○	○	○	○	○	○	○	○	○	○	○	△	○	○	○	○	○	○	○	・	・	・	・	・	・	・	・	・	・	・	・	・
109	ヒヤケル	水に漬ける	動	一	・	○	○	○	○	○	○	○	○	○	○	・	○	○	○	○	○	○	○	○	○	○	・	○	○	○	○	○	○	○	○	○	○	○	○	・
110	ヒラクタイ	平たい	形	一	□	○	○	○	○	○	○	○	○	○	○	○	○	○	○	○	○	○	○	○	○	・	○	○	○	○	○	○	○	○	○	・	○	○	・	・
111	ヘツツク	くっつく	動	[1809]	・	○	○	△	○	○	○	○	○	○	○	○	○	○	○	○	○	○	○	○	○	○	○	○	○	△	○	○	○	○	○	○	・	・	○	・
112	ホカル	捨てる	動	1835	○	○	○	○	○	○	○	○	○	○	○	○	○	○	・	□	・	・	・	・	・	・	・	・	・	・	・	・	・	・	・	・	・	・	・	○
112	ホカス	捨てる	動	室町末	○	○	○	○	○	○	○	○	○	○	○	○	○	○	○	・	○	○	○	○	○	○	・	・	○	○	○	○	○	○	○	○	○	○	○	・
113	ホチケル	ほつれる	動	[17c末]	・	・	・	・	・	・	・	・	・	・	・	・	・	・	・	・	△	・	・	・	・	・	○	○	□	・	・	△	□	・	・	□	・	□	・	○
114	ホトビル	ふやける	動	10c前	・	○	○	・	○	○	○	○	○	・	・	・	○	・	・	・	・	・	・	・	・	・	・	・	・	・	・	・	・	・	○	・	・	・	・	・
115	ホトバカス	ふやけさせる	動	1548	○	・	・	○	・	・	・	△	・	○	○	○	□	○	○	○	○	○	○	○	○	○	○	○	○	○	○	○	○	○	□	・	○	○	○	○	・
116	ボンボ	木の実	名	[1603]	・	△	○	・	○	○	○	○	○	・	・	・	・	・	・	・	・	・	・	・	・	・	・	・	・	・	・	・	・	・	・	・	・	・	・	・
117	マゼル	仲間に入れる	動	1665	・	・	・	・	・	・	・	・	・	・	・	・	・	・	・	・	・	・	・	・	・	・	・	・	・	・	・	・	・	・	・	・	・	・	・	・
118	マッキッキ	黄色の	名	一	○	○	○	○	○	○	○	○	○	○	○	○	○	○	○	○	○	○	○	△	○	○	○	○	○	○	○	○	○	○	○	○	○	○	○	○
119	マメ	元気	形動	1212	○	○	○	○	○	○	○	○	○	○	○	○	○	○	○	○	○	○	・	○	○	・	○	○	○	○	○	○	○	○	○	○	○	○	○	○
120	マルカル	丸くなる	動	1563	○	○	○	○	△	○	○	○	○	○	○	○	○	○	○	○	○	○	○	○	○	○	○	○	○	○	○	・	・	・	・	・	・	・	・	・
121	マンダ	まだ	副	1674	○	○	○	△	・	○	○	○	○	○	○	○	○	○	○	○	○	○	・	・	・	・	・	・	・	・	・	・	・	・	・	・	・	・	・	・
122	ミズクサイ	味が薄い	形	1283	○	○	○	○	○	○	○	○	○	○	○	○	○	○	○	○	○	○	○	○	○	○	○	○	○	○	○	・	・	・	・	・	・	・	○	○

表3-1（その7）

No.	方言	訳	品詞	初出年	K 京都	S1 彦根	S2 鳥居本	S3 甲田	S4 米原	S5 西円寺	S6 倉倉寺	S7 高溝	SN 長浜	S8 番場	S9 樋口	S10 醒井	S11 一色	S12 梓	S13 河内	S14 柏原	S15 長久寺	G1 貝戸	G2 新明寺	G3 竹尻	G4 今須西	G5 今須	G6 祖父谷	G7 平井	G8 山中	G9 松尾	G10 関原	G11 野上	G12 垂井	G13 綾戸	G14 長松	G15 静里	G16 久瀬川	G17 大垣	GG 岐阜	N 名古屋
123	メンボ	ものもらい	名	[1603]	・	○	・	・	・	・	・	・	・	・	・	○	・	○	・	○	○	○	○	○	○	○	○	○	○	○	○	○	○	○	○	○	○	○	○	○	○
	メーボ		名	—	○	○	○	○	○	・	△	○	○	○	○	・	○	○	○	・	・	・	・	・	・	・	・	・	・	・	・	・	・	・	・	・	・	・	△	・
124	モリコス	水が溢れ出る	動	—	・	○	○	○	○	・	・	・	・	・	・	○	○	○	・	○	○	□	□	・	・	・	・	・	・	・	○	・	○	・	・	△	・	・	・	・
125	ヤットカメ	久しぶり	名	—	・	○	・	・	・	・	・	・	・	・	△	○	△	・	△	○	・	・	・	○	○	○	○	・	○	○	○	○	○	○	○	○	○	○	○	○
126	ヤメル	痛む	動	1781	○	○	・	・	・	・	○	○	・	・	△	○	○	○	・	○	△	○	○	○	○	○	○	・	○	○	○	○	○	○	○	○	○	○	○	○
127	ヤラシー	嫌な	形	[1682]	○	○	○	・	・	・	△	△	○	○	△	○	○	○	○	○	・	○	○	○	○	○	○	△	○	○	○	○	○	○	○	○	△	△	○	△	○
128	ヨーエー	ありがとう	句	—	・	・	・	・	・	・	△	・	・	・	・	・	・	・	△	○	○	・	・	・	・	・	・	□	・	・	・	・	○	○	○	・	・	・	・	・
129	ヨバレル	ご馳走になる	動	1773	○	○	・	・	○	・	○	○	○	○	○	○	○	○	・	○	○	○	○	○	○	○	○	△	○	○	・	・	○	○	○	○	○	○	○	○
130	ヨボル	呼ぶ	動	1696	○	・	・	・	・	・	○	○	○	○	○	○	○	○	△	△	○	○	○	○	○	○	○	○	○	○	○	○	○	○	○	○	○	○	○	・
131	ヨメリ	嫁入り	名	17c前	・	・	・	・	・	・	○	○	○	○	△	○	○	○	○	○	○	・	・	・	・	・	・	□	○	・	・	・	・	□	□	△	・	・	・	・
132	シナンタロー	いら虫の幼虫	名	1775	・	・	・	・	・	・	・	・	・	・	・	・	・	・	・	・	・	・	○	・	・	・	・	・	・	・	○	・	・	・	○	・	・	○	・	・
	オコゼ			1847	・	・	○	○	○	・	・	・	○	・	・	・	・	・	・	○	○	・	・	・	・	・	・	・	・	○	・	○	・	・	○	○	・	・	○	・
	アオムシ			—	・	・	・	・	・	○	・	・	・	・	・	・	・	・	・	○	○	・	・	・	・	・	・	・	・	△	・	・	・	・	・	・	・	・	・	・
	ケムシ			—	○	・	○	○	○	・	・	○	○	・	・	・	・	○	・	○	○	・	○	・	・	・	・	・	・	・	・	○	・	・	・	・	・	・	○	○
	エダムシ			—	・	・	・	・	・	・	・	○	・	・	・	・	・	・	・	・	・	・	・	・	・	・	・	・	・	・	・	・	・	・	・	・	・	・	・	・
	ヤツガシラ			—	・	・	・	○	○	・	・	・	・	・	・	・	・	・	・	・	・	・	・	・	・	・	・	・	・	・	・	・	・	・	・	・	・	・	・	・
	イライラ			—	・	・	・	・	・	○	・	・	・	・	・	・	・	・	・	・	・	・	・	・	・	・	・	・	・	・	・	・	・	・	・	・	・	・	・	・
133	ホンマ	本当	名	1702	△	・	・	△	○	・	△	・	△	・	△	○	△	△	・	○	○	・	○	・	○	・	・	・	△	・	・	・	・	・	○	○	・	△	△	・
134	アナイニ	あのように	副	1679	△	△	・	△	○	・	・	・	△	△	△	○	△	○	・	○	△	・	・	・	・	・	・	・	△	・	・	・	△	・	・	・	・	・	△	・
135	ワテ・アテ	私	代	1916	△	△	・	・	○	・	・	・	○	○	○	○	○	○	・	○	○	・	・	・	○	・	・	・	△	・	・	・	△	・	○	・	・	○	○	・
136	イテル	居る	句	—	・	・	・	・	・	・	・	・	・	・	・	・	○	○	・	○	○	・	・	・	・	・	・	・	・	・	・	・	・	・	○	・	・	・	・	・
137	オス	あります	動	1789	△	・	・	△	○	・	・	・	△	△	△	・	△	△	△	○	△	・	・	・	○	・	・	・	△	・	・	・	△	・	・	・	・	・	・	・
138	ソーどス	そうです	句	1907	△	・	・	△	○	・	△	△	△	△	△	・	△	△	○	○	△	・	・	・	・	・	・	・	・	・	・	・	・	△	・	・	・	・	・	・

3. 調査結果の解説

　調査結果、および調査語彙の語誌を解説していくことにする。

　① 語義と例文は『美濃大垣方言辞典』から引用した。同書に例文がない場合は、筆者が祖父母（大垣市赤坂地区、明治末生まれ）のことばを思い出しながら作成し、例文の後に（杉）と示した。

　② 調査結果と併せて、調査域における異形態や関連語を示した。

　③ 調査語彙が、歴史的・地理的にどのような位置にあるかを示すため、初出の文献、列島における分布を併記した。歴史的文献にみられる用例は、以下の文献より引用した。◆は、語源の解説であることを示す。

　　『日本国語大辞典』〈第 2 版〉（日本大辞典刊行会編 2000-02）

　　『角川古語大辞典』（中村幸彦編 1982-99）

　　『広辞苑』〈第 4 版〉（新村出編 1991）

　④ 全国的な分布は、『日本方言大辞典』『現代日本語方言大辞典』の他、各都道府県で発行されている約300冊の語彙集・方言辞典を参照した。出典は、参考文献と共に巻末に示した。『日本方言大辞典』に倣い、伊豆諸島は東京都と分離した。分布は、表3-2のようである。

　⑤ 列島各地の異形態も併せて記した。基本形（調査語彙）との距離が近い形式は［同系］とし、距離が遠い形式や語源が異なる形式は［関連］とした。表3-2のうち［関連］の項目は網掛けで区別し、「3'」のように示した。今まで考察されてこなかった語彙の系統は歴史的文献や分布から推測した。

　⑥ 分布図は、上述の語彙集・方言辞典を参考に作成した。北海道と沖縄は、東西方言境界線の形成や大垣方言の形成との関連性が薄いので省略した。多くの異形態を有する語彙は代表的な形式に集約し、図を簡略化した。

1）アガリハナ〈上端〉ほか

　玄関先。土間から座敷へ上がるところ。

①アガリハナ〈上端〉

　「上がってまわんと まー あがりはなで ご無礼しました（上がってもらわずに、玄関先で失礼しました）」。京都や西円寺・長浜・一色以外のほとんどの地点で確認された。鳥居本でアガリバナ、寺倉・高溝でアガリッパナが聞かれた。

　◆江戸中期の文献では、アガリハナとアガリバナの両形がみられる。

　　［文献］「上りはな押し分けて嫁（よめ）迯げるなり」（菟姑柳、江戸1785）。「わらぢの緒はときたれど揚りばなに両手をつき」（鶉衣、江戸1729-79）。

　　［分布］中国・四国全域ほか、栃木・群馬・東京・神奈川・新潟・福井・山梨・長野・静岡・愛知・岐阜・滋賀・京都・大阪・兵庫・大分。

　　［同系］アガリッパナ：茨城・栃木・埼玉・千葉・東京・神奈川・静岡・長野・鳥取。アガリバナ：山梨・長野・三重・島根・岡山・高知。アガーハナ：島根。

②アガリコグチ〈上小口〉

　柏原・長松でのみ確認された。幕末の大垣でも使用されていた形式（杉崎・植川2002）であることから、古い形式と考えられる。文献に記述はみられない。

　　［分布］千葉・岐阜・三重・滋賀・大阪・兵庫・島根・広島・山口。

表3-2　調査語彙の全国における分布（その1）

No.	方言	訳	初出	北海道	青森	岩手	宮城	秋田	山形	福島	茨城	栃木	群馬	埼玉	千葉	東京	神奈川	伊豆諸島	新潟	富山	石川	福井	山梨	長野	静岡	愛知	岐阜	三重	滋賀	京都	大阪	兵庫	奈良	和歌山	鳥取	島根	岡山	広島	山口	徳島	香川	愛媛	高知	福岡	佐賀	長崎	熊本	大分	宮崎	鹿児島	沖縄
1	アガリハナ	（入り口）	1785														○	○																	○	○	○	○	○	○	○	○	○					○			
	アガリコグチ		・								□	□	□	□	□		□	○																○			○	○					○	○	□	○	○	○	□	
	アガリト		・				○					○		○	○		□		○		○	○								○			○				○	○	○			○	○								
2	アカル	こぼれる	・		○				□						○					○				○				○		○					○	○	○	○	○			○		○				○			
3	アゴタ	顎（あご）	1688	□	□	○			□	○	○	○	○	○	○				□	○	○	○	○	○			○	○	○	○	○	○	○	○	○	○	□	○	○	○	○	○	□	○	○	□	○	○	○	□	
3'	（アギト）		1113	○	□	○	○	○	○	○	○	○	○	○	○	○	○	○	○	○	○	○	○	○	○	○	○	○	○	○	○	○	○	○	○	○	○	○	○	○	○	○	○	○	○	○	○	○	○	○	○
4	アサッパラ	朝早く	1774	○	○	○	○	○	○	○	○	○	○	○	○	○	○	○	○	○	○	○	○	○	○	○	○	○	○	○	○	○	○	○	○	○	○	○	○	○	○	○	○	○	○	○	○	○	○	○	○
4'	（アサッパチ）		・																									○	○	○	○	○		○																	
	（アサッパナ）		1905																												○																				○
5	アジナイ	不味い	1707																										○	○		○					○	○	○			○	○	○	○	○	○		○		
7	アツコイ	厚い	・			□						○			○				○							□	○	○	○	○	○	○	○	○	○	□	□	□	○	○											
8	アッチベタ	あちら側	・																								○	○							○		○	○													
	アッチベラ		・																									○					○			○	○	○							○						
9	アノジン	あの人	1707	○	○	○	○	○	□	○	○	○	○		○	○	○	○	○	○	○	○	○	○	□		○	○	○	○	○	○	○	○			○	□	□		○	○	○	○	○	○	○	○	□	○	
10	アビル	泳ぐ	・													○												○				○	○					○	○	○		○	○	○								
11	アマタラコイ	甘すぎる	・	・	○	○	○	○	○	○	○			○	○				○	○	○	○	○	○	○		○	○	○	○	○	○	○	○	○	○	○	○	○		○		○	○	○	○	○		○		○
	アマッタルイ		1801																									○	○	○	○	○	○	○																	
11'	（アマコイ）		・								○							○										○	○	○	○				○			○													
12	アライマシ	洗い片付け	・		○	○	○	○								○				○																							○	○	○	○	○				
13	アラビル	暴れる	1781	○	○	○	○	○			○	○		○		○												○	○														○	○	○		○				
14	アンバヨー	きちんと	1780			○	○						○			○		○							○		○	○		○	○		○	○					○			○	○	○	○	○	○		○		
14'	（アンバイ）	具合	1231	○	○	○	○	○	○	○	○	○	○	○	○	○	○	○	○	○	○	○	○	○	○	○	○	○	○	○	○	○	○	○	○	○	○	○	○	○	○	○	○	○	○	○	○	○	○	○	○
15	イザル	移動する	970	○	○	○		○	○	○	○		○	○	○	○	○		○		○			○			○	○		○	○	○	○	○	○	○	○	○	○			○	○	○	○	○	○	○	○	○	
16	イシナ	小石	1775		○				○	○	○					○										○						○					□	□	○					○	○	○	○		○		
16'	（イシナゴ）		1540		□	□						□							□												○																				
17	イナダク	頂く	1835														○			○								○					○	□	○	○	○	○	○	○				○	○					○	
18	ウワッパリ	上着	1766		○							○			○		○		○	○	○		○		○			○		○		○				○		○						○	○							
	ウワハリ		・																	□											○							○		○											
19	ウワホル	上に着る	1596	○	□	□				○	○	□								□					○											□												○			
20	エゾクラシー	煩わしい	1769																																									○	○	○	○		○	○	
20'	（エズロシー）		1819																																			□								○	○		○	○	
21	エライ	疲れる	1823	○	○	○					○					○			○	○							○	○	○	○	○					○	○	○	○	○			○	○					○		
22	オーチャクイ	横柄な	・																		○									○	○								□				○	○					○	○	
23	オク	止める	1520	○	○					○							○																			○	○	○	○	○	○	○	○	○							

表3-2（その2）

都道府県（横軸、右から左）: 沖縄・鹿児島・宮崎・大分・熊本・長崎・佐賀・福岡・高知・愛媛・香川・徳島・山口・広島・岡山・島根・鳥取・和歌山・奈良・兵庫・大阪・京都・滋賀・三重・岐阜・愛知・静岡・長野・山梨・福井・石川・富山・新潟・伊豆諸島・神奈川・東京・千葉・埼玉・群馬・栃木・茨城・福島・山形・秋田・宮城・岩手・青森・北海道

No.	方言	訳	初出
24	オケゾク	お供え餅	1777
24'	（オケゾク）	供物	1560
25	オッサ	伯父さん	・
26	オバサ	独身の弟	・
		伯母さん	・
		未婚の女性	・
27	オダイジン	お金持ち	1681
	ダイジン		・
	オダイ		1797
28	オブ	子供を背負う	720
	オブー		・
	オブル		1770
	ボス		・
29	オブウサン	仏飯	室町末
	オブッパン		
29'	（オブウサン）	供物	室町末
30	オボワル	覚える	1220
31	オメル	人見知りする	1636
31'	（ヒトオメする）		・
32	オモショイ	面白い	・
33	カウ	鍵をかける	1922
34	カザガク	匂いをかぐ	1860
35	カジケル	寒がる	1733
	カジカム		1769
	（コジケル）		・
35'	（ハジカム）		1656
37	カス	米をとぐ	898
	カシグ		
37'	（カス）	浸す	1105
38	ガヌル	どなる	1775
38'	ナル		1101
39	カバカバ	こびりついている	・
	（カーバル）	こびりつく	・
39'	（コーバル）		・
40	カマレル	蚊にさされる	・

表3-2（その3）

No.	方言	訳	初出	沖縄	鹿児島	宮崎	大分	熊本	長崎	佐賀	福岡	高知	愛媛	香川	徳島	山口	広島	岡山	島根	鳥取	和歌山	奈良	兵庫	大阪	京都	滋賀	三重	岐阜	愛知	静岡	長野	山梨	福井	石川	富山	新潟	伊豆諸島	神奈川	東京	千葉	埼玉	群馬	栃木	茨城	福島	山形	秋田	宮城	岩手	青森	北海道
41	カラゲル	荷造りをする	1179	□				○								○			○							○					○			○	□	○			○		○	○						○		○	○
41	カラグ		1179																□	□																○				○		○				○	○			□	○
41	カラガク		・		□	○				□																										○				○				○			○	○	○	○	○
41	カラゲル		・		○	○	○	○			○																					○		□		○											○				○
41	カラクル		室町末					○			○		○	○	○	○	○	○	○	○	○	○	○	○	○											○			○		○										○
41'	(カラゲル)	尻はしょる	・	□	○	○	○	○	○	□	○																																							○	○
41'	(カラガク)		・																								□																					○			
41'	(カラゲル)		・																																														○	○	
41'	(カラゲル)	修繕する	・			○																			○																								○	○	○
41'	(カラゲ)		・																																																
41'	(カラゲル)		・																																																
41'	(カラクル)		・																																																
42	カンコースル	考える	1802			○							○			○	○	○							○	○	○	○	○	○	○	○	○	○		○															
43	キーナイ	黄色の	・			□	○	○	○	○	○		○		○																																				
43'	(キーナ)	黄色の	・			○	○	□	○		○																														○										
44	キタナコイ	汚い	・																								○	○	○	○	○	○								○				○		○					
46	キッタクレー	大嫌い	1660			○	○	○			○															○	○	○	○	○				○								○	○			□					
48	グスグス	緩い	・										○	○	○	○	○	○	○						○	○	○	○												○	○										
48'	グスイ	緩い	・										○	○			○	○										○						○																
49	クルー	じゃれる	1644									○						○									○	○	○	○	○	○																			
50	クロ	隅	・										○					○										○																							
50'	(クロ)	傍	810																																																
50'	(クロ)	畔	1241																																○																
50'	(クロ)	稲むら・草叢・雑木	・													○																																			
50'	(グルリ)	周囲	1671																																																
51	ケナルイ	羨ましい	1813			○	○	○	○	○	○	○	○	○	○	○	○	○	○	○	○	○	○	○	○	○	○	○	○	○	○	○	○	○	○	○	○	○	○	○	○	○	○	○	○	○	○	○	○	○	○
51	ケナリー		1563									○	○																○	○	○					○															○
52	コエデク	引っ越す	・				○	○				○	○			○	○											○	○	○	○					○	○	○	○						○	○	○	○	○	○	○
55	コーカ	校下・学区	・										○						○								○	○	○	○																					
56	コグチカラ	順番に	1687		○	○	○	○	○		○	○		○					○														○			○								○	□	□	□	○	□	□	
58	コンコ	粉	・										○			○	○	○									○	○	○	○	○									○											
59	コンドカエリ	今度	・			○	○					□	□	○		○	○	○		○	○	○	○	○	○		○	○	○	○	○			○	○	○			○		○	○	○	○	○	○	○	○	○	○	
59	コンドカエシ		1804										○	○																																					○

表3-2（その4）

沖縄	鹿児島	宮崎	大分	熊本	長崎	佐賀	福岡	高知	愛媛	香川	徳島	山口	広島	岡山	島根	鳥取	和歌山	奈良	兵庫	大阪	京都	滋賀	三重	岐阜	愛知	静岡	長野	山梨	福井	石川	富山	新潟	伊豆諸島	神奈川	東京	千葉	埼玉	群馬	栃木	茨城	福島	山形	秋田	宮城	岩手	青森	北海道	初出	訳	方言	No.
			○			○																																○										・	僧侶	ゴインサン	54
																	□																														○	・		ゴエンサン	
	□																				○																										○	13c前		ゴインジュ	
				○	○					○																						□															○	・		ゴインジュサン	
		□																		□																											○	・		ゴエンジュサン	
	○		○	○	○	○	○	○	○	○		○	○	○	○	○	○	○	○	○	○	○	○	○	○	○	○	○	○	○	○	○																1816	はたき	ザイハライ／サイハライ	60
			○	□	□	○	○										□	□		□	□		○	○	○		□				○	□						□			□	□		○	○	□		1705	先ほどから	サッキニカラ	61
		□		○	○		○	○	○	○	○		○	○	○		○	○	○	○	○	○	○	○	○	□	○	○	○	○	○	○										○						・	鳥肌	サブポロ／サブイボ	62
	○		○	○		□		○	○		○	○		○			□	□	○	□	○	○	○	○	○	○	○		○	○	○	○						□										1120	平らげる	サラエル	63
	○		○	○	○			○	○	○	○	○	○	○	○		○	○	○	○	○	○	○	○	○	□	○	○	○	○	○	○	○								○		□	○	□	□	○	1477	しょっぱい	シオカライ	64
			○	○	○	○	○	○	○	□	○					□	○	○	○	○	○	○	○	○	○	○	○		○	○	○	○									○		○	○	○		○	・	痛痒い	シカシカする／シカジカする	65
	○	○	○	○	○			○	○	○	○		○	○	○	○	○	○	○	○	○	○	○	○	○	○	□	○	○	○	○	○																・	余計な世話をする	シャチャヤク／シャシャカヤク	69
	○	○	○	○	○	□	○	○	□			○	○	○		○	○	○	○	○	○	○	○	○	○	○	○		○	○	○	○				○	○								○	○	○	1477	道がぬかるむ	ジュルイ	70
	○	○	○	○	○	○	○	○									○							○	○	○		○	○	○	○	○			○	○	○	○	○	○	○	□	○	○	○	○	○	1028	苦しい	ズンナイ／ジュンナイ	71 73
			□	○	○	○	○		○			○		○			○	○	○	○	○	○	○	○	○	○	○		○		○	○	○	○	○	○	○	○	○	○	○	□	○	○	○	○	○	1185	怠ける	ズルケル	74
					□	□		○	○	○	○																			□	□											□			□				室町中	精出して	セーダンテ／セーダイテ／セーダッテ／セーダイ(ト)／セーライ(ト)	75
	○	○	○	○	○	○	○	○	○	○	○	○	○	○	○	○	○	○	○	○	○	○	○	○	○	○	○	○	○	○	○	○	○	○	○	○	○	○	○	○	○	○	○	○	○	○	○	1020	忙しい	セワシー	76
○	○	○	○	○	○	○	○	○	○	○	○		○	○			○	○	○	○	○	○	○	○	○	○	○	○	○	○	○	○		○	○	○	○	○	○	○	○	○	○	○	○	○	○	1465		（セワシナイ）	76'
		○	○	○					□	○										○	○											□											□			○		1797	ぞっとする	ゾッゾッサン	77
		○	○					○		○		○			○					○	○																											1534		（オゾゲダツ）	77'
			○	○	○		○	○	□			○			○		○	○	○	○	○	□	○	○	○							□		○	○	○	○	○	○	○	○		○	□	○	○		1603	馬鹿な	ターケ	78
			○	○				○			○				○			○	○	○	○						○																					1768	抱く	ダカマエル	79
	○	○	○	○	○	○	○	○	□			○				○	○	○	○	○	○	○	○	○	○	○				○	○	□			○		○		○		○		○		○			1660	粗末にする	ダダクサにする	81
○	○	○	○	○	○	○	○	○	○			○					○	○	○	○	○	○	○	○	○																					○	○	・	騙す	ダマクリカエス	82

表3-2（その5）

No.	方言	訳	初出	北海道	青森	岩手	宮城	秋田	山形	福島	茨城	栃木	群馬	埼玉	千葉	東京	神奈川	伊豆諸島	新潟	富山	石川	福井	山梨	長野	静岡	愛知	岐阜	三重	滋賀	京都	大阪	兵庫	奈良	和歌山	鳥取	島根	岡山	広島	山口	徳島	香川	愛媛	高知	福岡	佐賀	長崎	熊本	大分	宮崎	鹿児島	沖縄
80	タグネル	丸めて積む	・								○				□	□		○								○		○														○									
	タクネル	束ねる	・																					○		○	○	○																					□		
	タネル	束ねる	・								□							□								○	○	○				□							□										○		
80'	（タグナル）	折れ重なる	・	○							□							□	○	○				□	○													○						○	○			○	○		
	（タクナル）	折れ重なる	・																					○																											
83	タマリ	醤油（味噌から絞った液）	1631												○									○	○				○		○	○	○	○	○	○	■	○	○	■	○					□			○		
84	チャット	急いで	1603		○	○	○	○	○	○				■					■	○	○	□		○			○	○	○		○	■	○		○	○		○		■	○						■		○		
	チャッチャト	急いで	1439			○	○	○	○											○	○	○	○	○		○	○	○	○						○	○		○	○												
85	チョースカ	威張る	1477																		○	□																		○											
	チョーシズカ	威張る	1895											■					■	○	○	□		○	■		○		○	○	■	■		■	○	○	■	○	○	■			■	■	○	■	■	○			
86	チョーラカス	あやす	1811																									○				○							○													
	チョークラカス	あやす	・																		○			○					○	○	○		○						○												
86'	チョカス	あやす	・	■	■	■	■	■	■	■	■	■	■	○	■	○	■	■	○	○	■	○	○	○	■					■	○	○		■	■			■	■	■			■	○		■			■		■
	チョッカス	あやす	・	■	○						■	○	○	○	■	○	○	■	○	○	■	○	○	○	■				○	○		○	○	■				■	■	■		■	■	○		■	■		■		■
87	チンチン	非常に熱い	1823																		○	○		○		○	○	○		○	○	○	○	○		○	○	○	○	○	○	○	○	○	○	□			○		□
88	ツマル	肩が凝る	・																		○					○	○	○		○	○	○			○				○							□					
89	ツモイ	窮屈な	1821																								○													○											
90	ツラッテ	連れ立って	1821																	○	○	○		○		○	○		○	○																					
	ツダッテ		・																								○																								
	ツンダッテ																																																		
91	ツラマル	支えに摑まる	1793																																							○									
92	ツル	机を運ぶ	1681											○		○	○	□	○	○		○		○		○	□	○	○		○	○	○		○	○	○	○	○	○	○	○	○	○	○	□	○	○	○	○	
93	トズク	届く	1220									□																														□									
	トッツク				□	□	□	□	□	□	□	□								□	□		○																			□			□						
	トヅク				□		○	○		□	□			○								□					○							□					□												□
	トジク														□	□		□					□															□				□						□			
94	ドバッチ	ざまあ見ろ	・																																			□			○	□									
95	ドブブユー	文句を言う	・													□							□															□			○										
95'	ドブデ	粘った様子	1603	□	□				□						□				□	□		□																				○				○	□		○	○	□
96	ドベ	最下位	・	○			○																												○	○	○	○	○	○	○	○	○	○	○	○	○	○	○	○	○
97	ドモナラン	どうにもならない	1686		□			□	□	□		□		○	□	□				□	□	□		○		○												□				□					□		○	○	○
	ドモコモナラン	どうにもならない	・	○	□	○		□			□	□			□			□		○															□			○	○			○		○	○	○	○	○	○	○
98	トロクサイ	馬鹿な	1728	○	○					○	○				○															○	○	○		○		○	○	○	○	○	○	○	○	○	○	○	○	○	○	○	

表3-2（その6）

No.	方言	訳	初出	沖縄	鹿児島	宮崎	大分	熊本	長崎	佐賀	福岡	高知	愛媛	香川	徳島	山口	広島	岡山	島根	鳥取	和歌山	奈良	兵庫	大阪	京都	滋賀	三重	愛知	岐阜	静岡	長野	山梨	福井	石川	富山	新潟	伊豆諸島	神奈川	東京	千葉	埼玉	群馬	栃木	茨城	福島	山形	秋田	宮城	岩手	青森	北海道
99	ナーニ	—	1779				○						○											○	○		○	○	○	○	○					○				○								○			
	ナーモ	いいえ	・																○			○					○	○	○				○	○	○	○											○	○	○	○	
	ナーン		・						○		○							○	○					○		○	□	○	○				○	□	□	□												○	○	○	
100	ネタクル		・														○												□			○	○	○		○										○	○	○	□	○	○
	ネタクル		・			○																			○	○	○	○			○	○	□			○				○				○	○	○	○	□	○	□
	ヌタクル	すりつける	・		○		○	○	□	□	○	○	○					○			○	○	○	○	○	○	○	○	○	○	○	○	○	○	○	○			○	○				○	○	○	○	○	○	○	○
	ヌタクル		1715	□	□	○	○	○	○	○	○	○	○	○	○	○	○		○	○	○	○	○	○	○	○	○	○	○	○		○	○		○	○								○		○	○	○	○	○	○
	ヌッタクル		・			○		○	○	○	○						○	○			○		○	○	○		○		○	○	○	○	○	○	○															□	○
100'	ヌリクル	塗りまくる	1682	□	□		○	○		□	○					○	○		○	○	○	○	○	○	○	○	○	○	○	○	○	○	○	○	○	○			○	○			□	□	○			○	○	○	○
	ヌリタクル		1918			○			○					○	○	□	□													□				□	□		□							□				○	○	○	○
102	パシリゴーク	駆けっこ	1603											○	○	○	□																				□											○	○	○	
103	ハゼル	熱して割れる	1591		○	○	○	○	○	○	○	○	○	○	○	○	○		○	○	○	○	○	○	○		○			○			○			○			○					○				○	○	○	○
104	ハマル	落ちる	1563		○		○	○		○	○	○	○	○	○	○	○		○	○	○	○	○	○	○	○	○			○			○	○	○	○															
105	バリカク	引っ掻く	・															○								○																									
106	ビーン	B紙、模造紙	・		○				○			○							□		□	○	○	○	○	○	○	○			□					□										○		○	○	○	□
107	ヒビリ	ひび	1275		○							○	○			○	○	○	○	○	○	○	○	○	○	○	○	○	○	○	○					○			○												
107'	ヒビキ		1603																																																
108	ヒマガアク	用事が片づく	室町末			○	○																			○	○											○		○								○	○	○	○
109	ヒヤケル	水に漬ける	・			○	○	○	○	○	○	○	○	○	○	○	○		○	○	○	○	○		○		○	○		○			○											○	○	○		○		○
110	ヒラタイ		・					○										○									○	○							○	○				○								○	○	○	○
	ヒラタコイ	平たい	・											○										○	○	○										○															
	ヘッタクイ		・				○																○		□								○	□	○	□				○					○	○	○	○			○
110'	ダッピラコイ		・																															○	○																
	ビタッコイ		・																		○		○						○			□				□	□														
	ベッタルイ		・					○					○	○	○	○	○														○		○	○	○											○					○
111	ヘッツク	くっつく	・																				○		□					○		□	○	□	○										○		○				○
112	ホカル	捨てる	1835	○																			○																					○	○	○					
	ホカス		室町末	○		○	○															○																													
113	ホチケル		17c末			○		○	○	○	○						○				○	○	○	○	○	○								○	○					○		○	○	○	○	○				○
	ホツケル	ほつれる	1563		○	○	○	○	○	○	○	○	○	○	○	○	○	○	○	○	○	○	○		○	○	○	○		○	□	○	○	○		○	○		○		○	○		○	○	○			○	○	
113'	ホツレル		10c末	○	○	○	○	□	○	□	□	○	○	○	○	○	○	○	○	○	○	○	○	○	□	○	○	○			□	□		○	○	○				○	○	○	○	○		○	□	□	○	○	○
114	ホトビル	ふやける	10c前	○	○	○	○	○	○	○	○	○	○	○	○	○	○	○	○	○	○	○	○	○	○	○	○	○	○	○	○	○	○	○	○	○			○	○	○	○	○	○	○	○	□	○	○	○	○
115	ホトバカス	ふやけさせる	1548			○	○	○	○	○	○		○			○	○	○		○															○	□				○				○				□			
	ホトビラカス		・														□									○							○			□				○				○				○			
116	ポンポ	木の実	・			○	○	○	○	○		○	○	○	○	○	○				○	○	○	○	○	○		○		○				○	○	○			○	○		○	○	○			○	○	○	○	○
		球	・																																																

表3-2（その7）

No.	方言	訳	初出	北海道	青森	岩手	宮城	秋田	山形	福島	茨城	栃木	群馬	埼玉	千葉	東京	神奈川	伊豆諸島	新潟	富山	石川	福井	山梨	長野	静岡	愛知	岐阜	三重	滋賀	京都	大阪	兵庫	奈良	和歌山	鳥取	島根	岡山	広島	山口	徳島	香川	愛媛	高知	福岡	佐賀	長崎	熊本	大分	宮崎	鹿児島	沖縄
117	マゼル	仲間ニ入れる	1665		○	○	○	○	○	○	○	○		○	○				○	○	○	○				○	○	○	○	○	○	□	□	○							○	○		○							
118	マッキッキ	黄色の	室町中									□																						○								○									
120	マルカル	丸くなる	1563	○															○	○	○	□				○	○	□	□	□				□				□	□			○	□	○	○	□	□			□	○
120'	（マルケル）	丸める・束ねる	1694	□			□	□	□	□	○		○	○	○	○	○	○				□			□	○	○	□	○	○	○	○	○	○	○	○	○	○	○	○	○	○	□	○	○	□	□		○	○	○
121	マンダ	まだ	1674	□			□	□	□	○	○		○	○	○				○		○		○	○	○	○	○	○	○	○	○	○	○	○	○		○	○	○	○	○	○	○	○	○	○	○		○	○	
121'	（マーダ）	まだ	・					□								○	○				○		○	○	○		○	○		○	○	○	□	○																	
122	ミズクサイ	味が薄い	1283																								○	○	○	○	○	○	○	○	○	○	○	○	○	○	○	○	○	○	○	○	○		○	○	
123	メンボ	ものもらい	・													○	○								○							○		○																	
123'	メーボ	ものもらい	・																○	○	○	○				○	○	○	○	○	○	○	○	○																	
	（メイボ）	ものもらい	1603	○	○	○	○	○	○	○	○	○	○	○	○				○		○	○	○	○	○	○	○	○	○	○	○	○	○	○	○	○	○	○	○	○	○	○	○	○	○	○	○	○	○	○	○
	メボ	ものもらい	・																									○		○	○	○	○																		
124	モリコス	溢れ出る	・	○															○	○	○					○	○	○		○	○	○	○													○	○				
125	ヤットカメ	久しぶり	・																							○	○	○	○																						
126	ヤメル	痛む	1781	○	○	○	○	○	○	○	○	○	○	○	○	○			○	○	○	○	○	○	○	○		○		○		○		○	○	○	○	○	○	○	○	○		○	○	○	○			○	
127	ヤラシー	嫌な	1682	○	○	○	○	○	○	○	○									○	○	○	○	○	○		○	○	○	○	○	○	○	○	○	○	○	○	○	○	○	○	○	○		○		○	○	○	○
128	ヨーエー	ありがとう	・																										○	○	○	○	○	○																	
	ヨージタ	ありがとう	・																											○	○	○																			
129	ヨバレル	ご馳走になる	1773	○	○	○	○	○	○	○	○	○	○	○	○	○	○		○	○	○	○	○	○	○	○	○	○	○	○	○	○	○	○	○	○	○	○	○	○	○	○	○	○	○	○	○	○	○	○	○
	ヨバーレル	ご馳走になる	・	○	○	○	○																																												
129'	（ヨブ）	ご馳走する	10c後	○	○																																														
	（ヨバル）	ご馳走する	・	○		○																																													
	（ヨバール）	ご馳走する	・																																																
	（ヨボル）	ご馳走する	・																																																
130	ヨボル	呼ぶ	1696	○																																								○						○	○
130'	（ヨバル）	呼ぶ	11c中	○																																								○						○	○
	（ヨバール）	呼ぶ	・																																																
	（ヨバワル）	呼ぶ	13c前																																																
132	シナンタロー	いら虫の幼虫	1775																	○	□																													○	○
133	オコゼ	本当	1847	○																																			○												
	ホンマ	本当	1702																												○																				
134	アナイニ	あのように	1679																	○											○																				
135	プテ	私	1916																	○											○																				
	ワテ	私	1920																	○										○	○																				
136	イテル	居る	1789																											○	○	○	○	○																	
137	オス	ありがとう	・																											○	○																				
138	ソーデス	そうです	1907																									□	○	○	○			○																	

③アガリト〈上処〉

　鳥居本以東の滋賀県側、今須地区の谷筋のほか、松尾・垂井・長松などに点在する。文献に記述は見られない。

　　［分布］近畿全域のほか、秋田・栃木・埼玉・千葉・富山・石川・福井・山梨・長野・静岡・愛知・岐阜・鳥取・島根・広島・山口・愛媛・高知。

　　［同系］アガリット：栃木・千葉・富山・山梨・静岡・長野。アガット：神奈川・石川・山梨・三重・滋賀・京都・兵庫。アガート：鳥取。アガリド：三重。

　他の形式としては、京都でアガリカマチ〈上框〉、京都・新明でアガリ〈上〉が聞かれた。

④アガリグチ〈上口〉

　京都で確認された。室町期の文献にもみられる古い形式である。東北・中部・近畿・四国地方など広範に分布している。

　　［文献］「Agari cuchiアガリクチ、上がり始めの所、または、あがるための入り口」（日葡辞書、1603）。「あがり口にて色つくるも忙し」（好色一代男、大坂1682）。

2）アカル〈空〉

　容器から水などがこぼれる。他動詞アケル〈空ける〉に対応する自動詞である。「気ぃ付けて持ってこんと あかってまうに（気を付けて持ってこないと、こぼれてしまうよ）」。名古屋や岐阜県側のほか、醒井・柏原・長久寺でもみられた。

　　［分布］青森・石川・福井・長野・静岡・愛知・岐阜・滋賀。（図3-1参照）

　一部の地域では、派生形アカラカスの使用に限られる。

3）アゴタ〈顎門〉

　顎。「あごたん外れるほどの大声じゃったわ」。滋賀県旧近江町から岐阜県側、名古屋で確認された。米原以西や京都ではもう使用されておらず、消滅しつつある。

　　［文献］「あげ、あごた、腭なり」（浮世鏡、1688）。「いま一言いうて見よ。顎を切って切下げん」（地獄楽日記、江戸1755）。

　　［分布］近畿全域のほか、富山・石川・福井・長野・愛知・岐阜・鳥取・島根・岡山・広島・香川・愛媛・福岡・佐賀・熊本・大分・宮崎。

　　［同系］アクダィ：福島。アゴタン：富山・福井・三重・滋賀・京都・大阪・広島・香川・福岡・佐賀・熊本。アンゴタ：石川。アゴター：岡山・広島。アゴッタ：和歌山・広島。アゴッター：広島。アグタ：長崎。アゴト：香川。アゴトー：福岡。アゴンチャン：鹿児島。

◆原形は、アギト。現在も、以下の地域で使用されている。

　　［文献］「両朶なる紅の顋（アキト）花綻びむと欲」（白氏文集天永四年点、1113）

　　［分布］アギト：岩手・長野・三重・和歌山・広島・山口・徳島・愛媛・高知・福岡・大分。アギット：高知。アゲタ：青森・岩手・広島。アゲト：兵庫・和歌山・岡山・広島・香川・徳島・愛媛。アゲッター：広島。アギタ：青森・岩手・埼玉・広島・長崎。アギタン：熊本・宮崎。（表3-2 №3′参照）

　　アゴタは、原形のアギトから以下のように変化したと考えられる。

　　　　アギト ＞ アギタ
　　　　　　　 ＞ アゲト ＞ アゲタ
　　　　　　　 ＞ アゴト ＞ アゴタ ＞ アグタ

4）アサッパラ〈朝腹〉

朝早い時刻。「朝っぱらから鼻歌歌いやがって」。貝戸と今須以外の全調査地点で確認された。

［文献］「是こそあさはらにもよくくらふやつとて」（水鳥記、京都1667）。「御帰りをいふないふなとあさっぱら」（柳多留、江戸1774）。

［分布］東北・関東・近畿全域のほか、北海道・新潟・石川・福井・山梨・長野・静岡・愛知・岐阜・島根・岡山・広島・山口・徳島・愛媛・高知・福岡・宮崎・鹿児島。

［同系］アサバラ：岩手・茨城・長崎・宮崎。アサッパリ・アサッパル：熊本。

［関連］

ⓐ アサッパチ：長野・三重・大阪・兵庫・和歌山・島根・広島・山口・徳島・香川・高知・福岡・長崎・熊本・宮崎。アサッパツ：新潟。アサッパシ：大阪。アサッパシラ：山口。

ⓑ アサッパナ：新潟・長野・愛知・三重・奈良。（表3-2 No.4'参照）

◆原義は、「朝食前の空腹の状態」。江戸中期に、アサハラ＞アサッパラと変化し、語義も時間の早さを強調する意味に変化した。

［文献］「Asafaraアサハラ、朝何も食べないでいる人の胃」（日葡辞書、1603）。

5）アジナイ〈味無〉

まずい。味が悪い。「この味噌汁 あじねぁーなん（この味噌汁まずいな）」（杉）。名古屋以外の全地点で確認された。滋賀県側の鳥居本・高溝・河内ではアジナイより転じたアンナイも使用されている。名古屋ではアジケナイ〈味気無〉が聞かれた。

［文献］「食があぢないであらふ」（露休置土産、京都1707）。

［分布］近畿全域のほか、新潟・富山・石川・福井・愛知・岐阜・岡山。（図3-2参照）

［同系］アジネー（味が薄い）：千葉。

6）アセビッチャ〈汗〉ほか

汗で大変濡れている様子。「汗＋オノマトペ」は、『日本方言大辞典』『岐阜県方言辞典』に記載されていない。

①アセビッチャ

「汗ビッチャに なってまったわ（汗だくになってしまったよ）」。岐阜県側のほか、滋賀県側の鳥居本・樋口・柏原で確認された。名古屋や滋賀県側では同系の多様な形式が聞かれた。一色でビッチャリ、名古屋・寺倉でビチャビチャ、京都でビチョビチョ、名古屋でビショビショ、醒井でアセビッチャリ、高溝でアセビチャ、長浜・山中でアセビチョ・ビチョヌレ、河内でアセビッシャリ、関原でアセビッチョリが聞かれた。

◆水に濡れている様を表わすビチャビチャは、室町期に見られる。

［文献］「ミヅガ ビチャビチャトスル」（ロドリゲス日本大文典、1604-08）。

［関連］ビチョヌレ：岩手。ビッチョリ：山形・茨城。ビッチャリ：熊本。ビチョヌレル：伊豆諸島。ビチャ（水たまり）：富山・高知。ビッチャ（水たまり）：高知。

②アセズックリ

彦根や長浜周辺域で確認された。京都でズックリ、高溝でアセズクが聞かれた。

［文献］「コリャこそなづくづくじゃと、むつき仕替る座敷より」。（恋女房染分手綱、大坂1751）。「青柳のづっくり見ゆる夜明哉」（文化句帖、1804）。

［分布］ズクズク：福井・滋賀・大阪・兵庫・香川。ズックリ：福井・滋賀。

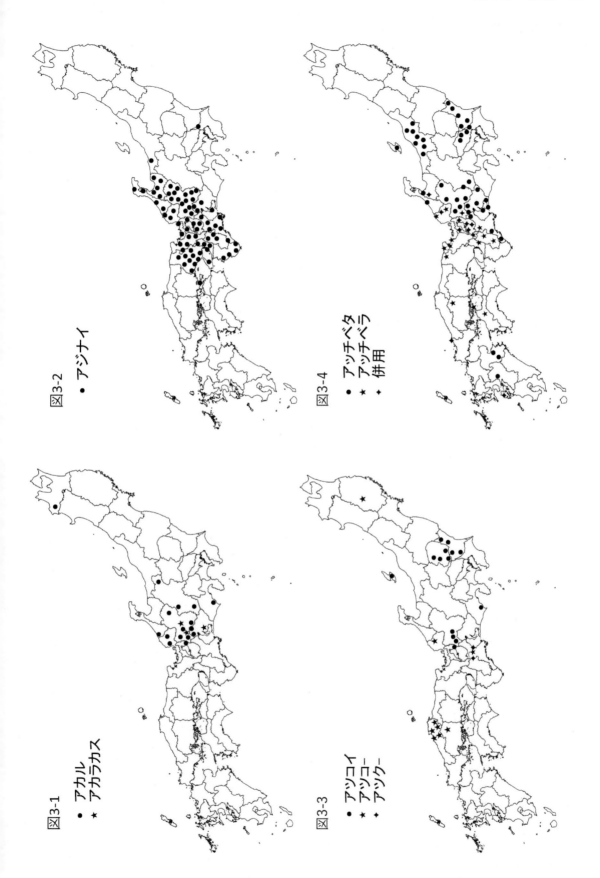

図3-2
● アジナイ

図3-4
● アッチベタ
★ アッチベラ
✦ 併用

図3-1
● アカル
★ アカラカス

図3-3
● アツコイ
★ アツコー
✦ アツクー

7）アツコイ〈厚〉

厚みがある。アツイ〈厚い〉に強調の接尾語-コイが接続した形式。「えれぁー　あつこい本やなん（とても厚い本だね）」。岐阜県側や滋賀県東端で確認された。『岐阜県方言辞典』に記載がないことから、岐阜県内でも使用は少ないと言える。

　　［分布］茨城・栃木・新潟・岐阜・滋賀。（図3-3参照）

　　［同系］

　　　ⓐ　アツッコイ・アッコイ：茨城。アズッコイ・アズッケ：栃木。アツゴイ：新潟。アツッカー：静岡。

　　　ⓑ　アツコベタイ(ckbt)：福井。アツバッコイ(cbk-)：岩手。アツクタイ(ck-t)・アツクレタイ・アツクロシー：三重。アツコッペナ(ckp-)：島根。アッコペー(-kp-)・アッコッペー：広島。

　　アツコベタイは、アツコイに-ベタイ（例：ヒラベタイ）が接続した形式、岩手のアツバッコイは音位転換[2]によるものと考えられる。

8）アッチベタ〈-端・-辺〉

あちら側。コッチベタやドッチベタのような用法もみられる。

　①アッチベタ

「あっちゃべたに　置いといてーや（あちら側に置いておいてよ）」。岐阜県側や名古屋では一般的で、滋賀県側の米原や長浜でも確認された。

　　［分布］富山・福井・愛知・岐阜・三重・滋賀・熊本・大分。-ベタ：山口（図3-4参照）

　　［同系］アチラベタ：新潟。アッチペダ・アッチッペダ：茨城。アッチッパタ：埼玉。アッチペタ：千葉・新潟・長野・三重。アッツベタ：新潟。アッチャベタ：富山。アッチビタ：石川。アッチャボテ：三重。アッチビンタ：熊本。

　②アッチベラ

長浜で聞かれた。

　　［分布］福井・岐阜・三重・滋賀・京都・愛媛・熊本。-ベラ：山口。

　　［同系］アッチッペラ：富山。アッチャベラ：福井・三重・京都・奈良。アッチペラ：大阪。アッチャッペラ：奈良。アッチビラ：広島。

9）アノジン〈仁〉

あの人。「あの仁やがや、こねぁーだの奴（あの人だよ、この間の奴）」。第三者に対し、傍観的な態度で言及するときに使用される。敬意は低い。名古屋や岐阜、大垣近辺で確認された。

　◆江戸期には対等または上位の者に用いたが、後に待遇度が低下した。熊本県天草では、共通語訳に「お人、お方」と記されてあることから現在も待遇度が高いといえる。

　　［文献］「あの仁から一筆とって置ならば、我も旦那の手前が立」（五十年忌歌念仏、大坂1707）。「アリヤ、あのじんのくせだ」（指南車、名古屋1802）。

　　［分布］愛知・岐阜・滋賀・和歌山・岡山・高知・福岡・熊本。（図3-5参照）

　　［同系］ジン：広島・熊本。

10）アビル〈浴〉

2　語を構成する音の並び順が、より発音しやすい形に入れ替わること。

泳ぐ。「浴びに行こかや、大屋の川で待っとるで（泳ぎに行こうか、大屋の川で待っているから）」。彦根や旧近江町以東で確認された。

　　［分布］四国全域のほか、青森・岩手・宮城・栃木・埼玉・千葉・新潟・石川・福井・長野・愛知・岐阜・滋賀・京都・大阪・兵庫・岡山・福岡・熊本。

　　［同系］アベル：岩手・新潟・富山・石川・長野・岐阜・島根・岡山・広島・山口・愛媛・熊本・宮崎。アブル：秋田・山形・新潟・石川・三重・熊本・宮崎。アブッ・アブ：宮崎。アメル：奈良。アミユン：沖縄。

　◆原義は「水や湯をかけて体を洗う」。歴史的文献に「泳ぐ」の意味で使用された例はみられない。

　　［文献］「abiru <u>アビル</u>。湯、水ヲ浴ブル」（日葡辞書、1603）。

11）アマタラコイ〈甘怠〉ほか

甘味が強すぎる。

①アマタラコイ

「甘たらこいもんばっか食っとると、虫歯ん なるぜー（甘すぎるものばかり食べていると虫歯になるよ）」。岐阜県側と滋賀県側の醒井で確認された。歴史的文献に記載はみられない。

　　［分布］新潟・愛知・岐阜・三重・大阪・和歌山・高知。（図3-6参照）

　　［同系］

　　　ⓐ アマタラコイ類／アマッタルコイ：富山。アマタルコイ：大阪・和歌山。

　　　ⓑ アマダラコイ類／アマダルコイ・アマズラッコイ：新潟。アマダラッコイ：長野・愛知。アマダラコイ・アマデラコイ：岐阜。

②アマッタルイ〈甘怠〉

滋賀県側で確認されたほか、岐阜県側でも散見された。名古屋でアマダルイ、鳥居本でアマタルイが聞かれた。

　　［文献］「あまたるき口をさまさん松の月」（風やらい、信州1801）。

　　［分布］岩手・山形・千葉・東京・富山・福井・山梨・静岡・岐阜・三重・滋賀・京都・大阪・兵庫・奈良・鳥取・島根・広島・山口・愛媛。

　　［同系］アマドロイ：青森。アマダルイ：青森・京都・奈良・鳥取。アマタルイ：三重・大阪・兵庫・和歌山・岡山・広島・山口・愛媛。

　◆アマタラコイは、アマダルイとアマコイ（図3-2 № 11'参照）の混淆により、以下のように変化したと考えられる。

　　　　アマダルイ＋コイ → アマダルコイ　＞ アマダラコイ ＞ アマダラッコイ ＞ アマズラッコイ
　　　　　　　　　　　　　　　　　　　　　 ＞ アマデラコイ
　　　　　　　　　　 ＞ アマタルコイ　＞ アマッタルコイ
　　　　　　　　　　　　　　　　　　　　 ＞ <u>アマタラコイ</u>

12）アライマシ〈洗回〉

食後に食器などを洗い片づけること。アライ（洗いもの）とマワシ（支度）の合成語と考えられる。「はよ あれぁーまし やってまいーや（早く食器の後片付けをやってしまいなさいよ）」。岐阜県側や名古屋で確認された。松尾でアライマワシが聞かれたが、こちらが原形と思われる。

　　［分布］アライマシ：富山・山梨・長野・愛知・岐阜・三重・滋賀。アライマワシ：富山・山梨・愛知・岐阜。（図3-7参照）

13）アラビル〈荒〉

　子供が暴れる。わんぱくをする。「坊は よーあらびるで、もりがえれぁーわ（男の子はよく暴れるから、お守が大変だよ）」。岐阜県側で確認された。新明・竹尻・今須ではアラベルが聞かれた。

　　［文献］「此国にて、小児の戯れ騒ぐを、あらびるといふは、荒振なり」（秋長夜話、1781-1801）。

　　［分布］北海道・青森・岩手・秋田・長野・愛知・岐阜・三重・島根・広島・山口。（図3-8参照）

　　［同系］アラベル：長野・岐阜。

　◆原義は、「荒々しく振る舞う」。江戸期に現在の意味でも使用されるようになった。

　　［文献］「陸奥国の荒びる蝦夷等を討ち治めに」（続日本記、789）。

14）アンバヨー〈塩梅良〉

　うまい具合に。「あんばよー やりーよ（きちんとやりなさいよ）」。すべての地点で確認された。京都でアンバイヨー「アンバイのえーよーに」、西円寺・長浜でアンバイ「アンバイやっとけ」が聞かれた。

　　［文献］「塩梅ようかかったら、二つ山ぢゃ、合点か」（新販歌祭文、大坂1780）。

　　［分布］近畿全域のほか、埼玉・千葉・新潟・富山・福井・愛知・岐阜・鳥取・岡山・広島・徳島・香川。

　◆原義は、「ほどよく処理をすること」。

　　［文献］「此の沙彌別処に按排せよ」（栢樹子、1231）。

　室町末に「食物の味加減」に転義し、江戸中期に「物事のほどあい」を表わすようになった。全国に分布している。（表3-2 №14'参照）

15）イザル〈蹉〉

　膝や尻を地に着けたまま移動する。「もうちょびっと そっちー いざってーのん（もう少しそちらへ移動してよ）」（杉）。彦根と貝戸以外で確認された。

　　［文献］「そちの君三尺の几帳ひきそへていざりいでたり」（宇津保、970-999頃）。

　　［分布］　新潟・富山・石川・山梨・長野・愛知・岐阜・滋賀・山口・香川・愛媛・熊本。（図3-9参照）

　　［同系］

　　ⓐ エザル：新潟・富山・石川・鳥取・島根・宮崎。エダル：福井。イダル：山口。イジル：大阪・鳥取・岡山・広島・山口・愛媛。エザイ：鹿児島。

　　ⓑ イザラカス：静岡。イザケル：三重。イザカス：愛媛。

　西日本ではイジル、一つ仮名の日本海側ではエザルとなっている。静岡・三重・愛媛では、他動詞や派生動詞がみられるだけである。以下のように変化したと考えられる。

　　　　　　　＞イダル
　　イザル＞イジル
　　　　　　　＞エザル＞エダル

16）イシナ〈石〉

　小石。「いしなぶちは、えぁーまち しるぜー（石投げは怪我するよ）」。京都・彦根・長浜・名古屋以外で確認された。

　　［文献］「石 畿内にてごろたと云は石の小なる物を云 東国にて 石ころと云ふ（中略）越中にて い

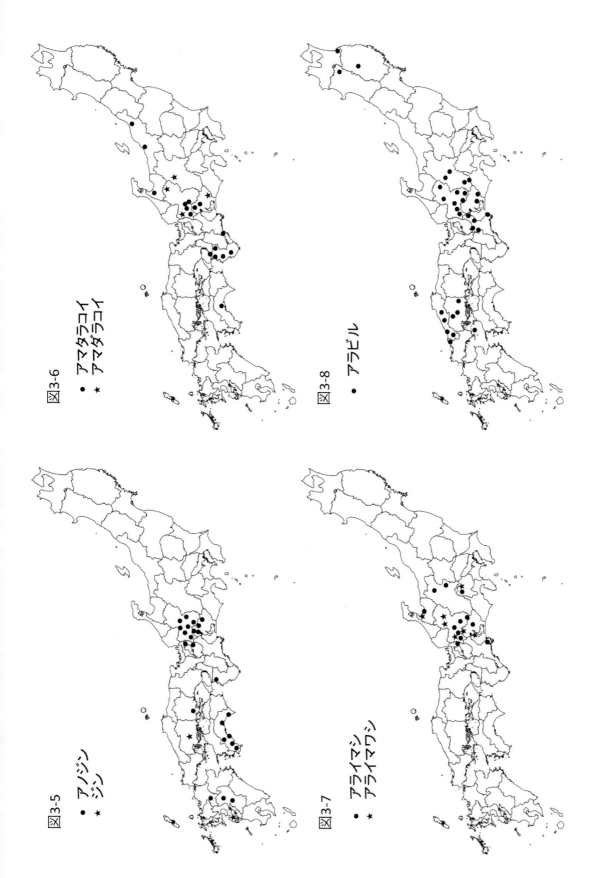

図3-5
● アノジン
★ ジジン

図3-6
● アマタラコイ
★ アマダラコイ

図3-7
● アライマシ
★ アライマワシ

図3-8
● アラビル

しなと云ふ 江戸にてじゃりと云ふ」（物類称呼、1775）。

［分布］近畿全域のほか、山形・新潟・富山・石川・福井・静岡・愛知・岐阜・島根。

［同系］イシェーナー：沖縄（石垣島）。イスィナー：沖縄（竹富島）。

◆原形は、イシナゴ〈石子〉で、室町期の文献に記述がみられる。

［文献］「なみすさましく何おとりけん 川原とはいへと石なこなき物を」（飛梅千句、1540）。

［分布］イシナゴ：山形・新潟・福井・三重・兵庫。イシナンコ・イシナンゴ：山形。イシナゴ：福井・兵庫。イシヌグ：沖縄。（表3-2 №16'参照）

17）イナダク〈頂〉

御下がりを頂く。モノを頂くときはイタダク、御下がりを頂くときだけはイナダクを使用する。「おけどくさん ちゃんと いなだきーよ（御下がりをきちんと頂きなさいよ）」。岐阜県側で確認された。

［文献］「わがために漁りし鮒をいなだきておとしも付けず食しにけるかも」（良寛歌、1835）。

［分布］新潟・長野・静岡・愛知・岐阜・滋賀。（図3-10参照）

［同系］イダダク：福井。ナナダク：愛知。ウナダク：岐阜。イダナク：新潟・岐阜。エナダク：新潟。イナナク：新潟。

［関連］ダダク・イダタク（頂く）：三重。イナダク（頂く）：三重。

以下の様に変化したと考えられる。

$$イタダク　＞イダダク ＞ イダナク ＞ イナダク ＞ ウナダク ＞ ナナダク$$
$$＞イダタク　　　　＞イナナク$$

18）ウワッパリ〈上張〉

上に引っ掛けて着る着物。「うわっぱり、着とりーよ 着物ん汚れるでなん（上着を着ていなさいよ、着物が汚れるからね）」。番場・貝戸以外で確認された。

◆江戸初期の上方に見られたウワバリが原形である。

［文献］「帷子の上張、置手拭して」（好色一代男、大坂1682）。「行平はうわっ張まで迄はがされ」（川柳評万句合、1766）。

［分布］宮城・福島・栃木・群馬・埼玉・東京・神奈川・新潟・福井・長野・静岡・愛知・岐阜・三重・滋賀・京都・大阪・兵庫・和歌山・鳥取・広島・山口・徳島・香川・福岡・宮崎。

［同系］

ⓐ ウワッパリ類／ウワバリ：新潟。エワバリ：秋田。エワッパリ・イワッパリ：新潟。ウワブリ：富山。ウワッパレ：愛知。ウワッパー：島根。オワッパリ：島根・熊本。ウワホリ：香川。ウワッパル：長崎。ウワッパイ：長崎。ウゥーボイ：沖縄（与論）。

ⓑ ワッパリ類／ワッパリ：北海道・青森・岩手・秋田・山形・茨城・千葉・岡山・広島。ワッポロ・ワポロ：青森。ワンバリ：北海道・青森・岩手。ワッポロ：北海道・青森・岩手。ワハリ：島根。

以下のように、ウワバリから変化したと考えられる。

$$ウワバリ　＞ウワッパリ　＞エワッパリ ＞イワッパリ$$
$$＞ワッパリ ＞ ワッポロ ＞ ワボロ$$
$$＞ *ウワハリ　　＞ ワハリ／ウワホリ$$

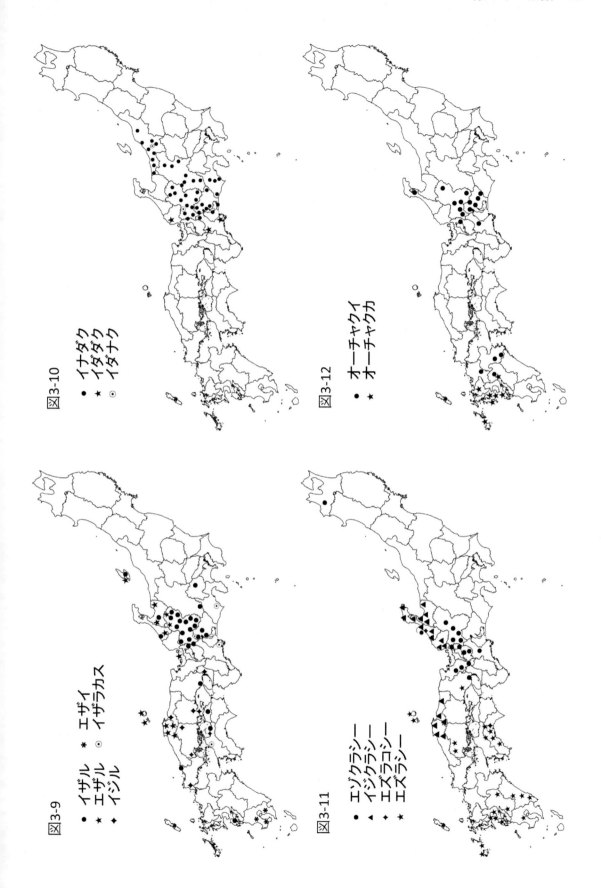

図3-10
● イナダク
★ イダダク
◉ イダナク

図3-12
● オーチャクイ
★ オーチャクカ

図3-9
● イザル　＊ エザイ
★ エザル　◉ イザラカス
◆ イジル

図3-11
● エゾクラシー
▲ イジクラシー
◆ エズラコシー
★ エズラシー

19) ウワホル 〈上張〉

　上に着る。羽織る。「なんでも上に ちょっと うわほっとりーよ、風呂冷めんしるでなん（何でもいいから上にちょっと着ていなさいよ、湯冷めするからね）」。垂井と松尾の２地点で確認された。鳥居本ではウワッパルが聞かれた。明治期末生まれの大垣の話者では一般的な語であった。『日本方言大辞典』『岐阜県方言辞典』に記載されていない。

　室町期にウワハル、江戸後期にウワッパルが見られる。

　［文献］「上にはしふかたびらをうわはりて」（義残後覚、1596）。「紅梅、松枝、白地の浴衣を上っ張って着た腰元にて」（芽出柳緑翠松前、1883）。

　［分布］岐阜・滋賀。ワッパル：茨城。ワハル：島根。

　ウワバリの動詞化したウワバルが、以下のように変化したと考えられる。

```
　　ウワバル　＞ ウワッパル ＞ ワッパル
　　　　　　　＞ ウワハル　　＞ ワハル
　　　　　　　＞ ウワホル
```

20) エゾクラシー 〈嘔苦〉

　煩わしい。うっとうしい。「どえぞくらしーこと、やりんなん（煩わしい事をするな）」（杉）。わずかに関原近辺で確認された。綾戸でイゾクラシー、京都でエズクロシー、平井でヨゾクラシーが聞かれた。滋賀県側はヨゾクラシーが主流で、他に鳥居本のエゾクルシー、西円寺・長浜・一色のヨゾクルシーなどが聞かれた。大垣中心部では、「田舎のことば」と認識されていた。

　近世上方では、エズクロシが「胸糞が悪い」「吐気を催しそうである」という意味で使用されていることから、エズク〈嘔吐く〉とクルシー〈苦しい〉の合成語であろうか。

　［文献］「よその見る目もゑづくろしかりける」（略縁起出家形気、大坂1769）。

　［分布］ 岐阜・滋賀。（図3-11参照）

　［同系］

　　ⓐ エゾクラシー類 ／ エズクラシー：北海道・青森。エツクラシ：青森。イジクラシー：富山・石川・福井・鳥取。エジクラシー：鳥取・島根。イジッカシー・イジクラッシャ・イザクラシー：富山。イドクラシー・イジッカシ：石川。ヨゾクロシー・エドクロシー：滋賀。エゾクルシー：岐阜・京都。エズクロシー・エゾクロシー：京都。エダクラシー：兵庫。エズクルシー：三重。エジグルシー（鈍痛がする）：秋田。

　　ⓑ エスラコシー類 ／ イジルカシ：石川。エズラコシー：高知。

　ⓑは音位転換、日本海側にみられるイジクラシーは、一つ仮名によるイ・エ音の混同と考えられる。

　［関連］エズロシー：兵庫・宮崎。エズロシ：高知・宮崎。エズラシ：高知・宮崎。エズラシカ：長崎・熊本・鹿児島。エズラヒカ・エゾラシカ・エソワシカ：長崎。エゼラシー：熊本。ウズロシー・ウザローシー・ウズローシー：広島。ウズラシー・ウズラシ・オズラシ：島根。

　エズロシーはk音脱落によるものであろうか。

　［文献］「げゑげゑとちふはわららかゑづらしや」（一茶方言雑集、1819-27）。

　以下のように変化したと考えられる。

```
                              ＞ ウズラシー(zr-s) ＞ オズラシ
                    ＞ エズラコシー(zrks)    ＞ エズラシー(zr-s) ＞ エゼラシー
  エズクルシー   ＞ エゾクルシー   ＞ エゾクロシー ＞ エドクロシー ＞ エダクラシー
   (zkrs)       ＞ エズクロシー   ＞ ヨゾクロシー
               ＞ エゾクラシー   ＞ ヨゾクラシー ＞ イゾクラシー ＞ イドクラシー
               ＞ エジグルシー   ＞ エジクラシー ＞ イジクラシー ＞ イジッカシー(z-ks)
                                           ＞ イジルカシ(zrks)
```

21）エライ〈豪・偉〉

　疲れた。「あーえらかった、息ん切れてまうわぇーなん（あー疲れた。息が切れてしまうよ）」。京都以外のすべての地点で確認された。

　　［文献］「ゑろーござります」（浪越方言集、名古屋1823）。「ヲヽゑらいゑらい、なんじゃ重たいやつじゃ」（ことわざ臍の宿替、大坂1864）。

　　［分布］中部・近畿・中国・四国全域のほか、北海道・岩手・茨城・千葉・神奈川・長崎・宮崎。

　◆原義は、「並み並みでない」「ひどい」。江戸後期になって、「苦しい、疲れた」という意味でも使用されるようになった。

　　［文献］「血がゑらくはしったゆえか、今はさいろくがやうに青くなった」（雑兵物語、1683頃）。

22）オーチャクイ〈横着〉

　横着な。図々しい。形容動詞オーチャクナが形容詞化した形式。「おーちゃくいやっちゃなん、えぁーつは（図々しい奴だな、あいつは）」（杉）。名古屋や岐阜県側のほか、彦根や長浜、柏原などでも確認された。

　　［分布］石川・愛知・岐阜・三重・滋賀・熊本。オーチャキー：福岡・熊本・大分。オーチャクカー：熊本・大分。オーチャッカ：佐賀・長崎。オーシャッカ。（図3-12参照）

　◆原形は、形容動詞オーチャクナで、室町期の文献にみられる。京都や滋賀県側で聞かれた。

　　［文献］「兄弟の者が年月狙ふた祐経もそれをよく知られたれども横着な人ぢゃぞ」（夜討曾我、1480頃）。

23）オク〈置・措〉

　止める。「ふんな事 しーるな、もー おきーや（そんな事するな。もう止めなさい）」。京都・彦根・長浜・柏原・祖父谷を除くすべての地点で確認された。

　　［文献］「済夜の一念をば、ひらにをかしめ」（中華若木誌妙、1520頃）。「おきなされ。哥話伝よしな也」（浪花方言、大坂1821）。

　　［分布］近畿・四国全域のほか、北海道・青森・茨城・新潟・富山・石川・福井・長野・静岡・愛知・岐阜・岡山・広島・山口。

　◆原義は、「人や物をある位置にすえる」。古事記に登場する古い形式である。室町期になって「中止する」という意味で使用されるようになった。

　　［文献］「をとめの床の辺に わがおきし つるきの太刀」（古事記、712）。

24）オケゾク〈御華足〉

　仏事の際に供える餅。「お彼岸さんやで、おけどく 買ってきてーよー（彼岸なので、お供え餅を買

ってきてね）」。名古屋や岐阜県側の他、滋賀県側の彦根・番場・醒井・長久寺で確認された。綾戸で
はオケドクが聞かれた。京都や滋賀県側はオケソクを使用している。

　　［文献］「本願寺には、盛物をけそくと称し、其器は、くげと云ふ」（和訓栞、1777-1862）。
　　［分布］
　　　ⓐ オケゾクサン類／オケゾクサン：福井・岐阜・三重。オケズクサン：新潟・愛知。オケゾク
　サマ：岐阜。オケドクサン：岐阜。オケソクサン：滋賀・京都・島根・佐賀・熊本。オケソクサ
　ン（ご飯）：長崎。（図3-13参照）
　　　ⓑ オケゾク類／オゲソク：北海道・福井。オケゾク：岐阜。オケソク：北海道・新潟・富山・
　岐阜・三重・滋賀・京都・兵庫・島根。オケソ：鹿児島。オケソク（ご飯）：長崎。

　サンが付いた形式ⓐと、サンが付かない形式ⓑがみられる。後半部分のオケゾクは、以下のよう
に変化したと考えられる。

　　　　　　　　＞ オゲソク
　　　　　オ-ケソク　＞ オケゾク ＞ オケドク
　　　　　　　　　　　＞ オケズク ／ 　オケゾコ

　◆原義は、「仏前に供える物を台」。室町期に、仏前の供物やお供え餅についても使用されるよう
になった。餅に限らず「仏前の供物」全般を意味するケソク系もみられる。（表3-2 №24'参照）。
　　［文献］「けそく、いと清らかにして、餅のさまもことさらびいとをかしう調へたり」（源氏物語、
　1001-14）。

25）オッサ・オッサン・オッチャン〈伯父・叔父〉

伯父さん・叔父さん。
　①オッサ
　　「おっさ、ござったぜー（伯父さんがいらっしゃったよ）」。大垣周辺の狭い地域で使用されている。
　大垣中心部では二人称はオッサン、三人称はオッサを使用する。
　　［分布］山形・石川・福井・長野・静岡・愛知・岐阜・三重・兵庫・和歌山・島根・岡山。オッ
　サー：島根。（図3-14参照）
　　［同系］オッサ（弟）：新潟・富山・石川。オッサ（独身の弟）：岐阜。オッサ（下男）：石川。
　②オッサン
　　名古屋や静里・綾戸を除くすべての地点で確認された。
　　［文献］「男さへ見るとおっさんといい、あどない事いふかとおもへば」（虚実柳巷方言、江戸
　1794）。
　③オッチャン
　　子供が使用する語。名古屋、綾戸、静里を除くすべての地点で確認された。
　　［文献］「オヤ、ええ帽子、おっちゃんに買ってもらったかい」（少年行、1907）。

26）オバサ〈伯母・叔母〉

伯母さん・叔母さん。「昼飯のおばさのとこ、行ってくるわ（昼飯の伯母さんのところへ行ってくる
ね）」（杉）。大垣・久瀬川・長松でのみ、確認された
　　［分布］岩手・山形・福島・茨城・千葉・新潟・富山・長野・静岡・岐阜。（図3-15参照）
　　［同系］アバサ（弟の嫁）：石川。オバサ（未婚の女性）：新潟・石川・長野・愛知・岐阜（郡

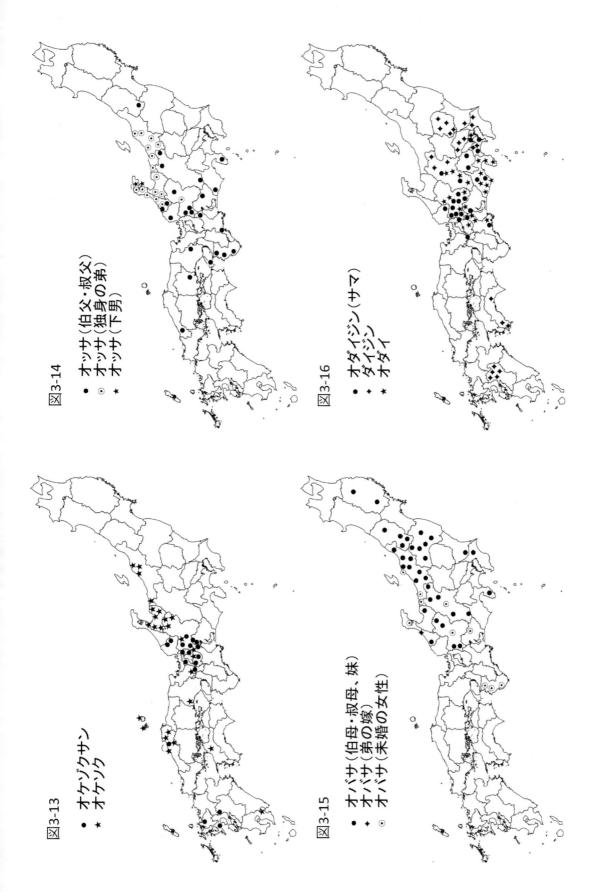

図3-13
- オケゾウサン
★ オケゾク

図3-14
- オッサ（伯父・叔父）
⊙ オッサ（独身男）
★ オッサ（下男）

図3-15
- オバサ（伯母・叔母、妹）
✦ オバサ（弟の嫁）
⊙ オバサ（未婚の女性）

図3-16
- オダイジン（サマ）
✦ ダイジン
★ オダイ

上）・和歌山。オバサ（近所のおばさん）：石川。

27）オダイジン〈大尽〉・オダイ

お金持ち。

①オダイジン

「あそこは おでぁーじんやでなん（あそこは金持ちだからね）」（杉）。名古屋や岐阜県側、滋賀県側の柏原で確認された。

［文献］「分しりの御大尽、諸人のたうとぶ事」（都風俗鑑、1681）。

［分布］東京・神奈川・福井・山梨・長野・静岡・愛知・岐阜・三重・滋賀・京都。オダイシ：三重。オデージン：茨城・神奈川・山梨。（図3-16参照）

［同系］

　ⓐ オダイジンサマ類／オデージンツァマ：茨城。オダイジンサマ：栃木。

　ⓑ ダイジン類／ダイジン：埼玉・東京・神奈川・山梨・熊本。デージン：茨城・栃木・千葉・神奈川。デージンド：茨城。デージンドン：茨城・千葉。ダイジンコー：長野。ダイジンドコル・ジャージン・ジャージンドコロ：熊本。タイシン：高知。

②オダイ

本調査を通じ全地点で確認できなかった。『滋賀県方言語彙・用例辞典』に収録されているが、現在は消滅したと思われる。

［文献］「伊勢長島辺豪富をおだいといふ又所々にて大臣といふ」（俚言集覧、1797）。「イヤ、おらが親父がおだいの馬に蹴られて、死んだ日さ」（滑稽祇園守、名古屋1816）。

［分布］長野・静岡・愛知・岐阜・三重・滋賀。

［同系］オダイサマ：長野・静岡。オダイヤ：静岡。ダイヤ：静岡。オダイ・オダイドコ：長野。オダイシュ・オダ：岐阜。

　以下のように変化したと考えられる。

　　　ダイジン　＞　デージン ＞ ジャージン
　　　　　→　オ-ダイジン ＞ オダイ ＞ オダ

28）オブー〈負〉・ボス

子供を背負う。

①オブー

「おぶったげーや（背負ってあげなさい）」。関原以西で確認されたが、京都・米原・長浜などにもみられた。西円寺・高溝・一色・名古屋ではオブルが、綾戸・大垣ではオンブスルが聞かれた。

［文献］「くたびれたらおぶつてやろう」（南江駅話、江戸1770）。

［分布］

　ⓐ オブ：岩手・宮城・山形・長野・静岡・愛知・岐阜・三重・京都・奈良・長崎・大分。

　ⓑ オブー：岩手・宮城・山形・福島・茨城・栃木・群馬・埼玉・千葉・東京・神奈川・新潟・山梨・長野・静岡・山口。

　ⓒ オブル：北海道・青森・岩手・宮城・秋田・山形・千葉・伊豆諸島・新潟・岐阜・三重・長崎。オボル：青森。オンバル：秋田。オバル：三重。

◆原形のオブは日本書紀にみられる古い形式である。江戸期にオブーが派生している。

［文献］「やすみしし 我大君のおばせる細紋の御帯の結び垂れ」（日本書紀、720）。

②ボス

滋賀県側と岐阜県今須地域で確認された。全国的にみても、滋賀県西部周辺の狭い地域に限られて使用されているローカル語といえる。LAJ（64図）の「オンブスル」では、滋賀県東部に同系の諸形式がみられるが、次のように変化したと考えられる。

オンブスル　＞ オンボスル ＞ オンボイスル ＞ ボイスル ＞ ボスル ＞ ボス

29）オブクサン・オブッパン

仏前に供える飯。

①オブクサン〈御仏供〉

「おぶくさん すえてーよー（仏飯を供えてよ）」。京都以外のすべての地点で確認された。平井でオボクサンが聞かれた。

［文献］「われらがやうな福殿に、いかにもおぶくを結構して」（虎明本狂言・福の神、室町末〜江戸初）。「おぶくはまだかと、お文さまを待ちながら問ひ給ふに」（好色一代女、大坂1681）。

［分布］富山・愛知・岐阜・三重・滋賀・京都・島根・徳島・香川・福岡・佐賀・長崎・熊本・大分・宮崎。（図3-17）

［同系］

　ⓐ オブクサン類 ／ オボキサン：富山。オフクサン：京都・香川。オボクサン：石川・三重。オビキサン：広島・島根。オブキサン・ブキサン：島根。

　ⓑ オブクサマ類 ／ オブグサマ・オボゴサマ：山形。オブクサマ：新潟・富山・石川・長野・静岡・愛知・岐阜・熊本。オボクサマ：富山・石川・岐阜・長崎。オボキサマ・オブッケサマ：富山。オブキサマ：岐阜・大分。

　ⓒ オブク類 ／ オボコ：岩手。オブック：山梨。オブク：山形・新潟・三重・広島。オブク（餅）：青森。

◆「神前に供える飲食物の総称」を意味するオブクサン系もみられる（表3-2 No.29'参照）。以下のように変化したと考えられる。

```
                    ＞ オブッケ
    オブック  ＞ オブク ＞ オフク
                            ＞ オボク ＞ オボキ ／ オボコ
                    ＞ オブキ ＞ オビキ
```

②オブッパン〈仏飯〉

オブクサンよりも新しいと認識されている。彦根・米原周辺と大垣・関原周辺域で確認された。『岐阜県方言辞典』に記載されていない。

［分布］愛知・岐阜・三重・滋賀・京都・大阪・島根・香川・福岡・長崎・熊本・鹿児島。（図3-18参照）

［同系］オブツサン：福井。オッパン：大阪・奈良・鹿児島。オボッパン：島根。

［関連］オブツハン（死者の枕元に供える枕飯）：三重。

30）オボワル〈覚〉

自然に身に付く。体得する。他動詞オボエル〈覚える〉に対応する自動詞。「ちゃんと 覚わったか

なん」。京都・長浜・貝戸・今須を除くすべて地点で確認された。『日本方言大辞典』には記載されていない。

　　［文献］「日ならずして其呼吸も覚はり」（最暗黒の東京、1893）。
　　［分布］愛知・岐阜・三重・滋賀。（図3-19参照）

31）オメル〈恐〉

　人見知りする。
　①オメル〈恐〉
「よーおめるなー、えぁーつは（よく人見知りするな、あいつは）」。岐阜県側のほとんどの地点で確認された。

　　［文献］「武将の身として、夢見、物忌など余りにをめたり」（新院為義をめさるる事、1220）。
　　［分布］福井・愛知・岐阜・三重・京都・兵庫・奈良・和歌山・島根・岡山。（図3-20参照）
　　［関連］オセル：鳥取・広島・高知。
　②ヒトメスル〈人怖〉
河内で聞かれた。ヒトオメ-スルが、ヒトオメ＞ヒトメと変化した形式と考えられる。

　　［文献］「むくちにて、ことに、人おめしたる人なれば、いろいろと口中にてだませ共」（寝物語、1636）。
　　［分布］ヒトオメ：愛知・岐阜・三重・滋賀・岡山。ヒトメ：北海道・青森・岩手・秋田・三重・京都・大阪・兵庫・奈良・鳥取・島根・山口・香川。ヒトメッコ：新潟。
　　［関連］ヒトミ：秋田・新潟・富山・石川・三重・兵庫・鳥取・広島・山口・高知・長崎。

32）オモショイ〈面白〉

　面白い。「おもしょい事 ゆーなー（面白いことを言うね）」。大垣・垂井地域、柏原・今須地域、米原・長浜と３つの地域に固まって分布している。西円寺ではオモッショイ・オモチョロイが聞かれた。

　　◆全国的に見ると、オモッショイ・オモシェ・オモッシェーなど多様なオモショイ系がみられる。オモシロイomosiroi＞オモショイomsjoiのようにr音が脱落した形式を経て、様々な形式に変化した点で共通している。

　　［分布］近畿全域ほか、北海道・岩手・宮城・秋田・山形・福島・茨城・栃木・千葉・新潟・富山・石川・福井・静岡・愛知・岐阜・鳥取・島根・徳島・香川・高知・福岡・熊本・宮崎・鹿児島。

33）カウ〈支〉

　（鍵を）掛ける。「表の鍵、ちゃんと かってきーたけぁーなん（表の鍵をきちんと掛けてきたかい）」。岐阜県側で確認された。方言とされていないのか、『日本方言大辞典』に記載されていない。以下の分布域は、主にWeb版『中国・四国言語地図』³を参照した。

　　［文献］「鍵のかかるところに鍵をかって」（星座、1922）。

3　広島大学 学校教育学部 高橋顕研究室　http://kenz.linguistic-atlas.org/chus/chus/95119z.htm

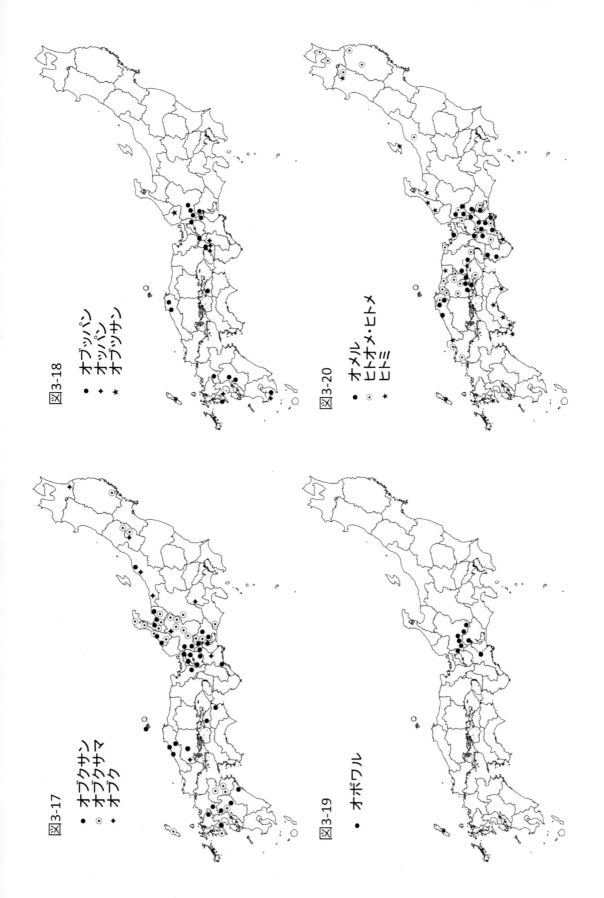

図3-18
・オブッパン
・オッパン
・オブリサン

図3-20
・オメル
・ヒトオメ・ヒトメ
・ヒトミ

図3-17
・オブクサン
・オブクサマ
・オブク

図3-19
・オボワル

　［分布］北海道・青森・岩手・宮城・秋田・山形・群馬・千葉・東京・新潟・山梨・長野・静岡・愛知・岐阜・三重・滋賀・大阪・兵庫・島根・岡山・広島・山口・香川・福岡・大分・宮崎・鹿児島。

　［関連］カグ：大阪。

◆原義は、「物の下や横に当てて支えにすること」。後に、かんぬきや鍵などを掛ける意味でも使用されるようになった。

　［文献］「鼻の下に物を<u>かひて</u>、人をもって踏すれば」（今昔物語、1120頃）。

34）カザガク 〈香嗅〉

　匂いを嗅ぐ。「腐っとるに、かざげぁーてみ（腐っているから、匂いを嗅いでみなさい）」。京都、彦根、名古屋以外のほとんどの地点で確認された。西円寺ではカザグが聞かれた。

◆カグ〈嗅ぐ〉の初出が830年頃、カザ〈香〉が1275年であることから、13ｃには発生していた可能性も考えられる。連語として文献に登場するのは幕末期である。

　［文献］「鰻が食ひたけりや門口から<u>かざかいで</u>おく」（おおわらい臍の西国、大坂1860頃）。

　［分布］愛知・岐阜・滋賀・大阪.

　［同系］カジャカグル：岩手。カザカグ：新潟・石川・福井・愛知・岐阜・三重・京都・大阪・兵庫・奈良・和歌山。カザカク：富山・石川・福井・長野・兵庫。ガサガク：和歌山。カジカグ・カダガク：三重。

　カザカグが原形で、大垣でも明治末生まれはこの形式を使用していた。以下のように変化したと考えられる。

```
カザ-カグ　＞ カザカク ＞ カザガク ＞ ガダガク
　　　　　＞ カジカグ　　　　　＞ ガサガク
```

35）カジケル、カジカム 〈悴〉

寒さに縮こまる。

①カジケル

　「かじけてばっかおって、ちょこっと 動きーや（縮こまってばかりいて、少し動きなさいよ）」。大垣や垂井など、数カ所に点在しているだけである。

　［文献］「たまたまのこれる稲木も<u>かじけて</u>」（塩尻拾遺、名古屋1733）。

　［分布］中部・中国・四国全域のほか、北海道・青森・福島・茨城・群馬・埼玉・千葉・三重・滋賀・京都・大阪・兵庫・和歌山・福岡。

　［同系］

　ⓐ カジケル類 ／ カチケル：栃木・福井。カシケル：広島・愛媛。カジクル：福岡・長崎・熊本・宮崎・大分・鹿児島。カジナル：東京・和歌山。

　ⓑ カジクレル類 ／ カツケル：青森。カスケル：宮城。カジクレル：富山・島根・山口・高知。カジャケル：富山。カズケル：三重。

　ⓒ コジケル類 ／ コジケル：中国・四国全域のほか、福島・石川・福井・三重・大阪・兵庫・奈良・福岡・宮崎・長崎。コズケル：鳥取。コチケル：福井・鳥取・島根。コシケル・コシゲル：香川。コジエル：岐阜。カジコル・カンコル：岡山。コシクル：長崎・熊本。コシクッ：佐賀。

　ⓓ コジクレル類 ／ コジワル：福井。コジコジクル：福岡・長崎・熊本・宮崎。コジクレル：

山口。コシクレル：徳島。

◆原義は、「生気がなくなり衰える」で、『日本書紀』(720) にさかのぼる。江戸中期に、現在の意味で使用されるようになった。

②**カジカム**

祖父谷・綾戸以外のすべての地点で確認された。新明・平井でハジカムが聞かれた。

原義はカジケルと同様である。

［文献］「駕ちんをかじかんだ手へ壱歩とり」（柳多留、1769）。

［分布］埼玉・千葉・東京・神奈川・新潟・山梨・長野・静岡・愛知・岐阜・三重・滋賀・京都・大阪・兵庫・奈良・和歌山・島根・岡山・広島・徳島・香川・熊本。

［同系］

　ⓐ カジカム類／カジクム：埼玉。カジコム・カシコム：三重。カジム：埼玉・千葉・東京・神奈川・石川・福井・長野・静岡・和歌山・徳島・高知・長崎・熊本。カガム：青森・長崎。カゴム・コゴム：長崎。カジュム：佐賀・長崎・熊本。カジク：長崎。ヒッカジモワ：伊豆諸島。

　ⓑ カジクナル類／カジカル：北海道。カジマル：静岡・長野。カジカマル：滋賀・高知。カジナル・カギナル・カジクナル：静岡・愛知。カンジクナル・カンジカナル・カンジカル：静岡。カジコマル：三重。カジカナル：島根・広島。カジツク：香川。

　ⓒ ハジカム類／ハジカム：新潟・静岡・長野・愛知・岐阜・三重・大阪・香川。ハシカム：新潟。ハジカガム：岐阜。

　ⓓ ハジコム：三重。

①②ともカシクが原形で、以下のように変化したと考えられる。コジケルは、「物事が悪化する、こじれる」を意味するコジケル（拗ける）が影響した可能性も考えられる。

```
              ＞ カジム      ＞ カジュム
                     ＞ コシクル   ＞ コシケル ＞ コチケル／コシゲル
              ＞ コジクル    → コジクレル ＞ コジケル ＞ コジエル
 カシク  ＞ カジク  ＞ カジクル    → カジクレル ＞ カジャケル
              ＞ カジケル    ＞ カシケル    ＞ カチケル
                                   ＞ カスケル  ＞ カツケル／カズケル
              → カジク＋カゴム  ＞ *カジ-カガム  ＞ カジカム ＞ カジクム
                            ＞ ハジ-カガム   ＞ ハジカム ＞ ハジコム
              → カジク-ナル  ＞ カンジク-ナル
                            ＞ カジナル
                            ＞ カジカ-ナル  ＞ カンジカ-ナル ＞ カンジカル
                            ＞ カジカ-マル  ＞ カジマル ／ カジカル
```

36）**カシワ**〈黄鶏〉

鶏肉。すべて地点で確認された。

［文献］「鶏を（江戸で）柏などゝ決していはず」（皇都午睡、大坂1850）。

◆原義は「茶褐色の一部の品種」。鍋焼きで食すようになり、天保 (1830-44) 以降、すべての鶏肉を指すようになったとされる。

37）**カス**〈淅〉

（米を）研ぐ。「お米ん かしといてーや（お米を研いでおいてよ）」。すべての調査地点で確認され

た。平安期にさかのぼる古い形式である。

　　［文献］「濤米 米加須」（新撰字鏡、898-901頃）。

　　［分布］愛知・岐阜・三重・滋賀・京都・大阪。（図3-21参照）

　　［同系］カシグ：石川・福井・三重。カシク：石川・福井・長野。

　◆一方、「穀物を水に浸す」という意味での使用もみられる。西日本では、現在もこの意味で使用されている。（表3-2 №.37'参照）

　　［文献］「春ぞたなゐに種を<u>かしける</u>」（堀河百首、1105）。

38）ガナル

　怒鳴る。「えぁーつ、がなっとるわ（あいつ、怒鳴っているよ）」。名古屋や岐阜県側のほか、柏原・醒井・米原などで確認された。

　　［文献］「朝かへり下女がことまでが<u>がなり</u>出し」（柳多留、1775）。

　　［分布］関東・中部全域のほか、北海道・青森・山形・福島・三重・滋賀・京都・大阪・兵庫・和歌山・島根・岡山・広島・山口・徳島・愛媛・高知・福岡。（図3-22参照）

　　［同系］ガーナル：茨城・埼玉・千葉・山梨・静岡。ゴナル（子供が泣きわめく）：富山・石川。ゴナル（うなるような叫び声を上げる）：岐阜。ガガル：愛知・三重。ギャナル：山形。

　◆ガーナルは、山梨県奈良田や静岡県井川などの辺境にみられることから、ガナルよりも古い形式、北陸のゴナルは、ゴメク（泣く）とガナルとの混淆形とも考えられる。列島外縁にみられるナルは、さらに古い形式と考えられる。ガナルの語源は、ガー〈擬音語〉＋ナル〈鳴る〉であろうか。

　　［分布］ナル：山形・神奈川・新潟・静岡・三重・徳島・高知・長崎。

　　［文献］「ごほごほと<u>なる</u>神よりも、おどろおどろしく」（源氏物語・夕顔、1001-14）。

　以下のように変化したと考えられる。

　　　　　ナル　→　ガー＋ナル ＞ ガナル ＞ ギャナル

39）カバカバ

　こびりついている状態。「ほかっといたら カバカバんなってまったげぁー（放置していたらこびりついてしまったじゃない）」。岐阜県側のほか、京都・米原・長浜・醒井などで確認された。長浜でカベカベ、名古屋でコベコベが聞かれた。

　　［分布］栃木・岐阜・三重・滋賀・京都・香川。（図3-23参照）

　　［同系］

　　ⓐ カバカバ類／ガバガバ：山形・香川・熊本。カパカパ：山形・三重。

　　ⓑ その他／ガッパガッパ：青森。カッパカッパ：石川・福井・三重。カッペカペ・カッペカッペ：石川・福井。カッペカッペ・カペカペ：福井。

　　［関連］　カパカパ（かさぶた）・ガッパガパ（糊付けした布など、物が堅い状態）：青森。ガバガバジー（表皮などの厚くて堅い様子）：岩手。カパカパ・ガッパガッパ（厚い紙などを動かす時の形容）・カッパ（厚紙）：島根。ゴッパガッパ・ゴパゴパ・コパコパ（物を剥ぐ様）：青森。

〈参照〉カーバル・コーバル（こびり付く）

　カバカバの関連語に、カーバル・コーバルがある。コワバル〈強張る〉から変化した形式と考えられる。

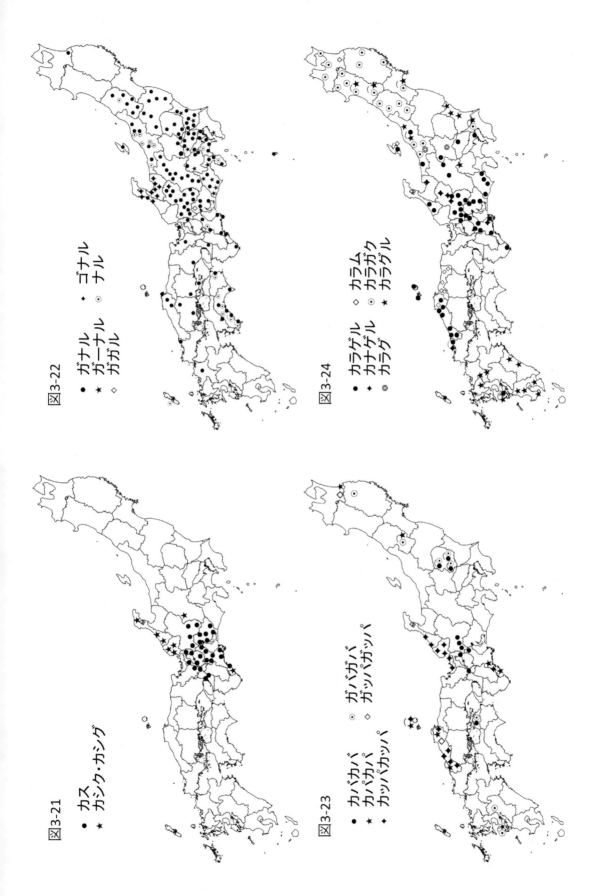

図3-22
ガナル　・　ゴナル
ガーナル　◉　ナル
ガガル
●　★　◇

図3-24
カラデル　カラム
カナデル　カラガク
カラグ　カラグル
●　✦　◎　◇　◉　★

図3-21
カス
ガシック・カシグ
●　★

図3-23
カバガバ　・　ガバガバ
ガバガバ　◉　ガッパガッパ
ガッパガッパ　◇
●　★　✦

［分布］

　ⓐ カーバル：東京・山梨・長野・静岡・愛知・大阪。カワバル：神奈川。

　ⓑ コーバル：埼玉・新潟・山梨・長野・静岡・大阪・奈良・岡山・高知・福岡・長崎・熊本。ゴーバル：長崎。コーベル：兵庫。

　-ツク（付く）や-ハシャグ（乾く）が接続した形式にも、様々な派生形がみられる。

［分布］

　ⓐ カバイツク・カバクイツク：佐賀。カッパリツク：三重。カッパシャグ（からからに乾く）：長野・愛知・三重。

　ⓑ コーバリツク：香川・徳島。コーバイツク：佐賀。コビツク：宮城・山形・岐阜・三重・香川。コブリツク：三重・滋賀・京都。コバリツク：福岡。コベツル：愛知。

［文献］「丹の粕はこびりつくし」（浮世床・二、江戸1814）。「お飯粒が二粒ばかり、干飯になりてこびついたるかたち」（浮世風呂・四、江戸1813）。

　カバカバやカーバルは、以下のように変化したと考えられる。

　　　　　　　　　　＞ コーバル → コーバリツク ＞ コベリツク ＞ コビツク

コワバル　＞ カワバル　＞ カーバル → カバカバ　　　＞ ガバガバ

　　　　　　　　　　＞ カッパル → カッパカッパ ＞ ガッパガッパ

　　　　　　　　　　→ カワバリ-ツク → カッパリツク

40）カマレル〈咬〉

　（蚊に）刺される。「草むしりしとったら いっぺぁー 蚊にかまれてまった（草むしりをしていたらたくさん蚊に刺されてしまった）」。ほとんどの調査地点で確認されたが、街道より離れた地点での使用が少ない傾向にある。Ｊタウン研究所のネット調査[4]によると、分布は以下のようである。

　　［分布］近畿・四国全域のほか、山形・愛知・岐阜・鳥取・島根・広島・山口・佐賀・長崎・宮崎・沖縄。

41）カラゲル〈絡・紮〉

　まとめてくくる。荷作る。「新聞 しっかり からげといてーや（新聞をしっかり縛っておいてね）」。醒井以東のほとんどの地点で確認されたが、彦根・米原でも確認された。『日本方言大辞典』『岐阜県方言辞典』にこの意味での記載はみられない。

　　［文献］「不動をけさをもってからげ奉りてせむる時」（九冊本宝物集、1179）。「首、手足を縄にてからげ莚につつみ捨置」（鸚鵡籠中記、名古屋1700年頃）。

　　［分布］北海道・群馬・埼玉・東京・新潟・石川・長野・静岡・愛知・岐阜・三重・滋賀・奈良・和歌山・島根・山口・熊本。（図3-24参照）

　　［同系］

　ⓐ カラゲル類／カラネル・カラヌル：富山。カロゲル：三重。カラエル：岐阜。カナギュン：沖縄（首里）。ハラギュン：沖縄（与論）。

　ⓑ カナゲル類／カナゲル：富山・岐阜・三重。カナエル：岐阜。カマゲル：山口。

　ⓒ カラグ類／カラグ：北海道・群馬・新潟。カラム：青森・新潟・島根・鳥取。

　ⓓ カラガク：北海道・青森・岩手・宮城・秋田・山形・千葉・新潟。カラガル：青森。カラゴ

4 「『蚊に食われる』『かまれる』は方言？」https://j-town.net/tokyo/research/results/197920.html?p=all

ク：新潟。

　ⓔカラグル類／カラグル：宮城・秋田・千葉・新潟・福岡。カラクル：宮城・新潟・山梨・宮崎・熊本。ガラグル：茨城。カラグイ：宮崎・鹿児島。カラグッ：佐賀・鹿児島。カリグル・カルグル：熊本。

　　以下のように変化したと考えられる。

```
                  ＞ カラム
    カラグ    ＞ カラガク  ＞ カラゴク
           ＞ カラグル  ＞ カルグル ＞ カリグル
                   ＞ カラグイ ／ カラクル
           ＞ カラヌル  ＞ カラネル ＞ カラエル
           ＞ カラゲル  ＞ カナゲル ＞ カナエル
                   ＞ カロゲル
```

〈**参考**〉**カラゲル（はしょる）・カラガク（繕う）**

　西日本では、カラゲルが「衣服の裾をつまみあげて帯にはさむ」「はしょる」という意味で使用されている（表3-2 No.41'参照）。東日本や山陰・九州西部では原義の「縛る」が残存しているが、近畿や山陰・四国・九州東部では新しい意味の「はしょる」に取って代わられたと考えられる。

　　［文献］「あの川を渡る人はからげて渡るなふ」（酢薑・室町末）。

　　［関連］カラグル：福岡・長崎・熊本・大分・宮崎・鹿児島。カラグッ：佐賀。カシャゲル・ハシャゲル：福井。

　東北のカラガク・カラグルなどは、「繕う」「やりくりする」という意味でも使用されている（表3-2 No.41'参照）。「修繕する」という意味のカラクル〈絡繰〉と形式が近いころから、両者が接触した結果、意味が混同したと考えられる。

42）カンコースル〈勘考〉

　考える。「かんこーしときますわ（考えておきますね）」（杉）。ほとんどの調査地点で確認された。ただし、京都、および滋賀県側の街道から離れた地点では聞かれなかった。

　　［分布］山梨・長野・静岡・愛知・岐阜・三重・滋賀・山口。（図3-25参照）

　　［文献］「およそ医は意なりと申て、脉体をもて、勘考いたす所が第一でござる」（東海道中膝栗毛、1802）。

43）キーナイ〈黄〉

　黄色い。

①キーナイ

　「その花 なぶると、きーねぁーこんこ 付くぜー（その花を触ると黄色の粉が付くよ）」。形容動詞キナ〈黄な〉が形容詞化したもの。名古屋や岐阜県側のほか、鳥居本・醒井・河内などで確認された。

　　［文献］「嘴の黄ない小雀の分際で、でつかい事をさへづつたり」（猿丸太夫鹿巻毫、大坂1736）。

　　［分布］石川・長野・静岡・愛知・岐阜・三重・滋賀・京都・徳島・福岡・佐賀・長崎・熊本・大分。（図3-26参照）

　　［同系］キンナイ：岐阜・佐賀・長崎・熊本・宮崎。キナイ：富山・石川・静岡・愛知・岐阜・三重・京都・徳島・愛媛・福岡・長崎・大分・宮崎。キナカ：長崎・熊本。キンナカ：熊本。

②キーナ

形容動詞キナが長音化した形式。京都で聞かれた。キナと共に西日本に分布している。原形は、形容動詞キナル〈黄なる〉。

　　［文献］「キイナ声出して唄うてゐるを」（鳩翁道話、京都1839）。「苔生ふる岩に千代ふるいのちをばきなるいずみの水ぞ知るらん」（宇津保物語、970-999）。

44) キタナコイ〈汚〉

　いかにも汚い。キタナイの語幹に接尾語コイが接続した形式。「そーせせるなよ、きたなこなってまうがや（そう突くなよ、汚くなってしまうじゃないか）」。名古屋や岐阜県側のほか、米原・醒井・柏原で聞かれた。『現代日本語方言大辞典』には、愛知県で使用と記載されているだけである。

　　［分布］愛知・岐阜・三重・滋賀。（図3-27参照）

45) キタナラシー〈汚〉

　いかにも汚い。「やらしー そんなもん。使いーるな きたならしー（嫌だ、そんなもの。使うなよ、汚い）」。番場と今須を除くすべての地点で確認された。

　　［文献］「食つた物を上しやうじ、きたならしくつて、どうもならず」（年寄之冷水曾我、江戸1793）。

　　［同系］キチャナクラシー：新潟。キタナクラシー：富山。キチャナラシー・キッチャナシー：岐阜。キタナクロシー：滋賀。キタナラシー・キタラシネー：宮城。キタナシー：静岡・愛知。

　共通語と認識されているためか、『日本方言大辞典』『岐阜県方言辞典』に記載されていない。キタナイ〈汚い〉とクルシー〈苦しい〉が結合した形式が、次のように変化したと考えられる。

```
                                   ＞ キタラシネー
キタナ-クルシー ＞ キタナクロシー ＞ キタナクラシー ＞ キタナラシー     ＞ キタナシー
                                   ＞ キチャナクラシー ＞ キチャナラシー
```

46) キッツクレー〈強嫌〉

　大嫌いである。「人の陰口ばっか いわっしるで、きっつくれぁーや（人の陰口ばかり言うから大嫌いだ）」。関原〜大垣、岐阜確認された。山中ではクッツクライが聞かれた。『日本方言大辞典』には、岐阜県羽島のキツキライが掲載されているだけで、他地域の記述はみられない。

　　［分布］愛知・岐阜・三重・滋賀。（図3-28参照）

　　［同系］キッツキライ：愛知・岐阜・滋賀。キッチキライ：愛知。キッキライ：愛知・岐阜。キーツクライ：岐阜。キツキライ・キーッキライ・キツーキライ・キツッキライ：滋賀。

　◆キライの初出が1430年、「キツー＋動詞」が1660年、「キツー＋形容詞」が1724年であることから、キツーキライの発生は18ｃ前期と推定できる。以下のように変化したと考えられる。

```
                   ＞ キーツクライ
                   ＞ キツッキライ          ＞ キッチキライ
キツーキライ ＞ キツキライ ＞ キッツキライ ＞ キッツクライ ＞ クッツクライ
                   ＞ キツッキライ ＞ キッキライ
                   ＞ キッーキライ ＞ キッキライ
```

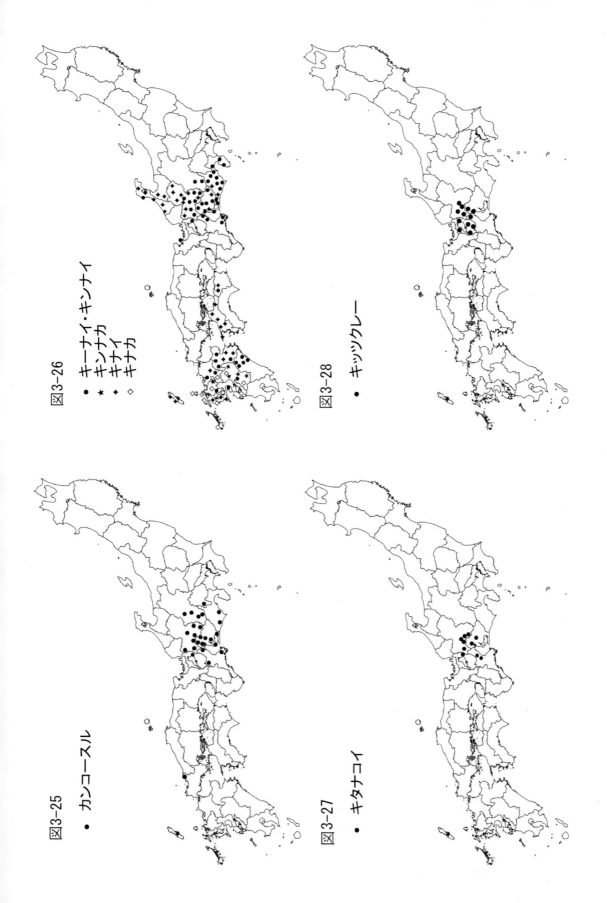

図3-25　● カンコースル

図3-26　● キーナイ・キンナイ　★ キンナカ　◆ キナイ　◇ キナカ

図3-27　● キタナコイ

図3-28　● キッツクレー

47）キョーラ〈今日等〉

今日なんかに。「きょーら あかんわ、雨ん降っとるで（今日なんかダメだよ、雨が降っているから）」。京都や名古屋を除くほとんどの地点で確認された。

◆原義は、「今日あたり」。既に『万葉集』に用例がみられる。江戸後期に「今どき」「今日日」という意味で使用されるようになった。

［文献］「いや彦神のふもとに今日良（けふら）もか鹿の伏すらむ皮ごろも来て角付きながら」（万葉集、8c後）。

48）グスグス

（靴が大きすぎて）緩い。「ぐすぐすやで、もっと つもー しよめぁーか（緩いからもっと強くしようか）」。主に岐阜県側で聞かれた。同義語として、京都・長浜・番場・一色・河内・柏原・貝戸・新明・平井でゴソゴソが、米原・寺倉でグサグサが、綾戸でグズグズが聞かれた。名古屋は、ガバガバであった。形容詞グスイ〈緩い〉の同系語と思われる。

［分布］岐阜・滋賀・京都・大阪・岡山・愛媛。（図3-29参照）

［同系］グスイ（緩い）：富山・愛知・岐阜・京都・鳥取・島根・岡山・徳島・広島・香川。

［関連］グサグサ：岐阜・三重・滋賀・京都・大阪。

近畿外縁部に分布するグスイと近畿中央部のグサグサとの混淆形の可能性も考えられる。

49）クルー〈狂〉

（子供が）じゃれる。ふざける。「そー くるってばっかおって。ちょっと 静かにしーや（そんなにふざけてばかりいて。ちょっと静かにしなさいよ）」。関原以東で聞かれた。

［文献］「御座の間ちかき所にて、あまたの小姓衆いかほどくるへども少もしかりたまはず」（戴恩記、京都1644）。

［分布］山梨・長野・静岡・愛知・岐阜・岡山・広島・山口・徳島・香川・高知。（図3-30参照）

◆原義は、「精神状態が正常でなくなる」。既に日本書紀にみられる。15c初に「常軌を逸して激しく動く」、17cに「ふざける」へと転義した。

50）クロ〈畔〉

隅。縁。傍。「くろの方ん 寄っとらんと、あぶねぁーぜー（端の方へ寄っていないと危ないよ）」。主に岐阜県側で確認された。河内では田畑に限って「隅」という意味で使用されていることから、「田の畔」から「隅」へと転義する過渡期の用法といえる。

［分布］茨城・新潟・富山・石川・山梨・長野・静岡・愛知・岐阜・三重・滋賀・島根・福岡・熊本・大分・宮崎。（図3-31参照）

［同系］グロ：静岡・愛知・熊本。グーロ：愛知。

〈参照〉クロ系の諸形式と意味

クロは、以下のような多様な意味を持つ。（表3-2 No.50'参照）

①畔。田の周りの開墾していない土地。

［文献］「水田の水深かりけるくろの上に、二人の者共腰うちかけて息づき居たり」（平家物語、13c前）。

［分布］東北全域のほか、群馬・埼玉・千葉・東京・神奈川・新潟・富山・石川・福井・山梨・

長野・三重・滋賀・京都・兵庫・和歌山・山口・愛媛・高知・福岡・長崎・熊本・大分。

　［同系］クル：三重・滋賀・長崎。グル：三重・和歌山。グロ：埼玉・愛知・山口・熊本。クリ・クル・クレ：長崎。

②**稲むら。物を小山のように積み上げたもの。**

　［分布］グロ：広島・山口・愛媛。

　［文献］「壟 ツカ ウネ クロ」（観智院本名義妙、1241）。「くろ 四国辺に物を高く累ねたるををいふ木ぐろ藁ぐろ栗ぐろ稗ぐろなどいふめり壟の意なるべし」（和訓栞、1777）。

③**雑木林。藪。草むら。**

　田畑の周辺の、草木が生い茂った土地。グロは「暗い・黒い」と関連する語と指摘されている（『播磨方言拾掇』）。

　［分布］グロ：中国全域のほか、三重・京都・大阪・兵庫・奈良・徳島。

　［同系］グル：埼玉・兵庫・奈良・和歌山・愛媛・高知。グルット：奈良。グロタ：和歌山。

④**周囲。**

　［分布］

　ⓐ　グリ：神奈川。グリー：神奈川・佐賀。クロ：静岡・長野。グロ：静岡・長野。グル：岐阜・三重。クレ：福岡。

　ⓑ　グルラ：静岡・長野・愛知・岐阜・京都。グルア：静岡。グルイ：神奈川・静岡・山梨・長野・山口・佐賀・鹿児島。グルリ：新潟。グルジ：石川。グロリ：京都。

　ⓒ　グルリ：中部・近畿・四国・九州全域（除く沖縄）のほか、北海道・青森・岩手・宮城・山形・福島・茨城・栃木・埼玉・東京・神奈川・鳥取・岡山・広島・山口。グルイ：神奈川。

　［文献］「たいり見にゆかんとて、ついぢのくるりをとをりゆるに」（私可多咄、1671）。

まとめると、表3-3のようである。

表3-3　クロ系の諸形式と意味の分布

	クロ	グロ	グル	クル	クリ	クレ	グルット	グルリ	グルア
隅	○	○	○						
傍	○	○		○	○	○			
畔	○		○	○					
稲むら		○							
草叢		○	○						
藪		○	○				○		
周囲	○	○	○		○	○	○	○	○

　全国的に分布する④グルリ（周囲）と西日本に分布する③グロ（雑木林・藪）、さらにはクレ・グレ（土の塊）などが混淆した結果、「田の周辺の、草木が生い茂った土地」を表わすグロが発生し、最終的に①クロ・グロ（畔）が形成されたのではないだろうか。中部・九州市域にみられるクロ・グロ（隅）は、原形のグルリ（周囲）の意味を継承しているともいえる。クロは、以下のように変化したと考えられる。

　　　　グレ　　　　⇒　グレリ ＞ グレ

　　　　グルリ　　　＞　グルイ ＞ グリ

　　　　　　　　　　＞　グルラ ＞ グルア　＞ グル ＞ クル

　　　　グロ　　　　⇒　グロリ ＞ グロ　　＞ クロ

51）ケナルイ

　羨ましい。「あんまり人のもん、けなるがるもんやねぁー（あまり人の物を羨むものじゃない）」。すべての地点で聞かれた。

　　［文献］「エ、どの様な女じゃやら、ヱ、けなるいわいヤイ」（お染久松色読販、1813）。

　　［分布］近畿全域のほか、北海道・宮城・秋田・栃木・群馬・埼玉・千葉・伊豆諸島・新潟・富山・石川・福井・長野・静岡・愛知・岐阜・鳥取・岡山・広島・徳島・香川・愛媛。

　　［同系］キナルイ：石川。

　◆形容動詞ケナリ〈異なり〉が形容詞化してケナリーとなり、さらにケナルイと変化した。原形のケナリーは、ケナルイの分布域のほか、岩手・山形・栃木・宮崎などでも使用されている（表3-2 №51参照）。

　　［文献］「名馬の騏驥をけなりう思て」（玉塵沙、1563）。

52）コエテク〈越行〉

　引っ越す。「こねぁーだ 東京の方へ 越えてきゃーすた（この間、東京の方へ引っ越された）」。名古屋や垂井・大垣周辺の限られた地域で聞かれた。『日本方言大辞典』『岐阜県方言辞典』に記載されていない。

　　［分布］愛知・岐阜。（図3-32参照）

　　［同系］コエル（引っ越す）：東北全域のほか、北海道・愛知。

53）コエル〈肥〉

　太る。体の肉が増す。「えれぁー 肥えやしたなん、知らんとる間に（とても太られたね、知らない間に）」（杉）。すべての地点で確認された。共通語と認識されているためか、『日本方言大辞典』に記載されていない。

　　［文献］「或る鳥とつと肥えた鳥を見て、いかう羨しう思うて」（天草本伊曾保、1593）。

54）ゴエンサン〈御院主〉

　真宗の僧侶。「今日 ごえんさん ござるで、お茶のまわし しといてーよー（今日、ご住職がいらっしゃるから、お茶の用意をしておいてね）」。京都・名古屋・貝戸以外のすべての地点で確認された。

　　［分布］北海道・福井・岐阜・三重・滋賀・京都・兵庫・広島。ゴエサン：和歌山。（図3-33参照）
　　［同系］

　　ⓐ ゴエンサン類 ／ ゴインサン：群馬：福井・岐阜・三重・滋賀・大阪・兵庫・島根・広島・佐賀・大分。ゴエンサマ：福井・岐阜。ゴインサマ：愛知・岐阜。オエンサン：三重。

　　ⓑ ゴインジュサン類 ／ ゴインジョハン・ゴエンジョハン：富山。ゴインジョサマ：新潟・富山。ゴインジュサン：京都。ゴエンジョサマ：石川・富山・岐阜。ゴエンジュサマ：愛知。ゴエンジュサン：三重・兵庫。ゴインジュサマ：山口。ゴインシュサン：佐賀。

　　ⓒ ゴインジュ類 ／ ゴインジュ：新潟・石川・岐阜・三重・滋賀。ゴエンジ：北海道・静岡。ゴインジョ：新潟・富山・石川・長野。ゴエンジョ：新潟・長野・岐阜。ゴエンジュ：北海道・岐阜・三重・滋賀。

　　ⓓ インジュサン類 ／ インジュサン：三重・大阪・奈良・香川。エンジサン：奈良。

　◆原形のインジュ〈院主〉は、鎌倉期までさかのぼる形式である。

　　［文献］「院主の光影房に此の事をかたる」（平家物語、13c前）。

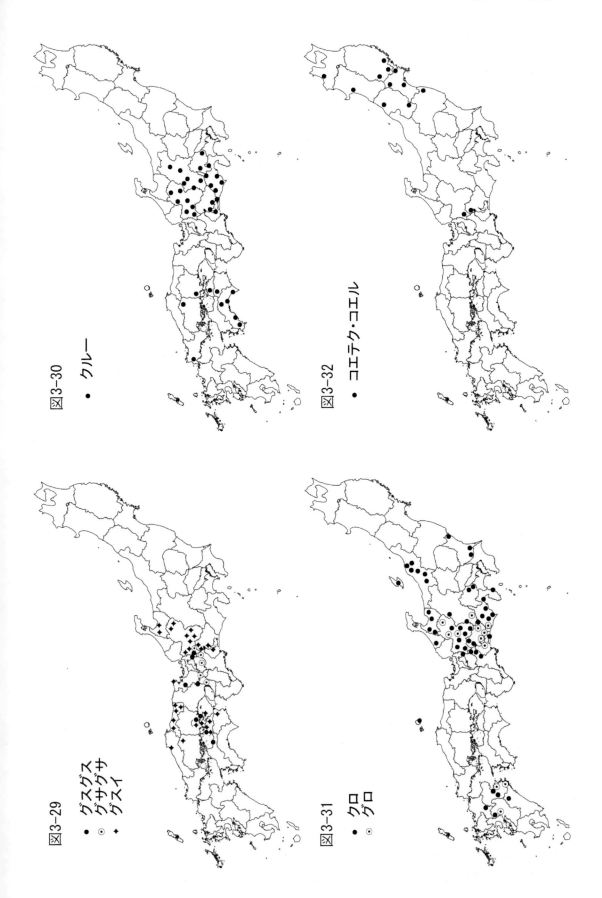

図3-30
● クルー

図3-32
● コエテク・コエル

図3-29
● グスグス
⊙ グサグサ
✛ グスイ

図3-31
● クロ
⊙ グロ

接頭語ゴや接尾語サン・サマの有無、インジュ＞エンジュの変化など、多様な派生形がみられる。接尾語サンを除いた部分は、以下のように変化したと考えられる。

　　　　ゴインジュ　＞ ゴインジョ ＞ ゴイン
　　　　　　　　＞ ゴエンジュ ＞ ゴエンジョ ＞ ゴエン ＞ コエン
　　　　　　　　　　　　　　　　　　　　　＞ オエン

55）コーカ〈校下〉

　小学校・中学校の通学区域。学校方言。「あっこは 東小校下や（あそこは東小学区だ）」。岐阜県側で聞かれた。京都ではガック〈学区〉、米原・西円寺・一色などの滋賀県側はコーク〈校区〉であった。

　　［分布］北海道・富山・石川・福井・岐阜・京都。

56）コグチカラ〈小口〉

　落ちこぼれがないように順番に。隅から隅まで残らず。「こぐちから風呂 へぁってきーよー（順番に風呂に入ってきなさいよ）」。米原・長久寺・山中・垂井周辺を除くほとんどの地点で聞かれた。甲田では、「手前から順に」という意味で使用されている。高溝・一色でコグチハタカラが聞かれた。『岐阜県方言辞典』に記載されていない。

　　［分布］静岡・岐阜・三重・滋賀・京都・大阪・兵庫・島根・岡山・広島・山口・香川・愛媛。（図3-34参照）

　　◆コグチ〈小口〉の原義は、「切り口」「物事の始まり」「ものの先」。

　　［文献］「いかな男をもこぐちからひとのみにしてあいさつ也」（浮世草子、大坂1687）。

　コグチカラを「一方から」「片方から」という意味で使用している地域に、滋賀・京都・兵庫・香川・愛媛・福岡・鳥取・島根（クグチ）などがある。本調査地点のうち、甲田は古い用法の残存と考えられる。

57）ココロヤスイ〈心安〉

　親しい。「あの人とは こころやすいで（あの人とは親しいから）」。すべての地点で確認された。原義は「容易である」。

58）コンコ〈粉〉

　粉。「あーあー、こんこだらけん なってまって。あんべぁー 払わんと落ちんぜー（粉まみれになってしまって、きちんと払わないと落ちないよ）」。主に岐阜県側で確認された。京都や高溝ではコーが聞かれた。

　　［分布］長野・静岡・愛知・岐阜・滋賀。オコンコ：高知。（図3-35参照）

　　［同系］ココ：青森・岐阜。コッコ：岩手・秋田・岐阜。コッコー・コンコー：静岡。

　　［関連］コンコ（はったいこ・きなこ）：愛媛。ココ（こがし）：香川。

　　◆粉の重複形ココから、コンコ・コッコへ変化したものと考えられる。愛媛や香川では、特定の穀物の粉を指すようになった。

59）コンドカエリ、コンドカエシ〈今度返〉

　今度。この次。大垣や垂井など、限られた地点で確認された。

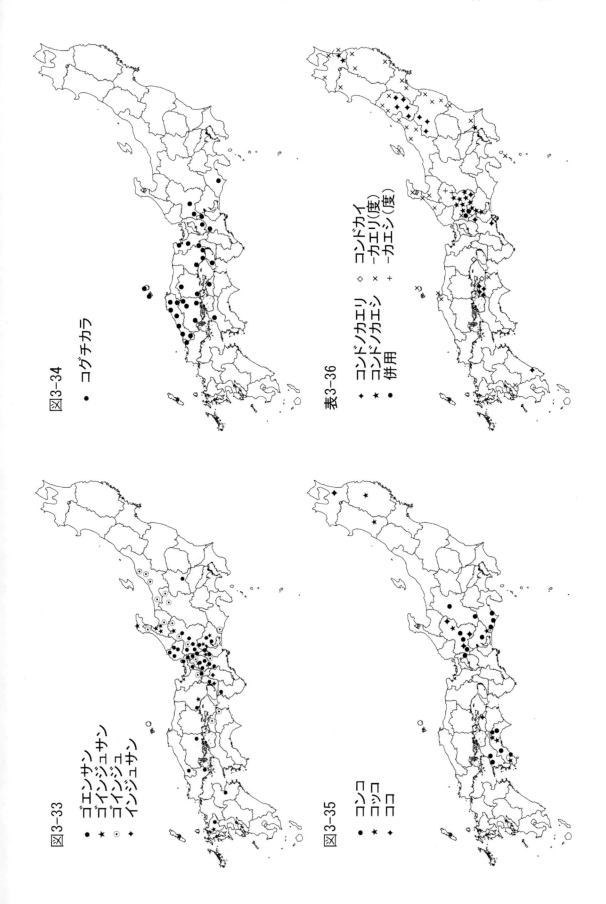

図3-34
● コグチカラ

表3-36
✦ コンドノカエリ　◇ コンドノカエリ　× コンドカイ
★ コンドノカエシ　× −カエリ(度)　+ −カエシ
● 併用　　　　　　　−カエシ(度)

図3-33
● ゴエンシサン
★ ゴインジュサン
◎ ゴインジュ
✦ インジュサン

図3-35
● コンコ
★ コツコ
✦ ココ

①**コンドカエリ**

「こんどけぁーりは、ちゃんと きてーよー（今度はちゃんと来てね）」。

［分布］愛知・岐阜・香川。（図3-36参照）

［同系］コンドノガエリ：宮城。コンドノカエリ：山形・三重。コンドノケリ・コンドケリ・コンケリ：千葉。コンドカリ：岐阜・香川。コンドカヤリ・コンドカイ・コンドキリ：香川。コンドンケリ：宮崎。コノキリ：福島。

②**コンドカエシ**

「こんどけぁーし 行こめぁーか（今度行こうか）」

［文献］「こんどのかいしハきせるぞよ」（駅客娼穿、名古屋1804）。

［分布］愛知・岐阜。

［同系］コンドノカエシ：青森。コンドカイシ・コンドカシ：愛知。

コンドに、「回・度」を表わすカエリが接続した重複表現と考えられる。

コンドノカエリ　＞コンドカエリ　　＞コンドカヤリ　＞コンドカリ　　＞コンドカイ
　　　　　　　　＞コンドケリ　　　＞コンドンケリ　＞コンドケリ　　＞コンケリ
　　　　　　　　＞コンドノカエシ　＞コンドカエシ　＞コンドカイシ　＞コンドカシ

60）ザイハライ〈采払〉

はたき。ちり払い。

①**ザイハライ**

「ぜぁーはれぁー、一本作らなあかんわ（ちり払いを一本作らないといけないね）」。名古屋や大垣でのみ確認された。理解語として残っているのも岐阜県側に限られた.

［分布］愛知・岐阜・三重。（図3-37参照）

②**サイハライ**

京都や滋賀県側の米原・西円寺・長浜・河内、および岐阜県西端の竹尻で確認された。醒井ではサンバライが聞かれた。

［文献］「今俗、さいはらひといひて、絹・紙などをさきて、小竹にゆひつけ、塵を払ふ具とす」（北辺随筆、1816）。

［分布］中部全域のほか、三重・滋賀・京都・大阪・兵庫・奈良・島根・広島・佐賀・長崎・熊本・大分。

61）サッキニカラ〈先〉

先ほどから。「さっきにから つつくなってござるが、どーぞ さしたんやろか（先ほどからしゃがんでおられるけど、どうかされたんだろうか）」。彦根・米原・醒井・関原・垂井などの旧道の主要地点に散在している。

［文献］「あの左源太は、さつきにから、何して居やるやら」（棠大門屋敷、大坂1705）。

◆原型は、「サキニカラ」（天正本節用集、1590）。江戸初期に使用されるようになったサッキニは一語として考えられていたため、文政の頃、カラが接続する際、サッキニ-カラとなったと考えられている（『上方語源辞典』）。

［分布］愛知・岐阜・三重・滋賀・大阪・和歌山・香川・愛媛。

［同系］サッキナ：新潟。サッキネ：岐阜。サッキン：福井・三重・京都・兵庫・奈良・香川。サーキニ：愛媛。サーキン：群馬。サーチン：鹿児島。

62）サブボロ〈寒痛〉など

　鳥肌。サブボロ・サブイボ以外の形式として、高溝ではサブツボ・サブツブが聞かれた。

①サブボロ〈寒痛〉

　「あー、さぶぼろ出たわ（あー、鳥肌が立ったよ）」。名古屋と岐阜県側のほか、長浜や柏原で確認された。垂井でサビボロ、平井・綾戸・静里・久瀬川でサッボロ、寺倉でボロが聞かれた。

　［分布］富山・福井・愛知・岐阜・滋賀・愛媛。

　［同系］サブサボロシ：富山。サブサボロ：新潟・富山。サンボロ：富山。サムボロ：石川・長野。サンボロシ：岐阜。

　◆サブサ〈寒さ〉とホロシ〈痛子〉と結合した後、以下のように変化したと考えられる。ホロシの初出は1603年の『日葡辞書』。

　　　　サブサ-ホロシ　＞　サブサボロシ　＞　サブサボロ　＞　サブボロ　＞　サッボロ
　　　　　　　　　　　　＞*サムサボロシ　＞　サムボロ
　　　　　　　　　　　　　　　　　　　　＞　サンボロシ　＞　サンボロ

②サブイボ〈寒疣〉

　京都と滋賀県側で聞かれた。

　［分布］新潟・富山・福井・岐阜・三重・滋賀・京都・大阪・兵庫・和歌山・鳥取・広島・愛媛。

　［同系］サブサイボ：新潟・長野。サブサブイボ：長野。サブエボ：石川。サブイモ：愛媛。サブモ：静岡・愛媛・高知。サムサイボ：山形・新潟・長野。サムイボ：富山・長野・大阪。サビボ：宮崎。サブイボロ：岐阜。

　以下のように変化したと考えられる。

　　　　サムサ-イボ　＞　サムイボ
　　　　サブサ-イボ　＞　サブイボ　＞　サブイモ　＞　サブモ

63）サラエル〈浚〉

　皿に残っている料理を全部平らげる。全部集める。「おひつのご飯、きれーにさらえときーよ（お櫃のご飯を残らず食べておいてよ）」。今須西を除くすべての地点で確認された。『日本方言大辞典』『岐阜県方言辞典』に記載されていない。

　［分布］愛知・岐阜・三重・滋賀・京都・徳島。

　［同系］サライコム：富山・長野。サラユル：長崎・熊本。サラユッ：長崎。

　［関連］サナゲル：千葉。サラゲル：山形・新潟・長野・岐阜・滋賀。サラケル：新潟・奈良。

　◆原義は、「池、溝などの底にたまっている土砂などを掘り上げてすっかり取り去る」。

　［文献］またふりを以て、河をさらふるあり」（山王絵詞、1310年頃）。

64）シオカライ〈塩辛〉

　しょっぱい。塩味が濃い。「今日の味噌汁、ちょっと しおかれぁーなん（今日の味噌汁は、少ししょっぱいな）」（杉）。ほとんどの調査地点で確認された。鳥居本・樋口でショッカライ、祖父谷でシオッカライ、高溝・番場・醒井・貝戸でショカライで聞かれた。

　［文献］「此の鮭・鯛、塩辛・醤などの塩辛き（しほからき）者共をうつづるに」（今昔物語、1120）。

　［分布］中部・近畿・中国・四国全域のほか、岩手・山形・栃木・群馬・埼玉・千葉・東京・神

奈川・伊豆諸島・福岡・熊本・大分・鹿児島。

次のように変化したと考えられる。

シオカライ ＞ シオッカライ ＞ ショッカライ ＞ ショカライ

65）シカシカする

痛痒い。チクチクする。「何 へぁったしゃん、背中んしかしかしる（何が入ったのかしら、背中がチクチクする）」。ほとんどの調査地点で確認された。

［文献］「刺蘗は銕しかしかとさいつ、火でじりじりとこがいてやいつなんどするぞ」（漢書列伝景徐抄、1477-1515）。

［分布］石川・静岡・愛知・岐阜・滋賀・京都・福岡・佐賀。（図3-38参照）

［同系］

ⓐ ジカジカ：青森・岩手・宮城・秋田・島根・山口・愛媛・長崎。ジガジガ：岩手・島根・福岡・長崎・熊本。ジッカジッカ：岩手・秋田・島根。ジッガジッガ：島根。ジカジカ（切った傷が痛む）：岐阜。ジカジカ（歯などが痛む）：徳島。ジガジガ（ズキズキする）：長崎。

ⓑ シカシカ（腹が痛む）：石川・愛知・京都・奈良。ジカジカ（胸や腹が痛む）：青森・高知・長崎。ジカジカ（傷がうずく）：兵庫。

［関連］ シカシカ（乾いた）：青森。シカシカ（太陽が照りつける）：富山。ジカジカ（大変暑い）：山形。ジカジカ（太陽が照りつける）：岐阜。

◆「太陽が照りつける様子」「乾いた」を表わすチカチカ・シカシカと、「傷が痛む」を表わすジクジク・ジカジカとの混淆により、「皮膚が痛痒い」を表わすシカシカが発生したのであろうか。

66）シジクダル〈滴垂〉

滴が垂れる。「足元、しずくだっとるがな（足元、滴が垂れているじゃない）」。米原・醒井・今須・関原・垂井～大垣など、街道の主要地を中心とした地域に分散している。米原ではシズクダル、新明ではシズクタル、高溝ではシュズク・シュジュクが聞かれた。

◆タレル〈垂れる〉が下二段化する以前に、シズク〈滴〉と四段動詞タル〈垂る〉が結合して常用句化したと考えられる。シズク〈滴・雫〉の初出は『萬葉集』（8c後）にさかのぼる。現代方言では、シジクの他、シジコ・シジュク・シズキ・シズコ・スズギ・スズク・スズ・シズなど多様な形式が派生している。

67）ジッキニ〈直〉

直ぐに。「あまはん けぁーりーると、じっきに おいでたわなん（あなたが帰ると、すぐにいらっしゃったよ）」。京都・醒井・垂井・岐阜・名古屋などで確認された。

［文献］「京女郎だと島田とはじっきに切れ」（柳筥、1783-86）。

◆原形は、ジキニ。上記以外のほとんどの調査地点では、原形のジキニを使用している。

［文献］「あれほどにいいなんした物が、直にきげんが直って」（蝶夫婦、1777）。

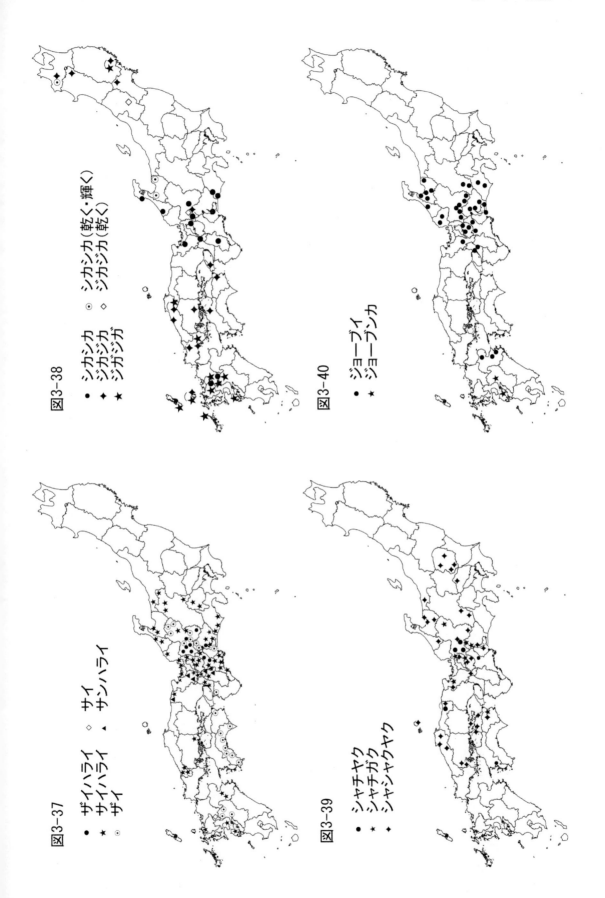

図3-37
サイハライ ・ サイ
サイハライ ☆ サンハライ
ザイ ⊙

図3-38
シカシカ ⊙ シカシカ（乾く・輝く）
シカシカ ◇ シガシカ（乾く）
シガシカ ★

図3-39
シャチヤケ
シャチガク
シャジヤケヤケ

図3-40
ジョーブイ
ジョーブンカ

68）シャクニサワル〈癪触〉

腹が立つ。「あの人、どしゃくにさわることばっか いわっしるわ（あの人、腹が立つことばかり言うよ）」。すべての地点で確認された。共通語と認識されているためか、『日本方言大辞典』『岐阜県方言辞典』に記載されていない。

［文献］「そはそはと尻がおちつかずおかしきそぶりゆへ少し<u>しゃくにさへて</u>」（角雛卵、1784）。

69）シャチヤク〈焼〉

①シャチ-ヤク

要らぬお節介を焼く。「そー しゃちやかんといてーや（そうお節介を焼かないでよ）」。梓河内以東のほか、彦根や米原付近で確認された。滋賀県側の旧息長村・旧息郷村・旧醒井村ではまったく使用されていない。甲田ではシャチ-ガクが聞かれた。

［分布］岐阜・滋賀・鳥取。（図3-39参照）

［同系］シャチ-ガク：愛知・岐阜・滋賀・京都。

②シャシャ-ヤク

高溝で聞かれた。長浜ではシャシャクが聞かれた。

［分布］愛知・岐阜・滋賀・香川。

［同系］

ⓐ サシャク-スル：埼玉。シャシャク-ユー：栃木・香川。シャシャク-ヤク：滋賀・香川。シャシャク-スル：埼玉・愛知。シャシャコ-ヤク：島根・香川。シャシャコ-モル：滋賀。シャシャコ-バル：京都。シャシャコ-スル：香川。シャシャコ-モツ・シャコ-モツ・チャチャコ-モツ・チャシャコ-モツ：島根。シャシャコ-イレル：香川。サチョコ-エレル：新潟。

ⓑ シャシャル：新潟。シャシャ-カウ：石川。チャチャ-ヤク：富山。シャシ-セク：愛知。シャスー-ヤク：広島。シャシャ-マゼル：鳥取。シャシャクル：香川。

［関連］サイコ類 ／ シャエッコ-スル：山形。サシコ-ヤク・シャイコ-ヤク：三重。シャコ-ヤク：鳥取。サイコ-ツク：高知。

〈参考〉前半部～サシャク系とサイキョ系

サシャク系とサイキョ（裁許）系とが混交して、様々な形式がみられる。

ⓐ sc・ss類 ／ シャチ：岐阜・滋賀・京都。オシャチ：三重・徳島・愛媛。シャシャ：岐阜。シャシ：愛知。シャスー・サス：広島。

ⓑ ssk類 ／ サシャク：埼玉。サンシャク：岡山。シャシャク：栃木・埼玉・長野・愛知・京都・島根・香川。シャシャコ：滋賀・島根・徳島・香川。シャシコ：徳島。シャチコ：徳島。

ⓒ シャコ：島根。

［関連］サイコ：北海道・青森・三重・兵庫・広島・山口・愛媛・高知。サシコ・サイコ：三重。ササッコ：岩手。

以下のように変化したと考えられる。

```
                  サンシャク              シャコ    ササッコ
  サシャク  ＞  シャシャク⇔シャシャコ⇔シャシコ⇔サシコ ＜ サイコ ＜ サイキョ
                  シャシャ    チャシャコ  シャチコ    サチャコ
                  シャシ      チャチャコ  シャチ      シャエッコ
                              シャスー
```

70）ジュルイ〈汁〉

　道がぬかるんでいる。「まんだ じゅるいで、ぶくり へぁーてきーや（まだ、ぬかるんでいるから、高下駄を履いていきなさいよ）」。名古屋と岐阜を除く、すべての地点で確認できた。

　　［文献］「塗泥とはしるいぞ」（1477、史記抄）。「しるい。江戸でいふぬかるみなり」（浪速方言、大坂1821）。

　　［分布］近畿・四国全域のほか、新潟・福井・静岡・愛知・岐阜・鳥取・島根・広島・山口・長崎・熊本・大分。ジュルカ：福岡・佐賀・長崎。

　　［関連］ジュルジュル：静岡・愛知・兵庫・岡山・長崎。

　◆原義は「汁気が多いこと」。15c後半に、現在の意味でも使用されるようになった。形式も、シルイ＞ジルイ＞ジュルイと変化した。原形のジルイも、ジュルイの使用地域で併用されている（No.70参照）。

　　［文献］「しるきもののかたまるをおるといへる」（名語記、1275）。

71）ジョーブイ〈丈夫〉

　丈夫な。形容動詞ジョーブナが形容詞化した形式。「おまはんどこの子 じょーぶいで えーな（お宅の子は元気でいいね）」。京都と長浜・高溝などの北部を除くすべての地点で確認できた。

　　［分布］富山・石川・福井・長野・静岡・愛知・岐阜・三重・滋賀・京都・大阪・大分。ジョーブカ・ジョーブンカ：熊本。（図3-40参照）

　原形のジョーブナは、京都や長浜などで聞かれた。

　　［文献］「誠に日頃丈夫な者で御座るが」（寛永本狂言・梟、室町末）。

72）ションネー〈仕様無〉

　仕方がない。「どばがえて しょんねーに（歯がゆくてしかたがないよ）」。関原以東の岐阜県側のほか、今須地区の谷合の新明・祖父谷・平井で確認された。京都・高溝・貝戸でショガナイ、鳥居本・西円寺・長浜・一色・河内でショーガナイ、西円寺・寺倉・大垣でシャーナイが聞かれた。

　　［文献］「ほんとうにしょんない子だね」（いたずら小僧日記、1909）。

　◆ショウガナイが原型で、ショーガナイ＞ショガナイ＞ションナイと変化したと考えられる。

　　［文献］「なにともしやうかなさに」（捷解新語、1676）。

73）ズツナイ〈術無〉

　苦しい。病気などで体の調子が悪い。「ずつねぁー、なんやら風邪ひーたかしゃん（苦しい、なんか風邪をひいたかしら）」。名古屋や岐阜県側を中心に確認された。滋賀県側は、米原・番場・醒井などの旧宿場町に分散している。京都ではキズツナイという句で使用する。

　　［文献］「すべてすつなういまはかうにこそとおぼしつるに」（栄花、1028-92）。

　　［分布］近畿・四国・九州全域（沖縄を除く）のほか、北海道・福島・茨城・栃木・神奈川・福井・山梨・長野・愛知・岐阜・三重・鳥取・島根・岡山・広島。

　◆原形はジュツナイ。ジュツナイとズツナイは、11〜12c頃より並立してきたようである。現在も、西日本を中心に使用されている（表3-2 No.73参照）

　　［文献］「無術候事也」（貴嶺問答、1185）。「ア、じゆつない、ゆめだなかった」（浮雀遊戯嶋、名古屋1806）。

74) ズルケル 〈狡〉

　怠ける。さぼる。「おまはんた、ずるけたら あかんがなん（あなた達、さぼったらダメじゃない）」。名古屋や大垣のほか、垂井・醒井・米原などに点在している。『岐阜県方言辞典』に記載されていない。

　　［文献］「勘兵衛も弥五郎もずるけて間に合いませぬ」（福神粋語録、江戸1786）。

　　［分布］　近畿全域のほか、北海道・青森・岩手・群馬・埼玉・東京・新潟・石川・福井・山梨・長野・静岡・愛知・岐阜・鳥取・島根・広島・山口・徳島・愛媛・熊本。（図3-41参照）

　　［同系］ズルクル：福岡・熊本・大分。

　　［関連］ズルブク・ズルブル：山形。ズルコグ：香川。ズルコク：新潟。ズラコク：新潟・富山。ズル：新潟・鳥取・宮崎。

　◆ズルに強調の語尾-クルが接続したズルクルが、一段化してズルケルと変化した可能性も考えられる。

75) セーデッテ・セーダイ 〈精出〉

　一生懸命。セーダシテ〈精出して〉が慣用句化したもの。以下のような諸形式がみられた。

①セーダイ （テ脱落）

　イ音便形（後述）からテが脱落した形式。京都や彦根のほか、米原・長浜・醒井・河内で確認された。京都「せーだい おきばりやす」。長浜で「せーだい せな」。明治末生まれの大垣旧市街で、セーダイが確認されている（杉崎・植川2002）。

　　［分布］　近畿全域のほか、新潟・富山・石川・福井・岐阜。

　　［同系］

　　ⓐ セーホダイ：山形。セーデ・セーテ：福井。セーザイ：滋賀・京都・大阪・兵庫。セーサイ：滋賀・京都・和歌山。セーデー：京都。セーダイシテ：滋賀。

　　ⓑ セーデト：新潟。セダイト・セーダイト：富山・石川。ヘダイト：富山・石川。シャイト：富山。シーダイト・ヘダイトコト：石川。

②セーデッテ （促音化・短音化）

　イ音便形（後述）が連母音融合した後、さらに促音化した形式。「せーでって やりんけぁーなん（一生懸命にやりなさいよ）」（杉）。垂井近辺にわずかに残存しているだけである。大垣市赤坂でセーデッテが確認されている（杉崎1997）。

　　［分布］岐阜・京都。

　　［同系］シェーデテ：石川。セーデテ・セーレテ：岐阜。セーダッセ：徳島。セーデチ・セーデツ：長崎。

③セーダシテ （原形）

　原形のセーダシテは、甲田・寺倉・山中で確認された。名古屋では、「セーダシトル」という用法が残っているだけである。

　　［文献］「出ㇽ精（セイヲイダス）」（文明本節用、1474）。

　　［分布］富山・長野・滋賀・京都・大阪・和歌山・徳島・香川。（図3-42参照）

　　［同系］セードシテ：宮城。ショーダシテ：滋賀。セダシテ：香川。

④セーダイテ （イ音便化）

　後半部のダシテ〈出して〉がイ音便化した形式。「せーでぁーて やりーよ（一生懸命やりなさいよ）」。大垣で聞かれた。

［文献］「まずせいだいてあつめておかんしょ」（浮雀遊戯嶋、名古屋1806）。

［分布］石川・愛知・岐阜・京都・兵庫・奈良・和歌山。

［同系］セーデーテ：新潟。セダエテ・シダイテ・ヒダイテ・ヘダイテ：富山。セダイテ・シーダイテ・セタイテ：石川。セーダイセ：滋賀。ショーダイテ：岐阜・京都。

⑤セーライト（ラ音化）

ダ＞ラと変化した形式。高溝で聞かれた。

［分布］　セーラト・シーラト：新潟。セーライテ：岐阜・大阪・兵庫・和歌山。セーライ：和歌山。

①〜⑤は、以下のように変化したと考えられる。ショーダシテ・ショータイテ〜セーホダイは、セーオ（精を）から変化したものであろう。セーダイシテは、①セーダイに改めてシテが接続した、「誤った回帰」と考えられる

```
セーダシテ　＞ セダシテ
          ＞ セーダイテ ＞ セダイテ　　＞ ヘダイテ　　＞ ヒダイテ
          ＞ セーデーテ ＞ セーデッテ　＞ セーデテ　　＞ セーレテ
                                  ＞ セーデチ　　＞ セーデツ
                      ＞ セーダイセ　＞ セーダッセ
          ＞ セーダイ　 ＞ セーデー　　＞ セーデ　　　＞ セーテ
                      ＞ セーザイ　　＞ セーサイ
                      → セーダイ-ト ＞ セダイ-ト　 ＞ ヘダイ-ト
                                  ＞ シャイ-ト ／ シーダイ-ト
                      ＞ セーライテ　＞ セーライ
                      → セーライ-ト ＞ セーラ-ト　 ＞ シーラ
        → セーオ-ダシテ ＞ ショー-ダシテ ＞ ショー-タイテ
```

76）セワシー〈忙〉

忙しい。

①セワシー

「先生も せわしーこっちゃなん（先生も忙しい事だね）」。ほとんどの地点で確認された。

［文献］「異の儀を設険（せはしく）曲をもて性と為」（石山寺本成唯識論寛仁四年点、1020）。「Xeuaxijセワシイ」（日葡辞書、1603）。

［分布］近畿・四国・九州（除く沖縄）全域のほか、北海道・青森・岩手・宮城・山形・福島・茨城・栃木・群馬・埼玉・千葉・東京・新潟・石川・福井・山梨・長野・静岡・愛知・岐阜・島根・岡山・広島・山口。

②セワシナイ

京都や彦根・高溝・梓・貝戸で聞かれた。

［文献］「草の庵りのせはしなき、旅寝の床ぞ物うさ」（黒塚、1465）。

セワシーと同様、全国的には広範囲に分布している。

77）ゾゾゲタツ

ぞっとする。恐怖や寒さのために身の毛がよだつ。

①ゾゾゲ-タツ〈髪立〉

名古屋と、垂井〜大垣で確認された。「みんな ぞぞげだって 言葉ん でーへんなんだわ（皆、ぞっと

して言葉がでなかったよ)」。

　　[文献]「そそけだつ ソウケダツとも云」(俚言集覧、1797)。

　　[分布]富山・福井・愛知・岐阜・三重・滋賀・京都・大阪・香川・高知。(図3-43参照)

　　[同系]

　　ⓐ ソソゲ-タツ：神奈川・福井。ゾゾケ-タツ：愛知・大阪。ソンソケ-ダツ：岐阜。ゾゾケ：高知。ゾンゾケ：香川。

　　ⓑ ソゾケ-タツ (涼しくなる)：岩手。

②**オゾゲ-タツ**

河内で聞かれた。①より古い形式と考えられる。

　　[文献]「上根利ノ者ニチカヅク時ンバ、ヲゾゲガタツ也」(虚堂六臆断七、1534)。

　　[分布]新潟・富山・石川・福井・三重・香川。オゾケ-ダツ：富山・滋賀・香川：高知。

　　[同系]オゾゲ-サス：富山。オゾケガ-サス：滋賀・京都。オゾケガ-スル：滋賀。オゾゲガ-タツ：三重。オゾケガ-タツ：宮崎。オゾゲオ-フルウ・オゾゲガ-ツク：香川。オゾゲ：愛媛。

　　◆室町期から使用されているオゾゲ-タツと、江戸中期に発生したソソケル〈毛羽立つ〉やゾゾガミ(髪)-ダツとが混交して、ゾゾゲ-タツが形成されたと考えられる。

　　[文献]「さしもの幡楽ぞぞ髪たち」(傾城島原蛙合戦、大坂1719)。

　　　　ソソケル　→　ソソケ　⇔　ソソゲ
　　　　ソゾケ　⇔　ゾゾケ　⇔　ゾゾゲ　←　ゾゾガミ
　　　　　　　　オゾケ　⇔　オゾゲ

78) **ターケ**〈戯〉

　馬鹿。「どたーけたこと 言っとりーや (馬鹿なこと、言ってなさい)」。名古屋や岐阜県側で確認された。滋賀県側は、融合する前の原形タワケが聞かれた。

　　[文献]「tauaqe タワケタモノ、または、タワケ」(日葡辞書、1603)。「服部平内弟乱心、今までたはけなり」(鸚鵡籠中記、名古屋1718)。

　　[分布]群馬・埼玉・東京・新潟・福井・山梨・長野・静岡・愛知・岐阜・三重・滋賀・京都・島根・山口・熊本・大分。

79) **ダカマエル**〈抱〉

　抱きかかえる。「ちゃんと だかまえとりーや (きちんと抱きかかえていなさいよ)」(杉)。長浜、今須、名古屋以外のほぼすべての地点で確認された。

　　[文献]「のらさぬやうにじっと抱まえて奥へ連れて往こ」(宿無団七時雨傘、大坂1768)。

　　[分布]福井・岐阜・三重・滋賀・京都・大阪・奈良。(図3-44参照)

80) **タグネル**〈縮〉

　丸めて積む。「そこの藁 たぐねといてーや (そこの藁を丸めて積んでおいてよ)」。名古屋・岐阜、および垂井・関原付近のわずかな地域で確認された。

　　[文献]「手束杖 腰に縮ねて か行けば人に厭はえ」(万葉集8c後)。「束 タカヌ 掬 ツカム」(言元梯、江戸1834)。

　　[分布]岐阜・愛媛。タグネル (束ねる)：茨城・三重。(図3-45参照)

　　◆タガヌ (縮ぬ) の原義は、〈ひとまとめにする〉〈束にする〉。

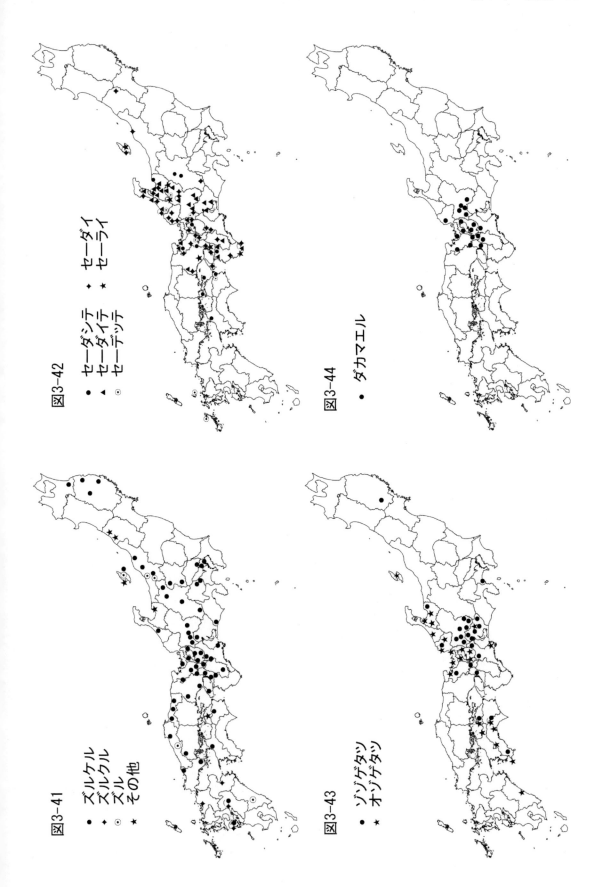

図3-41
- ● ズルケル
- ✦ ズルクル
- ⊙ ズル
- ★ その他

図3-42
- ● セーダイ　✦ セーダイ
- ▲ セーダイテ　★ セーライ
- ⊙ セーデッテ　・ セーダシテ

図3-43
- ● ゾゾゲタツ
- ★ オゾゲタツ

図3-44
- ● ダカマエル

［同系］

　ⓐ タグネル類 ／ タグシネル：愛知。タグメル：千葉・東京。タガメル：千葉。タガメロワ
ワ：伊豆諸島。

　ⓑ タクネル類 ／ タクネル：長野・島根。タクヌル：宮崎。タクネル（巻き付ける）：兵庫。

　ⓒ タネル類 ／ タネル（荷物を束ねる・括り付ける）：長野・静岡・愛知・岐阜・三重。ダネル
（荷物を束ねる）：岐阜。タワネル：富山。

　　以下のように変化したと考えられる。

$$> タガメル > タワメル$$
$$> タグメル$$

タガヌ ＞ タガヌル ＞ タガネル ＞ タグネル ＞ タクネル＞ タネル
　　　　　・＞ タクヌル

〈参照〉対応する自動詞

　タグネル系には、以下の様に対応する自動詞がみられる。ⓑⓒは、転義したと考えられる。

　ⓐ「衣類が折れ重なったり、もつれたりする」「（糸が）緩む・たわむ」

　　［分布］タグナル：新潟・愛知・岐阜・三重。タグマル：長野・岐阜。タガマロワ：伊豆諸島。
　　タグシナル・タグスナル：愛知。タクナル：富山・長野・大阪・兵庫・鳥取・島根・広島・高
　　知・福岡・熊本・大分・宮崎。タタクナル・タタクレナル：島根。（表3-2 No.80'参照）

　ⓑ「（糸が）こんがらがる」

　　［分布］タグマル：茨城。タクナル：島根。

　ⓒ「悪酔いする」

　　［分布］タグネル：茨城。タクネル：千葉。タグナル（死ぬ）：三重。

81) ダダクサニスル

　粗末にする。「そーも物を だだくさにしると、罰ん当たるに（そんなに物を粗末にすると罰が当たる
よ）」。名古屋や彦根〜大垣で確認された。

　　［文献］「そろへぬはこれぞだだくさなずなかな」（新続犬筑波集、1660）。「ヤアヤアコリヤまた
　　あんまりなだだくさ千万」（津島土産、名古屋1814）。

　　［分布］近畿全域のほか、新潟・富山・石川・山梨・長野・愛知・岐阜・鳥取・岡山・高知・福
　　岡・長崎。（図3-46参照）

　　［同系］タダクサ：三重。ダッタクサ・ダッタクサイ・タダクサン：石川。ダダクサイ：愛媛。

82) ダマクラカス 〈騙〉

　だます。「だまくらけぁーたったわ（騙してやったよ）」（杉）。京都と彦根、今須地区、垂井〜大垣
と使用域が分散している。大垣ではダマカラカスも聞かれた。

　　［文献］「備前者をだまくらかし、すりをかはくか」（男作五鴈金、江戸1742）。

　　［分布］中部・近畿・中国・四国地方全域のほか、北海道・青森・山形・茨城・埼玉・千葉・東
　　京・福岡・佐賀・長崎・熊本・大分・宮崎。ダマグラカス：山口。

　　［同系］ダマクリカエス：愛媛・鹿児島。ダマクイカエス：鹿児島。

　◆ダマクリカエス〈騙す＋繰り返す〉が原形で、ダマクリカエス＞ダマクラカスと変化したと考
えられる。

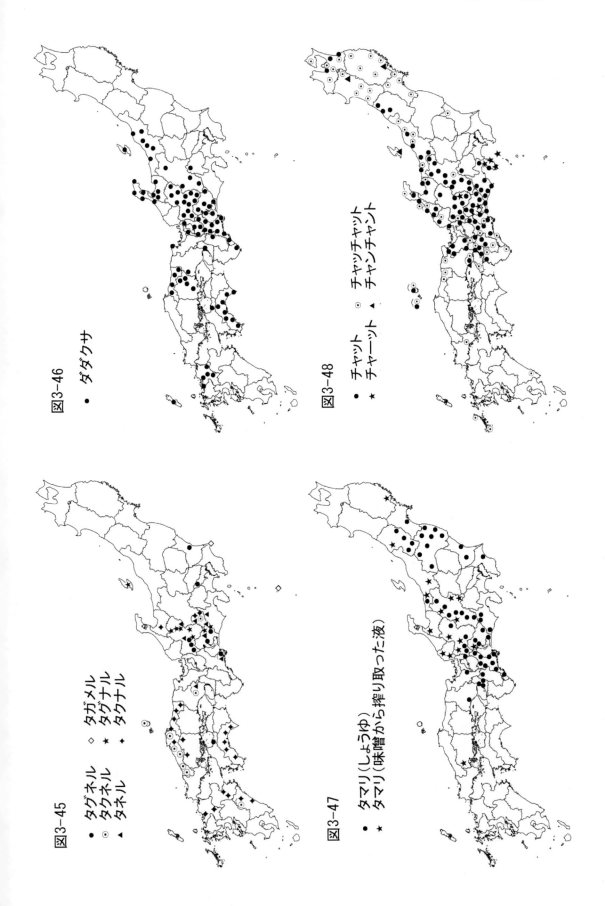

図3-46
● ダダクサ

図3-48
● チャット　⦿ チャッチャット
● チャーット　▲ チャンチャット
★ チャッチャット

図3-45
● タグネル　◇ タガメル
⦿ タワネル　★ タグナル
▲ タネル　✦ タグナル

図3-47
● タマリ（しょうゆ）
★ タマリ（味噌から搾り取った液）

83）タマリ 〈溜〉

醤油。厳密には、醤油と「たまり」は製法も味も異なり別のものであるが、名古屋地方は両者とも「たまり」といっている（『名古屋方言の研究』）。「ちょっと たまり 入れると おいしなるぜー（ちょっと醤油を入れるとおいしくなるよ）」。岐阜県側ではほぼすべての地点で確認された。滋賀県側と今須地区では主要道から外れた地点では聞かれなかった。

　［文献］「たまり二桶、御樽五つ進上申候」（細川忠利文書、1631）。「ここな内のミソハ、あまりたまりをしぼらぬせいもあろし」（四編の綴足、名古屋1815）。

　［分布］北海道・宮城・山形・福島・茨城・千葉・新潟・長野・静岡・愛知・岐阜・三重・滋賀・京都・大阪・兵庫・奈良。（図3-47参照）

　［関連］タマリ（味噌から搾り取った液）：岩手・山形・新潟・富山・福井・長野・愛知・岐阜・広島。

　◆原義は「水などが流れて行かずに集まること」。17cに醤油について使用されるようになった。

84）チャット

　急いで。

①チャット

　「ちゃっと やってまいーや、いつまで 掛っとるんやなん（急いでやってしまいなさい、いつまで掛っているの）」。名古屋と岐阜県側で確認された。

　［文献］「ちゃっと云い出す、面白し」（杜詩続翠抄、1439）。「坊ハちやつととり、又あんもちを壱つかつていく」（独案内、名古屋1807）。

　［分布］中部全域のほか、北海道・青森・山形・三重・滋賀・京都・大阪・奈良・和歌山・島根・山口。

　［同系］チャート：伊豆諸島・静岡。チャート：愛知・岐阜。チャト：島根。（図3-48参照）

②チャッチャト

　チャットの重複形。京都でチャッチャット、長浜でチャチャトが聞かれた。

　［文献］「長い事をちゃっちゃときって載せたぞ」（漢書列伝景徐抄、1477）。

　［分布］岩手・宮城・新潟・富山・石川・福井・長野・静岡・愛知・岐阜・三重・京都・大阪・兵庫・奈良・和歌山・鳥取・山口・宮崎。

　［同系］チャンチャド：北海道。チャンチャント：新潟。チャチャド：青森・岩手・秋田。チャチャクチャ：茨城。チャーチャト：富山。チャトチャト：島根。チャチャ・チャッチャ：長崎。シャッシャト：山口。

　［関連］チャカチャカト・チャッカチャカト：新潟。

85）チョースク 〈調子付〉

　威張る。「あの子 じっきに ちょーすくで、皆に嫌われるんや（あの子はすぐに威張るから皆に嫌われるんだ）」。名古屋や岐阜県側で確認された。柏原・竹尻・新明でチョーシ-ズク、名古屋でチョーズクが確認された。

　［文献］「無駄話のとりやうに調子づいて旦那のお商売を当ててみまうかとお高がいふ」（にごりえ、1895）。

　［分布］静岡・愛知・岐阜。チョスク：岐阜。（図3-49参照）

　［同系］チョーシ-ズク：新潟・山梨・長野・静岡・愛知・岐阜・三重・和歌山。オチョーシ-

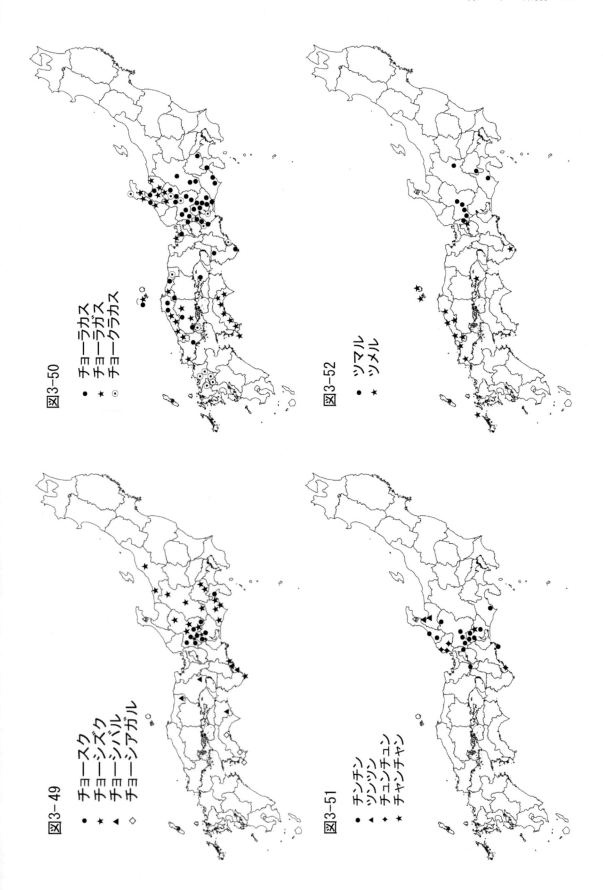

図3-50
- チョーラカス
- ★ チョーラガス
- ◉ チョークラカス

図3-52
- ツマル
- ★ ツメル

図3-49
- チョースク
- ★ チョーシスク
- ▲ チョーシンバル
- ◇ チョーシアガル

図3-51
- チンチン
- ▲ ツンツン
- ✦ チュンチュン
- ★ チャンチャン

ズク：山梨。

［関連］チョーシ-バル：三重・兵庫・鳥取・徳島。チョーシ-アガル・チョージ-アガル：高知。以下のように変化したと考えられる。

　　チョーシズク　＞　チョーズク＞チョースク＞チョスク

86）チョーラカス

　子供をあやす。「こねぇー ちょーらかすと、笑うよーん なった（このようにあやすと笑うようになった）」。関原以東で確認された。甲田でチョロカス、番場・竹尻でチョラカスが聞かれた。

　［文献］「堂守があくびしながら、腫物だらけの子供をてうらかしてゐる所などは」（六阿弥陀詣、江戸1811）。

　［分布］富山・石川・山梨・長野・静岡・愛知・岐阜・三重・滋賀・和歌山・鳥取・島根・広島・山口・香川。（図3-50参照）

　［同系］

　ⓐ チョーラカス類 ／ チョラカス：静岡・岐阜・和歌山。チョロカス：福井。

　ⓑ チョーラガス類 ／ チョーラガス：富山・石川・鳥取・島根・広島・山口。チョロガス：富山・福井。チョーガラカス：岐阜。チョンガラカス：岐阜。チョロガカス：岐阜。チョーヤガス・チョガラカス：鳥取。チョーラガカス：島根。チョギラカス・チョギラス：高知。

　ⓒ チョークラカス類 ／チョークラカス：石川・岐阜・福岡・佐賀。チョーカラカス：愛知・岐阜・三重。チョッカラカス・チョーケヤカス：三重。チョクラカス：福岡。

　チョス・チョカス・チョーラス（山梨）という形式もみられる。

　◆原義は、「からかう、愚弄する」。19ｃに上記の意味に転化した。現在も原義で使用されている地域が、東北や西日本にみられる（表3-2 №86の■で表記）。

　［文献］「をどりほていをまねぶ一曲、大黒が籠らかさるる（ちょうらかさるる）寺の中」（俳諧塵津、1672）。

　チョークラカスは、原形のチョーカス・チョカスに強調の語尾クラカス〈繰り返す〉が接続した新しい形式であろう。以下のように変化したと考えられる。

```
　　　チョーカス (ck)　　　　＞ チョカス
　　　　　　　　　　　　　　＞ チョース(c-)　　　＞ チョス
　→ チョークラカス(ckrk)　＞ チョクラカス　　　＞ チョラカス(c-rk)　　　＞ チョロカス
　　　　　　　　　　　　　　＞ チョーカラカス　　＞ チョーラカス(c-rk)　　＞ チョーラス(c-r-)
　　　　　　　　　　　　　　＞ チョンガラカス(cgrk)　＞ チョンギラカス　　＞ チョギラカス
　　　　　　　　　　　　　　　　　　　　　　　　　＞ チョンギラス(cgr-)　＞ チョギラス
　　　　　　　　　　　　　　＞ チョーラガカス(crgk)　＞ チョーラガス(crg-)
```

87）チンチン

　非常に熱い。「あっ、あつ。チンチンやもん」。甲田・梓・貝戸・今須・綾戸以外のすべての地点で確認された。高溝と長浜はチュンチュンが聞かれた。大垣では「（やかんが）チンチンや」のように名詞として使用されるが、鳥居本では「チンチン湧く」というように副詞的用法に限られる。

　同形語として、「男女の仲が良い」という意味で使用されているチンチンが高溝で聞かれた。語源はチンチンカモカモで、上記のチンチンとは語源が異なる。

　［文献］「アイさっき土瓶をしかけておけとおいひなましたから、しかけておきましたら、アノち

んちんといってゐますハ」（明鳥後正夢発端、1823）。

　　　［分布］石川・静岡・愛知・岐阜・三重・滋賀・京都。（図3-51参照）

　　　［同系］ツンツン：富山。チュンチュン：福井・三重。チンチカチン：石川。チャンチャン・チ

ンチコチン・チンチコ：愛知。チュンチュン・シュンシュン（鉄瓶の湯のたぎるよい音）：長崎。

　◆鉄瓶の湯のたぎる様子を表わす擬音語が、非常に熱い様子を表わす擬態語になり、以下のよう

に変化したと考えられる。

$$
\text{チュンチュン} \quad
\begin{cases}
> \text{チャンチャン} \\
> \text{チンチン} \rightarrow \text{チンチコチン} > \text{チンチコ} \\
> \text{ツンツン}
\end{cases}
$$

88）ツマル〈詰〉

　肩が凝る。「肩ん つまったに、揉んでーや（肩が凝ったから揉んでよ）」。醒井・貝戸以外のすべて

地点で確認された。

　　　［分布］山梨・長野・静岡・岐阜・滋賀。（図3-52参照）

　　　［同系］ツメル：滋賀・和歌山・島根・山口・香川・長崎。ツムル：和歌山。

　中部地方のツマルが〈肩が痛い〉に対し、西日本のツメルは〈胃が痛い〉が主流である。

89）ツモイ

　窮屈な。「この服 つもて 着られんわ（この服は窮屈で着れないよ）」。垂井〜大垣近辺や岐阜で確認

された。大垣ではキモイも使用する。

　　　［分布］長野・愛知・岐阜・徳島。（図3-54参照）

　　　［同系］ツマイ：長野・徳島。

90）ツラッテ〈連〉

　連れ立って。一緒に。「あんべぁー、つらってったってーよー（きちんと一緒に連れて行ってやって

ね）」。京都・彦根・醒井・貝戸・静里以外のほとんどの地点で確認された。名古屋でツレダッテ、

大垣でツンダッテが聞かれた。〈完了形＋テ〉の使用が主で、他の活用形の使用はほとんどみられな

い。

　　　［文献］「列ツて（つらって）行く。一緒に行と伝こと也」（浪速方言、大坂1821）。「江戸で一処

　　に行かうといひやすを、大坂では連ツて（つらって）行かうといひヤス」（街廼噂、1835）。

　　　［分布］新潟・富山・福井・岐阜・三重・滋賀・京都・大阪・兵庫・奈良・島根。（図3-53参照）

　　　［同系］

　　　ⓐツラッテ類／ツダッテ：富山・福井・岐阜・三重・兵庫・島根・徳島。ツザッテ：島根。チ

　　ャッテ：福井。テダッテ：徳島。

　　　ⓑツンダッテ：富山・石川・福井・岐阜・兵庫。

　◆原形は、ツレダチテ（連れ立ちて）。平安期よりみられる古い形式である。西日本には、ウ音便

形がみられる。同義語にツレノーテ（連れ合う）がある。

　　　［文献］「おなじやうにつれだちてありくよ」（枕草子、10 c 終）。

　　　［分布］ツレダッテ：愛知・兵庫・愛媛。ツレザッテ：京都。テーダッテ：広島

　　　［関連］ツレドーテ：大阪。ツレコダッテ：島根。ツレオーテ：山口。ツローテ：広島・島根・

　　山口。

以下のように変化したと考えられる。

```
                              ＞ ツレザッテ            ＞ツザッテ
 ツレダチテ ＞ ツレダッテ ＞ ツンダッテ ＞ ツダッテ ＞ ツラッテ ＞ チャッテ
                              ＞ テーダッテ
         ＞ ツレドーテ                        ＞ ツローテ
```

91）ツラマル

つかまる。すがりつく。「あんべぁーつらまっとりーよ、ころぶと あぶねぁーでなん（きちんとつかまってなさいよ。転ぶと危ないからね）」。関原以東のほか、滋賀県側の甲田・高溝・番場などに点在している。

　［文献］「しびれが切れたからつらまつて立たふと思つて」（年寄之冷水曾我、江戸1793）。

　［分布］茨城・栃木・埼玉・東京・神奈川・石川・山梨・静岡・愛知・岐阜・滋賀・鳥取。（図3-55参照）

　［関連］トカメル：青森。ツカメル：青森・秋田。ツカメル：山形。ツラム：茨城。トラマル：伊豆諸島。ツラガル：石川・福井。ツカガル：福井。ツラマサル：静岡。ツラレル：和歌山。

　◆トラエル（捉える）とツカマエル（捉まえる）の混淆形であるトラマエル・トカマエル・ツラマエルが、以下のように変化したと考えられる。

```
    トラエル  →  トラマエル(trm)  ＞トラマル
            →  トカマエル(tkm)  ＞トカメル ＞ ツカメル(ckm)  ＞ シカメル(skm)
  ツカマエル ＞  ツラマル    ＞ツラム
            →  ツラマエル(crm)  ＞ツラマール
```

92）ツル、カクなど

　２人で運ぶ。

①ツル〈釣〉

「そっちべた つってーのん、掃除しるで（そちら側を持って運んでよ、掃除するから）」。名古屋と岐阜県側で確認された。

　［文献］「毎日楽乗物つらせて出られしに」（好色一代女、大坂1681）。「つる。二人して舁をいふ。京には即かくといふ。吾郷語物をつりあぐるよりつるといへるか。もと誤りなる明し」（尾張方言、名古屋1748）。

　［分布］長野・静岡・愛知・岐阜・三重・滋賀・京都・兵庫・和歌山。

　［同系］ズル：愛知・岐阜・奈良。

②カク〈舁〉

京都と滋賀県側で確認された。

　［文献］「方の宮たちみな装束めでたくして洲浜奉る。大夫四人かけり」（延暦十三年亭子院歌合、913）。

　［分布］四国全域のほか、千葉・新潟・福井・滋賀・京都・大阪・兵庫・奈良・岡山・広島・山口。

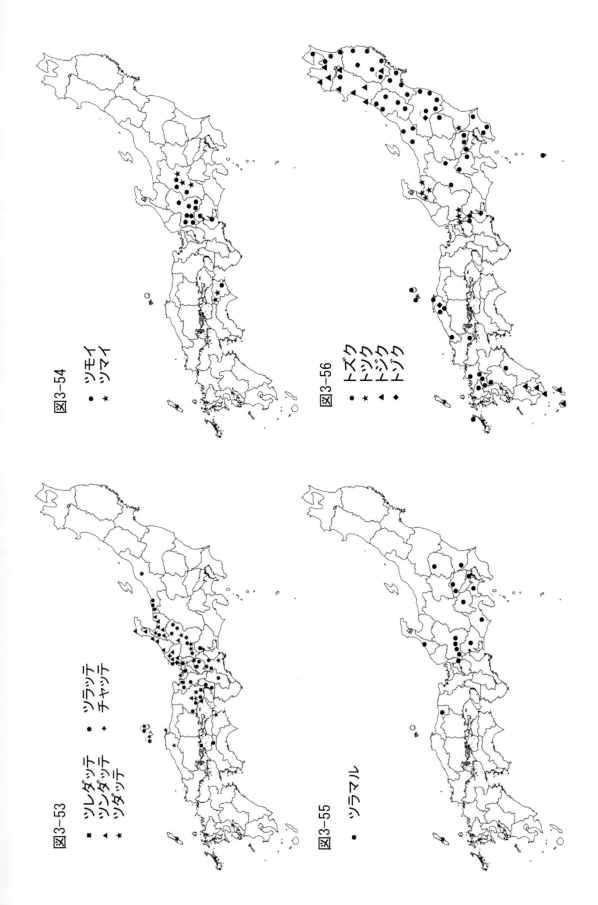

図3-53
■　ツレダッテ　　●　ツラッテ
▲　ツンダッテ　　✦　チャップテ
★　ツダッテ

図3-54
●　ツモイ
★　ツマイ

図3-55
●　ツラマル

図3-56
●　トズク
★　トツク
▲　トヅク
◆　トヅク

93）トッツク

　手が届く。「背ん低いで とっつかんわ（背が低いから手が届かないよ）」。大垣市域や岐阜のほか、甲田・寺倉・醒井・長久寺・今須西・祖父谷などに散在している。

　◆古語のトヅクtoⁿduku〈届く〉から変化した形式である[5]。

　［分布］「海は虜濯のとづかん程せめゆくべし」（平家物語、1220〜40頃）。

　［分布］富山・岐阜・滋賀。トツク：富山・岐阜。トーツク：富山。トンツク：茨城。（図3-56参照）

　［同系］

　ⓐ トズク類 ／ トンˬズク：青森・岩手・宮城・秋田・山形。ドンˬズク・福島。トッズク：茨城・千葉。トズク：埼玉・千葉・東京・新潟・山梨・長野・三重・島根・山口・福岡・佐賀・長崎・熊本・宮崎。ツズク：新潟。トズッ：鹿児島。トッズ：千葉。トズケル：栃木。

　ⓑ トジク類 ／ トンˬジク：青森・岩手・秋田。トジッ：鹿児島県。

　ⓒ トゾク類 ／ トンˬゾク：福島。トゾク：愛知・三重。

　ⓓ トゥドゥキュン：奄美。トゥルクン：沖縄本島。トゥドゥキュ・トゥドゥクン：石垣。

　［関連］ トズコワ（荷物が届く）：伊豆諸島（八丈島）。

　祖形トヅクtoⁿdukuから、奈良県（十津川）に見られるトンˬドクや共通語形トドクを含め、以下のように変化したと考えられる。

$$
\begin{aligned}
トヅク(t^n d) \ &> \ トンˬドク(t^n d) \ > \ トドク(td)\\
&> \ トンˬズク(t^n z) \quad > \ トッズク(tQz) \ > \ トズク(tz) \qquad > \ ツズク(cz)\\
&\qquad\qquad\qquad\qquad > \ トンツク(tNc) \ > \ トッツク(tQc) \quad > \ トツク(tc)\\
&> \ トンˬジク(t^n z) \quad > \ トジッ(tzT)\\
&> \ トンˬゾク(t^n z) \quad > \ トゾク(tz)\\
&> \ トゥドゥクン(td) \ > \ トゥルクン(tr)
\end{aligned}
$$

94）ドバッチ〈罰〉

　ざまあ見ろ。相手を罵ったり、囃し立てる語。バチ〈罰〉に強意の接頭辞ドがついた形式である。「どばっちじゃげぁー、なこと（ざまあ見ろだよ、そんな事）」。大垣や垂井のほか、河内や祖父谷など街道から外れた谷に散在している。高溝でドバッチョ・ドバッチョヨ、竹尻でドバチャが聞かれた。ドバッチョは、終助詞ヨと融合した形式、ドバチャは断定時ヤと融合した形式と考えられる。平井で聞かれた「ドバチやわ」が原形で、後にドバチ・ドバッチに変化したのであろう。

　「ドバッチが当たる」と言う慣用句は、滋賀県側でも確認された。

　［分布］ドバチ：岐阜。バッチャ：石川。バチ・バチヨ：岐阜。バッチョ：滋賀。バチー：広島。（図3-57参照）

　［同系］

　ⓐ バチクソ：福井・広島・香川・愛媛。バチクソヨ：広島。バッチクショ：福井。

　ⓑ エーバチ：岐阜・広島・山口。エーバチヨ：広島。

　ⓒ エーバチクソ：山口。

　◆「罰が当たる」の発生は、室町中期にさかのぼる。ただし、歴史的文献にバチ（ざまあ見ろ）の記述は見られない。

---

[5] 東北地方や高知など、ダ行音に前鼻音が見られる地域では古い方言集に「トズク〜トンズク」と記述されているが、本書ではトンˬズクで統一した。

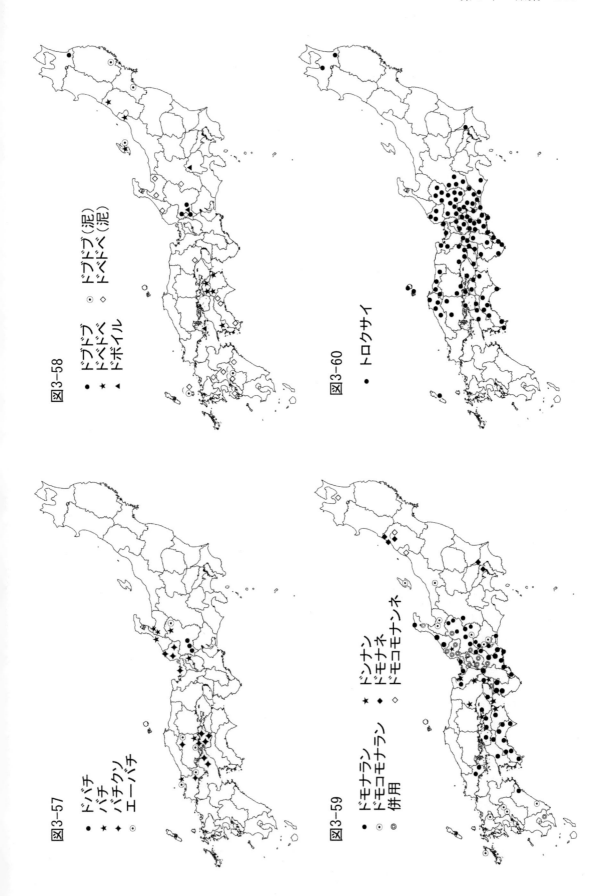

図3-57
● ドバチ
★ バチ
◆ バチクゥ
⊙ エーバチ

図3-58
● ドブドブ　⊙ ドブドブ（泥）
★ ドベドベ　◇ ドベドベ（泥）
▲ ドボイル

図3-59
● ドモナラン　★ ドンナン
⊙ ドモコモナラン　◆ ドモナネ
◎ 併用　　　　　◇ ドモコモナンネ

図3-60
● トロクサイ

［文献］「易を読めば、罰があたるなんどと云う」（土井本周易抄、1477）。

　三重・和歌山・兵庫・高知にもバチクソという形式がみられるが「罰、罰当たり」という意味で使用されていて、「ざまあみろ」という意味を持たない。以下のように変化したと考えられる。

```
バチ　→バチ-ヤ　　　＞バッチャ
　　　→ド-バチ　　　＞ドバチ-ヨ＞ドバッチョ→ドバッチョ-ヨ
　　　　　　　　　　＞ドバチ-ヤ＞ドバチャ
　　　→バチ-クソ　　＞バッチクショ
　　　→エーバチ　　　→エーバチクソ
```

95）ドブドブユー

　ぶつぶつ言う。子供がぐずっているときに使用される。「いつまでも どぶどぶとゆーとりーるなん、ひっちくどいな（いつまでブツブツ言っているの、くどいね）」（杉）。岐阜県側で確認された。

　　［分布］岐阜。ドブック：岐阜。（図3-58参照）

　　［同系］

　　ⓐ ドベ類 ／ ドベドベ（物言いの曖昧な様）：香川。ドベドベユー：徳島。ドベクル：新潟。ドベコイ（不誠実なさま）：徳島。ドベラコイ（横着な）：香川・愛媛。ドベル（泣く）：山形・新潟。

　　ⓑ ドボ類 ／ ドボイル：山梨。ドボエル（泣く）：岐阜・山口。

〈参考〉ドブドブ〈泥〉

　ドブドブの原義は、「泥」「粘った水」のドロドロした様態を表わすものである。室町期より使用されている古い用法である。以下の地域でも「ぬかるむ」「滑る」「ぬるぬる」という意味で使用されている。本来は物質の粘着性を表わすオノマトペが、人間の粘着性についても使用されるようになったと考えられる。

　　［文献］　「ドブドブト 容器を振り動かされて、中の酒や水が音を立てる形容」（日葡辞書、1603）。

　　［分布］

　　ⓐ ドブ類 ／ ドブドブ：岩手・宮城・新潟・長崎。トブトブ・ドブリドブリ：岩手。トブリトブリ：宮城。ドブック：長崎。ドフドフ：青森。

　　ⓑ ドベ類 ／ ドベドベ：石川・兵庫・島根・高知・福岡・熊本・宮崎。ドベクル：高知・熊本。・ドベツク：香川・長崎。ドベック：熊本。トベトベ：富山。ドベル：長野・徳島・香川・長崎・熊本。

　　ⓒ ドバ類 ／ ドバック：富山。

96）ドベ・ゲベ

　最下位。

　①ドベ

　「いつの走りごーくでも、どべばっかやで、もっとしっかり しーや（いつの駆けっこでも最下位ばかりだから、もっとしっかりしなさい）」。京都・彦根・長浜などの都市や河内・長久寺を除く地点で確認された。平井でドベッチョ、名古屋でドベチンも聞かれた。

　　［分布］中国・四国全域のほか、埼玉・新潟・富山・石川・福井・長野・静岡・愛知・岐阜・三重・滋賀・京都・大阪・兵庫・奈良県・福岡・長崎・熊本・大分・宮崎・鹿児島。

②ゲベ

　滋賀県側ではゲベ系の語が多く確認された。鳥居本・梓・長久寺のゲベ、高溝・河内・長久寺の
ゲベッチャ、梓のゲベッチョ、高溝・長浜・梓のゲベッタ、長浜のゲッタ、今須西のゲベチャなど
がみられた。京都はベベが聞かれた。

　　［分布］新潟・奈良・滋賀.

　　［同系］ケツトベ・ゲットベ：香川。ゲトベ：徳島。ケツベ：新潟。ゲツベ：徳島・愛媛。
　ゲッベ：徳島・愛媛。ゲベッチョ：滋賀・奈良。

　　ケツトベ（尻＋ドベ）から、以下のように、変化した形式と考えられる。

```
　　　ケツトベ　　＞ ケツベ　　＞ ゲツベ ＞ ゲッベ ＞ ゲベ
　　　　　　　　＞ ゲットベ　＞ ゲトベ
```

97）ドモナラン

　どうしようもない。「こーも雪ん降っては、どもならん（こんなに雪が降ってはどうしようもな
い）」。全調査地点で確認された。街道から外れた高溝・河内・竹尻などではドーモナランが聞かれ
た。共通語として意識されているためか、『日本方言大辞典』に記載されていない。

　　［文献］「白菊などいへる留木のうつり香『どふもならぬ』とうちなやみ、其寝間い入を」（好色
五人女、大坂1686）。「のちはだうもならぬそこら中おどられちあアだいざどもならぬ」（四編の
綴足、名古屋1815）。

　　［分布］福井・長野・愛知 ・岐阜・三重・滋賀・京都・大阪・和歌山・山口・徳島・愛媛・高
知・鹿児島。（図3-59参照）

　　［同系］

　　ⓐ ドーモナラン：石川・福井・岐阜・滋賀・山口・鹿児島。ドームナラン：福井。ドムナラ
ン：石川・福井・岐阜・京都・大阪・和歌山・愛媛。ドミナラン：三重・徳島。ドンナラン：石
川・岐阜・京都・大阪・兵庫・徳島・香川・愛媛・宮崎・鹿児島。ドーナラン：愛知。ジョンナ
ラン：香川。

　　ⓒ ドムナン：京都・大阪・香川。ドンナン：福井・兵庫・香川。

　　［関連］

　　ⓐ ドモコモナラン：新潟・富山・石川・福井・愛知・岐阜・三重・大阪・熊本・鹿児島。ドー
モコーモナラン：新潟・富山・滋賀・鹿児島。ドーニモコーニモナラン：岐阜。ドンコンナラ
ン：熊本・宮崎。ドンコンナン：佐賀・熊本。ドムコムナラン：長崎。

　　ⓑ ドモナネ：北海道・山形。ドーモナネ：山形。ドモナンネ：山形・千葉。ドーモナンネ：千
葉。ドーモナンネー：東京。

　　ⓔ ドモコモナンネ：山形・新潟。ドモコモネ：山形。ドモコモナネ：青森。

　東日本では、ナラン→ナンネと変換されている。以下のように変化したと考えられる。

```
　　ドーモコーモナラン ＞ ドモコモナラン ＞ ドンコンナラン ＞ ドンコンナン
　　　　　　　　　→ ドモコモナンネ ＞ ドモコモナネ
　　　　　　　　　＞ ドーモナラン　　＞ ドモナラン ＞ ドミナラン
　　　　　　　　　＞ ドムナラン　　　＞ ドンナラン ＞ ジョンナラン
　　　　　　　　　＞ ドムナン　　　　＞ ドンナン
　　　　　　　　　→ ドーモナンネ　　＞ ドーモナネ ＞ ドモナネ
　　　　　　　　　　　　　　　　　　＞ ドモナンネ
```

98）トロクサイ

馬鹿な。「とろくせぁーやっちゃなん（馬鹿な奴だな）」。京都・高溝・長久寺を除くすべての地点で確認された。

　　［文献］「何さ、とろくさい」（軽口機嫌嚢、大坂1728）。「たつたいま、ゆやからもどつたきれいなからだへ、しるをぶちかけるとハ、あんまりなとろくさいやつめが」（きついむだ枕春の目覚、名古屋1798）。

　　［分布］近畿・四国全域のほか、北海道・青森・千葉・福井・長野・静岡・愛知・岐阜・鳥取・島根・岡山・広島・長崎。（図3-60参照）

　　［同系］トロクソイ：島根。

　　［関連］チョロクサイ：石川・長野・愛知・京都・大阪・兵庫・和歌山・鳥取・島根・岡山・広島・徳島。

99）ナーニ〈何〉

いやそうではなく。相手の発言内容を否定する。「おまはん　ひとりけぁー（あなた、ひとり？）」「なーに、おっかさん　おいでるわ（いいえ、お母さんがいるよ）」。岐阜県側のほか、滋賀県側の米原周辺や樋口・梓で聞かれた。大垣では、田舎の言葉と認識されていた。高溝ではイ]イー[エ]ナが聞かれた。

　　［文献］「後といはず呑みなせヘナ」「ナニ、よさっしゃりまし」（道中粋語録、1779）。

　　［分布］青森・宮城・千葉・新潟・長野・岐阜・滋賀・三重・愛媛。ナーニー・ナニ：京都。ナーニモ：大阪・愛媛。ナーニガ・ナーニサ・ナーニネ：新潟。ナーニエー・ナーニン：静岡。ナニガナニガ：鳥取。ナーニガ：愛媛・大分。ナーニナーニ：岐阜。ナニナニ：大阪・奈良・和歌山・鳥取。（図3-61参照）

　　［同系］

　　ⓐ ナーモ類／ナーモ：新潟・富山・石川・福井。ナンモ：新潟・石川・三重。ナモ：青森・秋田・富山・福井・岐阜。ナンニモ：愛媛。

　　ⓑ ナーム類／ナーム：富山・石川。ナム：石川。

　　ⓒ ナーン類／ナーン：富山・奈良。ナン：福井。ナンノ：京都。ナンガ：鳥取。ナーンガネ：島根。

　　［関連］ナーシ：高知。

　◆ナニ〈何〉とナンニモ〈何にも〉の二つが混淆しながら変化したのであろうか。

　　　　ナンニモ ＞ ナンモ　　＞ ナモ
　　　　　　　＞ ナーニモ ＞ ナーニー ＞ ナーニ ＜　ナニ
　　　　　　　＞ ナーム　　＞ ナーン ＞ ナン

100）ネタグル

摺り付ける。ベタベタと塗る。「またそんなもん、ねたぐりーる、着物ん　汚れてまうがなん（またそんなもの摺り付ける。着物が汚れてしまうじゃない）」。岐阜県側で確認された。京都ではヌタグル、米原・番場・一色・柏原ではネタクル、名古屋ではネダクルが聞かれた。

　　［文献］「とりどり化粧ぬたくりて」（艶道通鑑、1715）。

　　［分布］石川・岐阜・岡山。（図3-62参照）

　　［同系］

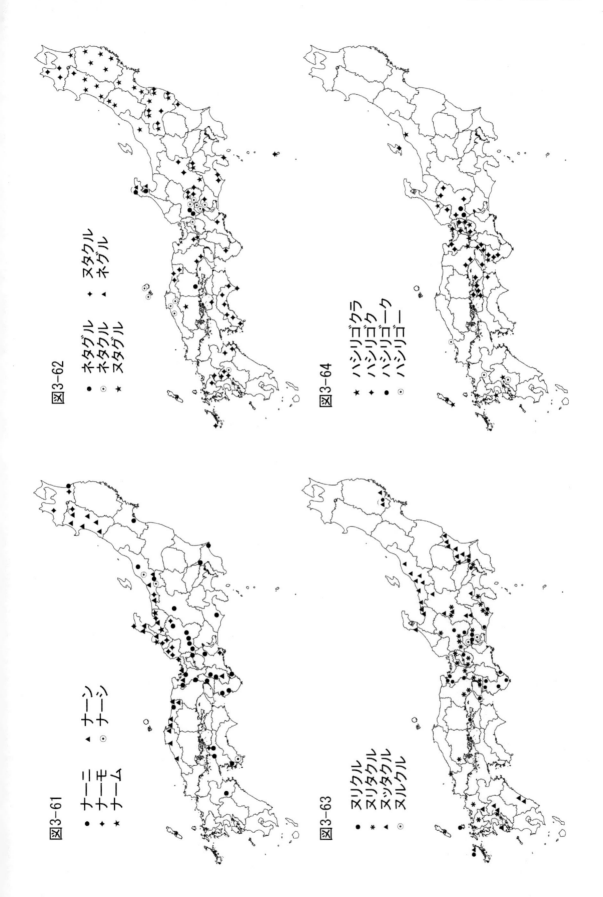

図3-61
- ナーニ
▲ ナーシ
◆ ナーモ
⊙ ナーシ
★ ナーム

図3-62
● ネタグル
◆ ヌタグル
⊙ ネタグル
▲ ネグル
★ ヌタグル

図3-63
● ヌリグル
▲ ヌッタグル
✳ ヌルタグル
⊙ ヌルグル

図3-64
★ ハシリゴクラ
◆ ハシリゴク
● ハシリゴーク
⊙ ハシリゴー

ⓐ ネタクル類／ネタクル：岐阜・滋賀・島根・熊本。ネダクル：愛知・岐阜。

ⓑ ネタグル類／ヌタグル：岩手・宮城・秋田・山形・福島・新潟・山梨・長野・岐阜・京都・広島。ヌダグル：岩手。

ⓒ ヌタクル：北海道・青森・秋田・福島・山梨・長野・静岡・愛知・岐阜・三重・京都・兵庫・和歌山・鳥取・愛媛・高知・福岡・熊本・大分。ヌッタグル：新潟。ヌタゴル：青森ヌダクル：茨城。ヌタクッ：佐賀。ヌタクル（泥まみれになる）：長崎。ヌタクッツクル（責任転嫁する）：熊本。ヌタツケル（責任転嫁する）：伊豆諸島。

ⓓ ネグル：石川。

ⓔ ノタクル：青森。ノダグル：山形・福島。ニタクル：熊本。

［関連］ヌシクル：山口・福岡。ヌスクル：山口・宮崎。 ヌサクル：愛媛・高知。

宮城・福島のヌタグル、秋田のヌタグリツケル、八丈島のヌタツケルは、〈責任転嫁する〉という意味での用法に限定される。そのほか、茨城のネダグル〈疑う〉、岡山のネタグル〈泥を踏み混ぜる〉など、何れも〈摩り付ける〉から転義したものであろう。

〈**参考**〉**ヌッタクル・ヌリタクル・ヌリクル**

同類語として、ヌッタクル、ヌリタクル、ヌリクルがある。（図3-63参照）

①**ヌッタクル**

［分布］千葉・新潟・富山・石川・山梨・長野・岡山・福岡・長崎・熊本・宮崎。

［同系］ヌッタグル：北海道・岩手・茨城・新潟・石川。ノッタクル：新潟・富山。ネッタクル：熊本・宮崎。ヌッツクル：長崎。

②**ヌリタクル**

ヌル〈塗る〉に接尾語-タクルが接続した形式である。

［文献］「壁のように白粉を塗りたくったやつが」（苦の世界、1918）。

［分布］北海道・長野・静岡・愛知・岐阜・滋賀・京都・大阪・兵庫・広島・山口・福岡・熊本。

［同系］ヌリタッグル：東京・長野。ヌイタクッ：佐賀。ヌイタクッテ：鹿児島（地点不明）。ヌイタクラシュン：沖縄（与論）。

③**ヌリクル**

ノボクル・ツルクルなどと同じく、ヌル〈塗る〉の連用形ヌリ-に、「繰り返す動作」を強調する接尾語-クル〈繰る〉が接続した形式である。

［文献］「美しき兒にも是非おしろひを塗（ヌリ）くり、額は只丸く墨こく」（好色一代男、大坂1682）

［分布］岩手・千葉・東京・静岡・愛知・岐阜・三重・滋賀・京都・大阪・兵庫・和歌山・長崎。

［同系］ヌルクル：愛知・長崎。

以下のように変化したと考えられる。西日本にみられるヌサクル・ヌスクル・ヌシクルは、同義語のニジクル・ナスクルとの混淆形であると考えられる。

```
             ＞ヌッタクル ⇔ ヌリタクル ⇔ ヌリクル
             ＞ヌタグル  ＞ヌッタグル
             ＞ネタクル  ＞ネッタクル
                       ＞ネタグル ＞ネグル
             ＞ニタクル  ＞ニッタクル
                       ＞ニタグル
```

　　　　　＞ ノタクル　＞ ノッタクル
　　　　　＞ ヌサクル　＞ ヌスクル　⇔　ナスクル
　　　　　＞ ヌシクル　⇔　ニジクル

101) ネブル〈舐〉

　舐める。「飴でも ねぶっとりーや（飴でも舐めていなさい）」。全地点で確認された。共通語と認識されているのか、『日本方言大辞典』に記載されていない。

　　［文献］「血の流れを見て血を<u>ねぶり</u>つつ肉を喰み肉を残せり」（観智院本三宝絵、984）。「<u>ねぶっ</u><u>て</u>見いを、嘗めて見い」（皇都午睡、大坂1850）。

102) ハシリゴーク

　駆けっこ。「おまはん、走りごーくは、いつも どべくそばっかやなん（あなた、駆けっこはいつも最下位ばかりだね）」。米原・河内・柏原で確認された。長久寺ではハシリゴクが聞かれた。大正期の大垣では一般的な形式であったが、現在の大垣では死語に近い状態にある。

　◆ゴークの原型は、競争を意味するコグラと考えられる。

　　［文献］「Coguraコグラ　<u>とびこぐらをする</u>」（日葡辞書、1603）。「<u>はしり競（こくら）</u>。かけくらない、かける事を走るというて決てかけるとはいはず」（浪花方言、大坂1821）。

　　［分布］岐阜。

　　［同系］

　　ⓐ ハシリゴク：新潟・福井・岐阜・滋賀・京都・大阪・兵庫・和歌山・徳島・香川・愛媛（地点不明）。ハシリゴキ：福井。（図3-64参照）

　　ⓑ ハシリゴクラ：新潟・石川・滋賀・京都・和歌山・長崎・熊本。ハシリゴクロ：長崎。ハシリゴクライ：新潟・大阪。

　　ⓒ ハシリゴー：山口・福岡。ハシリゴ：熊本。ハシイゴロ・ハシゴロ：長崎

後半部のコグラは、以下のように変化したと考えられる。

　　　　コグラ　＞　ゴクラ　＞　ゴク　＞　<u>ゴーク</u>　＞　ゴー　＞　ゴ
　　　　　　　　　　　＞　ゴキ／ゴロ

　本調査では他の形式として、ハシリンコ（寺倉・長浜・一色）、ハシリコ（竹尻・平井・垂井）、ハシリッコ（松尾・野上・名古屋）、ハシリゴッコ（鳥居本・高溝・今須西・綾戸・長松・久瀬川・大垣）などの同義語が確認された。これらの形式はハシリゴークとは系統が異なる。

103) ハゼル〈爆〉

　果物などが熟して割れる。爆発する。「ざくろは はぜな、食べれんわ（ザクロは熟して割れないと食べれないよ）」。彦根と寺倉を除くすべての地点で確認された。

　　［文献］「ハダエハシラ<u>ハゼニハゼテ</u>」（バレト写本、1591）。「一昨日炬燵の火が<u>はぜて</u>」（好色万金丹、大坂1694）。

　　［分布］岩手・新潟・福井・長野・静岡・愛知・岐阜・三重・滋賀・京都・大阪・兵庫・和歌山・島根・山口・徳島・香川。（図3-65参照）

　　［同系］ハデル：伊豆諸島・山梨・愛知・大阪・兵庫・広島。ハジル：石川。

104）ハマル〈嵌・陥〉

　落ちる。「慌てると、川へ　はまるぜー（慌てると川に落ちるよ）」。甲田と関原を除くすべての地点で確認された。

　　［文献］「さきゑもあとゑも谷ゑはまった者はさしひきならぬぞ」。（玉塵抄、1563）

　　［分布］中部・近畿全域のほか、青森・岩手・福島・鳥取・島根・広島・山口・香川・愛媛・福岡・佐賀・長崎・鹿児島。

105）バリカク〈掻〉

　引っ掻く。「子供んとき、よーばりかかれたわ（子供の時、よく引っ掻かれたよ）」（杉）。京都と名古屋、岐阜県側で確認された。

　　［分布］愛知・岐阜・京都。（図3-66参照）

〈参考〉新説・バリカク考

　尾張・美濃に孤立しているバリカクと形式が類似している語彙に、九州のハリカクがみられた。「悔しいときに、腹を手で掻きむしる」ことから「腹を立てる」を意味するようになったとされる。

　　［文献］「其痩馬共引上よ、蹴殺されてはらかくな」（源経将基経、1711）。

　　［分布］ハラカク：島根・九州全域。ハリカク：福岡・佐賀・長崎。ジンバラカク：栃木・広島・宮崎。

　尾張・美濃のバリカクも九州のハラカクも、元来は「腹掻く＝腹を掻きむしる」という形式・意味だった可能性が考えられる。前者は原義のまま残存し、ハラ＞バリと変化したため、原義がわからなくなってしまい、後者はハラカク＞ハリカクと変化したのであろうか。

106）ビーシ〈B紙〉

　模造紙。学校方言。名古屋や岐阜側のほか、滋賀県側の番場や高溝でも使用が確認された。以下の分布は、ATOK[6]による

　　［分布］愛知・岐阜・三重・滋賀。

107）ヒビリ〈皸〉

　体以外にできるひび割れ。亀裂。ヒビル〈皸る〉の名詞形。「お鏡さん、ひびりん　へぁっとるがな（鏡餅にひびが入っているじゃないか）」。彦根近辺と、旧近江町〜大垣で確認された。文献にはヒビリの他、ヒビレもがみられる。

　　［文献］「ずざらなる物をひびれといへり」（名語記、1275）。「ヒビリはヒビキと同義」（名言通、1835）。

　　［分布］新潟・富山・石川・福井・愛知・岐阜・三重・滋賀・高知。（図3-67参照）

　　［同系］ヒビレ：長野・岐阜・奈良・島根。ヒバリ：兵庫。ヒビラメ：石川。ヘベレ：福井。ヒビリメ：長崎。ヒビッ：鹿児島。フィバリ：沖縄（首里）。ピイバリ：沖縄（石垣島）。

　◆ヒビリの同系語に、ヒビキがある。近世資料において、ヒビリ・ヒビキの両者ともヒビと異なり、体以外にできるひび割れを示していることや、「ヒビリ／ヒビキが、入る（いる）」と使用する点が共通している。

6　ATOK「変わりゆく日本語の実態調査」http://www.justsystems.com/jp/atok/nihongo2/result-p2.html

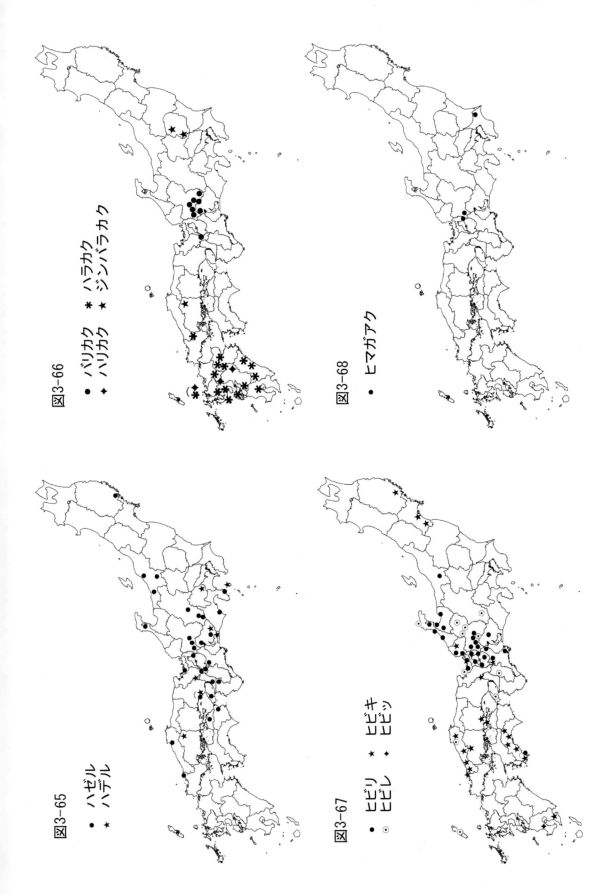

図3-65

● ・ ハゼル
★ ・ ハデル

図3-66

● ・ バリカク　＊ ・ ハラカク
＊ ・ ハリカク　★ ・ ジンバラカク

図3-67

● ・ ヒビリ　★ ・ ヒビキ
◎ ・ ヒビレ　◆ ・ ヒビッ

図3-68

● ・ ヒマガアク

　　［文献］「Fibiqigaヒビキガ イル」（日葡辞書、1603）。

　　［分布］岩手・宮城・福井・三重・大阪・島根・岡山・広島・山口・香川・高知・鹿児島。

　　［同系］フィビキ・フィビチ：沖縄（首里）。

108）ヒマガアク〈暇明〉

　用事が片付いてさっぱりする。「暇ん えぁーてまうに、はよ やってまい（用事が片付いてさっぱりしてしまうから、早くやってしまいなさい）」。岐阜県側では関原〜大垣間で、滋賀県側では甲田・樋口・醒井で確認された。

　　［文献］「めんめんにまいろふかと存じたれば、ひまがあひた」（煎じ物、室町末）。「ヒマガアク、ヒマガアイタ」（日葡辞書、1603）。

　全国的にみると、千葉県香取郡に「ほっとする」という意味で記載されているだけである。『広辞苑』では、「暇になる」と物理的状況のみ記されているだけで、岐阜県・千葉県のように暇になった結果得られる安堵感のような心理的状況は含まれていない。

　　［分布］千葉・岐阜・滋賀。（図3-68参照）

109）ヒヤケル〈冷〉

　水に浸しておく。「ご飯こびりついとるで、お茶碗ひやけといてーや（ご飯がこびり付いているから、お茶碗を水に漬けておいてよ）」（杉）。長浜や旧米原町以東で聞かれた。名古屋では、ヒヤケトル・ヒヤカスという形式で使用されている。

　　［分布］新潟・山梨・愛知・岐阜・滋賀・鳥取。（図3-69参照）

〈参考〉ヒヤカスとフヤカスの混用

　ヒヤカス・ヒヤケルの原義は、「冷却する」である。

　　［文献］「寒心、ムネヒヤカス」（観智院本名義抄、1241）。

　一方、フヤカス・フヤケルの原義は、「水に漬けて膨れさせる・膨らむ」である。

　　［文献］「昨夕の雨が土をふやかし抜いた処へ」（彼岸過迄、1912）。「夫れを注すと旨くふやけて一杯になりますから」（犬の涙、1898）。

　　ヒヤケル系とフヤケル系は形式が類似していることから混用されるようになり、ヒヤケル系にフヤカス系の意義が侵入したと考えられる。以下の様に、様々な異形態がみられる。

　　　　ヒヤカス　⇔　ホヤカス　⇔　フワケル　⇔　ヒヨケル　⇔　ヒヤケル

　　　　フヤカス　⇔　フワカス　　　　　　　フヨケル　　　　フヤケル

110）ヒラクタイ

平たい。

①ヒラクタイ〈平〉

　「もうちょっと ひらくとできんけぁーなん（もう少し平たくできないかい）」。垂井〜大垣間のほか、祖父谷や岐阜で確認された。

　　［分布］福井・長野・静岡・愛知・岐阜・三重・京都・兵庫・奈良・和歌山・鳥取・島根・広島・香川・愛媛・高知・福岡・大分・宮崎。（図3-70参照）

　　［同系］ヒラクテ・ヒラックタイ：長野。ヘラクトイ：福井。ヘラクタイ：三重・京都。フラクタイ・フラクタナ：島根。

［関連］

　　ⓐ hrtk類 ／ ヒラタコイ：秋田・岐阜。ヒラッコイ：新潟。ヒラタキャー・ヒラタカカ・ヒラタ
ッカ：熊本。

　　ⓑ htrk類 ／ ヒッタラコイ・ピッタラコイ：宮城。ヒッチャラカイ：新潟。ビダラコイ：秋田。
ビッタラコイ：岩手・宮城・秋田・山形・福島。ビータラッケ・ピタラッケ：千葉。ビッタラ
カ：ピッタルカ：熊本。

　　ヘッタラコイ：北海道・福井・岐阜。ベッタルコイ：富山。ベッチャラコイ：富山・石川・福
井。ベッタラコイ：青森・新潟・石川。ベッチャラカイ・ベッチャリコイ：新潟。ベチャルコ
イ：石川。ベチャラコイ：福井。

　　ペチャラコイ：青森。ペッタラコイ：新潟・宮城。ペッタラッコイ：茨城・富山・石川・岡山。
ペッチャラコイ：新潟・石川。ベッチャラケ・ペッチャラケ・ペッチャラコイ：新潟。

　　ⓒ tprk類 ／ ダッピラコイ：岩手。タッピラコイ：宮城・福島。

　　ⓓ bt-k類 ／ ビッタエコイ：山形。ビタッコイ：茨城・千葉。ベチャコイ：三重・滋賀・京都・
大阪・兵庫・奈良・新潟・石川。ベタコイ：京都。ペチャコイ：新潟・大阪。ベッタコイ：兵庫。

　　ⓔ btr-類 ／ ビタライ・ピタライ・ベッタライ：山形。ベッチャルイ：新潟。ベッタルイ・ベッ
チャルイ：富山・石川。ペッタルイ：石川。ビッタルカ：熊本。

　　ⓕ hrtkt類 ／ ヒラタクタイ：京都・鳥取・香川・高知。

◆ヒラタイに強調の接尾辞-コイが接続したヒラタ-コイから、音位転換を繰り返しつつ、次のよ
うな段階を経てタッピラコイへと変化していったものと考えられる。ヒラタクタイ(hrtkt)は、ヒラ
タイとヒラクタイの混淆形であろう。

```
ヒラタコイ (hrtk) ＞ ヒラッコイ(hr-k)
                  ＞ ヒラクタイ(hrkt)     ＞ ヘラクタイ        ＞ フラクタイ
                  ＞ ヒッタラコイ(htrk)   ＞ ヘッタラコイ
                  ＞ ピッタラコイ(ptrk)   ＞ ペッタラコイ      ＞ ペッチャラコイ
                                        ＞ ビッタラコイ(btrk) ＞ ベッタラコイ
                                        ＞ ビタッコイ(bt-k)   ＞ ベタコイ ＞ ベチャコイ
                                        ＞ ベッタルイ(btr-)   ＞ ベッチャルイ
                                        ＞ ビッチャイ(bt--)
                  ＞ タッピラコイ(tprk)   ＞ ダッピラコイ(dprk)
```

②ヒラタイ

原形。京都・高溝・河内で聞かれた。

　［文献］「茶屋染めのかたびらに黒の帯ひらたく、木綿たびの清きをはいて行を」（好色三代男、
1686）。

③ヒラベッタイ

　鳥居本・高溝・長浜・竹尻・名古屋で聞かれた。甲田ではヒラペッタイが聞かれた。一番新しい
形式と考えられる。

　［文献］「顔は何方かと言へば平扁たく」（春潮、1903）。

　山口のヒラベクタイは、ヒラクタイとヒラベタイの混淆形であろう。

図3-70

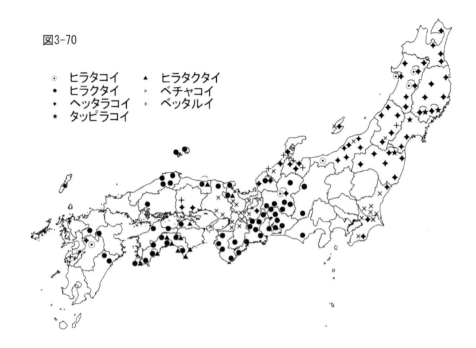

- ⊙ ヒラタコイ
- ▲ ヒラタクタイ
- ● ヒラクタイ
- × ベチャコイ
- ✦ ヘッタラコイ
- ＋ ベッタルイ
- ★ タッピラコイ

111) ヘッツク

くっつく。「ズボンに 種んいっぺぇー、へっついとるわ（ズボンに種がたくさんくっついているよ）」
（杉）。名古屋や岐阜県側で確認された。京都や滋賀県側（甲田・米原・西円寺・寺倉・番場・一
色・柏原）では、ヒッツクが聞かれた。『日本方言大辞典』に記載されていない。

　　［分布］石川・福井・静岡・愛知・岐阜・三重・和歌山・香川。（図3-71参照）

　　［同系］ヘークツ：鳥取。ヘッツケル：富山・山梨・岐阜・京都。ヘツケル：三重・岐阜・島根。

　ヘーツケル：島根

　　［関連］ヘシツケル：静岡・京都・山口・香川。ヘシッツケル：山梨。ヘッタラック・ヘシャイ

　ツケル：和歌山。ヘツッケル：山口。ヘセーツケロワ：伊豆諸島（八丈島）。

　◆ヘシツケルから変化したヘッツケルとの類推で、ヒックからヘッツクが形成されたのではない
だろうか。ヘシツケルは、ヘサエツケルから変化した形式であろう。

　　［文献］「池水はひつく木葉の時雨かな」（毛吹草、京都1638）。「喉のひっつき申すに、水をつん
のみ」（本朝酔菩提全伝、江戸1809）。「へし付て・不義の直を聞夜着の上」（雑俳・卯花かつら、
1711）。

　　ヘサエツケル ＞ ヘシャイツケル ＞ ヘシツケル ＞ ヘシッツケル ＞ ヘッツケル ＞ ヘツケル

　　　　　　　　　　　　　　　　↓

　　　　ヒツク　＞ ヒッツク ＞ ヘッツク ＞ ヘーツク

112) ホカル、ホカスなど

　捨てる。

①ホカル〈放〉

　「もーほかってまいーや、ちぎれてまっとるがな（もう捨ててしまいなさいよ、ちぎれてしまって
いるじゃないか）」。岐阜県側や名古屋のほか、滋賀県側の西円寺・柏原・長久寺で確認された。

　　［文献］「猫・おもちゃの箱へほかり込」（大箸集、1835）。

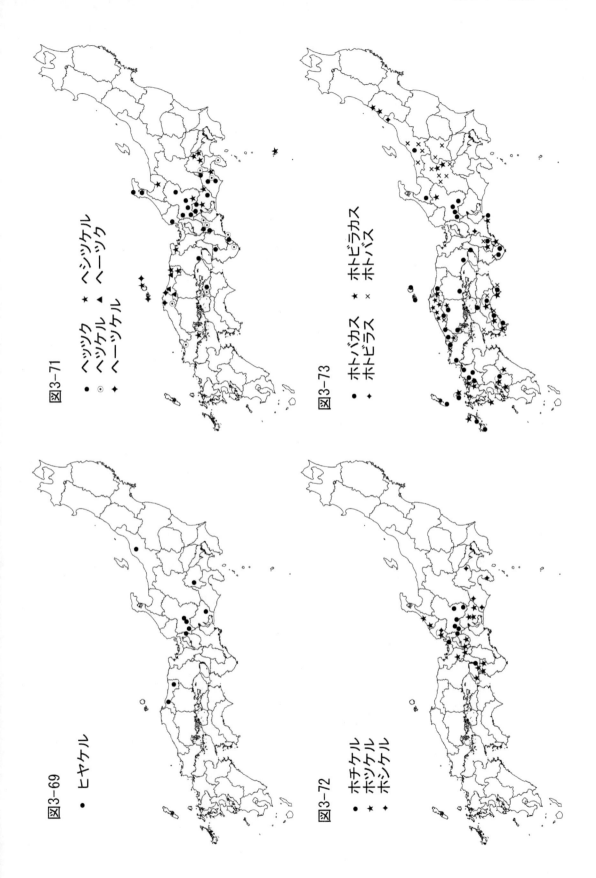

図3-71
● ヘッツク　★ ヘシツケル
◎ ヘツケル　▲ ヘーツク
✦ ヘーツケル

図3-73
● ホトバカス　★ ホトビラカス
✦ ホトビラス　× ホトバス

図3-69
● ヒヤケル

図3-72
● ホヂケル
★ ホツケル
✦ ホシケル

　　［分布］新潟・富山・石川・山梨・長野・静岡・愛知・岐阜・三重・滋賀・広島・山口・愛媛・
高知・福岡・長崎・大分。

　　［同系］　ホーカル：新潟・石川・長野・愛知・岐阜・岡山・広島・山口・愛媛・高知・福岡。ホ
ッカル：富山。ホコル：福井。ホークル：広島・山口・愛媛・高知。ホクル：愛媛。

②ホカス〈放〉

　静里・大垣・名古屋以外で確認された。大正期の大垣では、ホカスは関西方言と考えられていた
（杉崎・植川2002）。

　　［文献］「ちゃうちゃくしてかきをも、みなほかす」（合柿、室町末）。「捨てると伝事を、東国に
て、うつちやると伝、関西にてほかすといふ」（物類称呼、1775）。

　　［分布］中部・近畿・中国・四国全域のほか、北海道・秋田・山形・茨城・群馬・福岡・佐賀・
熊本・大分。

　　［同系］ホガス：大阪。フカス：和歌山。ホーカス：石川・島根・香川。ポカス：熊本。

113）ホチケル〈解〉

　縫ってある所がほころびる。ほつれる。「裾が ほちけとるわ（裾がほつれているよ）」。岐阜県側で
確認された。滋賀県側では一色と米原に点在するほか、鳥居本でホツケル、醒井・今須西・平井で
ホジケルが聞かれた。

　　［文献］「ほつれてぼぼけて風に空をとびまわるぞ」（玉塵抄、1563）。「ここもかしこもほつける
ぞ」（絅斎先生敬斎先生箴講義、17ｃ末）。

　　［分布］福井・岐阜・滋賀・大阪。（図3-72参照）

　　［同系］

　　ⓐ ホツケル：石川・福井・愛知・滋賀・京都・大阪・兵庫・和歌山・広島。

　　ⓑ ホシケル類／ホジケル・ハジケル：静岡。ホシケル（解ける）：山梨。ホズケル（解ける）：
福井・山梨。

　　［関連］ホツレル：新潟・石川・静岡・岐阜・三重・京都・和歌山・鳥取・島根・徳島・香川・
愛媛・熊本・宮崎。ホツルル：福岡・熊本・宮崎。ホツル：広島・長崎。ホズレル：山梨。

　　◆他にも次のような意味で使用されている。

　　ⓐ「実が熟して落ちる」…ホチケル：岩手・新潟。ホチル：岐阜。

　　ⓑ「脱落する」　　　　　…ボチケル・ボジケル：京都。ホジケル：京都・鳥取。

　　ⓒ「端の方から崩れる」…ホツケル：兵庫。ホツレル・島根。

　　ⓓ「陶器が欠ける」　　　…ホツレル：島根

　　ⓔ「灸の痕が化膿する」…ホツレル：島根・広島。ホチル：鳥取・島根・広島。ホツル：広島。

　　ⓕ「毛が縮んで伸びない」…ホジレル・ボジレル：長野。

　ホツレル・ホツケル・ホチケルは、ホドケル（解ける）、ボジレル・ボジャケル（悪化する）、な
どと形式や意味が接近しているので、両者に混淆・混用などがあったのではないか。

```
　　　　　　　　＞ ホチル　　＞ ホチケル ＞ ボチケル　　＞ ボジケル　　⇔　 ボジャケル
　　　ホツル　＞ ホツルル　＞ ホツレル ＞ ホツケル
　　　　　　　　＞ ホズレル ＞ ホズケル　＞ ホジケル　　⇔　 ホドケル
　　　　　　　　＞ ホジレル　　　　　　　＞ ホシケル
```

114) ホトビル 〈潤〉

水に浸かってふやける。水分を含んで膨らむ。「はよ食べな うどん ほとびてまうがなん（早く食べないと、うどんがふやけてしまうじゃない）」。彦根近辺や柏原近辺を除くほとんどの地点で確認された。米原では、フトビルが聞かれた。

　［文献］「皆人、乾飯のうへに涙おとして<u>ほとびにけり</u>」（伊勢物語、10ｃ前）。

　［分布］近畿以西（沖縄を除く）のほか、北海道・群馬・東京・新潟・富山・長野・静岡・愛知・岐阜。

　［同系］ホトブル：長崎・大分。ホトベル：富山・岐阜・三重・和歌山・愛媛・高知・長崎。フトビル：新潟。ホトバケル：富山。ホトビッ・ホトブルル：長崎。

　［関連］ドビル：徳島・香川・愛媛。ドベル：愛媛。

以下のように変化したと考えられる。

　　　ホトブ　＞ ホトブル ＞ ホトベル
　　　　　　　＞ ホトビル ＞ フトビル ＞ ドビル ＞ ドベル

115) ホトバカス 〈潤〉

水に物を浸してふやけさせる。ホトビルに対応する他動詞。「ぜんまい、ほとばけぁーといてーや（ぜんまいを水に漬けてふやけさせておいてよ）」（杉）。垂井近辺にみられるだけである。ホトビルよりもはるかに使用域は小さい。

　［文献］「浸水 <u>ホトバカス</u>」（運歩色葉、1548）。「水にものを浸す事を関西にて、<u>ほとばかすと伝</u>」（物類称呼、1775）。

　［分布］中国全域のほか、富山・岐阜・三重・大阪・兵庫・奈良・和歌山・愛媛・高知・福岡・佐賀・長崎・熊本・大分・宮崎。ホトビカス：新潟・広島・島根・山口・長崎。（図3-73参照）

　［同系］

　ⓐ ホトビラス類 ／ ホトビラス：新潟。ホトバラス：三重。

　ⓑ ホトビラカス類 ／ ホトボラカス：岐阜。ホトビラカス：山形・長野・岐阜・三重・奈良・鳥取・島根・広島・高知・福岡・佐賀・長崎・熊本・宮崎。ホトベラカス・ホトブレカス：長崎。ホトビルカス：熊本。

以下のように、さらに短縮された形式もみられる。

　［文献］「千鮭を<u>ほとばす</u>やうな返事也」（卯の花かつら、1711）。

　［関連］ホトバス：群馬・新潟・長野・山口・高知・大分。ホトガス：愛媛。

　　　ホトビラカス(brk)　＞ ホトベラカス(brk)
　　　　　　　　　　　　＞ ホトビルカス(brk)
　　　　　　　　　　　　＞ ホトボラカス(brk)　＞ ホトバカス(b-k)　＞ ホトバス(b--)
　　　　　　　　　　　　＞ ホトビラス(br-)　＞ ホトバラス(br-)
　　　　　　　　　　　　＞ ホトビカス(b-k)　＞ ホトガス(--g)

116) ボンボ

木の実。「杉の木に ぼんぼん なっとる（杉の木に実がなっている）」（杉）。滋賀県側の梓河内から岐阜県側の久瀬川にの県境寄りの地域のほか、長浜や樋口で確認された。高溝ではボンボンが聞かれた。明治期の大垣では、ボボが使用されていた（杉崎・植川2002）。

　［分布］青森・山形・福島・茨城・千葉・新潟・福井・静岡・岐阜・三重・滋賀。（図3-74参照）

［同系］ボンボン：静岡・滋賀。ボンコ：福島。ボンボチ・ボンボチコ・ボンボン・ポンポ：茨城。ボンボコ：岩手・山形。ボンコ：宮城。ボンボー（椿の実）：鳥取。

◆類義語として、「玉」を表わすボボ・ボンボ・ボンボンなどがみられる（表3-2 №.116参照）。明治期の大垣でも、ボボが同様の意味で使用されていた。他に、「つぼみ」「泡」「女陰」を表わすボンボ系がみられる。『日葡辞書』（1603）には、「女陰」を表わすボボの記述がみられる。

117）マゼル〈混、交〉

仲間に入れる。「わたしも まぜてーの（私も仲間に入れてよ）」。京都や名古屋の都市や柏原・祖父谷を除く地点で確認された。寺倉では、マゼタレから変化したマイタレが聞かれた。

［文献］「武道を嗜む侍も武道ばかりでは、傍輩の不嗜なる者共がまぜもせず」（浮世物語、京1665）。

［分布］岩手・宮城・山形・福島・茨城・栃木・埼玉・千葉・新潟・富山・石川・福井・長野・静岡・愛知・岐阜・三重・滋賀・京都・大阪・和歌山・香川・福岡。

［同系］マジル：石川・福井。マデル：兵庫・奈良・和歌山。

118）マッキッキ〈真黄黄〉

混じりけのない黄色。「全部まっきっきーに塗っても えーけぁー（全部黄色に塗ってもいいかい）」。河内・山中・今須・関原を除く地点で確認された。『日本方言大辞典』『岐阜県方言辞典』に記載されていないし、歴史的文献での記述もみられない。

［文献］「真黄 マッキ」（文明本節用集、室町中）。

［分布］愛知・岐阜・滋賀・京都・長崎・熊本。（図3-75参照）

［同系］マッキ：栃木・三重。マッキー：愛知・三重。マッキンナカ：熊本。

119）マメ〈忠実〉

元気な。「やっとかめやなんし、まめなかかん（久しぶりだね、元気かい）」。すべての地点で確認された。共通語と認識されているのか、この意味で『日本方言大辞典』に記載されていない。

［文献］「心身の苦しみを知れれば、苦しむ時は休めつ、まめなれば使ふ」（方丈記、1212）。「いよいよお初様は、親子とも御まめか」（好色五人女、大坂1687）。

◆原義は、「真面目である様」。12ｃに「勤勉でよく働く様」を表わすように、さらに13ｃには現在の意味に転義した。

［文献］「忠なる(まめなる)こと白日に蹴え、節こと青松に冠ぎたり」（日本書紀、720）。「よるひるまめなるが、冬なれどかたびらーをなむ着たりける」（古本説話集、1130）。

120）マルカル〈丸〉

丸くなる。「さぶいで、猫んまるかっとるわ（寒いから猫が丸くなっている）」（杉）。岐阜県側と醒井で確認された。『岐阜県方言辞典』に記載はみられない。

［文献］「天地わかれぬさきはまるかって鶏のかいごのまんまるな如なぞ」（玉塵抄、1563）。

［分布］山形・富山・石川・長野・静岡・愛知・岐阜・三重。（図3-76参照）

［同系］

ⓐマリコル・マルコル：石川。

ⓑマルカル（団結する）：福井・長野。マルカッテ（団結して）：福井・山梨・静岡・滋賀・和

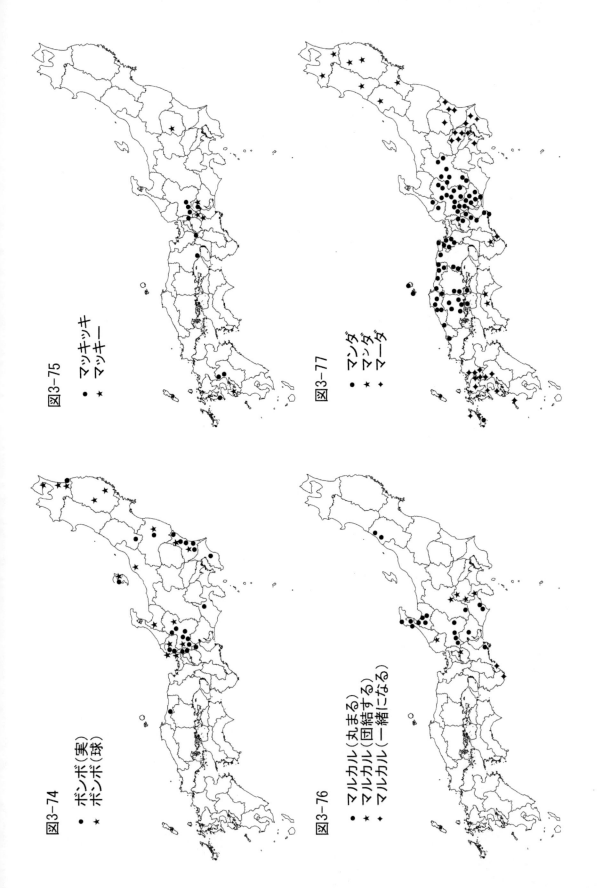

図3-74
● ボンボ（実）
★ ボンボ（球）

図3-75
● マッキッキ
★ マッキー

図3-76
● マルカル（丸まる）
● マルカル（団結する）
★ マルカル（一緒になる）

図3-77
● マンダ
★ マンダ
◆ マータ

歌山。マルカル（結婚する）：三重。マルカル（合併する）：和歌山。

　◆マルカルに対応する他動詞に、マルクやマルケルがみられる。分布より、マルケルはマルクより新しい形式と考えられる。同義語として、青森のマルグル、神奈川のマルメル、愛知のマグネル、大阪・佐賀のマルカス、山口のマルゲル、佐賀のマルマカス、熊本のマルクル・マルクラカス、宮崎のマルガスなどがある。

　　［文献］「ふとん 丸げてものおもち居る」（炭俵、1694）。

121）マンダ〈未〉

　未だ。「まんだ あぶのてなん、よー歩かへんで（まだ危なくて歩けないので）」。名古屋や岐阜県側のほか、柏原で確認された。『日本方言大辞典』『岐阜県方言辞典』に記載されていない。

　　［文献］「岑のあさ霜野はまんた露」（後撰犬筑波集、1674）。「こまもの屋ハ、まんだ見へんかよ」（駅客娼穿、名古屋1804）。

　　［分布］石川・福井・長野・静岡・愛知・岐阜・三重・滋賀・京都・兵庫・鳥取・島根・岡山・広島・山口・香川・長崎。（図3-77参照）

　　［同系］

　　ⓐ マンダ：北海道・青森・岩手・宮城・秋田・山形・奈良（十津川）・高知。

　　ⓑ マーダ：茨城・栃木・埼玉・千葉・東京・神奈川・三重・福岡・佐賀・長崎・熊本・鹿児島。

　◆マンダは、室町期までの日本語にみられた鼻母音マンダの名残と考えられている[7]。列島外縁部のマンダは、室町期の発音の残存である。列島中央部のマンダは、鼻母音が1モーラとして独立したことにより、マンダ>マンダと変化したのであろう。マーダは、マンダ>マーダと、マンダを経ずに直接、変化した形式であろうか。

122）ミズクサイ〈水臭〉

　味が薄い。「今日の煮豆は、みずくせぁーなー（今日の煮豆は味が薄いね）」。すべての地点で聞かれた。

　　［文献］「日来はちと水くさき酒にてこそ候しに」（米沢本沙石集、1283）。「水くさい。塩あまきことを言ふ、江戸でいふ水ぽいなり」（浪花方言、大坂1821）。

　　［分布］北海道・青森・新潟・福井・愛知・岐阜・三重・滋賀・京都・大阪・兵庫・奈良・鳥取・広島・山口・香川・愛媛・長崎。ミズクサカ：福岡。

123）メンボ、メーボ〈目疣〉

　ものもらい。

　①メンボ

　「また めんぼん できたなん（また、ものもらいができたね）」。名古屋と岐阜県側で確認された。滋賀県側では、彦根・醒井・柏原などに散見される。

　　［分布］北海道・愛知・岐阜・三重・滋賀。（図3-78参照）

　②メーボ

　京都と滋賀県側で確認された。

　　［分布］四国全域のほか、北海道・福井・三重・滋賀・京都・大阪・島根・山口。

---

[7] 和田・鎌田（1992）により指摘されている。

◆同系の形式にメイボとメボがある。

　メイボは、室町期に既にみられる古い形式である。

　［文献］「Meibogaメイボができた」（日葡辞書、1603）。「目疣（メイボ）を目ばつこ」（皇都午睡、大坂1850）。

　［分布］四国全域のほか、福井・三重・滋賀・京都・鳥取・岡山・広島・山口・大分・宮崎。

　メボは文献にはみられない。

　［分布］中国全域のほか、北海道・新潟・石川・福井・静岡・三重・京都・奈良・香川・愛媛・高知・熊本。

　以下のように変化したと考えられる。

　　　　メイボ ＞ メーボ ＞ メボ
　　　　　　　＞ メンボ

124）モリコス・ノリコス

　（風呂の水が）あふれ出る。

①モリコス〈漏超〉

滋賀県と垂井以西の岐阜県側で確認された。「ちゃんと見とらな。風呂の水がもりこしとるがなん（きちんと見ていないと。風呂の水が溢れ出てるじゃないか）」（杉）。『日本方言大辞典』『岐阜県方言辞典』に記載されていない。

　［分布］福井・静岡（伊豆）・岐阜・滋賀。

②ノリコス〈乗超〉

貝戸・新明で聞かれた。原義は、「物の上に乗って、その物を乗り越える」。

　［文献］「弓手のかたへりのり越て（のりこして）、庭にうつぶさまにどうど落給」（金刀比羅本平治、1220）。

　［同系］ノッコス：福島・栃木・埼玉・新潟・静岡・長野。

　◆モル〈漏る〉とノリコス〈乗り超す〉との混淆により、モリコス〈漏り越す〉が発生したのではないかと考えられる。

125）ヤットカメ〈‐目〉

　久しぶり。「やっとかめやなんし、まめでしたかなん（久しぶりだね、元気でしたか）」。名古屋や岐阜県側で確認された。滋賀県側では、柏原・醒井で聞かれた。

　［分布］福井・長野・愛知・岐阜・三重・滋賀・徳島。

　［同系］ヤットメ：長野・岐阜。ヤットコメ：岐阜。エットカメ：岐阜・愛知。（図3-79参照）

　［関連］

　　ⓐ ヤットカブリ：静岡・長野・三重。ヤットコブリ：兵庫。ヤットブリ：和歌山・徳島・香川・愛媛・長崎。エットブリ：四国全域のほか、兵庫・鳥取・岡山・広島。

　　ⓑ ヒサシカメ：岐阜。サシーコトメ・ナガイウチメ・ナガイコトメ：岐阜。イケスメ：新潟（佐渡）。センドメ：兵庫。

　◆名古屋方言の代表的な形式として知られている。江戸後期期の文献にヤット・エットが見られるが、ヤットカメはまだみられないことから、比較的、新しい形式と考えられる。ヤット・エットと、ⓑ群にみられる‐メとの混淆により形成されたのであろうか。

　［分布］「ハイ此中ハやつとお出んハゑもしといつたら」（囲多好髭、名古屋1800）。

126) ヤメル〈病〉

かなり痛む。「ゆんべは 歯んやめて 寝られへなんだわ（昨晩は歯が痛くて寝れなかったよ）」（杉）。名古屋や岐阜県側で確認された。滋賀県側では、柏原や醒井近辺で聞かれた。

　［文献］「やめる、せつない事」（真女意題、1781）。

　［分布］中部全域のほか、北海道・青森・岩手・宮城・秋田・山形・茨城・栃木・群馬・東京・神奈川・伊豆諸島・三重・滋賀・京都・兵庫・和歌山・鹿児島。

　［同系］ヤミル：石川。ヤメク：福井。ヤマル：兵庫。ヤムン：沖縄。ヤミュン：沖縄（与論）。

127) ヤラシー〈嫌〉

嫌な。イヤラシー〈嫌らしい〉の語頭のイが脱落した形式。「どやらしーこっちゃ（嫌なことだ）」。米原以外の地点で確認された。文献におけるヤラシーの記述はみられない。以下の分布は、原形イヤラシーの分布も含む。

　［文献］「なれて後、いやらしく思ふなりふりの、初めより見えぬにはあらねども」（好色袖鑑、大坂1682）。

　［分布］千葉・東京・富山・石川・福井・長野・静岡・愛知・岐阜・三重・滋賀・京都・大阪・兵庫・和歌山・鳥取・島根・岡山・広島・徳島・香川・愛媛・福岡・長崎・熊本。

128) ヨーエー

ありがとう。よくやってくれたね。自分への行為に対し、親愛の意を込めて軽い謝意を表す。「よーえー、おおきになん（よくやってくれたね、ありがとう）」。使用地域が分散している。

　文献に記述はみられない。ヨーキタ（よく来た）と同様、ヨーシタ（よくしてくれた）が原形と考えられる。

　［分布］

　　ⓐ ヨーエー類／ヨーエ：岐阜・滋賀。ヨーネ・ヨーヤ・ヨナ：滋賀。ヨーヨー：岐阜・三重・滋賀・広島。ヨーイー：岐阜。ヨーナーヨー：広島。（図3-80参照）

　　ⓑ ヨーシタ類／ヨシクッタ：新潟。ヨシタイ：石川。ヨクシタ：長野。ヨーシタ：新潟・岐阜・三重。ヨシタ：新潟・岐阜・三重。ヨーシタイエ・ヨーシタヨ・ヨーシタニャー・ヨーシタリエ・ヨシタエ：三重。

　　ⓒ ヨーシテクレタ類／ヨーシテクラシタ・ヨーシテクンナシタ：新潟。ヨーシテタモッタ：岐阜。ヨーシテオクレタ：岐阜。ヨーシトクレタ：岐阜・大阪・奈良。ヨーシテクレタ：新潟・岐阜・大阪・奈良。

以下のように、単純化した形式と複雑化した形式に分化していったと考えられる。

```
　　ヨーシタ ＞ ヨシタ　　→ ヨシタエ
　　　　→ ヨーシタエ ＞ 　ヨーエ ＞ ヨーエー ＞ ヨーイー
　　　　　　　　＞ 　ヨーヨー
　　　　→ ヨーシトクレタ → 　ヨーシテクレンサッタ
```

129) ヨバレル〈呼〉

ごちそうになる。「きんのーは みんなで よばれてきたわ（昨日は皆でご馳走になってきたよ）」（杉）。すべての地点で確認された。共通語と認識されているためか、『日本方言大辞典』に記載されていない。

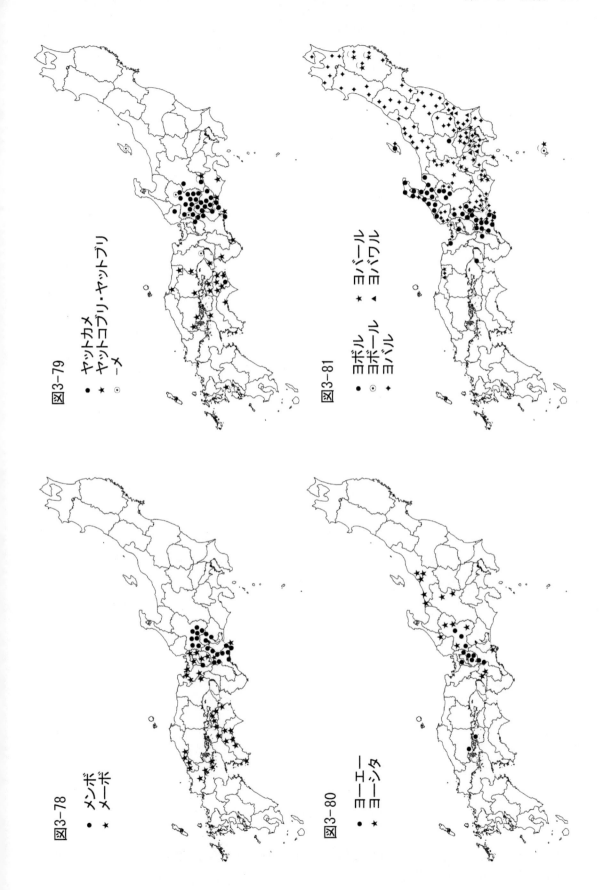

図3-78
- ● メンポ
- ★ メーポ

図3-79
- ● ヤットカメ
- ★ ヤットコブリ・ヤットブリ
- ◉ ーメ

図3-80
- ● ヨーエー
- ★ ヨーシタ

図3-81
- ● ヨボル
- ◉ ヨボール
- ✦ ヨバル
- ★ ヨバエ
- ▲ ヨーワル

　［文献］「猫抱て呼ばて行ん納豆汁」（俳諧新選、1773）。「よばれ　人より何によらずもらい食事
を、よばれるといふ」（浪花聞書、1819）。

　［分布］中部・近畿・中国・四国全域のほか、北海道・青森・岩手・宮城・山形・茨城・栃木・
群馬・埼玉・神奈川・福岡・宮崎。

　［同系］ヨバエル：山形県。ヨワレル：富山・三重。ヨバーレル：埼玉・山梨・長野・熊本。
ヨバルル：福岡・長崎・熊本。

　◆受身形のヨバレルの基の形式に、「招待する」を意味する自動詞のヨブ・ヨバル・ヨバール・ヨ
ボルなどがある。ヨブが列島全域に広く分布しているのに対し、ヨバルは東日本や中部に分布、ヨ
ボルは北陸に限定されている。

130）ヨボル〈呼〉

呼ぶ。

①ヨボル

　「みんな、よぼってきーよー（皆を呼んできてね）」。名古屋や岐阜県側、滋賀県側では一色で確
認された。

　［文献］「傘をすぼめて戻る秋の道 窓からよぼる人の言伝」（桃舐集、1696）。

　［分布］群馬・新潟・富山・石川・福井・愛知・岐阜・三重・滋賀・京都・兵庫・奈良。（図3-81
参照）

　［同系］ヨボール・ヨボ：伊豆諸島。ヨボウ：岐阜

②ヨバル

樋口と河内で聞かれた。

　［文献］「昔の人あらましかば近き程にてよばらましなどいひて」（類従本赤染衛門集、11ｃ中）。

　［分布］東北全域のほか、北海道・茨城・栃木・埼玉・千葉・東京・神奈川・新潟・福井・長
野・静岡・愛知・岐阜・三重・鳥取。

　［同系］ヨバール：青森・岩手・埼玉・千葉・東京・伊豆諸島・山梨・長野・静岡・鳥取。ヨバ
ワル：茨城・神奈川・伊豆諸島・新潟・山梨・鳥取。ヨバウ：栃木・神奈川・岐阜。ヨバーロ：
伊豆諸島。オンバル：青森・秋田。

以下のように変化したと考えられる。

　　　　ヨバワル　＞ ヨバール ＞ ヨバル ＞ ヨバウ
　　　　　　　＞ ヨボール ＞ ヨボル ＞ ヨボウ

131）ヨメリ〈嫁入〉

嫁入り。

①ヨメリ

　「もーすぐ よめりに行かっしるげなわ（もうすぐお嫁に行かれるそうだよ）」（杉）。彦根〜大垣の
ほとんどの地点で確認された。ヨメイリ＞ヨメリと変化した形式。『日本方言大辞典』に記載されて
いない。

　［文献］「此人初よめりをして」（四河入海、17ｃ前）。

②ヨメイリ

京都や名古屋の都市、そして主要道から逸れた番場・河内・竹尻などで確認された。

　［文献］「むすめによめいりさせうとて先ず二十万返してさせたぞ」（百丈清規抄、1462）。

132）「いら虫の幼虫」

①イライラ〈苛、刺〉

滋賀県側北部域の長浜や寺倉で聞かれた。

　［文献］「苛 イラ」（弘治二年本節用集、1556）」。

　［分布］滋賀・京都・大阪・奈良。

　［同系］イラ：新潟・三重・鳥取・岡山・広島・山口・徳島・香川・愛媛・佐賀・長崎・熊本。
エラ：福井。

◆原義は、草木の「トゲ」、9ｃ末に初出がみられる。16ｃ中に「植物のトゲ」＞「いら虫」と転義した。

②シナンタロー〈信濃太郎〉

岐阜県側では旧不破郡、滋賀県側では柏原近辺と樋口で聞かれた。平井でシガンタローが聞かれた。

　［文献］「髯無知 けむし 武州の内にて毛虫の異名。信濃太郎といふ所多し」（物類称呼、1775）。

　［分布］栃木・新潟・富山・石川・山梨・岐阜・滋賀・香川。

　［同系］シナンダレ：山梨。

◆原義は、「夏の雲」。18ｃ後には「毛虫」の意味で使用されるようになった。

③オコゼ〈虎魚〉

旧安八郡の大垣、久瀬川で聞かれた。旧不破郡の綾戸ではオゴセ、長松と静里ではオコジョである。

　［文献］「蛞蝓（けむし）は いらむしを、をこぜ 雲州」（重訂本草綱目啓蒙、1847）。

　［分布］青森・茨城・石川・静岡・愛知・岐阜・大阪・鳥取・島根・広島・山口。

　［同系］オコデ：山口。

◆原義は、「（魚類の）オコゼ」。室町中期にオコゼの初出が見られる。形状から、19ｃ中に「魚のオコゼ」＞「いら虫」と転義した。

④ヤツガシラ〈八頭〉

高溝で聞かれた。『日本方言大辞典』に、この意味で記載されていない。原義は、「八頭芋」でサトイモの栽培品種。初出は、1876年。形状から「サトイモ」＞「いら虫」と転義した。

⑤エダムシ〈枝虫〉

鳥居本〜米原や長浜など、調査区域の西端で聞かれた。全国的にみると、「尺取虫」という意味で使用されている愛媛県の例が見られるだけである。

⑥アオムシ〈青虫〉・ケムシ〈毛虫〉

これらの語が使用されている地点は、寒冷の山間で「いら虫」が発生しなかったり、都心で柿木がないことから「いら虫」自体が知られていないため、特定の名称がない。

133）ホンマ〈本真〉

本当。京都や滋賀県側だけでなく、岐阜県側の旧不破郡地域でも確認された。

　［分布］「なじみを重ぬるにつけては、ほんまの心中を立て」（元禄太平記、大坂1702）。

　［分布］近畿・四国全域のほか、北海道・埼玉・新潟・富山・石川・福井・山梨・長野・愛知・岐阜・島根・岡山・広島・山口・宮崎・鹿児島・沖縄.

134）アナイニ

　あんなに。滋賀県側の彦根や米原近辺で使用されているほか、醒井・柏原・大垣などに点在している。

　　［文献］「飛蛍 あないな尻は生れつき」（西鶴五百韻、大坂1679）。

　　［分布］近畿・四国全域のほか、富山・石川・福井・山口。

135）ワテ・アテ

　私。滋賀県側で散見された。消滅寸前の形式と言える。ワタイ＞ワテ、ワタイ＞アタイ＞アテと変化した。

　　［文献］「あんたあてをあなずっとみやれなあ」（善心悪心、1916）。「わてだっか？」（父親、1920）。

　　［分布］

　　　アテ：近畿全域のほか、北海道・栃木・千葉・神奈川・新潟・富山・石川・福井・山梨・岐阜・岡山・山口・徳島・香川・高知・福岡。

　　　ワテ：近畿全域のほか、北海道・茨城・栃木・千葉・新潟・富山・石川・福井・山梨・岐阜・岡山・山口・徳島・香川・高知・福岡。

136）イテル〈居〉

　いる。イテ-イル＞イテルと変化した形式。滋賀県側で聞かれた。

　　［分布］北海道・三重・滋賀・京都・京都・大阪・奈良・和歌山。（図3-82参照）[8]

137）オス

　〜です。存在動詞「ある」「居る」の丁寧語。滋賀県側で散見された。消滅寸前の形式と言える。

　　［文献］「おや主しゃあ、しろいほくろがおすよ」（自惚鏡、京1789）。

　　［分布］福井・三重・滋賀・京都。

138）ソードス

　そうです。京都方言。滋賀県側で聞かれた。京都を始め、滋賀県側の数地点では既に使用されていなくて、理解語となっている。幕末の島原（京の花街）において、デ-オス＞ドスと変化した形式とされている[9]。

　　［文献］「さうどす。これは一力ばっかりに限った事やおへん」（風流懺法、1907）。

　　［分布］福井・滋賀・京都・大阪。（図3-83参照）

　　［同系］-ドス：三重。

---

[8]　GAJ、197 図「いるか」の前半部「いる」を参照。

[9]　「どすは花街から〜島原と祇園」（『京ことば大阪ことば』大阪読売新聞社編 1973）による。

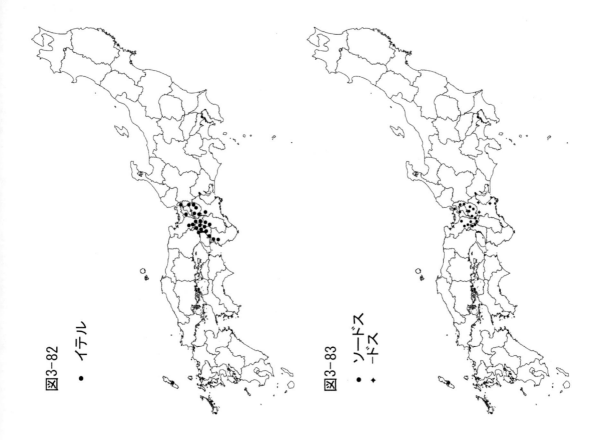

図3-82
　・ イテル

図3-83
　・ ソードス
　✦ ードス

4．分析

　「表3-1 36地点における語彙の調査結果」を元に統計的手法を用いて系統樹[10]を作成し、調査地点の関係性や語彙の地域性を分析していくことにする。統計ソフトはSplits Tree 4を使用した。地域分類にはクラスター分析を用いる[11]が、参考として近隣結合法（ＮＪ法）を用いての分析も試みた。それぞれの分析におけるグループ分けは、筆者の任意によるものである。

4．1　調査地点の関係

　クラスター分析は、異なるものが混在する集団の中から互いに似た性質のものを集め、順次グループを作る方法である。調査結果が近いもの同士は図の下の方でグループを形成し、似ていないもの同士は上の方で結合が起り、最後に一つのグループとして結合していく過程を示し、有根系統樹が得られる。クラスター分析を用いる理由としては、クラスター分析の基本理念が方言区画の考え方と似ていて、方言の分類や区画に最適であると考えられているからである（井上2001）。

　クラスター分析を用いて調査地点の関係を示すと、図3-84のようである。図3-84より以下のことが指摘できる。

　①滋賀県・岐阜県の調査地域は、京都や名古屋と異なる独自の方言圏を形成しているといえる。

　②滋賀県と岐阜県は異なるグループに属し、方言圏が異なることを示している。ただし、滋賀県東端の柏原・長久寺だけは岐阜県側の方言圏に属する。

　③滋賀県側は、ＡグループとＢグループが結合し、Ｃグループがさらに上位で結合している。

　④岐阜県側は、調査域東端のＦグループが大きなまとまりをみせている。Ｆグループは、今須地区のＥグループと結合し、滋賀県東端の柏原・長久寺、今須地区の今須・貝戸のＤグループとさらに上位で結合している。

　⑤名古屋は岐阜県のグループの外にあるのに対し、岐阜は大垣と同じＦグループに属している。

　次に、ＮＪ法を用いて分析を行ってみた。調査地点の関係を示すと図3-85のようである。ＮＪ法による各地点のＡ〜Ｆのグループ分けは、クラスター分析によるＡ〜Ｆのグループ分け（図3-84）をそのまま応用したもので、各地点のグループは二つの分析結果とも共通とした。

　ＮＪ法は系統樹の作成に最も広く利用されている方法で、根を指定しない無根系統樹を生成する。枝の長さと枝の繋がり方が系統の近さ・遠さを示している。各地点の相対的な類似性を示すため、中心点となるものを想定していない。ＮＪ法を用いるのは「クラスター分析は方言分布の連続的状況を示さない」（井上2001）ため、その欠点を補うのが目的である。図3-85より以下のことが指摘できる。左端に滋賀県側のＡ・Ｂ・Ｃグループ、右端に岐阜県側のＥ・Ｆグループが配置され、東西で大きく対立していることがわかる。岐阜県側は異なる手法を使っても結果が安定しているのに対し、滋賀県側は、クラスター分析の結果とは差異がみられるなど、安定していない。

---

10 「系統樹を描くということは、多様な対象物に関する鳥観図を与えると同時に、ばらばらに眺めただけでは見通せなかったに違いない相互比較のための足場を組み立て、そのような多様性が生じた因果に関する推論を可能にし、さらには対象物に関するさまざまな知見を体系化し整理するという役割をも担っています」「系統樹は、いわば摘出された対象物の形質データから計算された"標準見本"みたいなものです。（中略）サンプルが変われば『推定値』も変わり、それによってベストと判定される系統樹もまた変わる可能性があります」（三中 2006）。
11 使用語"○"と理解語"△"をａ、異形態"□"をｂ、不理解語"・"をｃと定量化し、筆者が分析を行った。理解語を使用語と同列に扱った理由は、話者の世代差が大きいことによる。

図 3-84　語彙からみた 36 地点の類似関係

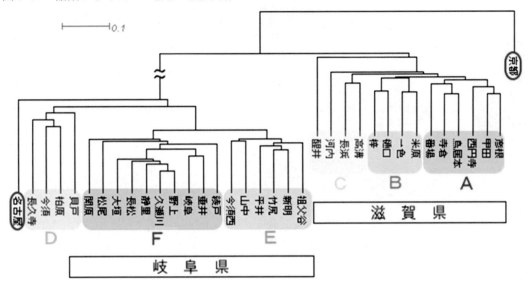

図 3-85　語彙からみた 36 地点の系統関係

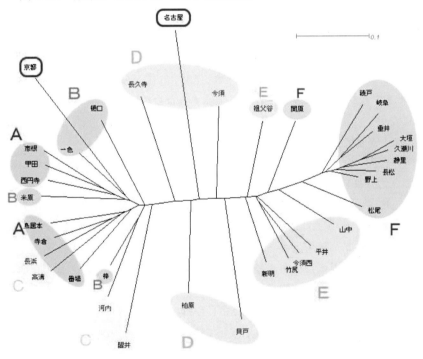

　両者の中間にDグループが位置している。A・B・Cグループやe・Fグループ内の距離が小さいのに対し、Dグループ内の距離が非常に大きい点が注目される。図3-84のクラスター分析の結果からは読み取れなかった特徴である。Dグループの地域は、滋賀県側と岐阜県側の緩和地帯ということができる。京都はBグループ、名古屋はDグループに配置されている。

　図3-84の分類を地図上の地点の位置と対応付けて示すと、図3-86のようである。A〜Fの文字の色と、各地点の記号の色が対応している。例えば、彦根は赤丸●、大垣は青丸●で地図上に表示している。

図3-86　語彙から見た地域分類とそれに対応する地図上の位置

4．2　語彙の地域性

4．2．1　156語の地域性

　調査語彙156語の地域性を確認していきたい。156語をクラスター分析すると、図3-87のようである。任意でⅠ～Ⅲの3群、a～rの18グループに分類した。156語を分布表とともにグループ別に示すと、表3-4のようである。表3-1での表記を視覚的に強調するため、使用語・理解語を"●"、異形態を"□"、不使用を空欄に変更した。表3-4より、各グループは、分布の傾向が異なっていて、それぞれの地域性を有していることがみてとれる。

　Ⅰ群は主に岐阜県側に分布する語彙群であることがわかる。aはほぼ消滅しかかっている語彙、bは大垣周辺に限って分布している語彙である。以下、cからiに移行するにしたがって、大垣から次第に滋賀県側へと広がっているのがわかる。それと同時に、滋賀県側にどのように分散して波及しているのかも確認できる。

　Ⅱ群のjは、滋賀・岐阜の領域にまたがって広く分布していて、地域の準共通語とも呼ぶことができる。k～nは、主に滋賀県側に分布する語彙群である。o～qはほとんどの調査地点に分布していて、地域共通語である。oは滋賀県側に異形態が多くみられるのが特徴的である。pは使用しない地点が2か所みられ、qはほぼすべての地点に分布している。

　Ⅲ群は、Ⅰ～Ⅱ群とは異なるグループを形成している。準共通語ともいえるが、京都と長浜では全く使用されていない点が共通している。

　以上の結果を参考に、156語の中から大垣を中心に分布している語彙群を「大垣語」、主に滋賀県側に分布している語彙群を「近江語」とし、岐阜県側と滋賀県側の対立を探っていくことにしたい。

　「大垣語」として、Ⅰ群、Ⅱ群jグループ、Ⅲ群の104語を選定した。「近江語」としては、Ⅱ群k～nグループの21語を選定した。「地域共通語」であるo～qグループの31語は除外した。

　「まえがき」に記したように、本書の目的が「大垣の方言（大垣ローカル語）が、関西（滋賀県側）にどれくらい及んでいるか」であることから「大垣語」の考察が中心になるが、調査の過程で「近江語」も調査することができたので、語数は少ないが「近江語」についても考察していくことにしたい。

図3-87 調査語彙156語のクラスター分析結果

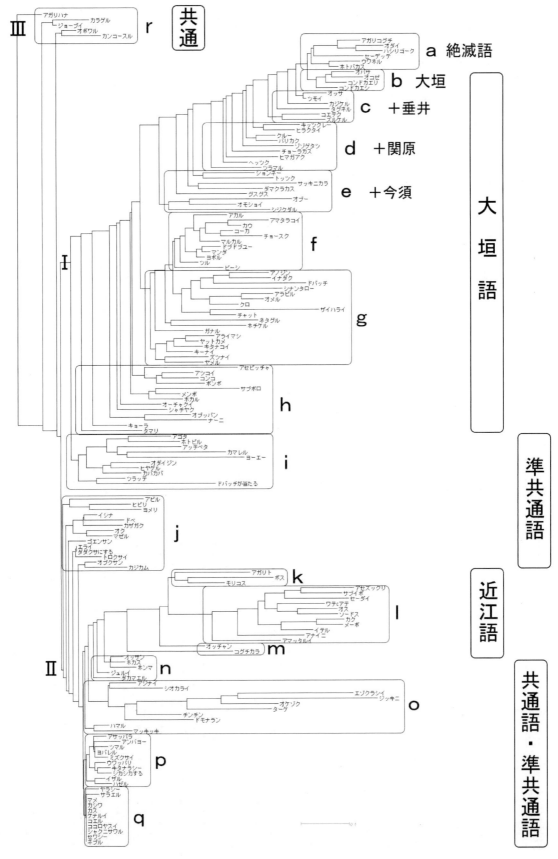

表3-4　調査語彙156語の地域性（その１）

区分		方言	初出年	京都	滋賀県																	（今須地区）							岐阜県											名古屋
					彦根	鳥居本	甲田	米原	西円寺	寺倉	高溝	長浜	番場	樋口	醍井	一色	梓	河内	柏原	長久寺	貝戸	新明	竹尻	今須西	今須	祖父谷	平井	山中	松尾	関原	野上	垂井	綾戸	長松	静里	久瀬川	大垣	岐阜	
I	a 絶滅語	オダイ	1797																																				
		ハシリゴーク	—				●												●	●	□																			
		アガリコグチ	[1603]											●																					●	●		
		セーデッテ	—	●																												●	●		●		□	□	
		ウワホル	[1596]			□																							●			●					●		
		ホトバカス	1548																										●		●	●	●				●		
	b 大垣	オバサ	—																													●			●	●	●		
		オコゼ	1847																										●			□	□	□	●	●	●		
		コンドカエリ	—																										●		●				●	●	●		
		コンドカエシ	1804																							●			●		●				●	●	●		
	c 岐阜〜垂井	オッサ	—																										●		●						●		
		ツモイ	—																										●		●			●			●		
		カジケル	1813											●					●										●		●			●		●	●		
		タグネル	—																							●			●	●	●			●	●	●	●		
		コエテク	—											●															●		●			●	●	●	●		
		ズルケル	1786					●	●					●	●														●		●	●	●	●	●	●	●		
	d 岐阜〜関原	キッツクレー	[1660]																	□		●	●		●		●	●	●	●	●	●	●	●	●	□		
		ヒラクタイ	—																					●				●	●		●		●						
		ヒマガアク	室町末	室町末			●							●	●										●		●			●								
		ツラマル	1793				●			●		●										●	●				●		●	●	●	●	●	●	●	●		
	d 名古屋〜関原	クルー	1676																				●			●		●	●	●	●	●	●	●	●	●		
		バリカク	—		●																						●	●	●	●	●	●	●	●	●	●		
		ゾゾゲタツ	[1797]	●									●	●		□								□		●	●	●	●	●	●	●	●	●	●	●		
		チョーラカス	1811			□					□		●								□			●		●	●	●	●	●	●	●	●	●	●	●		
		ヘッツク	[1809]										●									●	●		●		●	●	●	●	●	●	●	●	●	●		
	e 岐阜県（滋賀県分散）	ションネー	1909							●										●		●	●		●		●	●	●	●	●	●	●	●	●			
		トツク	—					●		●				●						●	●		●		●		●	●	●	●	●	●	●	●	●			
		サッキニカラ	1710		●		●	●				●	●		●			●	●			●	●		●		●	●	●	●	●	●	●	●	●			
		ダマクラカス	1742	●	●							●		●				●		●	●		●		●		●	●	●	●	●	●	●	●	●			
		グスグス	—		●	●														●	●		●	□		●	●	●	●	●	□	●	●	●	●			
		オブー	1770				●	□			□	●							□		□		●		●		●	●	●	●	●	●	●	●	●	□	●	
		オモショイ	—				●	□		●	●						●	●		□		●			●	●	●	●	●	●	●	●	●	●	●			
		シジクダル	—		●		□	●	●		●									□	□		●		●		●	●	●	●	●	●	●	●	●			
	f 岐阜県	アカル	—										●				●	●	●	●		●			●		●	●	●	●	●	●	●	●	●	●	●	●
		アマタラコイ	—										●									●			●		●	●	●	●	●	●	●	●	●	●	●	●
		カウ	1913										●		●							●	●		●		●	●	●	●	●	●	●	●	●	●	●	●
		コーカ	—																			●	●		●		●	●	●	●	●	●	●	●	●	●	●	●
		チョースク	—													□			●	□	□		●		●		●	●	●	●	●	●	●	●	●	●	□	●
		マルカル	1563										●									●	●		●		●	●	●	●	●	●	●	●	●	●	●	●
		ドブドブュー	—																●				●		●		●	●	●	●	●	●	●	●	●	●	●	●
		マンダ	1674										●									●			●		●	●	●	●	●	●	●	●	●	●	●	●
		ヨボル	1696														●					●			●		●	●	●	●	●	●	●	●	●	●	●	●
		ツル	1681															●	●	●		●			●		●	●	●	●	●	●	●	●	●	●	●	●
		ピーシ	—							●		●										●			●		●	●	●	●	●	●	●	●	●	●	●	●
	g 岐阜県（滋賀県・点在）	アノジン	1707									●								●			●		●		●	●	●	●	●	●	●	●	●	●	●	●
		ドバッチ	—							●							●	●		●		●		●	●	●	●	●	□	●	●	●	●	□	●	●	●	●
		イナダク	1853															●				●		●	●		●	●	●	●	●	●	●	●	●	●	●	●
		シナンタロー	1775								●									●			●		●	□	●	●	●	●	●	●	●	●	●	●	●	●
		アラビル	(10c後)															●		□	●	□	●	□	●		●	●	●	●	●	●	●	●	●	●	●	●
		オメル	1220															●							●		●	●	●	●	●	●	●	●	●	●	●	●
		クロ	—							●							●	●			●				●		●	●	●	●	●	●	●	●	●	●	●	●
		ザイハライ	1816	□				□	□		□					□				□					●		●	●	●	●	●	●	●	●	●	●	●	●
		チャット	1439	□							□									●	●		●		●		●	●	●	●	●	●	●	●	●	●	●	●
		ネタグル	[1715]	□			□				□			□		□				●	●		●	□	●		●	●	●	●	●	●	●	●	●	●	□	●
		ホチケル	[17c末]			□		●					□	●						●	●	●	□		●	□	●	●	●	●	●	●	●	●	●	●	●	●
		ガナル	1775	●				●					●	●						●			●		●		●	●	●	●	●	●	●	●	●	●	●	●
		アライマシ	—									●	●							●			●		●		●	●	●	●	●	●	□	●	●	●	●	●
		ヤットカメ	—									●	●							●			●		●		●	●	●	●	●	●	●	●	●	●	●	●
		キタナコイ	—					●					●							●			●		●		●	●	●	●	●	●	●	●	●	●	●	●
		キーナイ	[1736]		●							●							●				●		●		●	●	●	●	●	●	●	●	●	●	●	●
		ズツナイ	[1187]	□								●	●						●				●		●		●	●	●	●	●	●	●	●	●	●	●	●
		ヤメル	1781									●	●				●	●		●			●		●		●	●	●	●	●	●	●	●	●	●	●	●
	h 岐阜県（滋賀県・分散）	アセビッチャ	[1908]		●				□	□	□		●	□	□		●	□			●		●		●		●	●	●	●	●	●	●	●	●	●	●	●
		アツコイ	—											●	●		●					●			●		●	●	●	●	●	●	●	●	●	●	●	●
		コンコ	—										●				●					●			●		●	●	●	●	●	●	●	●	●	●	●	●
		ボンボ	[1603]							□	●						●					●			●		●	●	●	●	●	●	●	●	●	●	●	●
		メンボ	[1603]	●													●					●			●		●	●	●	●	●	●	●	●	●	●	●	●
		サブボロ	—						□		●						●					●			●		●	●	●	●	●	●	□	●	□	□	●	●
		ホカル	1835					●					●				●					●			●		●	●	●	●	●	●	●	●	●	●	●	●
		オーチャクイ	—		●	●					●					●						●			●		●	●	●	●	●	●	●	●	●	●	●	●
		シャチヤク	—		●	●	□	●										●			●	●		●		●	●	●	●	●	●	●	●	●	●	●	●
		オブッパン	—		●	●	●	●		●		●	●							●			●		●		●	●	●	●	●	●	●	●	●	●	●	●
		ナーニ	[1779]				●	●	●		●		●			●			●				●		●		●	●	●	●	●	●	●	●	●	●	●	●
		キョーラ	8c	●		●	●	●	●		●		●				●	●					●		●		●	●	●	●	●	●	●	●	●	●	●	●
		タマリ	1603	●	●		●	●	●		●		●	●			●	●		●			●		●		●	●	●	●	●	●	●	●	●	●	●	●

表3-4（その２）

区分			方言	初出年	京都	滋賀県																（今須地区）							岐阜県											名古屋
						彦根	鳥居本	甲田	米原	西円寺	寺倉	高溝	長浜	番場	樋口	醒井	一色	梓	河内	柏原	長久寺	貝戸	新明	竹尻	今須西	今須	祖父谷	平井	山中	松尾	関原	野上	垂井	綾戸	長松	静里	久瀬川	大垣	岐阜	
Ⅰ	i	準共通語	アゴタ	1688	●		●		●	●	●		●	●		●	●	●	●				●	●	●			●		●	●	●	●	●	●	●	●	●	●	●
			ホトビル	10c前	●				□	●		●	●	●		●	●	●	●				●	●		●	●	●		●	●	●	●	●	●	●	●	●	●	●
			アッチベタ	—			●		●				□	●		●	●	●	●	●				●	●	●	●	●	●	●	●	●	●	●		●	●	●	●	●
			カマレル	—	●		●		●		●			●	●	●	●	●		●				●		●	●				●	●	●		●		●	●	●	●
			ヨーエー	—			●	●			●	●	●	●		●			●	●						●	●	●			●	●		●	●	●	●		●	
			オダイジン	1681					●			●		●		●		●	●	●	●	●	●	●	●	●	●	●	●	●	●	●	●	●	●	●	●	●	●	●
			ヒヤケル	—					●			●	●	●	●		●	●	●	●	●	●	●	●	●	●	●	●	●	●	●	●	●	●	●	●	●	●	●	□
			カバカバ	—	●				●			●	●		●	●	●	●	●	●		●	●	●	●	●	●	●	●	●	●	●	●	●	●	●	●	●	●	
			ツラッテ	1821			●	●	●	●	●	●	●	●	●		●	●	●	●	●		●	●	●	●	●	●	●	●	●	●	●	●	●		●	□	●	□
			ドバッチが当たる	—		□		□	●		□	●	●	●	●	●	●	●	●	●			□	□	●		●	●	●	●	●	●	●	●	●		□		●	
Ⅱ	j	準共通語（一京都）	アビル	—		●				●	●	●	●	●		●		●	●	●	●	●	●	●	●		●	●	●	●	●	●	●		●	●	●	●	●	●
			ヒビリ	[1227]		●	●				●	●	●	●	●	●	●		●	●	●	●	●	●	●	●	●	●	●		●	●	●	●	●	●	●	●	●	
			ヨメリ	17c前		●	●	●			●	●	●		●	●	●	●		●	●	●	●		●	●	●	●	●	●		●	●	●	●	●	●	●	●	
			イシナ	1775			●	●	●	●	●	●		●	●	●	●	●	●	●	●	●	●	●	●	●	●	●	●	●	●	●	●	●	●	●	●	●	●	
			ドベ	—				●	●	●	●	●		●	●	●	●	●		●		●	●	●	●	●	●	●	●	●	●	●	●	●	●	●	●	●	●	●
			カザガク	1860			●	●	●	□	●	●	●	●	●	●	●	●		●	●	●	●	●	●	●	●	●		●	●	●	●	●	●	●	●	●	●	
			オク	1520			●	●	●	●	●	●		●	●	●	●	●	●		●	●	●	●	●	●		●	●	●	●	●	●	●	●	●	●	●	●	●
			マゼル	1665		●	●	●	●	●	□	●	●	●	●	●	●	●	●		●	●	●	●	●	●		●	●	●	●	●	●	●	●	●	●	●	●	
			ゴエンサン	13c前		●	●	●	●	●	●	●	●	●	●	●	●	●	●	●	●		●	●	●	●	●	●	●	●	●	●	●	●	●	●	●	●	●	
			エライ	19c中		●	●	●	●	●	●	●	●	●	●	●	●	●	●	●	●	●	●	●	●	●	●	●	●	●	●	●	●	●	●	●	●	●	●	●
			ダダクサ	1660		●	●	●	●	●	●	●	●	●	●	●	●	●	●	●	●	●	●	●	●	●	●	●	●	●	●	●	●	●	●	●	●	●	●	●
			トロクサイ	1728		●	●	●	●	●	●		●	●	●	●	●	●	●	●		●	●	●	●	●	●	●	●	●	●	●	●	●	●	●	●	●	●	●
			オブクサン	1600		●	●	●	●	●	●	●	●	●	●	●	●	●	●	●	●	●	●	●	●	●	●	□	●	●	●	●	●	●	●	●	●	●	●	●
			カジカム	1700	●	●	●	●	●	●	●	●	●	●	●	●	●	●	●	●	●	●	□	●	●	●		□	●	●	●	●	●		●	●	●	●	●	●
	k	滋賀県 今須（一京都）	アガリト	—			●	●	●	●		●	●	●	●	●	●	●	●		●		●	●			●	●		●			●		●					
			ボス	—		●	●	●	●	●	●	●	●	●	●		●	●	●	●	●	●	●		●	●	●	●												
			モリコス	—		●	●	●	●	●	●	●	●	●	●	●	●	●	●	●	●	□	□	●	●	●	●	●	●	●	●		●			●				
	l	滋賀県 京都	アセズックリ	[1822]	□	●		●	●	●		□	●							●																			●	
			サブイボ	—	●	●		●	●	●					●	●			●																				●	
			セーダイ	[1806]	●	●	●		●	●		□	●			●	●		●							●	●													
			ワテ・アテ	1916	●				●		●	●	●		●	●	●												●				●						●	
			オス	1789	●			●	●			●	●		●		●			●	●												●							
			ソードス	1907	●	●	●	●	●		●	●	●			●	●		●	●	●												●							
			カク	—	●		●	●	●	●	●	●	●	●	●	●	●	●	●	●																				
			メーボ	—	●	●	●	●	●	●	●	●	●	●	●		●	●	●																				●	
			イテル	—		●	●	●	●	●	●	●	●	●	●	●	●	●		●	●				●										●				●	
			アマッタルイ	—	●	●	□	●	●	●		●		●	●	●	●	●	●	●			●		●					●			●		●			●	●	□
			アナイニ	1679	●	●	●	●	●	●	●	●				●				●								●		●					●			●	●	
	m	滋賀県（岐阜県分散）	オッチャン	1907	●	●	●	●	●	●	●	●	●	●	●	●	●	●	●	●				●	●	●	●	●		●	●		●		●			●		●
			コグチカラ	[1792]	●	●	●	□		□	●	□	●	●	●	●	□	●	●	●		●	●	●	●	●	●	●		●	●	●				●	●	●		
	n	共通語（一名古屋）	オッサン	1745	●	●	●	●	●	●	●	●	●	●	●	●	●	●	●	●	●	●	●	●	●	●	●	●	●	●	●	●	●		●		●	●	●	
			ホカス	室町末	●	●	●	●	●	●	●	●	●	●	●	●	●	●	●	●	●	●	●	●	●	●	●	●	●	●	●	●	●	●	●		●		●	
			ホンマ	1702	●	●	●	●	●	●	●	●	●	●	●	●	●	●	●	●	●	●	●	●	●	●	●	●	●	●	●	●	●		●	●			●	
			ジュルイ	1477	●	●	●	●	●	●	●	●	●	●	●	●	●	●	●	●	●	●	●	●	●	●	●	●	●	●	●	●	●	●	●	●	●	●		
			ダカマエル	1768	●	●	●	●	●	●	●	●		●	●	●	●	●	●	●	●	●	●	●	●		●	●	●	●	●	●	●	●	●	●	●	●	●	
	o	共通語 滋賀県□	アジナイ	1707	●	●	□	●	●	●	●	□	●	●	●	●	●	●	□	●	●	●	●	●	●	●	●	●	●	●	●	●	●	●	●	●	●	●	●	
			シオカライ	1120	●	●	□	●	●	●	●	□	●	□	□	□	●	●	●	●	●	□	●	●	●	●	●	●	●	●	●	●	●	●	●	●	●	●	●	●
			エゾクラシー	1769	□	●	□	●	●	□	□	□	□	□	□	□	□	□	□	□	□		□	□	●	●	□	□	●		●	●	●	□	●		●		●	
			ジッキニ	1787	●	□	□	□	□	□	□	□	□	□	●	●	□	□	□	□	□	□	□	□	□	□	□	□	□	●	□	●	●	●	□	●	●	□	●	●
			オケゾク	1560	□	●	□		□	□	□	□	□	●	□	●	□	□	□	□	□	●	●	●	●	●	●	●	●	●	□	●	●	□	●	●	●	●	●	●
			ターケ	[1603]		□	□	□	□	□	□		□	□		□	●		□		●		●	●	●		●	●	●	●	●	●	●	●	●	●	●	●	●	●
			チンチン	1823	●	●	□		●	●	●	□	□	●	●	●	●		●	●	●		●	●	●		●	●	●	●	●	●	●		●	●	●	●	●	●
			ドモナラン	1689	●	●	●	●	●	●	□	□	□	●	●	●	●	□	□	●	●	●	●	□	□	●	●	●	●	□	●	●	●	●	●	●	●	●	●	●
			ハマル	1563	●	●	●		●	●	●	●	●	●	●	●	●	●	●	●	●	●	●	●	●	●	●	●	●	●		●	●	●	●	●	●	●	●	●
			マッキッキ	—	●	●	●	●	●	●	●	●	●	●	●	●	●	●		●	●	●	●	●	●		●	●		●		●	●	●	●	●	●	●	●	●
	p	共通語	アサッパラ	1774	●	●	●	●	●	●	●	●	●	●	●	●	●	●	●	●	●		●	●	●		●	●	●	●	●	●	●	●	●	●	●	●	●	●
			アンバヨー	1771	□	●	●	●	●	□	●	●	●	●	●	●	●	●	●	●	●		●	●	●	●	●	●	●	●	●	●	●	●	●	●	●	●	●	●
			ツマル	—	●	●	●	●	●	●	●	●	●	●	●		●	●	●	●	●		●	●	●	●	●	●	●	●	●	●	●	●	●	●	●	●	●	●
			ヨバレル	1773	●	●	●	●	●	●	●	●	●	●	●	●	●	●	●	●	●	●	●	●	●	●	●	●	●	●	●	●	●	●	●	●	●	●	●	●
			ミズクサイ	1283	●	●	●	●	●	●	●	●	●	●	●	●	●	●	●	●	●		●	●	●	●	●	●	●	●	●	●	●	●	●	●	●	●		●
			ウワッパリ	1766	●	●	●	●	●	●	●	●	●		●	●	●	●	●	●	●		●	●	●	●	●	●	●	●	●	●	●	●	●	●	●	●	●	●
			キタナラシー	1783	●	●	●	●	●	●	●	●	●		●	●	●	●	●	●	●	●	●	●	●		●	●	●	●	●	●	●	●	●	●	●	●	●	●
			シカシカする	1477	●	●	●	●	●	●	●		●		●	●	●	●	●	●	●	●	●	●	●	●	●	●	●	●	●	●	●	●	●	●	●	●	●	●
			ハゼル	1591	●		●	●	●	●		●	●	●	●	●	●	●	●	●	●	●	●	●	●	●	●	●	●	●	●	●	●	●	●	●	●	●	●	●
			イザル	970	●		●	●	●	●	●	●	●	●	●	●	●	●	●	●	●		●	●	●	●	●	●	●	●	●	●	●	●	●	●	●	●	●	●
	q	共通語	サラエル	1310	●	●	●	●	●	●	●	●	●	●	●	●	●	●	●	●	●	●	●	●		●	●	●	●	●	●	●	●	●	●	●	●	●	●	●
			ヤラシー	[1682]	●	●	●	●		●	●	●	●	●	●	●	●	●	●	●	●	●	●	●	●	●	●	●	●	●	●	●	●	●	●	●	●	●	●	●
			マメ	1212	●	●	●	●	●	●	●	●	●	●	●	●	●	●	●	●	●	●	●	●	●	●	●	●	●	●	●	●	●	●	●	●	●	●	●	●
			カシワ	1850	●	●	●	●	●	●	●	●	●	●	●	●	●	●	●	●	●	●	●	●	●	●	●	●	●	●	●	●	●	●	●	●	●	●	●	●
			カス	898	●	●	●	●	●	●	●	●	●	●	●	●	●	●	●	●	●	●	●	●	●	●	●	●	●	●	●	●	●	●	●	●	●	●	●	●
			ケナルイ	1563	●	●	●	●	●	●	●	●	●	●	●	●	●	●	●	●	●	●	●	●	●	●	●	●	●	●	●	●	●	●	●	●	●	●	●	●
			コエル	8c後	●	●	●	●	●	●	●	●	●	●	●	●	●	●	●	●	●	●	●	●	●	●	●	●	●	●	●	●	●	●	●	●	●	●	●	●
			ココロヤスイ	974	●	●	●	●	●	●	●	●	●	●	●	●	●	●	●	●	●	●	●	●	●	●	●	●	●	●	●	●	●	●	●	●	●	●	●	●
			シャクニサワル	1789	●	●	●	●	●	●	●	●	●	●	●	●	●	●	●	●	●	●	●	●	●	●	●	●	●	●	●	●	●	●	●	●	●	●	●	●
			セワシー	1020	●	●	●	●	●	●	●	●	●	●	●	●	●	●	●	●	●	●	●	●	●	●	●	●	●	●	●	●	●	●	●	●	●	●	●	●
			ネブル	898	●	●	●	●	●	●	●	●	●	●	●	●	●	●	●	●	●	●	●	●	●	●	●	●	●	●	●	●	●	●	●	●	●	●	●	●
Ⅲ	r	共通語（一京都）	アガリハナ	1785		●	□	●	●		□	□		●	●	●		●	●	●	●	●	●	●	●	●	●	●	●	●	●	●	●	●	●	●	●	●	●	●
			カラゲル	1179		●		●	●	●					●	●	●	●	●	●	●	●	●	●	●	●	●	●	●		●	●	●	●	●	●	●	●	●	●
			ジョーブイ	—		●	●	●	●	●				●	●	●	●	●	●	●	●	●	●	●	●	●	●	●	●	●	●	●	●	●	●	●	●	●	●	●
			オボワル	1893		●	●	●	●	●	●	●		●	●	●	●	●	●	●	●		●	●	●		●	●	●	●	●	●	●	●	●	●	●	●	●	●
			カンコースル	1802		●	●		●	●		●		●		●	●	●	●	●	●		●	●	●	●	●	●	●	●	●	●	●	●	●	●	●	●	●	●

４．２．２　大垣語

　大垣語がどのように滋賀県側に影響しているのかを考察していきたい。

　104語の大垣語の各地点における使用数をグラフに示したのが、図3-88である。図3-88をもとに大垣語の使用数を丸の大きさで地図上に示したのが、図3-89である。

図 3-88　大垣語語彙の使用数

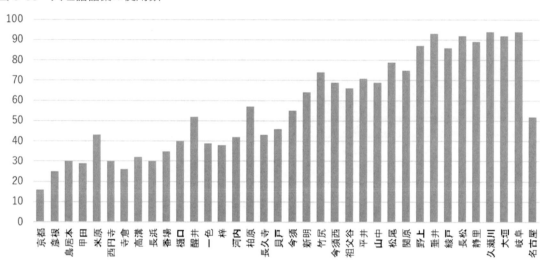

図 3-89　大垣語語彙の影響度

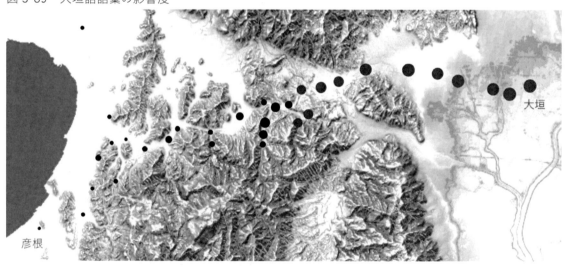

図3-88〜3-89より以下の点が指摘できる。

①大垣語の滋賀県側への影響は、岐阜県内よりも少ない。

②ただし、東海道線の駅がある米原・醒井・柏原は大垣語の使用が多い。

③岐阜県側では、今須地区の今須・貝戸では大垣語の影響が比較的少ない。

４．２．３　近江語

　近江語の各地点における使用数をグラフに示したのが、図3-90である。図3-90をもとに近江語の使用数を丸の大きさで地図上に示したのが、図3-91である。

図3-90　近江語語彙の使用数

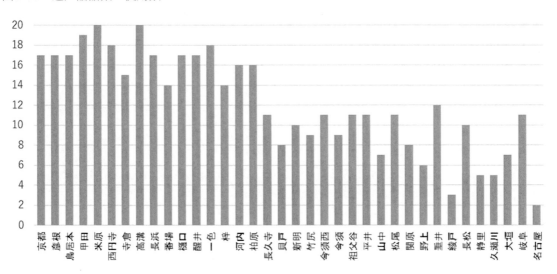

図3-91　近江語語彙の影響度

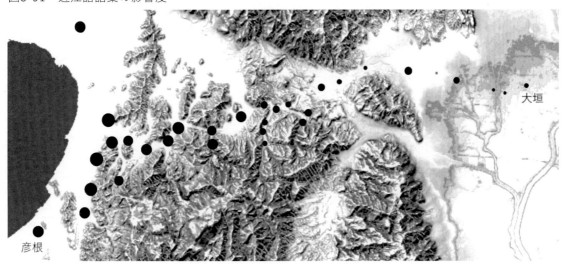

　図3-90〜912より以下の点が指摘できる。
　①近江語の岐阜県側への影響は、滋賀県内よりも少ない。
　②東海道線の駅がある垂井・岐阜において近江語の使用が多い。

　以上より、語彙面において滋賀県側と岐阜県側は大きく対立していて、近江語・大垣語ともに県境を越えると影響が減少している点、東海道線の駅がある地点には、県境を越えて隣県の語彙が波及している点が明らかとなった。

補論　河内語彙集

　中仙道の柏原宿と醒井宿の間に位置する梓から、南に伸びる谷の奥に位置している集落が河内である。周囲の集落からは閉鎖的で古い方言を話していると認識されていて、河内でも周囲の集落とは方言が異なると認識されている。街道調査の過程で河内のことを初めて知り、調査地点に加えることにした。

　滋賀県方言の先行研究をみると、『近畿方言の総合的研究』では、「交通不便の閉鎖的な地域には、比較的おおくの古語がのこっている」として、12集落を挙げている。このなかに、甲津原や沖ノ島などと並んで梓河内が挙げられている。しかし、河内については詳細な記述もみられないことから、河内生え抜きの石田みつさん（昭和3年生れ）のご協力を得て、河内語彙集を本報告書に掲載することとした。

　石田さんに作成いただいたの語彙集に加え、近隣の言語島である甲津原・椿ケ畑の語彙集（法雲俊邑2014、ふる里の歴史を学ぶ会1995）の中から石田さんご自身が使用される語彙を追加した。例文は、石田さんにその場において即興で作成しただいたものである。

表3-5　河内語彙集（その1）

方言	品詞	ア	訳	例文	訳
アガリト	名	0	入り口	」コンナアガリトデ　[モーシワケゴザイマセン 　　こんな入り口で申し訳ありません	
アッチベタ	名	0	あちら側	アッチベタニ　ハラシテクダ]サイ[ナ 　　あちら側に張らせてくださいね	
アンナイ	形	2	美味しくない		
イッテコホン	句	3	行って来よう	※　意思を表す	
イナンシタ	句	1	帰られた		
インデコン	句	3	帰ろう	※　意思を表す	
ウラ	代	1	私	※　明治初頭生れが使用していた	
エーケンド	句	1	いいけど		
エガム	動	0	曲がっている		
エライ	形容	2	疲れる		
オイネル	動	2	背負う		
オータル	句	2	会っている		
オーテナイ	句	3	会っていない		
オート	名	1	雨戸	タイフ]ーヤデ　オ]ートシメナアカン[ナ 　　台風だから雨戸を閉めないとダメだね	
オオヤケ	名	0	大人数の家族	オーヤケヤ]デ　タイヘ[ン]ヤ[ナ]ー大家族だから大変だな	
オカオカ	副	・	沢山		
オカチャン	名	2	母親		
オシ	名	0	汁		
オッカブロ	名	0	河童	オソロシ]ーオッカブロガ　キ]タ	
オトツァン	名	2	父親		
オトテ	名	・	兄弟、姉妹		

表 3-5（その 2）

オマン	代	・	あなた	
オマンダ	代	2	あなた達	
カイダレ	名	0	軒下	カイダレニ センタクモ]ノオ カタツケテホ]シイワ 　　　　軒下に洗濯ものを片付けて欲しいな
ガギダン	名	2	石段	ガ[ギ]ダンガ ヨ]ーケ ア]ルサカイ 石段がたくさんあるから
カラカサ	名	3	傘	
ガンギダン	名	3	石段	
カワラガイ	名	3	夕飯の支度	モーヨ]ジニナッタンヤサカイ　カワラ]ガイ ハジメヨカ 　　　　もう4時になったので夕飯の支度を始めようか
カンゾ	名	・	のこぎり	
カンバ	名	0	大根の漬物	コノカンバワ　ト]シイッタ]ノデ チョ]ト カタ]イワ 　　　　この漬物は年を取ったからちょっと固いよ
カンラン	名	0	キャベツ	
キハッタ	句	2	いらっしゃった	
ギョーサン	副	1	沢山	
キンノ	名	1	昨日	
クズヤブキ	名	2	萱葺き	
クダイ	句	1	下さい	
クタブレタ	句	3	疲れた	
クベル	動	0	薪を焚く	
ゴエズキ	名	3	木製の雪かき	
ゴザレ	句	2	いらっしゃい	
ゴザレル	句	・	いらっしゃる	
コッパイコ	名	・	全部	
コバ	名	1	場所	ワタシノコ]バオ トットイテ　　　私の場所を取って置いて
コビル	名	2	3時の間食	
コヤケ	名	0	少人数の家族	ウチ]ワ コヤケヤ サ]カイニ　　　我が家は少人数だから
コワイ	形容	1	恐ろしい	
ゴンシタ	句	1	いらっしゃった	
ゴンス	句	0	いらっしゃる	
ゴンセ	句	・	いらっしゃい	
ゴンボ	名	0	牛蒡	
ザーザカ	名	0	急な坂道	
ザンザカ	形動	0	雑な	ザンザカナコト サンス　　　　　雑なことをなさる
サンマイ	名	1	墓	キョーハメイニチヤデ サンマイニオマイリショカ 　　　　今日は命日だからお墓にお参りしようか。
ジュンジュン	名	0	すきやき	
ショーヤク	名	3	片づける	
ジョメロ	名	1	女子の蔑称	
ションボケ	名	3	小便所	

140

表3-5（その3）

シルタ	名	1	湿田		
スイッチョン	名	・	きりぎりす		
スエル	動	・	お供えする		
ズズナイ	形	2	腹いっぱい		
ステンショ	名	0	駅		
セーライ	副	1	急かす		
セガナイ	形	・	楽しみのない		
セカライ	形	2	精がない		
センチ	名	1	大便所		
センドスル	句	0	嫌になる		
ソシル	動	・	ののしる		
ソソッペ	形動	・	雑な		
タイナ	句	1	下さい		
タキモン	名	0	薪		
ダダケ	名	0	だだくさ	ダダケニ オカネ ツカワンス	だだくさににお金を使われ
ダンダコ	名	3	木製の雪かき		
ダンナイ	句	・	構わない		
チャッチャ	名	0	風呂	チャイチャニ　ハ]イル	風呂に入る
チョーズ	名	0	トイレ	チョーズニ　ユク	トイレに行く
チョクレン	名	0	遅刻	チョクレン シテモ]タデ	遅刻してしまった
チョチョコナル	動	0	しゃがむ		
ツルツル	名	0	そうめん	ハ]ヨ コノツルツル タベヤ	早くこの素麺を食べなさい
ツレンポ	名	0	干し柿	ツレンポオホ]シタケドモ コトシワ カビガハ]エタ 干し柿を干したけど、今年はかびがはえた	
デシナ	名	0	出掛け際		
テシオ	名	0	皿		
デンチコ	名	0	冬の着物		
ドエライ	形	2	たいしたこと		
ドシコイ	形	3	ひどい	ドシコ]イメニ アワス	酷い目に合わす
ドブ	名	1	深くて汚い水溜り	アノドブワ フカ]イデ キオツケ]ナ アカン[ナ]ー あの水溜りは深いから、気を付けないとダメだね。	
ドメロ	名	1	女子の蔑称		
ドロサク	名	0	腕白坊主	アソコノボンチワ　モノスゴ]ー ドロサクヤ[デ あそこの男の子は物凄く腕白だよ	
ドロサクボー	名	4	腕白坊主		
トンガ	名	1	くわ		
トンガラシ	名	0	唐辛子		
ドンベ	名	0	腰につける籠		
ナガタン	名	2	包丁		

表 3-5（その４）

語	品詞	アクセント	意味	用例
ナマクラ	形動	3	怠けた	ナマク]ラ シテハル
ナマズケナイ	形	4	なげやり	ナマズケ]ナイコト サンス　　　　　なげやりことをなさる
ニイヤン	名	1	兄	
ネエヤン	名	0	姉	
ハイリト	名	3	入り口	
ハザコ	名	2	物と物の間	
バッパ	名	1	餅	
ハナガスル	句	3	香りがする	
ハンチラケ	形動	0	中途半端な	コンナハンチラケナ]コト シテ]テハ、ダメ]デスヨ 　　　こんな中途半端な仕事をしてはダメですよ。
ビンタ	名	1	端	コノビ]ンタモ ウエテシマオ]カナー 　　　この（田んぼの）端も植えてしまおうかな
ヒンナカ	名	3	半日	
フテル	動	・	捨てる	
ヘゴシ	名	0	軒下	アメ]ガフッテキタノデ、ヘゴシニ モノ]オ イレヨー[カ 　　　雨が降ってきたので軒下に物を入れようか
ヘンネチ	形動	3	捻くれた	
ボス	動	0	子供を背負う	
ボンチ	名	0	男の子	
ホンナラ	接	2	それでは	
ボンノクソ	名	5	運	ボンノクソ]ガ ワル]イノデ アタラナ[ン]ダ[ワ 　　　運が悪いので、当たらなかったよ
マエゴビル	名	3	10時の間食	
マバイー	形	3	まぶしい	キョーノテ]ンキワ マバイ]ーテ オテラシガ キ]ツイノデ 　　　今日の天気はまぶしいよ、日照がきついので
ママ	名	1	ごはん	
マメデクラス	句	0	元気で暮らす	
マルコイ	形	2	穏やかな	マル]コイヒトヤデ　　　　　　　穏やかな人だから
				※　形状ではなく性格を表す。
マンボ	名	1	トンネル	
ムクル	動	2	めくる	タマ]ネギオ ウエ]タケド[モ モグラガ　ムクリヨ」ッタ 　　　玉ねぎを植えたけど、もぐらが剥いだ
メメンカス	名	4	ごく少量	
モンテゴンシタ	句	4	帰ってきた	
ヤッコラサ	副	0	やっとのことで	ヤッコラサーデ ノボ]レタ[ワ　　　やっとのことで登れたよ
ヤマガ	名	2	山間部	ウチノイエ]ワ ヤマ]ガヤサカイ　　我が家は山間部だから
ヨーケ	副	1	沢山	
リンチョク	形動	0	美しく整然	
ワゴリャ	代	・	あなた	※　明治初頭生れが使用していた
ワランジ	名	0	草鞋	

コラム5
ゲルマン語のはなし

　中学生の頃に好きだった授業が、国語文法や英文法などの文法です。言語学に興味を持つようになったのは、大学の教養課程でドイツ語を学習するようになってからです。そもそもドイツ語に興味を持ったきっかけは、高校時代に見ていたクイズ番組で「英語のandにドイツ語のundが対応している」という知識に触れたことでした。2つの外国語がとても似ているということに好奇心がくすぐられました。

　英語とドイツ語の構造や語彙などが驚くほど似ているのは、両者ともゲルマン語派に属し、ゲルマン祖語から分化した姉妹語であるからだと知りました。ロマンに満ちたこの話に惹かれ、同じゲルマン語のスウェーデン語も独学で学習しました。3言語の1〜10までの数字を比較してみます。上から順に英語、ドイツ語、スウェーデン語です。方言ではないかというほど、よく似ているのが分かるかと思います。

1	2	3	4	5	6	7	8	9	10
one	two	three	four	five	six	seven	eight	nine	ten
アインツ eins	ツヴァイ zwei	ドライ drei	フィーア vier	フュンフ fünf	ゼクス sechs	ズィーベン siben	アハト acht	ノイン neun	ツェーン zehn
エット ett	トヴォ två	トレ tre	フューラ fyra	フェム fem	セクス sex	シュー sju	オッタ åtta	ニィウ nio	ティーウ tio

　英語の"eight"とドイツ語の"acht"が対応していますが、英語の"gh"が発音されないのに対し、ドイツ語の"ch"は［x］（ハ）と発音されます。ドイツ語では古い音が残存していますが、英語とスウェーデン語では消失したからです。中学生の頃からの「どうしてeightの"gh"は発音されないのか」という素朴な疑問が、ドイツ語学習によりやっと解決しました。

　このような同系語の比較や歴史的な変遷を研究する「比較言語学」に興味を覚えました。外国語ではなく母語でも同様の研究らしきことをしてみたいという想いをずっと持っていました。方言研究と出会い、それを叶えることができました。

　大垣方言の特徴的な語彙には語源の不明のものが多くありました。それが、他地域の方言と比較することにより、語源や変化の過程が浮かび上がってきました。ゲルマン諸語にとってのゲルマン祖語が、やや乱暴ですが、大垣方言にとっての室町語であったり、近世上方語であったりするのではないかと思いつつ、大垣方言語彙の歴史的考察を行ってきました。このことにより、長年疑問に思っていた大垣方言語彙の語源も解明することができたかと思っています。

第4章　文法

1．調査項目

　文法の調査項目は、以下の5種79語である。

1．1　音便
動詞・形容詞の音便形で4項目11語を選定した。
　　1）ハ行五段動詞ウ音便。（例：払った→ハロータ
　　2）サ行五段動詞イ音便。（例：差した→サイタ
　　3）アイ連母音[1]を含む「帰る」の短音化[2]。（例：帰った→ケッタ
　　4）形容詞ウ音便形「悪なる」の撥音便化。（例：悪くなる→ワンナル

1．2　助動詞
待遇表現を除く助動詞で、3項目12語を選定した。
　　1）ヴォイス・アスペクト・授受表現を表わす助動詞1類[3]。
　　2）疑問・勧誘を表わす助動詞2類。
　　3）疑問を表わす助動詞3類。

1．3　待遇表現
待遇表現を上記の助動詞とは別に分類した。2項目31語を選定した
　　1）助動詞1類が接尾した敬語添加形式[4]。
　　2）敬語交替形式。

1．4　表現法
命令・禁止・勧誘・意志など、4項目13語を選定した。

1．5　助詞
終助詞・格助詞・副助詞・接続助詞など、12語を選定した。

2．調査結果

　36地点における調査結果は、表4-1のようである。表記方法は、語彙と同様である。

---

[1]　アイ・アエなどの連続した母音が融合し、アェーのように長母音化する現象。
[2]　二音節の長母音が、短く一音節で発音される現象。（例：シモータ→シモタ
[3]　杉崎（2021）では、丹羽（1982）と城田（1998）を参考に助動詞を分類した。
[4]　杉崎（2021）では、井上（1999）を参考に待遇表現を分類した。

表4-1　36地点における文法の調査結果（その1）

分類	訳	方言	初出年	N 名古屋	GG 岐阜	G17 大垣	G16 久瀬川	G15 静里	G14 長松	G13 綾戸	G12 垂井	G11 野上	G10 関原	G9 松尾	G8 山中	G7 平井	G6 祖父谷	G5 今須	G4 今須西	G3 竹尻	G2 新明	G1 貝戸	S15 長久寺	S14 柏原	S13 河内	S12 梓	S11 一色	S10 醒井	S9 樋口	S8 番場	SN 長浜	S7 高溝	S6 寺倉	S5 西円寺	S4 米原	S3 甲田	S2 鳥居本	S1 彦根	K 京都
①音便	言った	ユッタ	…	○	○	○	○	·	○	②	○	·	②	○	·	·	·	·	○	○	·	·	·	②	·	·	○	◦	②	·	·	·	·	◦	②	·	②	·	·
		ユータ	…	·	○	○	○	○	◦	①	○	○	①	○	○	○	○	○	○	○	○	○	○	①	○	○	·	○	①	○	○	○	○	○	①	○	①	○	○
	酔った	ヨッタ	…	○	○	○	○	○	○	②	○	·	②	○	·	·	·	○	○	○	·	·	·	②	·	○	②	◦	○	·	·	·	·	·	②	○	②	·	·
		ヨータ	…	·	○	○	○	·	◦	①	○	○	①	○	○	○	○	·	○	○	○	○	○	①	○	△	①	○	·	○	○	○	○	○	①	○	①	○	○
	買った	カッタ	…	○	○	○	○	○	○	②	○	·	②	○	·	·	·	○	○	○	·	·	·	②	·	·	·	·	②	·	·	·	·	·	②	○	②	·	·
		コータ	…	·	○	·	○	·	◦	①	○	○	①	○	○	○	○	·	·	·	○	○	○	①	○	○	○	○	①	○	○	○	○	○	①	○	①	○	○
	払った	ハラッタ	…	○	○	○	○	○	○	○	○	○	②	○	○	·	·	○	○	○	○	○	○	②	○	○	②	·	②	·	·	·	·	·	②	○	②	○	·
		ハロータ	…	·	·	·	·	·	◦	○	○	·	①	·	○	○	·	·	·	·	○	○	○	①	○	○	①	○	①	○	○	○	○	○	①	·	①	○	○
	差した	サイタ	…	○	○	○	○	○	·	·	·	·	·	·	·	·	○	·	·	·	·	·	·	·	·	·	·	·	·	·	△	·	·	·	·	·	·	·	·
	帰った	ケッタ	…	□	·	□	·	·	○	○	○	○	○	○	·	·	·	·	○	·	○	·	·	·	·	·	·	·	·	·	○	·	·	·	·	·	·	·	·
	悪くなる	ワルナル	…	·	·	·	·	·	·	·	·	·	·	·	·	·	·	·	·	·	·	·	·	·	·	·	·	○	·	○	·	○	○	○	·	·	·	·	△
②助動詞	降っている	フットル	1716	○	○	○	○	○	○	○	○	○	○	○	○	○	○	○	○	○	·	○	○	·	·	·	○	·	·	·	○	·	·	○	○	·	○	○	·
		フッタール	1794	·	·	·	·	·	·	·	·	·	·	·	·	·	·	·	·	·	·	·	○	·	·	·	·	·	○	·	·	·	·	·	·	·	·	·	·
		フッタル	…	·	·	·	·	·	·	·	·	·	·	·	·	·	·	·	·	·	·	·	·	·	·	·	·	·	·	·	·	·	·	·	·	·	·	·	○
		フッテル	1742	○	○	○	○	○	○	○	○	○	○	○	○	○	○	○	○	○	○	○	·	○	○	○	·	·	·	○	Ⓟ	○	○	△	○	○	○	○	·
	行きまくる	イキカラカス	1835	·	·	·	·	·	·	·	·	·	·	·	·	·	·	·	·	·	·	·	·	○	·	·	·	·	·	·	Ⓣ	·	△	·	·	·	·	·	·
	落とす	オトラカス	…	○	○	○	○	○	○	○	○	○	○	○	○	○	·	·	·	·	○	·	·	○	·	·	·	·	·	·	·	·	·	·	·	·	·	·	·
	行ってしまった	イッテマッタ	…	○	○	○	○	○	○	○	○	○	○	○	○	○	○	○	○	○	○	○	○	·	·	·	·	·	·	○	·	·	·	·	·	·	·	·	○
	やってもらった	ヤッテマッタ	…	·	·	·	·	·	·	·	·	·	·	·	△	·	·	·	·	·	·	·	·	○	·	·	·	△	△	·	·	·	·	·	·	·	·	·	·
	行きなさいよ	イクヤワ	…	○	○	○	○	○	○	○	○	○	○	○	△	△	○	○	○	○	○	○	·	○	·	·	○	·	·	·	·	·	·	·	·	○	·	·	·
	どこに行くの	ドコ イクヤ	…	□	○	○	○	○	○	○	○	○	○	·	△	·	·	·	·	·	·	·	·	·	·	·	·	·	·	·	·	·	·	·	·	·	·	·	·
			…	□	○	·	·	·	·	·	·	△	·	·	△	△	·	·	·	·	○	○	·	○	○	○	·	·	·	·	·	·	·	·	·	·	·	·	·
	降るかしら	降るカシャン	1777	○	·	○	○	○	○	○	○	○	○	○	·	·	○	○	○	○	○	○	·	·	·	·	·	·	·	·	·	·	·	·	·	·	·	·	·

注）①は1人称、②は2人称、Ⓟは丁寧、Ⓣは通常を表わす。

表4-1（その2）

分類	訳	方言	初出年	N 名古屋	GG 岐阜	G17 大垣	G16 久瀬川	G15 静里	G14 長松	G13 綾戸	G12 垂井	G11 野上	G10 関原	G9 松尾	G8 山中	G7 平井	G6 祖父谷	G5 今須	G4 今須西	G3 竹尻	G2 新明	G1 貝戸	S15 長久寺	S14 柏原	S13 河内	S12 梓	S11 一色	S10 醒井	S9 樋口	S8 番場	SN 長浜	S7 高溝	S6 寺倉	S5 西円寺	S4 米原	S3 甲田	S2 鳥居本	S1 彦根	K 京都
③待遇表現	行きなさる	イカンス	1665	・	・	○	○	・	・	・	・	・	・	・	・	○	○	△	○	○	○	○	○	○	○	○	○	・	・	・	○	○	・	・	○	・	・	・	・
		イカッシャル	1660	・	○	・	・	・	○	△	○	・	・	○	・	・	・	・	・	・	・	・	・	・	・	・	・	○	・	・	・	・	・	・	・	・	・	・	・
		イカッセル	1802	○	○	○	○	○	○	○	○	○	○	・	○	○	・	・	○	・	・	○	・	・	・	・	・	・	・	・	・	・	・	・	・	・	・	・	・
		イカッサル	……	・	・	・	・	・	・	○	○	・	・	・	・	○	・	・	○	□	・	・	・	・	・	・	・	・	・	・	・	・	・	・	・	・	・	・	・
		イカハル1	……	・	・	・	・	・	○	・	・	・	・	・	・	・	・	・	・	・	・	・	・	・	・	・	・	・	・	・	・	・	・	・	・	・	・	・	・
		イキナサル	1668	・	○	・	○	・	○	○	○	○	○	○	・	・	・	・	○	・	○	△	・	○	・	・	・	・	・	・	・	・	・	・	・	○	・	○	・
		イキンサル		・	○	・	・	・	・	○	○	・	・	・	・	△	・	・	・	・	・	・	・	・	・	・	・	・	・	・	・	・	・	・	・	・	・	・	・
		イキナサルル	室町末	・	○	・	・	・	・	○	○	・	・	・	・	・	・	・	・	・	・	・	・	・	・	・	・	・	・	・	・	・	・	・	・	・	・	・	・
		イカハル2	1891	・	・	・	・	・	・	・	・	・	・	・	・	○	○	○	○	・	○	○	○	○	○	○	○	○	○	・	○	・	○	○	○	○	○	○	○
		イカール	……	・	・	・	・	・	・	・	・	・	・	・	・	○	○	・	△	・	・	○	○	○	○	○	○	○	・	・	○	○	・	・	・	○	○	○	・
		イカル	……	・	・	・	・	・	・	・	・	・	・	・	△	・	・	・	・	・	・	○	・	・	・	・	・	・	○	○	・	・	・	○	・	○	○	・	・
		イキヤス	1835	・	・	・	・	・	・	・	○	○	○	○	・	・	△	・	○	○	○	・	△	○	・	・	・	○	○	・	△	□	・	・	・	・	・	○	□
		イキヤース	……	○	○	○	△	○	○	○	○	○	・	・	・	・	・	・	○	・	・	・	・	・	・	・	・	・	・	・	・	・	・	・	・	・	・	・	・
		イキール	1786	・	・	○	△	△	○	・	・	・	・	・	・	・	・	・	・	・	・	・	・	・	・	・	・	・	・	・	・	・	・	・	・	・	・	・	・
		イキヤル	1593	・	△	・	・	・	・	・	・	・	・	・	・	・	・	・	△	・	・	・	・	・	・	・	・	・	・	・	・	・	・	・	・	・	・	□	・
		イキャル	1698	・	○	○	○	・	○	△	○	○	○	△	△	・	・	○	△	○	○	○	○	○	○	○	○	○	○	・	○	○	○	○	○	○	○	○	○
行く	行く	イキヨル	1703	○	○	○	○	・	○	△	○	○	○	△	△	・	・	○	○	○	○	○	○	○	○	○	○	○	○	・	○	○	○	○	○	○	○	○	○
行ってくれる	行ってくれる	インテール	……	・	・	・	○	△	○	○	・	・	・	・	・	・	・	・	・	・	・	・	・	・	・	・	・	・	・	・	・	・	・	・	・	・	・	・	・

表4-1（その3）

分類	方言	訳	初出年	N 名古屋	GG 岐阜	G17 大垣	G16 久瀬川	G15 静里	G14 長松	G13 綾戸	G12 垂井	G11 野上	G10 関原	G9 松尾	G8 山中	G7 平井	G6 祖父谷	G5 今須	G4 今須西	G3 竹尻	G2 新明	G1 貝戸	S15 長久寺	S14 柏原	S13 河内	S12 梓	S11 一色	S10 醒井	S9 樋口	S8 番場	SN 長浜	S7 高溝	S6 寺倉	S5 西円寺	S4 米原	S3 甲田	S2 鳥居本	S1 彦根	K 京都
③待遇表現	いらっしゃる	ゴザル	1593	○	○	○	○	○	○	○	○	○	○	○	○	○	○	△	○	○	○	○	○	○	○	○	○	○	·	·	○	○	○	○	○	·	·	·	·
		ゴンス	1693	·	·	·	·	·	·	·	·	·	·	·	·	○	○	○	○	○	○	·	△	○	○	○	○	·	○	·	○	·	·	·	○	·	·	·	·
		ミエル	1721	○	○	○	○	○	○	○	○	○	○	○	○	○	○	·	○	○	○	○	○	○	·	○	○	○	△	○	○	·	·	○	·	△	·	·	·
		オイデヤス	1802	·	○	○	·	·	○	·	○	○	○	○	△	·	·	○	·	○	○	·	○	○	○	○	○	○	○	○	○	○	○	△	○	○	○	○	○
		オイジャース	…	·	○	○	△	·	·	△	·	○	·	·	△	·	·	○	·	·	·	·	·	·	·	·	·	·	·	·	·	·	·	·	·	·	·	·	·
		イリャース	…	○	○	○	○	·	·	·	○	○	·	·	·	·	·	·	·	·	·	·	·	·	·	·	·	·	·	·	·	·	·	·	·	·	·	·	·
	下さる	クダレル	1800	○	○	○	○	○	○	○	○	○	○	○	○	○	△	·	○	○	○	○	·	·	·	·	·	·	·	·	·	·	·	·	·	·	△	△	○
	下さい	オクレヤス	…	·	·	·	△	·	·	·	○	○	○	○	·	○	△	·	·	·	·	·	·	·	·	·	·	·	△	·	·	△	·	·	·	·	·	·	·
		オクジャース	…	·	·	·	△	·	·	△	○	△	·	·	·	○	·	△	·	·	·	·	·	·	·	·	·	·	·	·	·	·	·	·	·	·	·	·	·
		オクリャース	…	·	○	·	△	·	○	·	·	○	○	○	·	·	·	·	·	·	·	·	·	·	·	·	·	·	·	·	·	·	·	·	·	·	·	·	·
		クダシ	…	·	·	○	○	□	·	○	○	·	·	·	·	·	·	·	·	·	·	·	·	·	·	·	·	·	·	·	·	·	·	·	·	·	·	·	·
		タイナ	…	·	·	·	·	·	·	○	○	·	·	·	·	·	·	·	·	·	·	·	·	·	·	·	·	·	·	·	·	·	·	·	·	·	·	·	·
		チョー	1864	○	○	·	○	○	·	·	·	○	·	·	○	○	○	○	○	○	○	·	○	○	○	○	○	○	○	○	·	○	○	○	○	○	○	○	·
④表現法	行きなさい	イキャー	…	○	○	○	○	·	·	·	○	○	○	○	△	○	□	·	○	·	·	·	·	○	·	·	·	·	△	·	·	·	·	·	·	·	·	·	·
		イキーヤ	1804	·	○	○	○	·	○	○	○	·	·	·	·	○	·	·	△	·	·	·	·	○	·	·	·	·	△	·	·	·	·	·	·	·	·	·	□
		イキーナ	1746	·	○	·	△	·	○	·	○	·	·	·	·	·	·	·	△	·	·	·	·	○	·	·	·	·	○	△	○	·	·	·	·	·	·	○	·
		イキナイ	1770	·	·	·	·	·	·	·	·	·	·	·	·	·	·	·	△	·	·	·	·	○	·	·	·	·	△	○	○	·	·	·	·	·	·	·	·
		イケヤ	…	○	○	·	△	·	·	·	○	○	·	·	○	○	○	○	·	·	·	·	○	·	○	○	○	○	·	·	·	○	○	○	○	·	·	·	·
		イケノ	1698	·	○	△	○	○	○	○	○	○	·	·	·	·	·	·	○	○	○	○	·	·	·	·	·	·	·	·	○	·	·	·	·	○	○	·	·

表4-1（その4）

分類	方言	訳	初出年	K 京都	S1 彦根	S2 鳥居本	S3 甲田	S4 米原	S5 西円寺	S6 寺倉	S7 高溝	SN 長浜	S8 番場	S9 樋口	S10 醍醐井	S11 一色	S12 梓	S13 河内	S14 柏原	S15 長久寺	G1 貝戸	G2 新明	G3 竹尻	G4 今須西	G5 今須	G6 祖父谷	G7 平井	G8 山中	G9 松尾	G10 関原	G11 野上	G12 垂井	G13 綾戸	G14 長松	G15 静里	G16 久瀬川	G17 大垣	GG 岐阜	N 名古屋
④表現法 行くな	行くな	イキンナ	[1761]	·	·	△	·	·	·	·	·	·	·	·	·	·	·	·	·	·	·	·	·	·	·	·	·	·	·	·	·	·	○	○	·	·	△	·	·	·
		イキナ	1761	□	□	·	·	·	·	·	·	·	·	·	·	·	·	·	·	·	·	·	·	·	·	·	·	·	·	·	·	·	·	·	·	·	·	·	·
	行こう	イコマイ	室町末	·	○	△	○	○	○	·	·	·	·	△	○	○	·	·	○	·	·	△	○	△	·	·	○	△	○	○	○	○	○	○	○	·	○	○	○
		イコッサ	…	·	·	·	·	□	·	·	·	·	○	·	·	·	○	·	·	△	·	·	·	△	·	○	○	·	·	·	○	○	○	·	·	△	○	○	·
		イコーヤ	…	·	·	·	○	○	○	·	·	·	○	·	○	○	○	·	○	·	·	△	·	○	·	○	○	·	○	○	○	○	○	·	·	·	○	△	○	·
		イコニ	…	·	·	·	·	○	○	·	·	·	·	·	○	○	·	○	○	△	○	△	○	△	·	○	○	·	·	○	○	·	·	·	·	·	○	·	·	·
	行こう	イコホン	…	·	○	○	○	○	○	△	○	△	○	○	○	○	○	○	○	△	○	△	○	△	·	○	○	·	·	○	○	·	○	·	·	○	·	·	·
⑤助詞 ダメだよ	ダメだよ	あかんガヤ	1804	·	·	·	·	·	·	·	·	·	·	·	·	△	·	·	○	△	·	○	○	○	·	·	○	·	·	·	○	○	○	○	○	○	○	○	○
		あかんダニ	1804	·	·	·	·	·	·	·	·	·	·	·	·	·	·	·	·	·	·	·	·	△	·	·	·	·	·	·	·	△	·	·	△	△	○	○	·
		あかんホン	室町末	·	·	·	·	·	·	·	·	·	·	·	·	·	·	·	·	·	○	·	·	·	·	○	·	·	·	·	·	·	·	·	·	·	·	·	·
	知らないよ	知らんウェー	室町末	·	·	·	·	·	□	□	·	△	○	○	○	○	○	○	□	○	○	·	□	□	○	○	○	○	·	○	○	○	○	○	○	○	□	○	·
	雨が	雨ン	…	·	·	·	·	·	·	·	·	·	·	·	·	·	·	·	·	·	○	·	·	·	·	·	·	·	·	·	·	·	·	·	·	○	○	·	·
	雨なんか	雨ンタ	…	·	·	·	·	·	·	·	·	·	·	·	·	·	·	·	·	·	○	·	·	·	·	·	·	·	△	·	·	○	·	·	·	○	○	·	○	·
	（私）も	私カッテ	1914	○	○	·	·	○	·	○	○	·	·	○	○	○	○	○	○	○	○	·	·	○	○	○	○	○	△	○	○	○	○	○	○	○	○	○	○
		私カテ	1915	·	·	·	○	○	○	·	·	△	·	△	·	·	·	○	○	△	·	·	·	○	·	·	○	·	·	○	○	○	·	·	○	○	○	○	·
	~と	~トサイガ	1694	·	○	○	○	○	○	○	·	·	·	○	○	○	○	○	○	○	·	·	·	○	○	·	○	○	○	○	○	○	○	○	○	○	○	○	○
		~デ	1722	○	·	·	·	○	·	·	·	·	·	○	·	·	○	○	○	△	·	·	·	·	·	·	·	·	·	·	·	·	·	·	·	·	·	·	·
	~から	~サカイ	1632	○	○	△	○	○	○	·	·	·	○	·	·	·	○	○	○	△	○	○	○	○	○	○	○	○	○	○	○	○	○	○	·	○	○	○	·
	そうだなあ	そうやナーン	…	○	△	○	○	○	○	·	○	△	·	△	·	△	△	○	△	△	·	·	·	·	·	·	·	△	○	·	·	○	○	·	△	△	○	○	·

3．調査結果の解説

　語彙と同様、文法についても調査結果と語誌を解説していくことにする。全国的な分布は表4-2のようである。

3．1　音便形

1）ハ行五段動詞ウ音便
　滋賀・岐阜県境域が、ハ行五段動詞のウ音便の境界地帯であることは、国語調査委員会(1906)、牛山（1969）による調査により明らかにされている。（図4-1参照[5]）。
　3モーラの「言った」「酔った」「買った」、4モーラの「払った」の4語の調査を行った。京都を始め、滋賀県側では東海道線から離れた寺倉・高溝・長浜・番場・河内・長久寺が、ウ音便の専用地域であった。滋賀県側のその他の地点や、岐阜県側の新明・今須・山中・野上でもウ音便が主流となっている。名古屋は促音便の専用であるが、岐阜県側のほとんどの地点では、促音便とウ音便の併用であった。併用地点のうち、滋賀県側ではモーラ数が多い語に促音便が多く、岐阜県側ではモーラ数が少ない語にウ音便が多い傾向がみられる。
　滋賀県側の鳥居本・米原・樋口・柏原、岐阜県側の関原・綾戸では、一人称ではウ音便、二人称では促音便を使用するという事象がみられた。

2）サ行五段動詞イ音便
　サ行五段動詞「指した」について調査した。名古屋や大垣付近では、イ音便形のサイタが聞かれた。垂井以西では、岐阜県側の祖父谷と新明で確認されただけである。
　◆サ行動詞のイ音便化は、平安期に始まり、室町期の京都で盛んになったが、江戸期に入ると近畿中央部では急激に衰退したとされる。
　［文献］「戸棚に、のしぐれがあるに、それもだいて来てたもら」（囲多好髷、名古屋1800）。
　［分布］中部・近畿・中国・四国・九州全域のほか、伊豆諸島。（図4-2参照[6]）

3）ケッタ
　「帰った」が、以下のようにアエ連母音融合を経て、短音化した形式である。同じくラ行五段動詞で連母音を有する「入る」「参る」も、ヘァッタ・メァッタと発音される。
　　　カエッタ ＞ ケァーッタ ＞ ケァッタ ＞ ケッタ
　名古屋と大垣でケァッタ、松尾以東と今須西でケッタが聞かれた。京都や滋賀県側、滋賀県寄りの岐阜県側では聞かれないことから、濃尾的な形式と考えられる。全国的な分布は不明である。
　［分布］愛知・岐阜。

4）ワンナル
悪くなる。「壊れる、病気になる、腐敗する」など広い意味で使用される。ワルクナルのウ音便形

---

[5] 『日本方言大辞典』の図22「ハ行四段動詞の音便形」をもとに作図。
[6] 『日本方言大辞典』の図23「サ行四段動詞のイ音便」に、GAJの図92「出した」を加味して作図。

表4-2　文法項目の全国における分布（その1）

	初出	沖縄	鹿児島	宮崎	大分	熊本	長崎	佐賀	福岡	高知	愛媛	香川	徳島	山口	広島	岡山	島根	鳥取	和歌山	奈良	兵庫	大阪	京都	滋賀	三重	岐阜	愛知	静岡	長野	山梨	福井	石川	富山	新潟	伊豆諸島	神奈川	東京	千葉	埼玉	群馬	栃木	茨城	福島	山形	秋田	宮城	岩手	青森	北海道
①音便 サイタ	…	○	○	○	○	○	○	○	○	○	○	○	○	○	○	○	○	○	○	○	○	○	○	○	○	○	○	○	○	○	○	○	○	○	○														
ケッタ	…																									○	○																					○	○
ワンナル	…						○												○	○	○			○	○	○						○											○	○	○	○	○	○	○
②助動詞 フットル	1716	○	○	○	○	○	○	○	○	○	○	○	○	○	○	○	○	○	○	○	○	○	○	○	○	○		○	○	○	○	○	○	○	○														
フッテル	1742										○								○	○				○	○	○		○	○							○	○	○	○	○	○	○	○	○	○	○	○	○	○
フッタール	1794						○				○								○	○																													
フッタル	…																		○	○					○	○		○	○																				
イキカラカス	1835	□									○								○	○					○	○			○																				
オトラカス	…	□	□														○							○	○																								
イッテマック	…															□		○	○					○	○	○	○		○																				
イッテモタ	…										○							○	○	○	○	○	○	○	○	○																							
ヤッテマック	…		□														○	○								○					○																		
イクヤワ	…	□																□		○	○						○		○						○														
ドコイクヤ	1777							○		○		○	□	□					□	○	○		○			○		□						○	○		○	○											
③待遇表現 イカンス	1665				○	○	○	○	○	○	○	○	○	○	○			○	○	○	○	○	○	○	○	○	○	○	○	○	○	○	○			○	○	○	□	□			□		□	□	○	□	□
イカッシャル	1660		□	□	□	□	□	□	□			□	□	□	□		□	○	□	○	○			□		□	○	□	○	○	○	□	○	□	□	□		□					□		□	○	□	□	□
イカッセル	1802		○	□	○	○	○	○	○	○				○	○	○	○	○	○	○	○	○	○	○	○	○	○	○	○	○	○	○	○	○	○	○		○				○	□	○	○	○	□	○	
イカッサル	…		○	○	○	○	○	○	○	○	□	○		○	○	○	○	○			○				○	○		○	○	□	○	○	○	○	□	□		□	□	□	○	□	○	○	□	□		○	□
イカハル1	…			○	○	○	□	○	○		□	□								○		□		○		○			□				○		○	○						○							○
イキナサル	1668			○	○	○	○	○	○						○	○	○	○								○		□		□						□						○			○				○
イキンサル	…				□		□																																										
イキナサレル（室町末）	室町末																									○	○																						
（イキナレル）	…																									○	○																						
イカハル2	1891						○							○			○	○	○	○	○	○	○	○	○	○																○	○				○		

表4-2（その2）

③待遇表現

地方	都道府県	(イキナハル)1746	(イキナル)1780	イカール…	イカル…	イキヤス1835	イキャース1860	イキャール1786	オイキル1821	イキヤル1593	イキヤル1698	イキヨル1703	インテール…	ゴザル1593	ゴンス1693	(ゴザンス)1701	ミエル1721	オイデヤス1802	(オイデアソバス)1769	オイジャース…	イリャース…	クダレル1800	オクレヤス…	オクジャース…	オクリャース…
九州	沖縄																								
	鹿児島									○				○											
	宮崎	○	○		○					○				○				○				□			
	大分	○	○							○				○	○	○	○								
	熊本	○	○		○					○		○		○		○									
	長崎	○	○							□				○											
	佐賀	○	○							○				○											
	福岡	○								○				○		□									
四国	高知	○	□							○				○		○									
	愛媛	○	○				○			○				○	○										
	香川	○	○							□	○			○											
	徳島	○								○															
中国	山口						○	○		○				○							□				
	広島	○	○				○	○	○	○				○	○										
	岡山	○					○	○		○	○														
	島根	○	□					○		○	□	○	○												
	鳥取	○	○							○															
近畿	和歌山	○	□					○		○	○	○	○												
	奈良	○		○				○	○	○	○			○											
	兵庫	○	○					○		○				○	○										
	大阪	○	○	□	○			○	○	○	○			○											
	京都	○	○	○	○		○	○	○	○	○			○											
	滋賀	○	○	○	○					○	○			○			○								
	三重	○	○		○	□		○	○	○	○	○		○		□	□								
中部	岐阜	○	○	○	○	○	○	○	○	○		○		○	○	○	○	○	○	○		○	○	○	○
	愛知	○			○	○	□	○	○	○				○		○	○	○	○	○		○			○
	静岡		□				○	○		□				○											
	長野		○	○			○	□	○	○				○	○		□								
	山梨							□	○	○											□				
	福井	○	○	○				○	○	○				○	○					□	○				
	石川		○					○	○	○	○		○												
	富山					○		○	○	○		○						□							
	新潟	○	○			○		○	○	○															
関東	伊豆諸島					○																			
	神奈川		○																						
	東京																								
	千葉																								
	埼玉									□															
	群馬		□							□											□				
	栃木									□															
	茨城																								
東北	福島	○						○		○				○							□				
	山形	○						○		○				○											
	秋田						○		○	○				□					□						
	宮城									○				□	□										
	岩手	○	□					○		○				○	○						□				
	青森							□		○					○										
北海道																									

表4-2（その3）

地域	県	クダシン	クダンセ	（クランセ）	（クダイ）	（クサイ）	タイ	タン	タイタイ	チョー	イキヤー	イキーヤ	イキヤ	イキーナ	イキナイ	イケデ	イケノ	イキンナ	イキナ	イコマイ	イコッケ	イコーヤ	イコヤ	イコニ	イコホン
九州	沖縄																○						○		
九州	鹿児島																	○					○		
九州	宮崎		○		○									○									○		
九州	大分		○		○						□			○	○					○			○		
九州	熊本	○			○										○										□
九州	長崎	○				○					○	○			○							○	○		
九州	佐賀														○										
九州	福岡														○								○	□	□
四国	高知						○	○			○	○					□						○		
四国	愛媛							○			○		○								○		○		
四国	香川							○						○			○						○		□
四国	徳島							○				○	○										○		□
中国	山口										○		○					○	○				○		
中国	広島		○	○							□		○										○		□
中国	岡山			○							□						○						○		
中国	島根					○					□		○				○			○			○		
中国	鳥取				○						□						○			○			○		
近畿	和歌山		○	○	○						□						○							□	
近畿	奈良			○							○	○	□				○					○	○		
近畿	兵庫		○	○							○	□	□	○	○	○	○		○		○	○	○	□	
近畿	大阪			○							○	○	○				○						○		
近畿	京都		○		○				□		○	○	○	○			○			○		□	○	○	
近畿	滋賀		○		○	○	○	□	○		○	○	○				○				○	○	○	○	○
近畿	三重		○	○	○	○	○	○	○		○	○	○	○			○				○	○	○		
中部	岐阜	○			○		○		○	○	○	○		○		○	○			○	○	○		○	○
中部	愛知				○				○	○	○	○		○	○		○	○	○	○	□	○			
中部	静岡			○							□	○	○				○			○			○		
中部	長野				○		○				○	○	□	○			○			○			○		
中部	山梨		○		○				○				□									○		□	
中部	福井		○		○	○								○			○			○			○		
中部	石川	○			○	○	○	○			○	○		○			□			○			○		
中部	富山				○	○	○	○	○					○						○			○		
中部	新潟	○			○		○				□	○	□	○			○			○			○		
関東	伊豆諸島						□				○	○											○		□
関東	神奈川			○									□											□	
関東	東京												□												
関東	千葉		○	○		○	○						□												
関東	埼玉			○											○										
関東	群馬		○	○									□												
関東	栃木			○																					
関東	茨城			○									□												
東北	福島	○		○	○								□												
東北	山形	○	○	○	○																				
東北	秋田	○	○	○	○		○	○					□				○								
東北	宮城			○	○	○	○		○																
東北	岩手		○	○	○	○																			
東北	青森			○				○																	
北海道	北海道						○						□				○								
	初出	…	1700	…	1806	…	…	…	1751	1864	…	1804	1697	1746	1770	…	1698	[1761]	1761	室町末	…	…	…	…	…

③待遇表現　④表現法

152

表4-2（その4）

⑤助詞

	初出	北海道	青森	岩手	宮城	秋田	山形	福島	茨城	栃木	群馬	埼玉	千葉	東京	神奈川	伊豆諸島	新潟	富山	石川	福井	山梨	長野	静岡	愛知	岐阜	三重	滋賀	京都	大阪	兵庫	奈良	和歌山	鳥取	島根	岡山	広島	山口	徳島	香川	愛媛	高知	福岡	佐賀	長崎	熊本	大分	宮崎	鹿児島	沖縄
あかんガヱ	1804	○																○	○					○	○	○	○			○	○		○	○	○				○	○	○				○		○		○
（ガン）	1701																							○	○	○		○	○	○	○	○	○			○	○	○	○	○					○	○	○	○	
（ガン）	…			○							○	○					○							○	○	○							○		○	○				○	○	○							
（ガ）	1592	○		○							○	○	○			○	○	○	○	○	○	○	○	○	○	○		○	○	○	○		○	○	○	○	○	○	○	○	○	○	○	○	○	○	○	○	○
あかんガニー	1804	□				□							□				□			○				○	○	○		□	○	○	○	□	○	□		○	○	○	○	○	□	□	□	□	□	□	□	○	□
あかんホン	…																										○					□																	
知らんウヱー	室町末	□						□																						□	□	□	○			○		□		□					□	□	□	□	
雨ニ	…																○				○		○	○	○	○					○	○		○							○	○	○	○	○	○			
雨ノ	平安初														○	○																		○								○	○	○	○	○	○	○	□
雨ンタ	…																								○																								
（雨ミタイ）	1911																	○	○	○		○		○	○		○		○	○	○	○					○		○	○	○								
私カッテ	1914																			○							○	○	○	□	○						○			○	○								
私カテ	1915																													○									○										
〜トサイガ	1694																	○	○		○	○	○	○		○	○	○	○	○	○	○					○			○				○					
〜テ	1722		○	○																																													
〜サカイ	1632																	○	○	○						○	○	○	○	○	○	○					○	○	○						○	○	○	○	
そうやナニン	…																							○								○		□	○	○	○	□							○	○	○	○	
（ナモン）	1800	○	○	○	○	○	○	○					□				○							□									□					○		○	○	○	○	○			□		
（ナン）	…	○	○	○	○	○	○	○					○				○				○																			○		○		○					

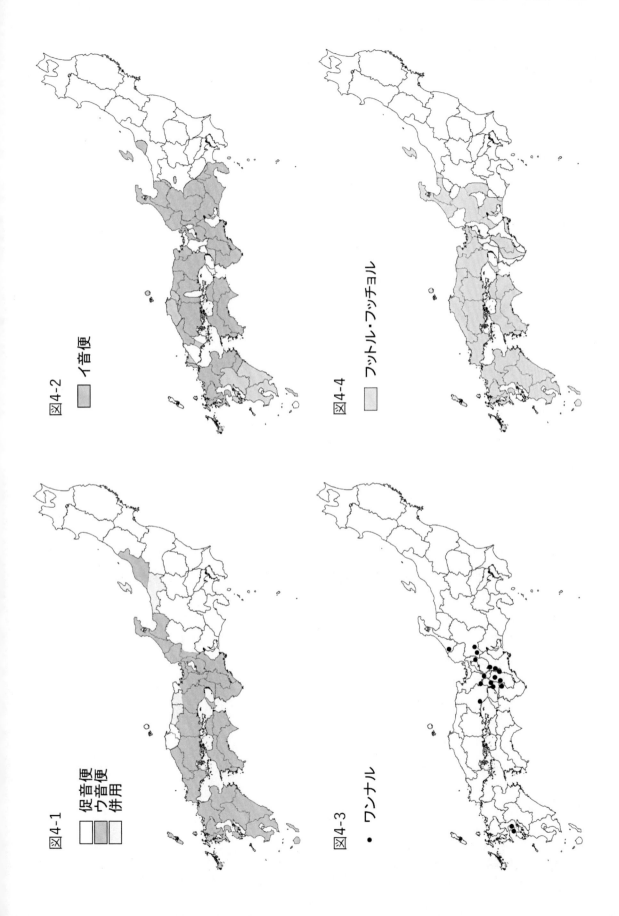

図4-1
促音便
ウ音便
併用

図4-2
イ音便

図4-3
● ワンナル

図4-4
フッタル・フッチョル

が、以下のように短音化した後、撥音化した形式である。

　　　ワルーナル ＞ ワルナル ＞ ワンナル

　岐阜、大垣・垂井近辺の6地点のほか、平井・醒井で聞かれた。京都では、前の世代で健康状態が悪い場合に限って使用されていた。「ワンナラハッタ」（京都）。

　◆歴史的文献に記述はみられない。『上方語源辞典』に「わるなるの訛」との記述がみられるだけである。

　［分布］近畿全域のほか、石川・岐阜・長崎。（図4-3参照）

　地域により意味が異なる。石川は「嫌になる」、京都・大阪・兵庫は「病気になる」、大阪・奈良・長崎は「腐敗する」、長崎は「壊れる」を意味している。

3．2　助動詞

1）フットル・フッタール・フッタル・フッテル

　動詞完了形（音便形）に接続して、結果・継続を表わす。滋賀県の一部の地域では、進行態と結果態により使用する形式の違いが見られたが、本調査では形式の差異を中心に調査した。

①フットル

　「降る」の完了形フッ-に、助動詞-トルが接続した形式である。名古屋や岐阜県側全地点のほか、滋賀県側の長久寺・樋口・長浜・高溝・甲田で確認された。

　［文献］「渋団・裸で橋で涼んどる」（知恵車、1716-36）。

　［分布］近畿・中国・四国・九州（沖縄を除く）全域のほか、北海道・新潟・富山・石川・福井・長野・静岡・愛知・岐阜。（図4-4参照[7]）

②フッテル

　「降る」のフッ-に、助動詞-テルが接続した形式である。京都や滋賀県側だけでなく今須地区、関原・垂井近辺でも確認された。名古屋でも確認されたが、こちらは共通語から移入された新しい形式であろう。

　［文献］「釘を打つすべも　知ってるおいとしさ」（壬生の雨、1742）。

　［分布］東北・関東・近畿全域のほか、北海道・新潟・富山・福井・山梨・長野・静岡・岐阜・愛媛。（図4-5参照[7]）

③フッタール

　「降る」の完了形フッ-に、助動詞-タールが接続した形式である。滋賀県側の米原周辺のほか、長浜・番場・一色・長久寺などに点在するだけである。

　［文献］「座敷などもおおいにゆすったある」（北華通情、1794）。

　［分布］近畿全域。（図4-6参照[8]）

　［同系］フッチャール：大阪・和歌山。チターリ・チリターリ（散っている）：沖縄。

④フッタル

　フッタールが短音化した形式と考えられる。米原以東の滋賀県側のほか、岐阜県側の今須地区や野上でも確認できた。フッタールとフッタルは、米原と西円寺以外は相補分布を示している。街道から離れた地域に古い形式のフッタールが残存したと考えられる。

7　GAJ の図198「散っている[進行態]」、図199「散っている[結果態]」ほかを参照。

8　GAJ の図199「散っている[結果態]」、『近畿言語地図』（岸江 2017）のNo.88～94を参照。

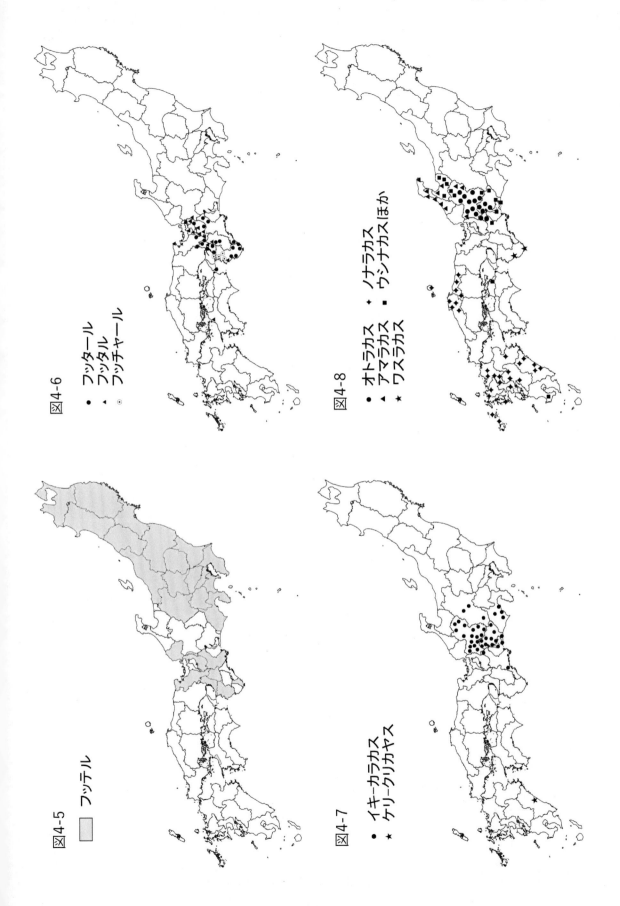

図4-5　　□ フッテル

図4-6　　● フッタール
　　　　　▲ フッタル
　　　　　⊙ フッチャール

図4-7　　● イキーカラカス
　　　　　★ ケリークリカヤス

図4-8　　● オトラカス　　＋ ノナラカス
　　　　　▲ アララカス　　■ ウシナカスほか
　　　　　★ ワスラカス

鳥居本・梓・一色は、美濃的なフットルや近畿的なフッテルを使用せず、フッタール・フッタルの専用地点である。

　　［分布］岐阜・滋賀・京都・大阪・奈良・和歌山・愛媛。
　　［同系］ウティタン（振っている）：沖縄。

２）イキカラカス

　動詞連用形に接続して、徹底（〜しまくる）を表わす。マイナス評価を持たない動詞に接続すると、「意図して〜しまくる」という意味になる。「よー拭っからかさんと、からっと せーへんで（よく拭きまくらないと、からっとしないから）」。岐阜、大垣・垂井付近のほか、山中・平井・祖父谷・今須西で散見されただけである。滋賀県側では柏原で確認された。

　　［分布］長野・静岡・愛知・岐阜・三重。（図4-7参照）
　　［文献］「辛抱強う すねからかして 揉て候」（太箸集、名古屋1835）
　　［関連］ケリ-クリカヤス・ネ-クリカヤス：宮崎。

　◆岐阜県でカラカスという語尾を持つ形式に、ダマカラカス・チョーカラカスがみられた。他地域では、-クラカスや-クリカエス（愛媛・鹿児島）が使用されていることから、列島外縁部にみられるクリカエス〈繰り+返す〉が原形であろう。派生動詞イキカラカスも、以下のように変化したと推定される。

　　　　イキ-クリカエス〈行き繰り返す〉 ＞ イキ-クラカス ＞ イキ-カラカス

３）オトラカス

　マイナスイメージを持つ動詞の未然形にカス〜ラカスが接続し[9]、「過失、もしくは無意識のうちに〜する」という意味を表わす。マチガラカス、モヤラカス、ダマクラカス、シナビラカス、ナカラカスなどがみられる。「あからけぁーてまって、ごめんなん（こぼしてしまって、ごめんね）」「なに つからけぁーたの、ばべぁーなん（何を付けてしまったの、汚いね）」。

　名古屋や岐阜県側のほとんどの地点のほか、醒井でも確認された。

　　［分布］愛知・岐阜・三重。（図4-8参照）
　　［同系］アマラカス：富山・石川・愛知・岐阜。ワスラカス：和歌山。ノーナラカス：愛知・岐阜・島根・福岡・長崎・熊本・大分・宮崎。ノナラカス：岐阜・宮崎。ノーナリカス・ノーナイカス・ノーナカス：佐賀。ナーナラカス：島根。ナンナラカス・ナンナカス：鳥取・島根。ウシナカス：富山・愛知・岐阜・三重・香川。ウシナラカス：愛知・岐阜・三重。タオラカス：岐阜・宮崎・鹿児島。

４）イッテマッタ・イッテモタ

　動詞音便形に接続して、完了態（〜してしまった）を表わす。行ってしまった。
　◆原形は、イッ-テシマウの音便形。以下のように変化したと考えられる。
　　　　イッ-テシマッタ ＞ イッ-テマッタ ＞ イッ-テマタ
　　　　イッ-テシモータ ＞ イッ-テシモタ ＞ イッ-テモタ

①イッテマッタ

　-テマウ（〜してしまう）の促音便形。「おまはん、しめぁーまで ちゃんと やってまいーたかなん

9　接続関係については、杉崎（1999・2021）、山田（2001）、杉崎・植川（2002）に詳しい。

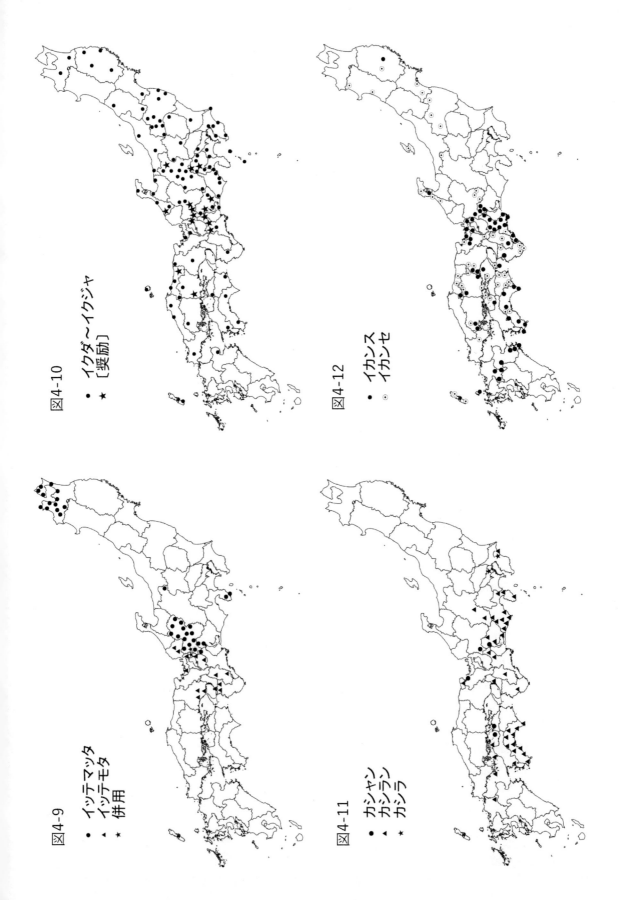

図4-9
● イッテマッタ
▲ イッテモタ
★ 併用

図4-10
● イクダ～イクジャ
★ ［奨励］

図4-11
● カシヤン
▲ カシラン
★ カシラ

図4-12
● イカンス
⊙ イカンセ

（あなた、最後まできちんとやってしまったの）」。

　今須周辺を除く岐阜県側で確認された。滋賀県側の柏原・樋口でも聞かれた。長浜では、イッテモ
タがくだけた表現、イッテマッタが丁寧な表現と認識されていた。

　　［分布］青森・長野・静岡・愛知・岐阜・三重・滋賀。（図4-9参照[10]）

　②**イッテモタ**

　　-テマウ（〜してしまう）のウ音便形。「もう掃除してしもた（もう掃除をしてしまった）」。滋賀県
側、垂井以西の岐阜県側で確認された。京都では、原形のイッテシモタが聞かれた。

　　［分布］福井・岐阜・滋賀・大阪・兵庫・奈良・和歌山。

5）ヤッテマッタ

　やって貰った。動詞音便形に-テマウが接続して、自主的受納（〜してもらう）を表わす。「これ、
買ってまったんかなん、えーなん（これは買って貰ったの、いいね）」。名古屋や、今須周辺を除く岐阜
県側で確認された。京都・彦根・番場では、ウ音便のヤッテモロタ、長浜ではヤッテモータが聞かれ
た。

　　［分布］愛知・岐阜。

　以下のように変化したと考えられる。

　　　ヤッ-テモラッタ ＞ ヤッ-テマッタ

6）イクヤワ

　動詞の終止形に助動詞ヤ[11]と終助詞ワが接続して、勧告・奨励（〜した方がいいよ）を表わす。イ
キーヤ・イキャーに比べると、傍観的・突き放したような態度で使用される。「まー行くやわ（もう行
きなさいよ）」。平井・祖父谷以東の岐阜県側のほか、滋賀県側では柏原・梓・甲田に点在している。
断定辞ダが使用されている地域では、イクダが使用されている。

　　［分布］岐阜・三重・滋賀。

　　［同系］イクヤー：石川。イクダー：山梨。エクダゾ：長野。イクダワ・イクダゾ：愛知。イクジ
ャワ：岐阜。イヌルダ：鳥取。スルジャー：岡山。

7）ドコ イクヤ

　動詞の終止形に助動詞ヤ[11]が接続して、疑問詞（いつ、どこ、誰、なぜ）を伴い「疑問」表わす。
疑問の終助詞ノ・ナが接続した疑問文より、強調された表現である。「どこ 行くや（どこ行くの？）」
（杉）。野上以西の岐阜県側で確認された。大垣中心地では、田舎ことばと考えられている。

　　［分布］青森・岩手・山形・福島・茨城・千葉・伊豆諸島・新潟・山梨・長野・静岡・愛知・岐
阜・三重・京都・兵庫・鳥取・島根。

〈参考〉　動詞終止形＋断定辞

　共通語では、断定辞が動詞終止形に直接接続することはない。直接接続する場合は、「ぞんざいに
言ふ時に用いる形である」（湯沢1954）とも、「終助詞的なもの」とも言われている。

　　［文献］「今宵一夜は虱と蚊に皮膚を手向けるじゃ」（今宮、大坂1630）。「又みすがみにでもしみこ

10　GAJの図205「読んでしまった」ほかを参照。

11　従来の分類では断定辞とされてきたが、杉崎（2021）では「勧告・疑問」を表わす助動詞第2類とした。

ませて置くでや」（野圃の玉子、名古屋1805）。

分布域を示すと図4-10のようである[12]。勧誘・奨励の意味で使用する地点も一緒に示した。

8）降るカシャン

文に接続して、疑問（〜かしら）を表わす。不確定なことを自問自答する。聞き手に対しては使用しない。原形のカシランのほか、カシャ・カヒャンという形式もみられる。「おばさ、知らんせんかしゃん（伯母さん、ご存じないかしら？）」。平井・祖父谷以東の岐阜県側で確認された。

　［分布］愛知・岐阜・香川。カシャ：京都。カッシャン：香川。（図4-11参照[13]）

　［同系］カシラン：長野・静岡・愛知・岐阜・三重・京都・大阪・奈良・和歌山・山口・愛媛・高知・福岡。カスラ：千葉。カシラ：千葉・東京。

◆江戸中期に発生したカシラヌ（か知らぬ）が原形である。

　［文献］「もふかすめいかしらぬ」（妓者呼子鳥、江戸1777）。「そんなら言ほうかしら」（廻覧奇談深淵情、江戸1779）。

以下のように変化したと考えられる。

　　　　カシラヌ　＞　カシラン　＞　カシラ　＞　カスラ
　　　　　　　　　　＞　カシャン　＞　カヒャン
　　　　　　　　　　　　　　　　　＞　カシャ

3．3　待遇表現

3．3．1　敬語添加形式

「行きなさる」を意味する待遇助動詞については、1)～17)の形式を調査した。大垣方言で使用されている形式については大垣における用法・待遇度を示した。近江で使用されている形式については、近江側での用法・待遇度を示した。18)は、「〜してくれる」を表わすやりもらい動詞であるが、敬語添加形式であるのでここに含めた。

各待遇助動詞の語誌や例文については、室町期・江戸期の中央語（上方語・京阪語）は山崎（1963）、明治期の京阪語は金沢（1998）・辻（2009）、江戸期の名古屋方言は芥子川（1971）・彦坂（1997）、明治期の名古屋方言は若原（1913）を参照した。分布は、GAJ、藤原（1978・1979）、『近畿言語地図』（岸江2017）、『岐阜県方言辞典〜岐阜県・愛知県　方言地図』（山田2017）ほかを参照した。

1）イカンス

動詞未然形に接続、第三者の行為に対して親愛の意を表わす。「陰口 言わんす子は いややなん（陰口を言う子は嫌だね）」。県境地帯の滋賀県旧山東町や岐阜県今須地区のほか、米原・長浜や大垣で確認された。彦根では「旧山東町の形式」、野上では「今須の形式」、大垣市赤坂では「大垣市街地の形式」と認識されている。

◆江戸前期上方の遊里語が起源、待遇度は第二段階[14]で高かった。後、男女ともに使用されるようになった。近畿中央部では早い時期に衰退し、現在は外縁部に残存している。

---

[12] 彦坂（2006）、大西（2016）ほかを参照。

[13] GAJ の図 57「誰やら（来た）」ほかを参照。

　［文献］「又来さんしたか。早う往なんしなどと云へば」（浮世物語、1665）。

　［分布］岩手・石川・福井・愛知・岐阜・三重・滋賀・京都・兵庫・奈良・和歌山・鳥取・岡山・広島・愛媛・高知・福岡・長崎・大分。（図4-12参照）

　イカンセ・イカンショなどの命令形が残存している地域は、以下のようである。表4-2では□で表した。

　［分布］宮城・秋田・福島・新潟・長野・山口・徳島・香川。

　以下のように変化したとされる（湯沢1943、藤原1978）。

　　　　イカシャレマス ＞ イカシャンス ＞ イカンス ＞ イカイス

２）イカッシャル

　動詞未然形に接続、動作主に対して親しみのある高い敬意を表わす。「まんだ ゆーだっつあん、鳴らっしへんけど、よー降らっしゃったわなん（まだ夕立は鳴らないけれど、よく降ったよね）」。大垣旧市街では、明治中期生まれが使用していた古い形式で、大正期には周辺の農村地帯で使用される形式と認識されていた（杉崎・植川2002）。岐阜・長松・綾戸・垂井・松尾・醒井で確認されただけである。

　◆室町期のセラルルが、江戸前期の上方で四段化してシャルに変化した。待遇度は第二段階、男女ともに使用された。近畿中央部では早い時期に衰退し、現在は近畿周辺から列島外縁部にかけて残存している。

　［文献］「かみかしもかへ まわらしゃれませい」（狂言記、1660）。

　［分布］山形・福島・東京・神奈川・新潟・富山・石川・福井・長野・愛知・岐阜・三重・滋賀・兵庫・鳥取・島根・広島・山口・福岡・佐賀・長崎・熊本。（図4-13参照）

　イカッシャレ・イカッシャイなどの命令形などが残存している地域は、以下のようである。表4-2では□で表した。

　［分布］四国全域のほか、岩手・宮城・秋田・茨城・栃木・群馬・埼玉・山梨・静岡・京都・奈良・和歌山・岡山・大分・宮崎。

　以下のように変化したとされる（湯沢1943、藤原1978）。

　　　イカセラルル ＞ イカセラル　　＞ イカッシャル　＞ イカッシル
　　　　　　　　　　　＞ イカッサル　　＞ イカサル　　　＞ イカハル
　　　　　　　　　　　＞ *イカセラレル ＞ *イカッセレル　＞ イカッセル

３）イカッセル

　動詞未然形に接続、第三者の行為に対して傍観的な態度と親しみのない軽い敬意を表わす。イカシャル系。「この頃 んまひきも通らっせんなん（この頃、馬引きも通らないね）」。平井以東の岐阜県で確認された。

14　山崎（1963）により、各形式の待遇度が以下のように五段階に分類されている。

　　　第一段階（最敬語）　　〜　　仰せられます・なされます・
　　　第二段階（敬語）　　　〜　　おっしゃる・なさる
　　　第三段階　　　　　　　〜　　言う・する
　　　第四段階（平常語）　　〜　　言う・する
　　　第五段階（罵倒語）　　〜　　ぬかす・さらす

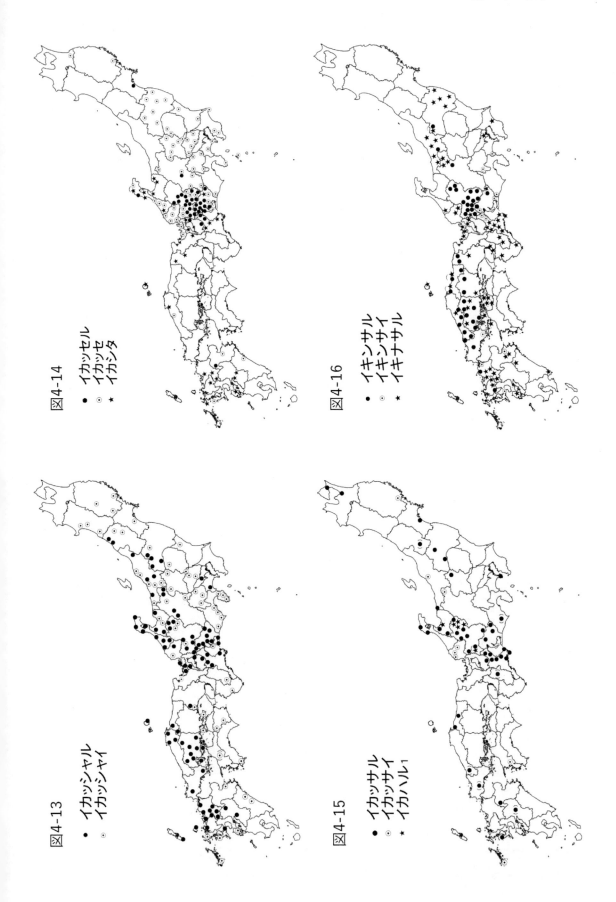

図4-13
● イカッシャル
◉ イカッシャイ

図4-14
● イカッセル
◉ イカッセ
★ イカシタ

図4-15
● イカッサル
◉ イカッサイ
★ イカハルₗ

図4-16
● イキンサル
◉ イキンサイ
★ イキナサル

◆室町期のイカ-セラルルが、江戸前期上方では四段化してイカ-シャルに変化したのに対し、尾張を含む東国では江戸初期に一段化してイカ-ッセルに変化した。上記のように、*イカセラレル・*イカッセレルを経て、イカッセルになったと推測されている。

　江戸後期の尾張では、イカッセル・イキナサレル・クダレルなどの一段化した形式が一般的で、後に上方から四段化したイカッシャル・イキナサル・クダサルが伝播したとされている。待遇度が第三段階で親しみのある表現であった（彦坂1997）。

　　［文献］「そんなら、帰りがけに三軒家の一力へよって<u>いかっせ</u>」（指南車、名古屋1802）。

　　［分布］宮城・石川・長野・愛知・岐阜・三重・滋賀・大分。（図4-14参照）

　命令形（イカッセ・イカッシ）が残存している地域は、以下のようである。

　　［分布］関東全域（東京を除く）ほか、北海道・青森・岩手・福島・富山・福井・山梨・静岡・宮崎。

　完了形（イカシタ）が残存している地域は、以下のようである。九州地方のイカシタは、イカッシャルから変化したイカスの過去形とされているが（藤原1978）、イカシャッタから変化した形式であるので、ここに含めた。

　　［分布］富山・京都・兵庫・島根・福岡・佐賀・長崎・熊本。

4）イカッサル

　動詞未然形に接続、第三者の行為に対して親しみのある軽い敬意を表わす。イカッシャル系。「無理ばっか 言わっさる（無理ばかりおっしゃる）」。綾戸・垂井・平井・今須西で確認された。

　　［分布］青森・宮城・山形・福島・群馬・神奈川・新潟・富山・石川・静岡・愛知・岐阜・三重・滋賀・奈良・鳥取・島根・山口・長崎・熊本・大分。

　命令形（イカサイ・イカサロ）が残存している地域は、以下のようである。

　　［分布］岩手・福井・長野・愛媛。（図4-15参照）

5）イカハル1

　動詞未然形に接続、第三者の行為に対して親しみのない中程度の敬意を表わす。「嘘言わはったんやわ（嘘を言ったんだよ）」。長松で確認されただけである。

　　◆大垣のイカハルはイカッシャル系であり、近畿のイキナサル系のイカハルとは系統が異なる。両者を区別するため、前者をイカハル1、後者をイカハル2とする。

　　［分布］富山・岐阜。

6）イキナサル

　動詞連用形に接続、動作主の行為に対して親しみのある高い敬意を表わす。彦根や垂井・関原近辺のほか、柏原・新明・今須西などの県境地帯で確認された。

　　◆室町期のオ〜ナサルルが、江戸前期の上方で四段化してナサルと変化した。オ〜ナサルルの待遇度が第一段階、四段化して以降のナサルも第二段階と、時代を通じて待遇度の高い形式である。

　　［文献］「左助殿の着な<u>さった</u>具足の下散が」（雑兵物語、1683）。

　　［分布］北海道・福島・千葉・東京・新潟・石川・福井・長野・愛知・岐阜・三重・滋賀・大阪・兵庫・奈良・和歌山・鳥取・島根・岡山・広島・香川・愛媛・福岡・佐賀・熊本・大分・宮崎。（図4-16参照）

　イキナサル系の各形式は、以下のように変化したとされる（藤原1978）。

```
                  ＞イキナサレル　＞イキナレル　＞イキナル
   イキナサルル ＞イキナサル　　＞イキンサル
                  ＞イキナハル　　＞イキャハル　＞イカハル　＞イカール　＞イカル
                                 ＞イキナール　＞イキナル
```

7）イキンサル

　用法はイキナサルと同様である。大正期の大垣旧市街では既に一般的な形式ではなく、岐阜市のことばと認識されていた（杉崎・植川2002）。岐阜と垂井・綾戸で確認されただけである。

　◆イキナサルから変化した形式。発生した時期が遅いのか、歴史的文献に記述はみられない。

　［分布］中国全域のほか、福島・新潟・長野・愛知・岐阜・兵庫・福岡・佐賀。

　命令形（イキンサイ）が残存している地域は、以下のようである。

　［分布］神奈川・山梨・静岡・長崎・大分。（図4-16参照）

8）イキナサレル

　用法はイキナサルと同様である。「はよーやりなされ（早くやりなさい）」。岐阜と垂井・綾戸で確認されただけである。

　◆室町期のオ〜ナサルルが、尾張を含む東国では江戸初期に一段化してナサレルに変化した。江戸後期の名古屋方言でも、オ〜ナサレルの待遇度は第一段階、ナサレルは第二段階で、オ〜アソバスと並んで最高位の敬語であった（彦坂1997）。

　［分布］岐阜。

　［関連］イキナレル：愛知・岐阜。（図4-17参照）

　［文献］「こうぢぶっそうに候あひだ、まづまづ御かへりなされ」（猿源氏物語、室町末）。「なんぜ、そんな事をいいなされる」（指南車、名古屋1802）。

9）イカハル2

　動詞連用形に接続し、動作主に対して親愛の意を表わす。イキナサル系。近畿系の形式。「先生もついてイカハル」（『滋賀県方言語彙・用例辞典』）。京都や滋賀県側のほとんどの地域のほか、岐阜県側の今須地区で確認された。

　◆現代近畿方言の代表的な敬語ハルは、江戸期にはまだ出現しておらず、ナハルから変化したのは明治中期とされている（辻2009）。

　［文献］「何處へ行きはったノ」（妾の内幕、大阪1891）。

　［分布］近畿全域のほか、岩手・山形・福島・岐阜・鳥取・広島・福岡・長崎・熊本。（図4-18参照）

〈参照〉イキナハル・イキナル

　イキナサル系には、以下の形式もみられる。

①イキナハル

　イキ-ナサルから変化したイキ-ナハルは、江戸後期大阪の遊里で発生した。待遇度は第二段階である。

　［文献］「サアタアおいなはるとよいわいな。おまへを恋しがりなはった事じゃない」（月花余情、大坂1746）。

② イキ-ナル

イキ-ナハルから変化したイキ-ナルも遊里で発生した形式で、軽い敬意を表わす。地域によっては、イキ-ナレルから変化したイキ-ナルもみられる。

　　　［文献］「何とおもちなる。ふてへ子だノウ」（芳深交話、1791）。

10）イカ-ル

　用法はイカハル２と同様であるが、イカハル２より待遇度がやや低い。近江系の形式。「他所までイカ-アルのは、時間がかかりすぎるな」（『滋賀県方言語彙・用例辞典』）。甲田以西の滋賀側や、岐阜県の今須地区で確認された。

　◆イカハル２から変化した形式。出現がハルより遅いためか、歴史的文献に記述はみられない。

　　　［分布］岐阜・滋賀。（図4-19参照）

11）イカ-ル

　用法・待遇度はイカ-ルと同様である。近江系の形式。「隣の奥さんも、運動会にイカ-ルかな」（『滋賀県方言語彙・用例辞典』）。彦根・米原近辺と番場・樋口、岐阜県側の貝戸で確認された。

　◆イカ-ルとイカ-ルは相補分布を示していて、両方の形式を併用する地点はみられない。このことからも、調査地域のイカ-ルはイカハル２から変化した形式であることがわかる。なお、近畿方言の敬語ルに系統に関しては、古典語の「ル・ラル」系統との説もある（宮治1994）。

　　　［分布］福井・長野・三重・滋賀・京都・熊本・宮崎。イカッタ：大阪。（図4-19参照）

12）イキ-ヤス

　動詞連用形に接続、軽い敬意や親愛の意を表わす。近畿系の形式。「急いでお行きヤス」（『滋賀県方言語彙・用例辞典』）。滋賀県や垂井以西の岐阜県側に点在している。京都では、オ-イキヤスが確認された。

　◆江戸後期に出現したオ〜ヤスは、オ〜アソバスの変化形とされる。江戸前期にみられるヤスや、現在の南九州のヤスとは系統が異なるとの指摘がみられる（奥村1990）。

　　　［文献］「鼠衣、お通りやすを起ていふ」（太箸集、名古屋1835-39）。「撥で掻く鬢、おこりアスなひ四十近ひ」（たまかしは六、名古屋1855-60）。「今度ハなんでも　ア、痩セアスでお幟りな」（清蘭集、名古屋1862）。

　　　［分布］愛知・岐阜・三重・滋賀・京都・大阪。

13）イキ-ャース

　動詞連用形に接続、動作主の行為に対して親しみのある中程度の敬意を表わす。「それ、みやーす。あかんて　ゆーのに、ふんなことやりゃーすでやわ（それ見なさい。駄目だといっているのにそんなことをするからだよ）」。名古屋と野上以東の岐阜県側のほか、今須西でも確認された。

　◆近世前期上方のオイキアソバス（御〜遊ばす）が、幕末の名古屋でイキ-ャースへ変化したとされる（彦坂1997）。

　　　［文献］「待て居る小串 皐月ちぎらにゃ 聞ァさぬ」（とがへり集、名古屋1860）。

　　　［分布］愛知・岐阜。（図4-20参照）

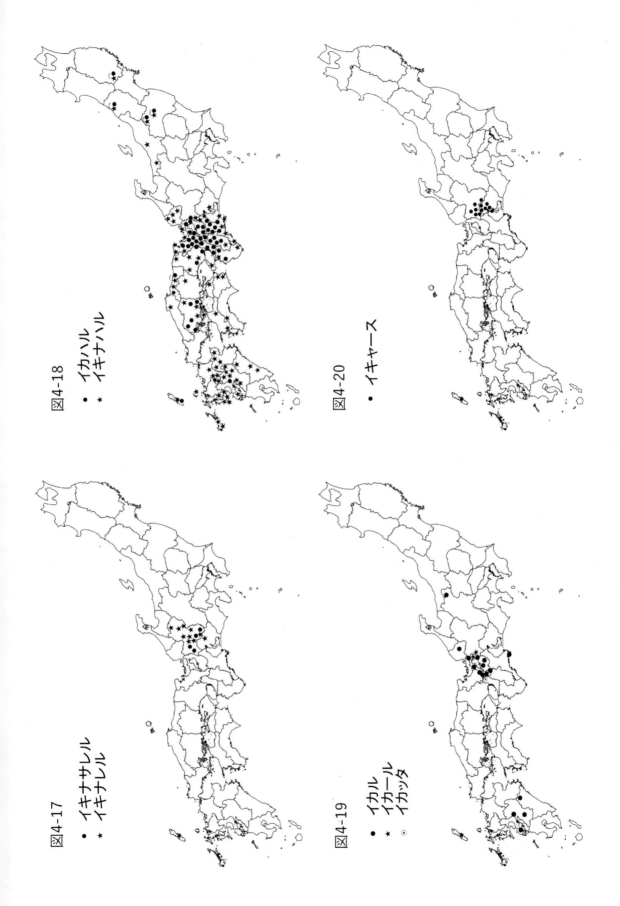

図4-18
・イカハル
★イキナハル

図4-20
・イキャース

図4-17
・イキナサレル
★イキナレル

図4-19
・イカル
★イカール
⊙イカッタ

◆尾張藩7代藩主徳川宗春の時代（1731-39）、西小路・富士見・葛町の三廓が置かれ、京都の島原詞が取り入れられたのが「おやま詞」となる。三廓の廃止後はモカ[15]が「おやま詞」を継承していった。例として、イキャーセ、イリャーセ、オキャー、オイテチョーなどがみられる。モカ詞は維新後、一般の女性に拡がっていった（若山1912）。

〈参照〉オ〜アソバス

御所言葉が起源。江戸期に補助動詞としての用法が生じ、京の上層町人の女性語として使用されるようになった。

　［文献］「まずあれへ御かへりあそばしませ」（難波鉦、大坂1680）。

江戸期上方語や江戸後期名古屋方言では、上層町人や遊廓に使用され、待遇度が第一段化の非常に丁寧な表現であった。

　［文献］「ホンニけふハマアおそろひなされて　よふおこし遊バしました」（聖遊廓、大坂1757）。

「ハイそういたしませへず、もし銭おくれあそバさんか」（囲多好褞、名古屋1800）。

明治期の大垣方言でも待遇度が高く、武家（士族）や上層町人に使用されていた。特に女性の使用が多かった（杉崎・植川2002）。

・「おあがりあそばしとくりゃーすなもし（お上がり下さいね）」
・「おくれあそばしゃーすた（下さった）」

アソバス系の尊敬語は、以下のように変化したと考えられる。

　　　オ-イキアスバス　＞ オ-イキヤス　　　＞ イキヤス
　　　　　　　　　　　　＞ イキャースバス　＞ イキャース ＞ イキャー

14）イキール

動詞連用形に接続、動作主の行為に対して親愛の意を表わす。特に、家族や近所の年下の者などに対して使用する。「どこぇー 行きーるんやなん（どこへ行くの）」。大垣〜長松で確認された。

◆近世後期上方の遊里語イキルの変化した形式。イキルにオを冠したオイキルが後に発生、待遇度は第二段階であった。大垣では、長音化したイキールが、すでに幕末には使用されていた（杉崎・植川2002）。

　［文献］「たんばやの子供しうは、しんちの見せへいきた」（短華蘂葉、大坂1786）。「どのようにこゝろづかいをしたとおもひるなア」（箱枕、京1821）。

　［分布］

　ⓐ イキール：岐阜。イキル：愛知・岐阜・三重。イキリル：愛知。（図4-21参照）

　ⓑ オイキル：長野・静岡・愛知・京都・広島・山口・愛媛。オイキリル：愛知。

15）イキヤル

動詞連用形に接続、第三者の行為に対して親愛の意を表わす。待遇度・用法はイキールに近い。「隣の子も大学にイキヤル」（『滋賀県方言語彙・用例辞典』）。彦根と竹尻で理解語として残っているだけである。

---

15 モカ（藻破・百花）は、江戸期における名古屋の私娼。モカ詞は「極めて下等鄙猥のもの」（若山1912）とされていた。江戸期の名古屋には、京都の島原、大坂の新地のような遊郭が許可されていなかった。宗春時代の7年間に遊郭が設けられたが、宗春の失脚後は再び許可されることはなかった（芥子川1971）。

◆室町期にみられたオ〜アルは、待遇度が第一段階の最高位の敬語であった。江戸期になると、待遇度は低下した。現代の大阪方言では、女性に使用される親愛表現となっている。

　　［文献］「ナゼニ　ソナタワ　チカラヲ　<u>ヲソエヤラヌゾト</u>　イエバ」（天草本伊曾保、1593）。

　　［分布］近畿全域のほか、岩手・秋田・山形・福島・伊豆諸島・新潟・富山・静岡・愛知・岐阜・島根・岡山・広島・山口・大分・佐賀・熊本・宮崎・鹿児島[16]。

　　［関連］オ-イキャル・オ-イキアル系：青森・岩手・福島・山梨・長野・長崎・鹿児島。

　イキアルより、以下のように変化したとされる。

　　　　イキアル ＞ イキ<u>ヤ</u>ル ＞ イキ<u>ャ</u>ル

16）イキャル

　用法はイキヤルと同様である。イキヤル系。彦根に理解語として残っていただけである。

　［文献］「わきへ行きやんな（ユキャンナ）」（一心二河白道、大坂1698）。

　［分布］秋田・山梨・石川・長野・岐阜・滋賀・大阪・奈良・岡山・広島。

17）イキヨル

　動詞連用形に接続、第三者の行為に対して傍観的な態度を表わす。待遇度はイクと同程度であり、大正期の大垣では軽蔑表現ではなかった。「えぁーつ、川であぶあぶし<u>よった</u>（あいつ、川で溺れた）」。名古屋や彦根、静里と番場を除いたほとんどの地点で確認された。高溝では、イッコルが聞かれた。

　　◆アスペクトを表していた動詞＋オルが、室町期末になると軽卑表現を表わすようになった。

　　［文献］「去ながら先済み<u>よった</u>が、一部始終を見てたも」（曽根崎心中、大坂1703）。

　　［分布］近畿全域のほか、岐阜・熊本。（図4-22参照[17]）

　　［同系］イキオル・イキヨール：愛知。イキヨ：和歌山。

　以下のように変化したと考えられる。

　　　　イキ-オル ＞ イキヨル ＞ イキヨール ＞ イキヨ

　　　　　　　＞ イッコル

18）イッテール

　動詞音便形に接続し、自主的受納（〜してもらう）を表わす。待遇度はイキールと同程度である。「ごめんなん、やっと待っとっ<u>てーた</u>（ごめんね、長い間待っていてくれた）」「呼びに来<u>たってーる</u>か（呼びに来てくれるか）」。大垣郊外の、久瀬川〜綾戸間の4地点で確認されただけである。

　　◆イッテールとイキールは活用体系が共通している。下線で示した活用形が、大垣で発生した大垣方言独自の形式である。

　　・イキ-ンカ　　イキー-ヘン　　イキー-タ　　イキー-ル　　イキ！　　イキー-ヤ

　　・イッテ-ンカ　<u>イッテー-ヘン</u>　<u>イッテー-タ</u>　<u>イッテー-ル</u>　イッテ！　イッテー-ヤ

　イキーヤ（行きな）・イッテーヤ（行っておくれ）とイキールの類推から、幕末の大垣で独自に発生した形式である（杉崎2001）。大垣以外では確認されていない。

　　　　イキーヤ　：　イキール

　　　　　　　　　　　↓

　　　　イッテーヤ　→　<u>イッテール</u>

---

16 分布は、都竹（1965）ほか参照。

17 井上（1998）ほか参照。

３．３．２　敬語交替形式

　１）～６）は「来る」「居る」、７）～10)は「下さる」、8)～11)は「下さい」の待遇動詞を表わす。

１）ゴザル（御座る）

　いらっしゃる。第三者の行為に対して、親しみのない軽い敬意を表わす。「家にござらへん（家にいらっしゃらない）」。名古屋と岐阜県側全域、滋賀県側の米原以東で確認された。

　◆室町期には、待遇度が第一段階で、男女とも使用。江戸期から次第に待遇度が低下した。ゴザルの敬意が下降したことから、尊敬辞が後接したゴザラッセル・ゴザリャースなどの形式が出現している。

　［文献］「コノザニ ワガ シュウシャントノ ゴザルコト ナレバ」（天草本伊曾保、1593）。

　［分布］中国・九州（沖縄を除く）全域のほか、岩手・宮城・山形・新潟・富山・石川・福井・山梨・長野・愛知・岐阜・三重・滋賀・京都・大阪・奈良・高知。（図4-23参照）

　命令形（ゴザレ・ゴザイ）が残存している地域は、以下のようである。

　［分布］宮城・秋田・福島・栃木・群馬・埼玉・静岡・香川。

２）ゴンス

　いらっしゃる。「あの人のことやさかいに、今にゴンス」（『滋賀県方言語彙・用例辞典』）。近江系の形式。滋賀県米原以東や岐阜県側今須地区で確認された。彦根では、柏原方面の形式と認識されていた。

　［文献］「ようごんした。まづ あがらんせ」（茶屋諸分調方記、京都1693）。

　［分布］福井・岐阜・滋賀・京都・大阪・兵庫・奈良・和歌山・岡山・広島・大分。（図4-24参照）

　［同系］コンス：新潟・三重・京都・奈良・和歌山・徳島・香川・高知。ゴイス：石川・滋賀・島根。

　◆原形は、江戸前期上方の遊里語ゴザンスである。ゴザンスの待遇度は第二段階。

　［文献］「伴右衛門様何処へござんした」（傾城富士見る里、1701）。

　ゴザンス・ゴザイス・ゴアンスなど、多くの異形態が見られる。以下のように変化したと考えられている。

```
ゴザル＋ンス → ゴザンス　＞ ゴアンス ＞ ゴンス ＞ コンス
　　　　　　　＞ ゴザイス ＞ ゴイス
```

３）ミエル（見える）

　いらっしゃる。動作主の行為に対して親しみのある中程度の敬意を表わす。ゴザルより敬意は高い。「今日、先生 みえるやろ（今日、先生がいらっしゃるだろう）」。名古屋や岐阜県側全域のほか、滋賀県側の番場以東で確認された。

　◆江戸前期の上方語では、待遇度が第二段階で、主として他称に用いられた。

　［文献］「お清よ、と丶さまが見へたらかかにしらしやや」（女殺油地獄、大坂1721）。「もう追付見えるであらふ」（指南車、名古屋1802）

　［分布］福井・長野・静岡・愛知・岐阜・三重・滋賀・京都・大阪・兵庫・和歌山・島根・広島・山口・愛媛・大分・宮崎。（図4-25参照）

　［同系］ミユル：福岡。

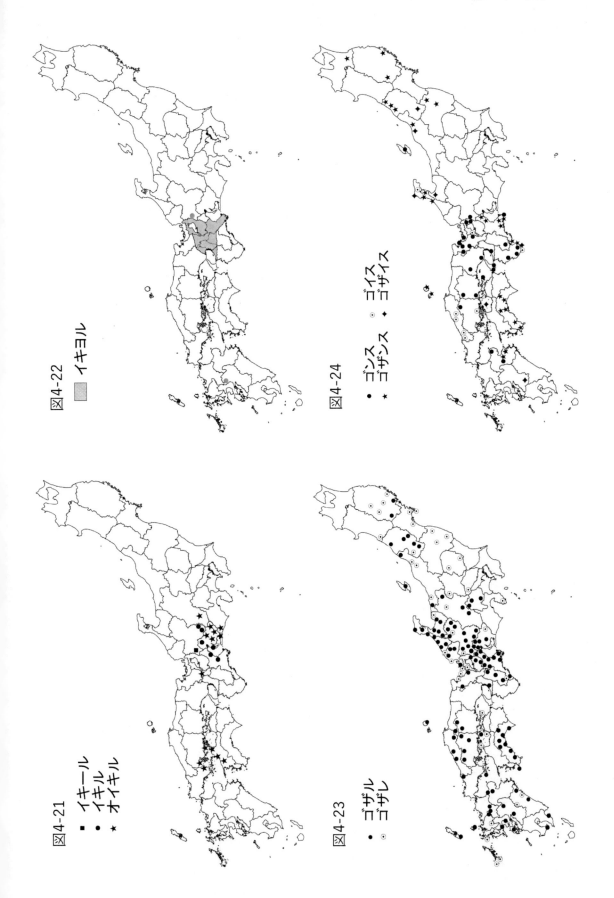

図4-22
■ イキヨル

図4-24
・ コンス　⊙ ゴイス
★ ゴザンス　◆ ゴザイス

図4-21
■ イキール
● イキル
★ オイキル

図4-23
・ ゴザル
⊙ ゴザレ

4）オイデヤス

　いらっしゃる。動作主に対して親しみのある高い敬意を表わす。「いらっしゃる」という意味だけでなく、基本形で「いらっしゃい」という挨拶にも多用される。名古屋、岐阜県側の今須地区、大垣〜垂井間以外のほとんどの地域で確認された。

　　［文献］「殿方殿もよふ<u>おいでアス</u>」（指南車、名古屋1802）。「若い番頭が『<u>おいでやす</u>』と敷台に前膝を付く」（大内旅館、1907）。

　　［分布］福井・山梨・長野・愛知・岐阜・三重・滋賀・京都・大阪・兵庫・岡山。（図4-26参照）

　　［同系］オイダース：石川。

〈参考〉オイデアソバセ

　江戸中期、オイデルにアソバスが接続したオイデアソバスが形成され、多くの派生形が発生した。

　　［文献］「夜前仕候様が<u>おいであそばして</u>」（郭中奇譚、江戸1769）。「<u>お出遊バせ</u>。おまへさん、けふハいづこへあさからござらした」（囲多好髷、名古屋1800）。

　　［分布］オイデアースバス・オイダスワセ・オイダソワセ：富山。オイダスバセ：富山・石川。イデアースバセ・オイリャースワセ・イリャースワセ：愛知。

　イジャースやイリャース（後述）は、以下のようなオイデアソバスから変化したと考えられる。

```
オイデアソバス    ＞ オイデヤスバセ    ＞ オイダスバセ ＞ オイダスワセ ＞ オイダソワセ
                                  ＞ オイダース
             ＞ オイデアースバス  ＞ オイデヤス
             ＞ オイジャース      ＞ オイジャー
             ＞ オイジャス
             ＞ イジャース
             ＞ オイリャースワセ ＞ オイリャース ＞ イリャース ＞ イリャー
```

5）オイジャース

　いらっしゃる。動作主の行為に対して、親しみのある中程度の敬意を表わす。「車に割木んた積んで 売りにおいじゃーすた（車に割木などを積んで売りにいらっしゃった）」。岐阜・大垣で確認された。久瀬川・綾野・山中は、理解語として残っているだけである。

　　［分布］愛知・岐阜。（図4-27参照）

　　［同系］イジャース：岐阜（多治見）。オイジャー：愛知・岐阜・三重。

　　［関連］オンジャェ：秋田。

6）イリャース

　いらっしゃる。待遇度は、オイジャースと同程度である。尾張系の形式。名古屋・岐阜・大垣・垂井・関原で確認された。

　　◆維新前にみられた名古屋のモカ詞とされていた（若山1912）。大正期の大垣において、名古屋方言は遊里語・下品な表現と認識されていた（杉崎・植川2002）。

　　［分布］愛知・岐阜。イリヤーセ：三重。（図4-27参照）

　　［同系］イリャー：愛知・岐阜。

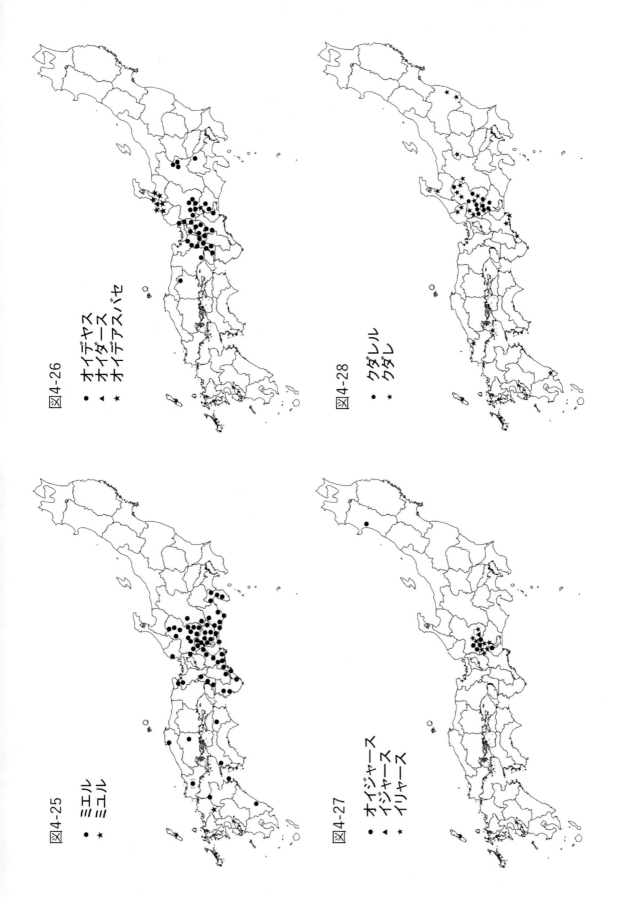

図4-26
● オイデヤス
▲ オイダース
★ オイデアスパセ

図4-28
● クダレル
★ クダレ

図4-25
● ミエル
★ ミユル

図4-27
● オイジャース
▲ イジャース
★ イリャース

7）クダレル

　下さる。第三者の行為に対して親しみのない中程度の敬意を表わす。「今度のおっしょさん、あんばよー教えてくだれる（今度のお師匠さん、きちんと教えて下さる）」。名古屋や岐阜県側のほとんどの地点で確認された。

　　［文献］「かかさへ、茶を一つ下れんか」（女楽巻、名古屋1800）。

　　［分布］愛知・岐阜。（図4-28参照）

　命令形が残存している地域は、以下のようである。

　　［分布］クダレ；福島・富山・福井・長野・岐阜・山口。クダーレ：群馬・福井・岐阜。クターレ：山口。クダリ：宮崎。クラレ：岐阜・三重。

　◆原形は、クダサルル。室町期における待遇度は第1段階であった。

　　［文献］「人々これに名してくだされよ、とてたうびつ」（宇津保、970-99）。

　イキナサレル・イカッセルと同様、江戸初期の尾張で下二段活用の尊敬助動詞が一段化する中、クダサルルも一段化し、以下のように変化したとされている（彦坂1997）。

　　　　クダサルル　＞クダサル
　　　　　　　　　　＞クダサレル＞クダレル

8）オクレヤス

　下さる。動作主の行為に対して親しみのある高い敬意を表わす。近畿系の形式。「もう一度、来てみてオクレヤス」（『滋賀県方言語彙・用例辞典』）。京都や滋賀県側の彦根〜米原近辺、県境地帯の柏原・今須地区、関原〜垂井近辺で確認された。

　　［分布］福井・岐阜・滋賀・京都・大阪・兵庫。（図4-29参照）

　　［同系］オクリヤス：京都。

　◆原形は、江戸前期の上方語オクレアソバセ。大正期の大垣でもオクレアソバセが聞かれたし（杉崎・植川2002）、過渡形のオクレヤースバセが名古屋でみられた（あらかわ1972）、

　　［文献］「もしイ、わたしをやつておくれ遊ばせ」（女楽巻、名古屋1800）。

　オクレアソバス系（御呉遊ばす）の8）〜10）は、「下さる」という意味だけでなく、終止形で「下さい」という依頼にも多用される。オイデヤス・オクレヤスからは、大垣方言特有のオイジャース・オクジャース、尾張系のオイリャース・オクリャースなどが派生していて、変化の方向はほぼ平行している。以下のように変化したと考えられる。

　　　　オクレアソバス　＞オクレヤス　＞オクリヤス　＞オクリャース　＞オクリャス
　　　　　　　　　　　　　　　　　　　　　　　　　　　　　　　　　　＞オクリャー
　　　　　　　　　　　　　　　　　　　　　　＞オクジャース　＞オクジャス
　　　　　　　　　　　　　　　　　　　　　　＞オクジャー
　　　　オクレアソバセ　＞オクレヤースバセ　＞オクリャーセ　＞オクリャー

9）オクジャース

　下さる。用法や待遇度はオクレヤスと同様である。岐阜県側の野上・綾戸・久瀬川で理解語として残っているだけである。

　　［分布］岐阜。（図4-29参照）

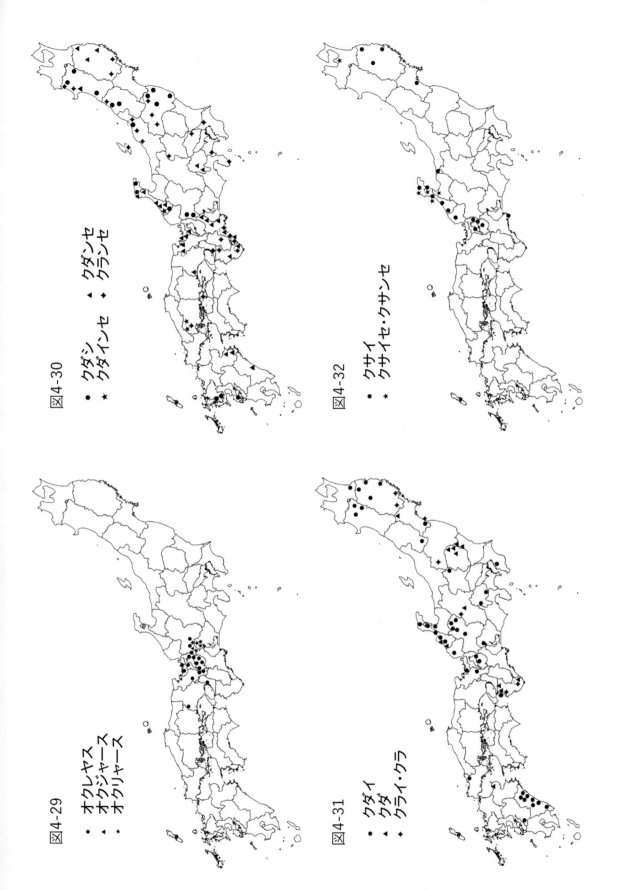

図4-29
・ オクレヤス
▲ オクジャース
★ オクリャース

図4-30
・ クダシン　▲ クダンセ
★ クダインセ　◆ クランセ

図4-31
・ クダイ
▲ クダ゛
◆ クライ・クラ

図4-32
・ クサイ
★ クサイセ・クサンセ

10）オクリャース

　下さる。用法や待遇度はオクレヤスと同様である。「私にもちょこっと おくりゃーすか（私にも少し下さい）」。岐阜県側の松尾～久瀬川で確認された。

［分布］愛知・岐阜。（図4-29参照）

［同系］オクリャス：岐阜・京都。オクリャーセ：愛知。

11）クダシ

　下さい。待遇度は、イキールやイッテールよりやや高く、親愛の意を表わす。クダッシやクダシーヤなど形式もみられる（杉崎・植川2002）。大垣～垂井近辺で確認された。

　◆江戸前期上方の遊里語クダサレマスからクダサンス＞クダンスと変化したとされているが（湯沢1970）、クダシはクダンスからさらに変化した形式と考えられる。

　［文献］「いとしがつて進ぜてくだんせ」（御前義経記、大坂1700）。「アゝ今になつてあいそづかしを云ふてくだんす」（生玉、大坂1715）。

　［分布］クダシ：岐阜。クダッシ：石川・岐阜。クダシェ：石川・新潟。クダショ：山形。クタッショ・クダッショ：福島。クダセ：秋田。クダッセ：熊本。オクダシ：長崎。（図4-30参照）

　［同系］

　　ⓐ kd-Ns系／クダンセ：秋田・石川・福井・滋賀・兵庫・奈良・和歌山・大分。クダンシ：三重・和歌山・宮崎。クタンセ：岩手・石川。クタンシ・クダンショ・クダンシェ・クデンシェ・クデンシ：石川。クダンヘ：京都。

　　ⓑ kdiNs類／クダインセ：石川。

　　ⓒ kdi-s類／クダイショ：山梨。クダイセ：三重。クダイセー：広島。

　　ⓓ kr-Ns類／クランショ：福島・神奈川・三重。クランセ：新潟・三重・大阪・和歌山。クランセー：岡山。クランシ：奈良・新潟・三重・和歌山。

　　ⓔ kr-Qs類／クラッシェ：岩手・群馬・新潟。クラッシャエ：千葉。クラッセー・千葉：埼玉。クラッシャー：静岡。

　　ⓕ kri-s類／クライセ：三重。クライス：広島。クラセ：山形。クラセー・クラシェ：新潟。

〈参考〉クダシカレ・クダイ・クサイ

　クダシと類似した、以下のような形式がみられる。

　①クダシカレ

　彦根や大垣で使用されていたクダシカレは武家言葉の残存で、クダシオカレ（下し置かれ）から変化した形式とされている（戸田1967、藤谷1952）。大垣におけるクダシは、町屋の女性に使用されていた親愛語であることから（杉崎・植川2002）、クダシとクダシカレは異なる系統と考えられる。

　②クダイ

　河内で聞かれた。クダイは、クダレから変化した形式（藤原1979）とクダンセから変化した形式が混在していると考えられるが、ここでは一括して示した。

　［文献］「さア、旦那がた、おりてくだい」（浮雀遊戯嶋、名古屋1806）。

　［分布］青森・秋田・山形・富山・石川・福井・山梨・愛知・岐阜・滋賀・京都・熊本・宮崎。（図4-31参照）

　［同系］

　ⓐ　クダー：栃木・山口。グデー：石川。クタイ：宮城・石川。クッタイ：千葉・石川。

　　クテー：石川・大分。クター：山口。ケダエ：岩手。クドイ：熊本。クチョー：茨城。

　ⓑ　クダ：宮城・栃木・石川・長野・和歌山。クデ：石川。

　ⓒ　クライ：和歌山。クラ・クラー：長野。ケラエ：岩手。ケラエン：宮城。

③クサイ

　クサイの分布は以下のようである。クレサイから変化した形式と混同している可能性も考えられる。

　［分布］クサイ：岩手・富山・石川・滋賀。クッサイ：新潟・石川・福井。ケーサイ：三重。クサ
エ：宮城。（図4-32参照）

　［関連］クサンセ・クサイセ・クサンチ：石川。クッセ：石川。クサエシ：富山。クサンヘ：青森。
以上より、クダシ・クダイ・クサイ系は以下のように変化したと考えられる。

```
クダサンセ(kdsNs) > クダインセ(kdiNs)　　> クダンセ(kd-Ns)　　> クダンヘ(kda-Nh)
　　　　　　　　　　　　　　　　　　　> クタンセ(kt-Ns)　　> クタンシ
　　　　　　　　　　　　　　　　　　　> タンセ(-t-Ns)

　　　　　　　 > クダイセ(kdi-s)　　　> クダイショ　　　　> クダショ(kd--s)
　　　　　　　　　　　　　　　　　　　> クダッシ(kd-Qs)　> クダシ(kd--s)
　　　　　　　　　　　　　　　　　　　> クダイ(kdi--)　　> クダー　 > クダ
　　　　　　　　　　　　　　　　　　　> クタイ(kti--)　　> クッタイ > クッチャ
　　　　　　　　　　　　　　　　　　　> クター(kt---)　　> クタ

　　　　　　　 > クライセ(kri-s)　　　> クライ(kri--)　　> クラ
　　　　　　　 > クサンセ(k-sNs)　　　> クサイセ(k-sis)　> クサイ(k-si-) > クッセ
```

12）タイナ

　下さい。待遇度は、クダシと同程度である。

①タイ

　タイ・タエなどの異形態もある。タイナで使用されることが多い。近江系。「ほれ えーなー、ちょっと貸してタイ」（『滋賀県方言語彙・用例辞典』）。滋賀県側のほとんど地点で確認された。

　［分布］タイ：千葉・富山・石川・長野・岐阜・三重・滋賀。テー：石川。タエン：北海道。タイン：宮城。タイエ：秋田。タイヤ：秋田・石川・長野。タイヨー・タヤー・タヨー・タエン：千葉。タイナ：千葉・滋賀。タイマ：富山・石川。タイネ：石川。（図4-33参照）

　［同系］タン：三重。タ：富山・鳥取・島根・高知・長崎。タンエ：秋田。タンヨ：千葉。タンセ：秋田・長崎。

　◆類似した形式に、タモル（給る）の命令形タモレから変化したタモ、タブ（賜ぶ）の命令形タベがみられる。

　［関連］タモ：石川・三重・滋賀・京都。タベ：伊豆諸島（八丈島）。

　［文献］「去ながら先済みよったが、一部始終を見てたも」（曽根崎心中、大坂1703）。「この事を弁慶に伝えてたべ」（御曹司初寅詣、大坂1701）。

②タイタイ

　滋賀県側で、タイの異形態として確認された。

　◆江戸中期上方に登場し、「幼児が両手を重ねて物を乞う時にいう語」で、賜賜（タベタベ）が語源であるとの説もみられる（『近世上方語源辞典』）。以下の地域におけるタイタイの用法・意味も

同様である。

　［文献］「うぬが懐な三百両こつひへたいたい」（恋女房染分手綱、大坂1751）。

　［分布］四国全域のほか、青森・宮城・富山・石川・愛知・岐阜・三重・滋賀・島根。

　以下のように変化したと考えられる。古語のタモレ・タイタイとクダサンス系のクタイの混淆でタイが発生したのであろうか。

　　　タモレ ＞ タモ ＞ タン ⇔ タンエ ＜ タンセ ＜ クタンセ ＜ クダンセ

　　　タイタイ ＞ タイ ⇔ クタイ ＜ クダイ ＜ クダイセ

　　　　　　＞ タ

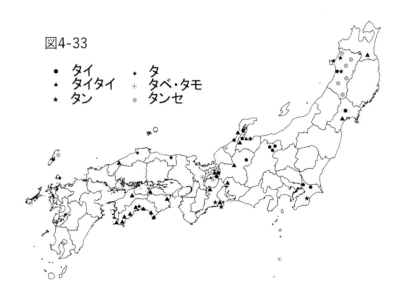

図4-33

- タイ　　・タ
- タイタイ　◦タベ・タモ
- タン　　◦タンセ

13）チョー

　下さい。待遇度は、クダシと同程度である。尾張方言の代表的な形式として知られている。「私にも一つチョー」（『ナゴヤベンじてん』）。名古屋と岐阜県側の関原〜垂井近辺、久瀬川で確認された。

　◆「頂戴遊ばせ」から変化した形式。チョーは、維新前の名古屋の百花詞（もかことば）である（若原1913）。発生は宗治時代（1730-39）とされる（山田1961）。大正期の大垣ではまだ使用されていなくて、後に名古屋から侵入した新しい形式と考えられる（杉崎・植川2002）。

　［文献］「信戒さん 泣キアスにハア置て頂な（ヲイてチヨウな）」（花の魁、名古屋1864-68）

　［分布］愛知・岐阜・山梨。（図4-34参照）

〈参考〉チョーデァーアソバセ

　明治期の名古屋や大垣では、上層町人や士族の間で原形の「頂戴遊ばせ」も使用されていた。百花詞出自のチョーは待遇度も低く下品な表現と考えられていたことから、チョーデァーアソバセとチョーとに位相差があったことがわかる。

　　大垣　　「ちょーでぁーあそばせ」（杉崎・植川2002）

　　名古屋　「おあがりあそばいて ちょうでぁーぃあそばせ」（芥子川1971）

　以下のように変化したと考えられる。

　　チョーダイ-アソバセ → チョーデァーアソバセ ＞ チョーダイス ＞ チョース ＞ チョー

図4-34

- ● チョー
- ★ チョーセンカ

3．3．3 待遇表現の歴史的変遷

　京阪、名古屋、彦根、大垣における待遇表現の歴史的変遷をまとめると、表4-3のようである[18]。①は、待遇度が第一段階であることを示す。明治期の上方語、昭和初期の彦根方言、明治大正期の名古屋方言については、待遇度が不明の形式があることから、省略した。文法の調査項目と比較すると表4-4のようである。

　当域の言語状況について、彦坂（1997）は、以下のように指摘している。

　　・濃尾は上方語からの影響が濃厚ではあるが古態的でかつ方言的にやや独自の様相を呈し（ている）
　　・この地域（濃尾）の敬語辞は上方からの度重なる伝播をもととし、それに濃尾中央で随時方言
　　　的変容を加えつつ推移した。
　　・近畿地方が規範保持の傾向をもつのに対し、濃尾・三河にはこれが薄いことを語るものであろ
　　　う。それだけ変化を先取りしたり独自の変容を遂げている

　表4-3・4-4からも、上方語の諸形式が、時間差を置いて濃尾方言に伝播したり、独自に変化していることがわかる。

---

[18] 室町期、近世上方語は山崎(1963)、明治期上方語は金沢(1998)・辻(2009)、江戸期名古屋方言は芥子川(1971)・彦坂(1997)、明治期名古屋方言は若原(1913)・山田(1961)、昭和前期の彦根方言は井之口(1952)・藤谷(1975)、大垣方言は杉崎・植川(2002)を参照した。

表4-3　4地点における待遇表現の歴史的変遷（1）

	京都・室町	上方・江戸前期	上方・江戸後期	上方・明治期	彦根・昭和前	大垣・明治中期	大垣・大正期	名古屋・江戸後	名古屋・明治大正
シャル	イカセラルル①	イカシャリマス① イカシャル②	イカシャリマス① イカシャル②	…	…	イカッシャル③ イカッセル③ イカッシル⑤	イカッサル③ イカッセル③ イカッシル⑤	イカッシャル③ イカッセル③	イカッセル
レル	イカルル③	イカルル②	イカレル②	イカレル	イカル	イカレル②	イカレル②	イカレル③	イカレル
ナサル	(オ)イキナサルル① イキナサル②	(オ)イキナサル②	(オ)イキナサル① イキナハル③ (オ)イキナハル②	イキナサル イキナハル イカハル	イカハル イカール イカル	(オ)イキナサル② イキナサル② イキンサル②	(オ)イキナサル② イキナサル② …	(オ)イキナサル① イキナサル② イキナサル②	…
アル	オイキヤアル① オイキヤル② イキヤル③	オイキヤル② イキヤル④	オイキヤル② イキヤル③	イキヤル	イキヤル	…	…	イキヤル④	…
アンバス	…	オイキアンバシマス② オイキアンバス②	オイキアンバシマス① オイキアンバス①	オイキヤス	オイキヤス	オイキアンバス① イキヤース③	オイキヤース③ イキヤース③	オイキアンバス① イキヤース①	イキヤースバセ イキヤース
ンス	…	イカサンス② イカンス②	イカサンス② イカンス②	…	イカンス	イカンス④	イカンス④	オイキナンス② イカンス①	イカンス
一段式 指定辞	…	…	オイキル② イッテジャ②…	オイキル イッテヤ	…	イキール④	イキール④	オイキル② イッテデア②	…
ヨル	イキヲル⑤	イキヲル⑤	イキヨル⑤	イキヨル	イキヨル	イキヨル④	イキヨル④	イキオル⑤	イキョル
ゴザル	ゴザル①	ゴザル② ゴザンス② ゴアンス② ゴザリンス①	ゴザル② ゴザンス②	…	ゴザル ゴンス	ゴザル③ ゴザリャース② ゴザラッシル④	ゴザル③ ゴザリャース②	ゴザル③ ゴザンス② ゴンス② ゴザラッセル①	ゴザル
ミエル	…	ミエル②	ミエル②	…	…	ミエル②	ミエル②	ミエル②	…
オイデル	オイデナサルル① オイデヤル② オジヤル②	オイデナサル② オジヤル③ オイデル②	オイデナサリマス① オイジヤル③ オイデル②	オイデヤス	オイデヤス オイデル	オイデンサル② オイデヤス③ オイジャース③ イリャース③ イジャース③ イジャース③	オイデヤス③ オイジャース② イリャース③ イジャース③ イジャース③	オイデアンバス① オイデナサレル② オイデヤス③ オイヤース③ イラッヤース③	オイデヤースバセ オイデヤース オイリヤースバセ イリヤースバセ イリヤース イリヤース
クダサル	クダサルル②	クダサルル② クダサンス② クダンス②	クダサリマス① クダサンス② クダンス② オクレル②	オクナハル オクレヤス	オクレヤス クレヤス クダンナハイ クダイ タモ タイ	クダレル③ クダシール④ オクレアンバス① オクリジャース② オクジャース③ オクレンサル②	クダレル④ クダシール④ オクリャース② オクジャース③	クダサレル① クダサル① オクレル② オクレル④ オクレアンバセ①	オクリャースバセ オクリャース オクレル オクリャース チョーダイスバセ チョーダイ チョース

表4-4　4地点における待遇表現の歴史的変遷

		地域	上方・京阪				彦根	大垣			名古屋	
		時代	室町	江戸前期	江戸後期	明治期	昭和前期	江戸末期	明治中期	大正期	江戸後期	明治大正
		記号	室町	上方前	上方後	上方M	彦根S	大E	大M	大T	名E	名M
行かれる	イカンス系	イカンス	・	□	○	・	○	○	○	○	○	○
	イカッシャル系	イカッシャル	・	○	○	・	・	○	○	・	○	・
		イカッセル	・	・	・	・	・	○	○	○	○	○
		イカッサル	・	・	・	・	・	・	・	○	・	・
		イカハル1	・	・	・	・	・	・	・	○	・	・
	イキナサル系	イキナサル	□	○	○	○	・	○	○	○	○	○
		イキンサル	・	・	・	・	・	○	○	・	・	・
		イキナサレル	□	・	・	・	・	○	○	○	・	・
		（イキナレル）	・	・	・	・	・	・	・	・	・	・
		イカハル2	・	・	・	○	○	・	・	・	・	・
		（イキナハル）	・	・	○	○	・	・	・	・	・	・
		（イキナル）	・	・	・	・	・	・	・	・	・	・
		イカール	・	・	・	・	○	・	・	・	・	・
		イカル	・	・	・	・	○	・	・	・	・	・
	オイキアソバス系	イキヤス	・	□	□	○	・	・	・	・	□	・
		イキャース	・	・	・	・	・	・	○	○	・	○
	一段式	イキール	・	・	□	□	・	○	○	○	□	○
		オイキル	・	・	・	○	○	・	・	・	○	・
	イキアル系	イキヤル	○	○	○	○	・	○	・	・	・	・
		イキャル	○	○	○	・	・	○	・	・	・	・
	イキオル系	イキヨル	□	□	□	○	○	○	○	○	○	○
いらっしゃる	ゴザル系	ゴザル	○	○	○	・	○	○	○	○	○	○
		ゴンス	・	・	・	・	○	・	・	・	○	・
		（ゴザンス）	・	○	○	・	・	・	・	・	○	・
	ミエル	ミエル	・	○	○	・	・	○	○	○	○	○
	オイデアソバス系	オイデヤス	・	・	・	○	○	○	○	○	○	□
		（オイデアソバス）	・	・	・	・	・	○	○	○	・	・
		オイジャース	・	・	・	・	・	○	○	○	・	・
		イリャース	・	・	・	・	・	・	○	○	・	○
下さる	クダレル	クダレル	・	・	・	・	・	○	○	○	○	○
	オクレアソバス系	オクレヤス	・	・	・	○	○	□	□	・	□	□
		オクジャース	・	・	・	・	・	○	○	○	・	・
		オクリャース	・	・	・	・	・	□	○	○	□	○
	クダサンス系	クダンセ	・	○	○	・	□	□	□	□	・	・
		タイタイ	・	○	○	○	○	・	・	・	・	○
	頂戴系	チョー	・	・	・	・	・	・	・	・	・	□
	一段式	イッテール	・	・	・	・	・	○	○	○	・	・

３．４　表現法

３．４．１　命令表現

１）イキャー

　待遇動詞イキャースの命令形イキャースの省略形。親しみのある中程度の敬意を表わす。尾張系の形式。今須地区「下の谷」以東の岐阜県側や名古屋、滋賀県側の柏原や樋口で確認された。

　［分布］愛知・岐阜・滋賀。（図4-35参照）

　大阪府の和泉（東燃2011）のイキャーはイキヤの変化形で、異なる系統と思われる。

２）イキーヤ

　動詞連用形の長音形に終助詞ヤが接続した形式。イキャーより丁寧な表現である。「はよやりーや（早くやりなさいよ）」。美濃系の形式。岐阜県側の岐阜・大垣・垂井・関原近辺のほか、滋賀県側の柏原・一色・樋口で確認された。西円寺・樋口・竹尻では、短音形のイキヤが聞かれた。祖父谷では、イ[キ]ヤーが聞かれた。

　　［文献］「おまへハ ずつとあちへ住て ねエや」（空言の河、京1804）。

　　［分布］伊豆諸島・石川・長野・愛知・岐阜・三重・滋賀・京都・大阪・兵庫・奈良・山口・愛媛・高知・長崎。オキーヤ（起きーや）[19]：中国全域のほか、新潟・石川・岐阜・京都・大分。（図4-36参照）

　◆近畿中央部や伊豆諸島では、長音形イキーヤと短音形イキヤが併用されている。イキヤは、近世前期上方語イキヤルの命令形イキヤレから変化した形式とされている（山崎1963）。長音形と系統が異なるのであろうか。

　　［文献］「これ少将、直して遣りや」（百夜小町、大坂1697）。

　　［分布］伊豆諸島・石川・長野・愛知・滋賀・京都・大阪・京都・大阪・奈良・山口・高知・長崎・ ヤスミヤー：伊豆諸島（三宅島）。タベリヤ：伊豆諸島（利島）。オキヤ（起きや）：石川・京都・大阪・奈良・兵庫・広島・高知。

３）イキーナ

　動詞連用形の長音形に終助詞ナが接続した形式。近畿系の形式。「もう少し横へ行ってぇナ」（『滋賀県方言語彙・用例辞典』）。滋賀県側の彦根・米原・長浜・柏原などの大きな街のほか、岐阜県側の岐阜、垂井近辺でも確認された。

　　［文献］「ソレ見いな」（菅原伝授手習鑑、大坂1746）。「おまへもはやふ上りいな」（短華蘂葉、大阪1786）。

　　［分布］岐阜・三重・滋賀・京都・大阪・徳島・愛媛・大分。

　◆江戸語の短音形イキナは、イキナサレの変化した形式とされていて（『江戸語大辞典』）、上方のイキナとは異なる系統と考えられる。

　　［文献］「ちよツと明けて見てくれな」（郭中奇譚、江戸1769）。

　　［分布］イキナ：北海道・秋田・福島・茨城・群馬・千葉・東京・神奈川・新潟・山梨・長野・静岡・兵庫・奈良・和歌山。

---

[19] GAJ の図 209「起きろ」（やさしく）ほかを参照。

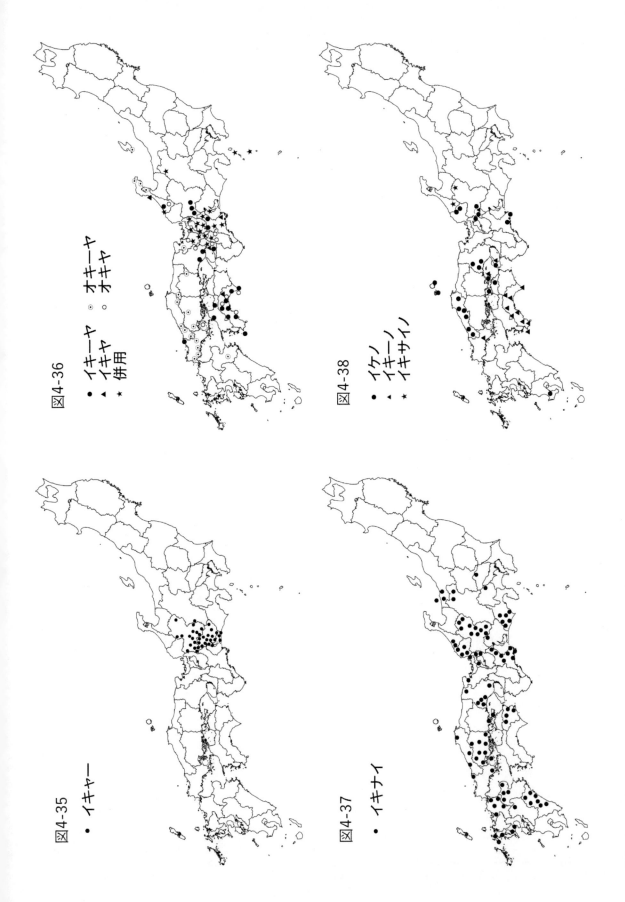

図4-36　● イキーヤ　⊙ オキーヤ　▲ イキャ　○ オキャ　★ 併用

図4-38　● イケノ　▲ イキーノ　★ イキサイノ

図4-35　● イキャー

図4-37　● イキナイ

4）イキナイ

　動詞連用形にナイが接続した形式。近江系の形式。「がんばって走りナイ」（『滋賀県方言語彙・用例辞典』）。彦根と寺倉を除く滋賀県側で確認された。彦根では、柏原方面の形式と認識されていた。

　◆イキハナルの命令形イキナハイから変化した形式とされる。イキナルの命令形イキナレから変化した形式もみられる（『江戸語大辞典』）。

　［文献］「親方、聞きない。ゆふべ新町の」（蕩子筌王枉解、江戸1770）。

　［分布］埼玉・新潟・石川・福井・山梨・長野・静岡・愛知・岐阜・三重・滋賀・京都・兵庫・島根・岡山・広島・山口・徳島・香川・福岡・長崎・熊本・大分・宮崎。（図4-37）

5）イケテ

　動詞命令形に終助詞テが接続した形式。尾張系の形式。待遇度が低く、相手が命令にすぐに応じないことに対する苛立ちを表わす。「はよ 行けて（早く行けよ）」。名古屋と岐阜県側の岐阜、垂井・関原近辺と、今須・祖父谷・山中など今須地区東部で確認された。

　［分布］秋田・静岡・愛知・岐阜・兵庫。

　◆終助詞テは、自分の判断を一方的に相手に押し付ける気持ちを表し、江戸中期の上方や江戸後期の名古屋でも使用が見られる。ただし、動詞命令形に接続した用法の有無は不明である。

　［文献］「イヤもう貴様は念を入れて稽古なさるゝ事はござらぬて」（三十石艠始、大坂1759）。「今では山崎のとくざみそに与衛門みそなんぞハゑいて」（駅客娼穿、名古屋1804）。

6）イケノ

　動詞命令形に終助詞ノが接続した形式。美濃系の形式。待遇度が低く、突き放した態度を表わす。「行きたかったら、行けの。やなら、おけの（行きたかったら、行けばいい。嫌なら、止めろ）」。岐阜、大垣～関原近辺のほか、今須西や長浜で確認された。

　［文献］「たハけめが、かた手でとれいの」（傾城浅間嶽、京1698）。「ふんべつすへてくださんせなふ」（冥途の飛脚、大坂1711）。

　［分布］北海道・福井・岐阜・三重・滋賀・兵庫・岡山・香川・鹿児島。セーノー：島根。（図4-38）。

　［同系］イキーノ：岐阜・山口・香川・高知。イキサイノ：岐阜。ゴザラシャレノー：石川。

３．４．２　禁止表現

　動詞連用形を用いた禁止表現に終助詞ナが接続した形式。

1）イキンナ

　待遇動詞イキールの禁止形。大垣旧市街ではイキールナを使用していたが、市域北西部の赤坂（旧不破郡）ではこの形式が使用されていた（杉崎2009）。岐阜県側の垂井・綾戸でのみ、確認された。歴史的文献にはみられない。

　［分布］岐阜・三重・山口。（図4-39参照[20]）

　［同系］オイキンナ：長野・愛知

20　GAJ の図 221・222「行くなよ（やさしく）」ほかを参照。

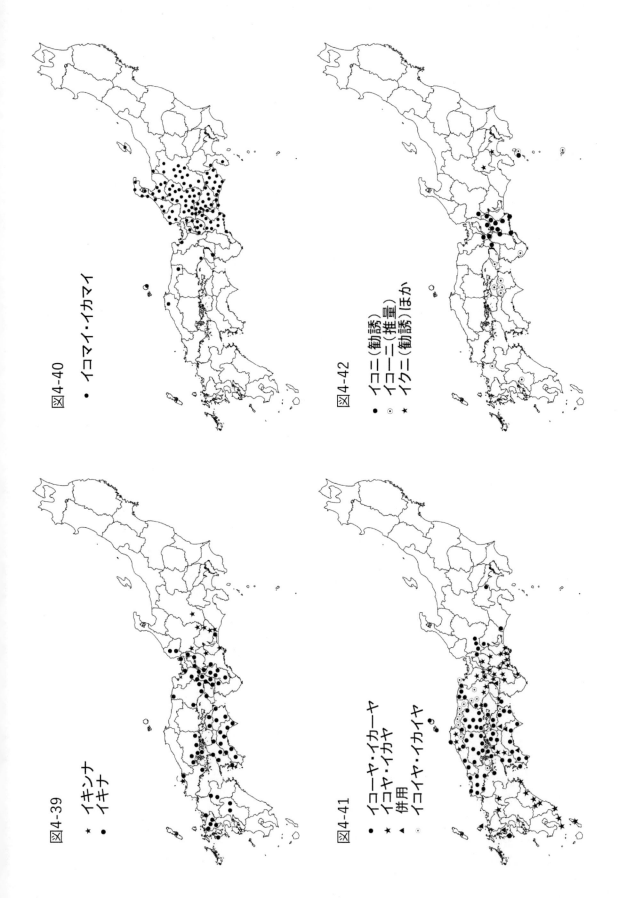

図4-40
● イコマイ・イカマイ

図4-42
● イコニ(勧誘)
◉ イコニー(推量)
★ イクニ(勧誘)[ほか]

図4-39
★ イキンナ
● イキナ

図4-41
● イコーヤ・イカーヤ
★ イコヤ・イカヤ
▲ 併用
◉ イコイヤ・イカイヤ

2）イキナ

　動詞連用形を用いた命令表現。近畿系の形式。京都でオイキ]ナが確認されたが、滋賀・岐阜の両県ではイキナは確認されなかった。

　　［文献］「そんな事いひな」（くだまき網目、1761）。「その様に酒のミないナア」（間似合早い粋、1769）。

　　［分布］　近畿・四国全域のほか、福井・愛知・広島・山口・福岡・佐賀・長崎・熊本・大分・沖縄。

　◆江戸後期の京都の遊里語。終止形を用いた禁止形イクナがぞんざいな印象を与えるのに対し、イキナはやわらかい印象を与える。イキナイナという形式でも使用される。

3．4．3　勧誘表現

1）イコマイ

　動詞志向形に、勧誘の助動詞2類マイが接続した形式。親しみを表わす。「はよ　かたづけよめぁー（早く片付けようよ）」。名古屋や岐阜県側のほとんどの地点のほか、滋賀県側でも彦根・米原近辺や、醒井・柏原などでも確認された。

　◆打消し推量の「動詞＋マイ」に疑問を表わす終助詞カが接続し、「〜マイカ」で勧誘を表わすようになった。名古屋において、カが脱落して「〜マイ」となったのは明治以降とされる（芥子川1971）。

　　［文献］「是はめでたひ事じゃ程に、いざはやし物をしてもどるまひか」（三本柱、室町期末）。「そんならきよ、ついでにくわまいかや」（（囲多好謔、名古屋1800）。

　　［分布］新潟・富山・石川・福井・長野・静岡・愛知・岐阜・三重・滋賀・京都・大阪・兵庫・鳥取・島根。（図4-40参照）

2）イコッケ

　動詞志向形に終助詞ケが接続した形式。親しみを表わす。男性が、親しい同等や目下に対し使用する。岐阜県側の岐阜・久瀬川・垂井周辺・平井で確認された。県境の今須西・長久寺では理解語となっている。

　◆明治・大正期の大垣では使用されていないが、北西部の赤坂（旧不破郡）では、以下のような諸形式が使用されていた。イコッケは、イコッケァより派生した新しい形式である。

　　　　イコーカイ ＞ イコッカイ ＞ イコッケァ
　　　　　　　　　＞ イコーケァー

　岐阜県内では、多治見でイコッケー・アスボッケ（遊ぼう）の記述がみられた。愛知県では、杉崎が名古屋でイコッケァを確認している。他県での記述は確認できなかった。

3）イコーヤ

　動詞志向形の長音形に終助詞ヤが接続した形式。「はよ　やりーや（早くやりなさいよ）」。

　岐阜県側の岐阜、垂井・関原周辺、「上の谷」を除く今須地区、滋賀県側の米原周辺のほか、各地に点在している。長久寺では、短音形のイコヤが聞かれた。

　　［分布］四国全域のほか、山梨・愛知・岐阜・滋賀・大阪・兵庫・岡山・広島・島根・岡山・広島・山口・長崎。

［同系］イカーヤ：静岡・京都・兵庫。イカイヤ：鳥取・京都・兵庫。イコイヤ：京都・兵庫・山口。イコーエ：徳島。（図4-41参照）

近畿中央部と九州西南部を中心に短音形のイコヤがみられる。

［関連］イコヤ：三重・滋賀・京都・大阪・奈良・和歌山・岡山・愛媛・福岡・長崎・大分・宮崎・鹿児島。イカヤ：島根。カモヤー（食べようよ）：沖縄（奄美）。

4）イコニ

動詞志向形に終助詞ニが接続した形式。催促する場合に使用する。岐阜県側の垂井・関原周辺や今須地区で確認された。

［分布］岐阜・三重・滋賀・京都・奈良。

［同系］イクニ：神奈川・山梨（奈良田）。テツダッテヤロニ：伊豆諸島（利島）。（図4-42参照）

［関連］カコーニ（推量）：兵庫・和歌山・徳島・香川・福岡・熊本。

〈参照〉終助詞ニ

終助詞のニは、文化文政時代の名古屋で多用されていた形式とされている（芥子川1971）。

［文献］「大きい声せるな、人がたかるに」（女楽巻、名古屋1800）。

大正期の大垣では使用されておらず、昭和になって外部から入ってきた新しい形式と認識されていた（杉崎・植川2002）。勧誘表現のニは、歴史的文献では確認できなかった。

３．４．４　意志表現

◎イコホン

近江的な形式。上記の勧誘表現が聞き手に対して発話されるのに対して、イコホンは発話者の意思を表明する表現である。「早う　イコホン」（『滋賀県方言語彙・用例辞典』）。滋賀県側の番場・醒井周辺のほか、彦根や米原、岐阜県側の今須地区で確認された。

［分布］滋賀・岐阜。イコホ：広島。（図4-43参照）

３．５　助詞

1）ガヤ・ゲー・ホン

「（駄目）じゃないか」を意味する強調の終助詞。文末において、強意、詠嘆、念押しを表わす。

①あかんガヤ

尾張系の形式。名古屋や岐阜県側のほか、滋賀県側の柏原や一色でも確認された。「そせせるな、きたなこなってまうがや（そう突くな、汚くなってしまうじゃないか）」。

［分布］北海道・富山・石川・愛知・岐阜・三重・滋賀・兵庫・奈良・鳥取・島根・岡山・山口・香川・愛媛・高知・熊本・宮崎・沖縄。（図4-44参照）

◆当初の用法は、動詞推量形＋ガヤで反語表現に限られていた。

［文献］「これ、こいつめは其方と一処ぢゃあろうがや」（好色伝授、大坂1693）。「今のはたしかにおまへのケンシが来たその相談であろふがや」（指南車、名古屋1802）。

名古屋では、後に今日のような念押しに使用されるようになったとされる（芥子川1971）。

［文献］「うちの子供にや、なんにもさせずと、おくでやがや」（駅客娼穿、名古屋1804）。

②あかんゲー

ガヤより柔らかい表現。親しい同等や目下に対して使用される。大垣の明治生まれでは、ゲァーが使用された。「また おちゃればっかして、たーけに みえるげぁー（またふざけてばかりいて、バカにみえるじゃないか）」。岐阜、大垣、垂井、松尾などで散見された。

　［文献］「これもてまいがためをおもつて言ふのでやげ」（駅客娼穿、名古屋1804）。

　［分布］北海道・岩手・新潟・富山・石川・福井・愛知・岐阜・三重・兵庫・奈良・山口・徳島・愛媛・鹿児島。ギャー：愛知・香川。

　［同系］ガイ・ガエ：四国・九州全域のほか、北海道・岩手・伊豆諸島・新潟・富山・石川・兵庫・奈良・和歌山・島根・岡山・広島・山口。

　◆終助詞ガに間投助詞イが接続し、アイ連母音が融合した形と考えられる。

③あかんホン

近江系の形式。「ええホン、ええホン。禁止言わはっても、かまへんホン」（『滋賀県方言語彙・用例辞典』）。滋賀県側のほとんどの地点、岐阜県側では今須地区の貝戸、祖父谷で確認された。

　［分布］　岐阜・滋賀。

　［同系］　ホニ：和歌山。「あるホニ」。

　◆副詞のホンニ（本当に）が終助詞化（文末詞化）した形式で、以下のように変化したと考えられている（藤原1986）。

　　ホンニ ＞ ホニ ＞ ホン

〈参考〉　終助詞ガ・ガン・ガナ

ガヤ・ゲーなどの終助詞には、以下のような同系の諸形式がみられる。

① ガ

逆接（〜けれども）を表わす接続助詞ガが、下の文を省略して感動を表わすようになり、終助詞化したとされる。江戸前期の上方語においては、待遇度は第三〜五段階と低い。

　［文献］「アノ キヲバ ミズカラコソ ウエサセラレタガ、ナドト ユウテ」（天草本平家、1592）。分布は4章の表5（④1）のようである。ガンという形式もみられる。

② ガナ

ガにナが接続した形式。江戸後期の上方で盛んに使用されるようになった。

　［文献］「ヤイ、阿呆。伴右衛門様は吉原であろうがな」（傾城富士見る里、大坂1701）。「ぢやがな。さうでやがな抔いふ、江戸で云だわな也」（浪花方言、1821）。

2）知らんウェー

　知らないヨ。終助詞。自分の主張・感動を、傍観的な態度で伝える。「なこと、知らんわぇー（そんなこと、知らないよ）」。主に岐阜県側で確認された。大垣や今須西以西の柏原・西円寺では原形のワイが聞かれた。連母音融合により、ワイ＞ウェーと変化した。

　［文献］「夫ならば得行まいわい」（萩大名・室町末〜近世初）。

　［分布］富山・石川・山梨・長野・静岡・愛知・岐阜・大阪・兵庫・鳥取・島根・岡山・広島。（図4-45参照[21]）

---

[21] GAJ の図191「いたよ」・図193「書いたよ」・図195「強かったよ」ほかを参照。

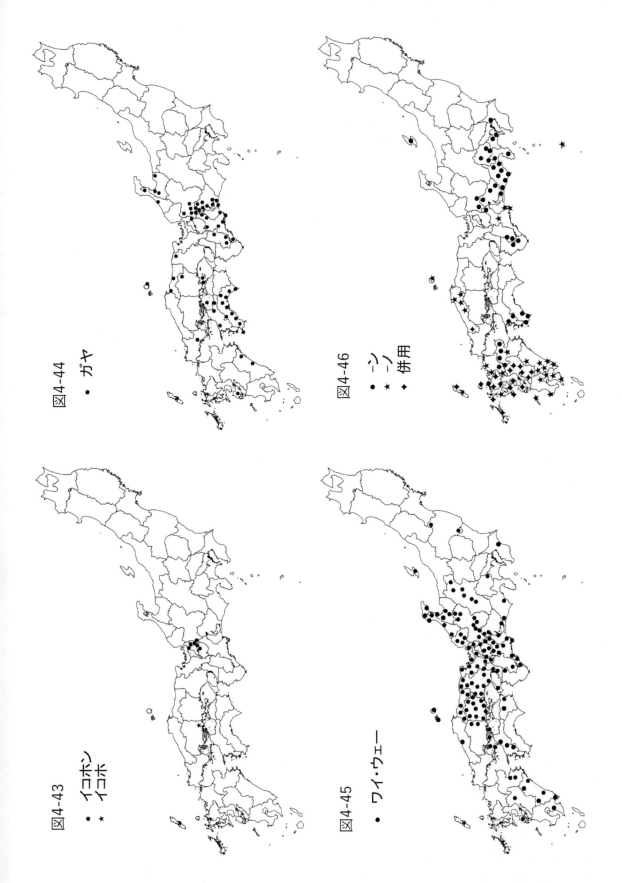

図4-43
● イコボン
★ イコホ

図4-44
● ガヤ

図4-45
● ワイ・ウェー

図4-46
● ーン
★ ーノ
◆ 併用

［同系］ワイ：中部・近畿全域のほか、北海道・福島・千葉・鳥取・島根・岡山・広島・徳島・愛媛・熊本・大分・宮崎・鹿児島。

3）雨ン

主格「〜が」を表わす格助詞。「雨ん 降ってきたわ（雨が降ってきたよ）」（杉）。貝戸・久瀬川・静里でのみ、確認された。

全国的な分布は以下のようである。地域により、ン〜ノに用法の使い分けがみられるが、ここでは形式の有無を重視した。

　　［分布］千葉・神奈川・新潟・山梨・静岡・愛知・岐阜・三重・奈良・和歌山・島根・愛媛・高知・福岡・佐賀・長崎・熊本・大分。（図4-46参照[22]）

　◆平安初期にみられた格助詞ノが、ノ＞ンと変化した形式と考えられる。

　　［文献］「貴なる女の尼になりて、世の中を思ひうんじて」（伊勢物語、平安初期）。

　　［分布］九州全域（沖縄を除く）のほか、伊豆諸島・三重・島根。

　　［同系］ヌ：長崎・鹿児島・沖縄。

4）雨ンタ

「〜なんか」を表わす副助詞。あるものに、低い評価を与えて表示する。ミテァーナ・ンテァーナという形式もみられる。「おだまんた つかましーるなよ（オタマジャクシなんか、捕るなよ）」。岐阜県側のほとんどの地点で確認された。

　　［同系］ンテナ：石川・福井。ミテナ：石川。ンタナ：福井。ンテーナモン：岐阜。（図4-47参照[23]）

　◆原形はミタイである。

　　［文献］「家みたいに何もない世帯も些と希しいですよ」（黴、1911）。

　　［分布］ミタイ：岐阜・滋賀。ミタイナ：愛知・岐阜・三重・滋賀・京都・大阪・奈良。ミタイナモン：富山・長野・三重・滋賀・京都・大阪・兵庫・奈良・島根・山口・愛媛・高知。

以下のように変化したと考えられる。

　　　ミタイナ ＞ ミテァーナ ＞ ンテァーナ ＞ ンテァー ＞ ンタ
　　　　　　　＞ ミテナ　　　 ＞ ンテナ

5）私カッテ・私カテ

「〜でも」を表わす副助詞。同類の事項が成り立っていることも前提に、取り立てる。逆接の接続助詞（〜にしても）としても使用される。

①私カッテ

「ふんなこと、うちかって 知っとるわ（そんなこと、私だって知っているよ）」。「そんな てっぽ ゆーたかって、しよーねぁーわ（そんな無茶なこと言ったにしても、仕方がないよ）」。美濃系の形式。平井以東の岐阜県側、滋賀県側の米原で確認された。

　　［文献］「何ぼ私かって蜜豆を。立って、往来で」（日本橋、1914）。

　　［分布］富山・石川・福井・岐阜・三重・滋賀・京都・大阪・奈良・香川。（図4-48参照）

　　［同系］カテテ：富山・石川・福井。カトテ：兵庫。

---

22 GAJ の図1「雨が」・図2「先生が」・図3「どろぼうが」ほかを参照。

23 GAJ の図54「傘なんか」ほかを参照。

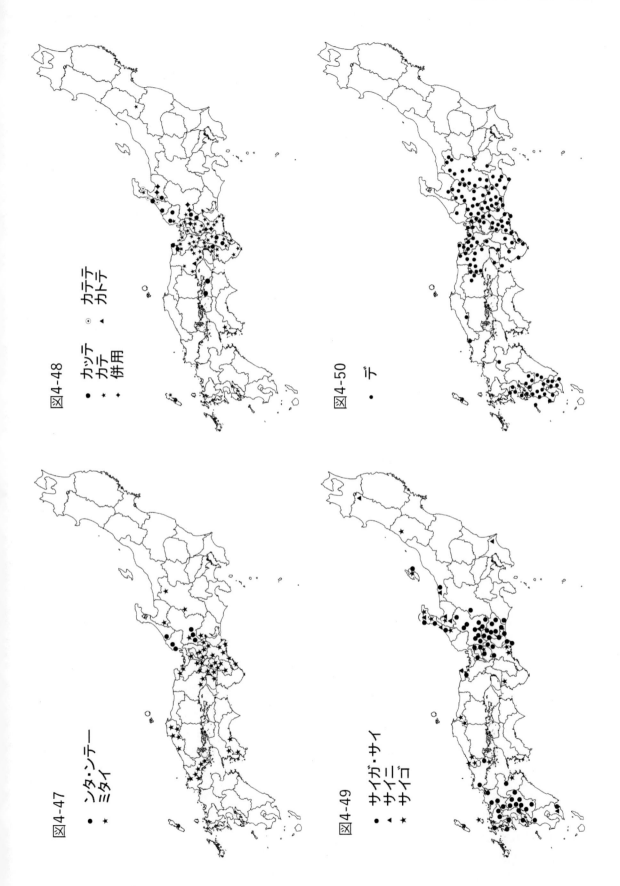

図4-47

● シタ・シテー
★ ミタイ

図4-48

● カッテ　⊙ カデテ
★ カデ　▲ カトデ
✦ 併用

図4-49

● サイガ・サイ
▲ サイニ
★ サイゴ

図4-50

● デ

②私カテ

「今からカテ、間に合うわ」（『滋賀県方言語彙・用例辞典』）。近畿系の形式。京都と滋賀県側のほとんどの地域、岐阜県側では今須地区と岐阜、垂井で確認された。

　［文献］「何処の銀行<u>かて</u>そんな廉い利息ちうたらあれへんがな」（太政官、1915）。

　［分布］近畿全域のほか、山形・石川・福井・岐阜・愛媛・長崎。

　◆カッテ・カテの原形はカトテで、当初の用法は、逆接の接続助詞であった。名詞に接続する副助詞と使用されるようになったのは、大正期以後であろうか。

　［文献］「道端に犬を嗾しかけて噛まれた<u>かとて</u>、強請り込まば」（世間母親容気、江戸1752）。

　以下のように変化したと考えられる。

　　　　　カトテ ＞ カテテ ＞ カッテ ＞ カテ

6）〜トサイガ〈最後〉

　仮定条件（〜と）を表わす接続助詞。「まっすぐ 行くとせぁーが 見えるわ（まっすぐ行くと見えるよ）」。岐阜県側や、甲田以東の滋賀県側で確認された。

　［文献］「西口の質屋へもたしてやるが、置く<u>とさいご</u>に流れの身こそ悲しけれど」（好色万金丹、大坂1694）。

　［分布］新潟・石川・長野・静岡・愛知・岐阜・三重・滋賀・京都・山口・福岡・佐賀・長崎・熊本・大分・鹿児島。サイガラ：静岡。シャガ：熊本。セーカ：新潟。（図4-49参照[24]）

　［同系］

　ⓐ　サ・サイ：石川。サイト：愛知。セー：岐阜。

　ⓑ　サイニ：千葉・新潟・石川・静岡・愛知。サナ：石川。サイナ：新潟・石川・京都・鹿児島。
　　サイニ：千葉・石川・静岡・愛知。サイニャ：富山・石川・静岡。サイノ：富山。サエモ：秋田。

　ⓒ　サイゴニ：石川。サイゴニャ；新潟。サイゴ：山形・富山・石川・三重・滋賀・和歌山・山口。タイゴ：石川。

　ⓓ　サイゴノスケ：富山・長崎。サイゴロベー：島根。

　以下のように変化したと考えられる。

```
　　　　　　　　＞サイニ
　サイゴニ＞サイゴ　　　＞タイゴ
　　　　　＞サイゴニャ＞サイニャ
　　　　　　　　＞サイガ ＞ セーガ ＞ セーカ ＞ セー
　　　　　　　　＞シャガ
　　　　　　　　＞サイナ ＞ サナ
　　　　　　　　　　＞サイ ＞ サ
```

7）〜デ・〜サカイ

　理由・原因（〜から）を表わす接続助詞。

①〜デ

　「ふんなもん食べる<u>で</u>、かみつかうわ（そんなものを食べるから、吐くんだよ）」。名古屋や岐阜県全域のほか、滋賀県側のほとんどの地点で確認された。

　［文献］「お暇が出た<u>で</u> 去にまする」（心中二つ腹帯、大坂1722）。

---

[24] GAJ の図 169「行くと（だめになりそうだ）」、吉町（1976）ほかを参照。

［分布］近畿全域のほか、富山・福井・山梨・長野・静岡・愛知・岐阜・島根・山口・岡山・長崎・熊本・大分・宮崎・鹿児島。（図4-50参照[25]）

②〜サカイ

「地震の後やサカイやめとこう」（『滋賀県方言語彙・用例辞典』）。近畿系の形式。京都と滋賀県全域のほか岐阜県今須地区で確認された。

［文献］「ソノママ　カミ　マカリノボラレテ　ゴザル　サカイニ」（懺悔録、1632）。

［分布］近畿全域のほか北海道・青森・岩手・山形・新潟・富山・石川・福井・長野・徳島・香川。

8）ナーシ

終助詞。感動や自分の意見を主張したり、ある判断について自問自答して確認する。明治期の大垣では、ナンシが女性の間で丁寧な形式として使用されていた（杉崎・植川2002）。「おぇーじゃーすなんし（いらっしゃい）」。「この本ナーシ」（『滋賀県方言語彙・用例辞典』）。垂井や松尾、今須地区「下の谷」、米原と鳥居本で確認されたほか、理解語として残っている地域も分散してみられた。

［分布］　山形・福島・千葉・長野・岐阜・滋賀・大阪・和歌山・愛媛・高知・福岡・佐賀・長崎。

［同系］

 ⓐ　ナンシ：岩手・秋田・山形・福島・長野・愛知・岐阜・徳島・高知・宮崎。

 ⓑ　ナモシ：岩手・宮城・山形・新潟・長野・愛知・岐阜・大阪・和歌山・徳島・愛媛・福岡・長崎。

 ⓒ　ナシ：青森・岩手・山形・福島・千葉・新潟・山梨・長野。ナス：青森・岩手・宮城・山形・福島。

［文献］「其のうちにお出でなんしよとて、やりかけたいなんし」（野圃の玉子、名古屋1805）。「おまへさんハわすれずと、よふお出であそばいたなもし」（囲多好髷、名古屋1800）。

◆室町期のナウモシから、以下のように変化したと考えられている（芥子川1971、藤原1986）。

 ナウモシ ＞ ナーモシ ＞ ナモシ ＞ ナンシ

     ＞ ナーシ ＞ ナシ

図4-51

 • ナーシ　　◎ ナシ
 ▲ ナンシ　　★ ナムシ・ナモシ

４．分析

　語彙と同様、統計的手法を用いて「表4-1 36地点における文法の調査結果」を元に、調査地点の関係性や文法項目の地域性を分析していくことにする。

４．１　ハ行五段動詞ウ音便

　ハ行五段動詞ウ音便は、他の文法項目とは別に取りあげる。各地点の調査結果を地図上の地点の位置と対応付けて示すと、図4-52のようである。Aはウ音便のみを使用、Bはウ音便と促音便を併用するがウ音便が主流、Cは併用で一人称がウ音便、二人称が促音便と人称差があり、Dは併用で人称差がない、Eは併用するが促音便が多く、Fはすべて促音便であるがウ音便も一部で使用することを示している。

図 4-52　ハ行動詞ウ音便の使用状況

　滋賀県は従来、ウ音便の専用地域として知られていたが、本調査の結果を見ると促音便がかなり流入していることがわかる。特に、柏原・醒井・米原などの東海道線の駅がある地点や一色・樋口・鳥居本などの旧街道沿いにおいても促音便の使用が多くなっている。

　一方、岐阜県側では「上の谷」「下の谷」の集落、滋賀県側では河内や番場、高溝や長浜など東海道線や主要道から離れた地点では促音便の流入はみられない。岐阜県側で唯一、綾戸では人称差がみられるが、話者の親戚関係が近江に限られていたことから、近江側の影響があった可能性も考えられる。

　長松以東の大垣市域は促音便が主流、松尾〜綾戸間は「促音便主流の大垣市域」と「ウ音便主流の今須地区谷奥」との緩和地域となっている。

４．２　文法

４．２．１　調査地点の関係

　文法については、ハ行動詞ウ音便と待遇表現を除いた項目を取り上げる。表4-1の①（ウ音便を除く）、②、④、⑤の23項目40語を元に分析していくことにする。語彙と同様、クラスター分析のほか、近隣結合法（ＮＪ法）を用いての分析も行った。クラスター分析、ＮＪ法を用いて調査地点の関係を示すと、図4-53～4-54のようである。

図4-53　文法からみた36地点の類似関係

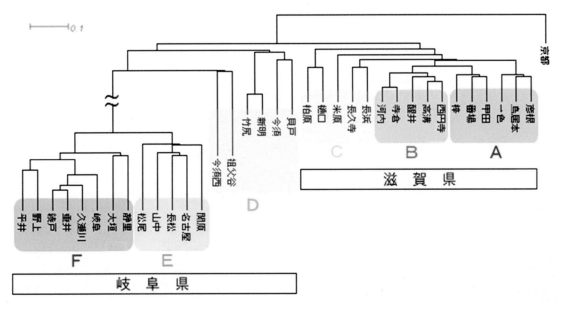

図4-54　文法からみた36地点の系統関係

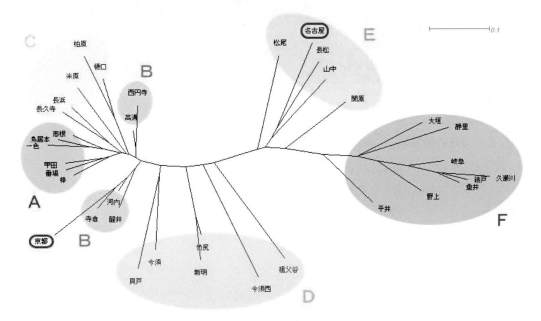

194

図4-53より以下の点が指摘できる。

　①滋賀県側・今須地区と関原以東の岐阜県側とが大きく対立している。語彙と異なり今須地区は滋賀県側に近い。その一方で、県境をはさんだ滋賀県側と岐阜県側の対立もみられる。

　②滋賀県は、BグループとAグループが結合し、Cグループとさらに上位で結合している。岐阜県は、EグループとFグループが結合し、さらに上位でDグループと結合している。特筆すべき点として、今須地区の平井がDグループではなく、大垣や岐阜と同じFグループに含まれることが挙げられる。

　③京都が滋賀県や岐阜県と大きく対立しているのに対し、名古屋は岐阜県側のEグループに含まれる。

　図4-54からは、以下のことが指摘できる。

　左端に滋賀県側のA・B・Cグループ、右端に岐阜県側のE・Fグループが配置され、東西で大きく対立している。滋賀県側は、クラスター分析結果とは細かい部分で差異がみられるのは語彙と同様である。BグループがDグループに近く、AグループとBグループが対立している。今須地区のDグループが東西の緩和地帯になっているが、岐阜県側より滋賀県側のグループに近い。

　図4-53の分類を地図上の地点の位置と対応付けて示すと、図4-55のようである。A〜Fの文字の色が、各地点の記号の色と対応している。

図4-55　文法からみた地域分類とそれに対応する地図上の位置

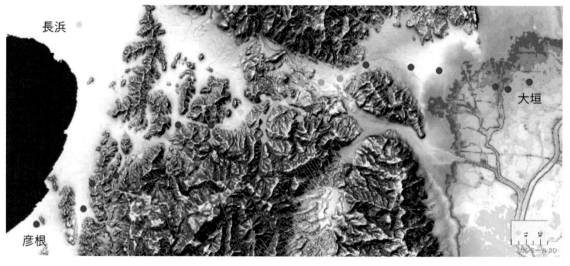

４．２．２　文法の地域性

　文法項目40語の地域性を確認していきたい。クラスター分析すると、図4-56のように分類できる。40語の地域性を示すと、表4-5のようである。表3-1での表記を視覚的に強調するため、使用語・理解語を"●"、異形態を"□"、不使用を空欄に変更した。

図4-56　文法項目40語のクラスター分析結果

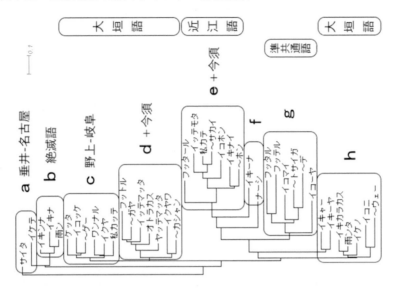

表4-5　文法項目40語の地域性

以下は滋賀県・岐阜県の地点を横軸にとった分布表である。地点区分は、京都／滋賀県（彦根・鳥居本・甲田・米原・西円寺・寺倉・高溝・長浜・番場・樋口・醒井・一色・梓・河内・柏原・長久寺）／（上の谷）貝戸・新明・竹尻／（街道）今須西・今須・祖父谷／（下の谷）平井／岐阜県（山中・松尾・関原・野上・垂井・綾戸・長松・静里・久瀬川・大垣・岐阜）／名古屋。

地域区分	語例	初出年	京都	彦根	鳥居本	甲田	米原	西円寺	寺倉	高溝	長浜	番場	樋口	醒井	一色	梓	河内	柏原	長久寺	貝戸	新明	竹尻	今須西	今須	祖父谷	平井	山中	松尾	関原	野上	垂井	綾戸	長松	静里	久瀬川	大垣	岐阜	名古屋
a, 垂井-名古屋	サイタ	…																			●				●						●	●		●		●	●	●
	イケテ	…																					●	●	●		●		●	●	●			●		●	●	●
b, 絶滅語	イキンナ	…																													●	●				●		
	イキナ	1761	□																																			
	雨ン	…																			●															●	●	
c, 野上-岐阜	ケッタ	…																			●			●			●	●	●	●	●	●	●	●	●	□	●	□
	イコッケ	…				□											●				●			●		●			●	●	●	●	●	●	●	●	●	
	あかんゲー	1804																			●			●			●			●	●	●	●	●	●	●	●	
	ワンナル	…	●											●										●					●	●	●	●	●	●	●	●	●	
	ドコ　イクヤ	…																									●	●	●	●	●	●	●	●	●	●	●	□
	私カッテ	1914				●															●			●			●	●	●	●	●	●	●	●	●	●	●	
d, ＋今須	フットル	1716			●			●	●		●						●	●	●	●		●	●		●	●	●	●	●	●	●	●	●	●	●	●	●	
	あかんガヤ	1804								●				●			●	●		●	●			●		●	●	●	●	●	●	●	●	●	●	●	●	
	イッテマッタ	…						●		●							●			●	●			●		●	●	●	●	●	●	●	●	●	●	●	●	
	オトラカス	…								●							●	●		●	●			●		●	●	●	●	●	●	●	●	●	●	●	●	
	ヤッテマッタ	…																		●							●	●	●	●	●	●	●	●	●	●	●	
	イクヤワ	…				●									●		●			●				●		●	●	●	●	●	●	●	●	●	●	●	●	□
	降るカシャン	1777																●		●				●		●	●	●	●	●	●	●	●	●	●	●	●	
e, 滋賀県＋今須	フッタール	1794		●	●	●	●		●	●		●								●	●			●		●	●	●	●	●	●	●	●	●	●	●	●	
	イッテモタ	…	●	●	●	●	●	●	●	●	●	●	●				●			●	●			●		●	●			●								
	私カテ	1915	●	●	●	●	●	●	●	●	●	●	●											●			●			●					●			
	～サカイ	1632	●	●	●	●	●	●	●	●	●	●	●								●			●		●	●			●								
	イコホン	…		●					●											●				●		●	●			●								
	イキナイ	1770		●			●									●	●			●	●			●		●	●			●								
	あかんホン	…		●																●				●			●			●								
f, 準共通語（分散）	イキーナ	1746	□	●	●	●	●		●	●	●	●											●							●	●	●		●		●		●
	そうやナーシ	…		●	●									●										●		●	●	●		●	●		●					
g, 準共通語	フッタル	…																		●	●		●	●		●	●	●	●	●	●			●		●	●	●
	フッテル	1742	●	●	●		●	●		●	●	●								●	●			●			●	●	●	●	●	●		●	●	●	●	●
	イコマイ	室町末	●	●	●	●	●		●	●	●				●						●			●		●	●	●	●	●	●	●		●	●	●	●	●
	～トサイガ	1694	●	●	●		●	●												●	●			●			●	●	●	●	●	●		●	●	●	●	●
	～デ	1722	●	●	●	●	●	●	●	●	●	●	●							●	●			●		●	●	●	●	●	●	●		●	●	●	●	●
	イコーヤ	…		●	●		●	●		●		●	●							●	●			●			●	●	●	●	●	●		●	●	●	●	●
h, 岐阜県	イキャー	…							●			●					●			●			●	□	●	●	●	●	●	●	●	●	●	●	●	●	●	
	イキーヤ	1804							●		●						●			●			●		●	●	●	●	●	●	●	●	●	●	●	●	●	
	イキカラカス	1835					●										●			●			●		●	●	●	●	●	●	●	●	●	●	●	●	●	
	雨ンタ	…																		●			●		●	●	●	●	●	●	●	●	●	●	●	●	●	
	イコニ	…																			●	●	●	●	●	●	●	●	●	●	●	●	●	●	●	●	●	
	イケノ	1698						●												●			●		●	●	●	●	●	●	●	●	●	●	●	●	●	
	知らんウェー	室町末				□	□											□		●		□	□	●		●	●	●	●	●	●	●	●	●	●	●	●	●

４．２．３　大垣語

　文法においても語彙と同様、大垣を中心に分布している「大垣語」を選定していくことにする。図4-56のａ～ｄ、ｇ（フッタル・フッテルを除く）、ｈグループの29語を「大垣語」とした。29語の大垣語の各地点における使用数をグラフに示したのが、図4-57である。図4-57をもとに大垣語の使用数を丸の大きさで地図上に示したのが、図4-58である。

図4-57　大垣語文法の使用数

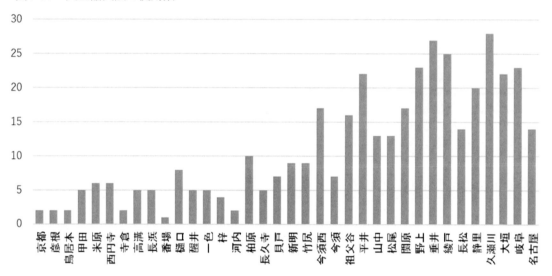

図4-58　大垣語文法の影響度

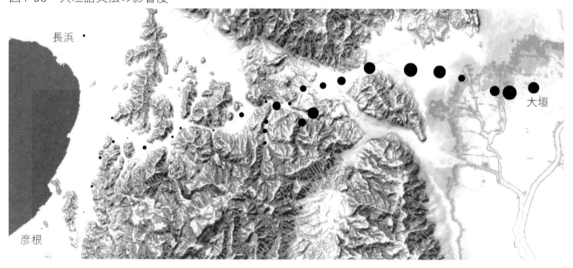

　以上より、文法における大垣語の滋賀県側へ影響は次のように推測できる。
　①語彙とは異なり、滋賀県側や岐阜県今須地区「上の谷」への大垣語の影響は比較的小さい。
　②岐阜県側今須地区の「下の谷」や街道沿い、滋賀県側の街道沿いの柏原・樋口は、大垣語の影響が比較的大きい。

4.2.4　近江語

　文法における近江語についても同様にみていきたい。項目数は少ないが、図4-56のe・fグループ、gグループのフッタル・フッテルの11語を「近江語」に選定した。11語の近江語の各地点における使用数をグラフに示したのが、図4-59である。近江語の使用数を丸の大きさで地図上に示したのが、図4-60である。

図4-59　近江語文法の使用数

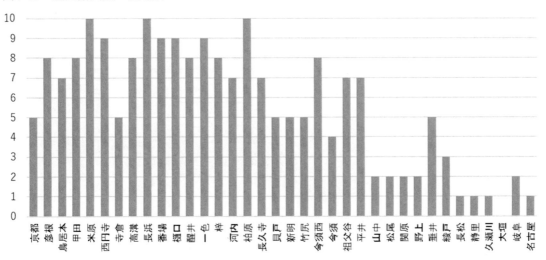

図4-60　近江語文法の影響度

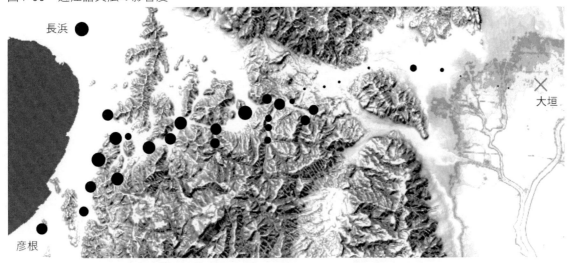

　以上より、文法における近江語の岐阜県側へ影響は次のように推測できる。

　①岐阜県側今須地区への影響は大きいが、山中以西への影響は小さい。

　②今須地区の中でも、街道沿いの今須西や「下の谷」の祖父谷・平井における近江語の影響が大きい。

　③米原・長浜・柏原など、東海道線の駅がある地点は、滋賀県側でも近江語の使用が多い。

４．３　待遇表現

４．３．１　調査地点の関係

　待遇表現については、表4-1③の６項目31語を元に分析していくことにする。クラスター分析のほか、ＮＪ法を用いての分析も行った。クラスター分析、ＮＪ法を用いて調査地点の関係を示すと、図6-61〜6-62のようである。

図 4-61　待遇表現からみた 36 地点の類似関係

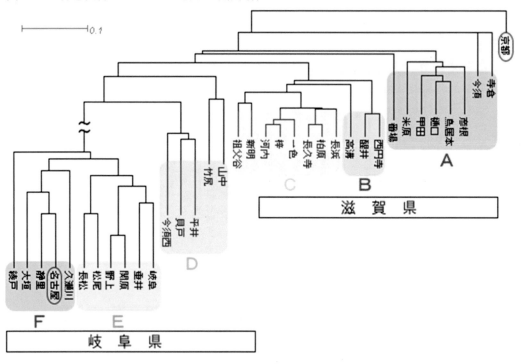

図4-62　待遇表現からみた36地点の系統関係

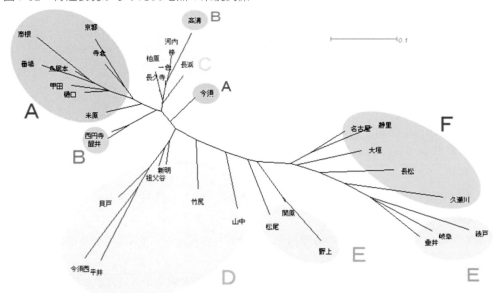

　図4-61より次の点が指摘できる。
　①文法と同様、滋賀県側・今須地区と関原以東の岐阜県側が大きく対立している。岐阜県側のFグループとEグループが結合し、さらに今須地区のDグループと上位で結合している。
　語彙や文法における分析との大きな相違点として、岐阜県側のDEFグループと滋賀県側北域のBCグループが結合し、さらにその上位で滋賀県側南域のAグループと結合していることが挙げられる。
　②京都が滋賀県や岐阜県と大きく対立しているのに対し、名古屋は岐阜県側Fグループに含まれる。

　図4-62より次の点が指摘できる。
　語彙や文法と比較すると、滋賀県側が北域のAグループと南域のCグループに大きく分かれていることがわかる。Bグループは両者の緩和地帯といえる。今須地区の今須は、クラスター分析では寺倉と共に滋賀県グループの外側に配置されていたが、NJ法ではCグループとDグループの中間に配置されているなど、分析の方法により結果が異なっている。

　図4-61の分類を地図上の地点の位置に対応付けて示すと、図4-63のようである。A～Fの文字の色が、各地点の記号の色と対応している。

図4-63　待遇表現からみた地域分類とそれに対応する地図上の位置

４．３．２　待遇表現の地域性

　待遇表現31語の地域性を確認していきたい。クラスター分析すると、図4-64のようである。31語の地域性を示すと、表4-6のようである。表示の方法は、表4-4と同様である。

図4-64　待遇表現31語のクラスター分析結果

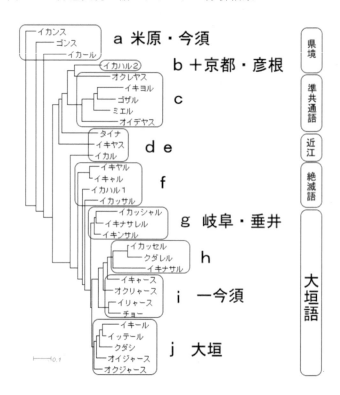

表4-6　待遇表現31語の地域性

地域	語例	K 京都	S1 彦根	S2 鳥居本	S3 甲田	S4 米原	S5 西円寺	S6 寺倉	S7 高溝	SN 長浜	S8 番場	S9 樋口	S10 醒井	S11 一色	S12 梓	S13 河内	S14 柏原	S15 長久寺	G1 貝戸	G2 新明	G3 竹尻	G4 今須西	G5 今須	G6 祖父谷	G7 平井	G8 山中	G9 松尾	G10 関原	G11 野上	G12 垂井	G13 綾戸	G14 長松	G15 静里	G16 久瀬川	G17 大垣	GG 岐阜	N 名古屋	室町	上方前	上方後	上方M	彦根S	大垣E	大垣M	大垣T	名古屋E	名古屋M
a. 米原・今須	イカンス					●			●	●		●	●	●	●	●	●	●	●	●	●	●	●	●						●	●							□	●			●	●	●	●	●	●
	ゴンス								●	●			●			●	●	●	●	●	●																	□	●			●			●		●
	イカール			●		●		●						●	●	●	●		●	●	●																						●					
b.（＋京都・彦根）	イカハル2	●	●	●	●																																						●	●	●		
c. 準共通語	オクレヤス	●	●	●	●	●			●		●	●	●			●		●		●	●		●	●	●	●	●		●		●		●			●			□	□	●	●	●	●		●	●
	イキヨル	●		●	●	●	●		□		●	●	●	●		●				●	●		●	●			●	●	●		●			●		●		□	□	□	●		●	●		●	●
	ゴザル				●	●	●		●	●	●		●	●	●		●	●		●			●		●		●		●		●					●		●	●			●					
	ミエル				●	●			●		●			●	●	●		●		●	●		●		●			●		●				●		●	●		●	●							
	オイデヤス	●	●	●	●	●	●			●	●	●		●		●		●	●	●	●		●		●		●	●					●			●	●										□
d. 近江＋垂井以西	イキヤス	□	●	●	●	●		●	●	●		●	●	●		●		●		●	●		●		●			●		●						●			□	□		●					●
e. 滋賀県	タイナ		●	●	●	●			●		●			●																									●	●		●					●
	イカル		●	●	●				●					●				●																					●	●		●					
f. 絶滅語	イキヤル	□																					●															●	●	●	●	●					
	イキャル																						●							●								●	●	●	●						
	イカハル1																										●																	●			
	イカッサル													□	●		●			●			●				●	●								●								●			
g. 岐阜・垂井	イカッシャル								●															●			●	●				●				●		●	●				●	●			
	イキナサレル																										●	●			●			●				□				●	●	●	●		
	イキンサル																						●				●	●		●					●							●	●	●	●		
h. 岐阜県	イカッセル														●	●		●			●		●				●				●			●		●							●	●	●		
	クダレル														●	●	●	●		●	●		●				●				●			●		●							●	●	●		
	イキナサル		●	●										●		●	●			●	●															●		□					●	●	●	●	●
i.（一今須）	イキャース																				●		●				●				●		●	●	●								●	●	●		●
	オクリャース																						●				●		●	●	●		●		●					□	□	●		●	□		●
	イリャース																										●	●		●	●	●		●	●								●	●	●		●
	チョー								●																●					●		●	●	●												□	
j. 大垣	イキール																													●	●	●	●	●	●				□	□		●	●	●	●	□
	イッテール																												●	●	●			●	●								●	●	●	●	●
	クダシ																												●	●		□	●	●				□	□		□		●	●	●		
	オイジャース																						●						●		●			●	●								●	●	●		●
	オクジャース																						●						●					●	●								●	●	●		●

４．３．３　待遇表現の歴史的変化

　待遇表現の各地のおける変遷については、表4-4で示したとおりである。各地の調査項目に合わせて表4-6では調査地点と同様に比較してみた。歴史的な言語としては、中央語（上方語）は室町期・江戸前期・江戸後期・明治期、名古屋は江戸期・明治期、大垣は江戸期・明治期・大正期、彦根は昭和中期の10言語である。

　10の各時代語とその直系に当たる京都・名古屋・大垣・彦根の４方言を合わせた、計14言語の待遇表現31語の関係をNeighbor Net法を用いて示すと、図4-65のようである。Neighbor Net法は、各地点の相対的な類似性がネットワークの形で示されていて、ネットワークの枝の長さと近さが類似性を示している。近隣結合法に対してネットワークを許容するように改良された手法である。

　上方語と彦根・京都は左側に位置し、右側に位置する名古屋や大垣とは大きく対立していることが見て取れる。彦根方言は明治期上方語に接近し、大垣方言は明治期名古屋方言に接近している。室町期・江戸期の古い中央語（上方語）が中央から端に移動しているのに対し、名古屋方言や大垣方言は中央に移動している点が興味深い。

図4-65　10の各時代語と4地点の待遇表現の系統関係

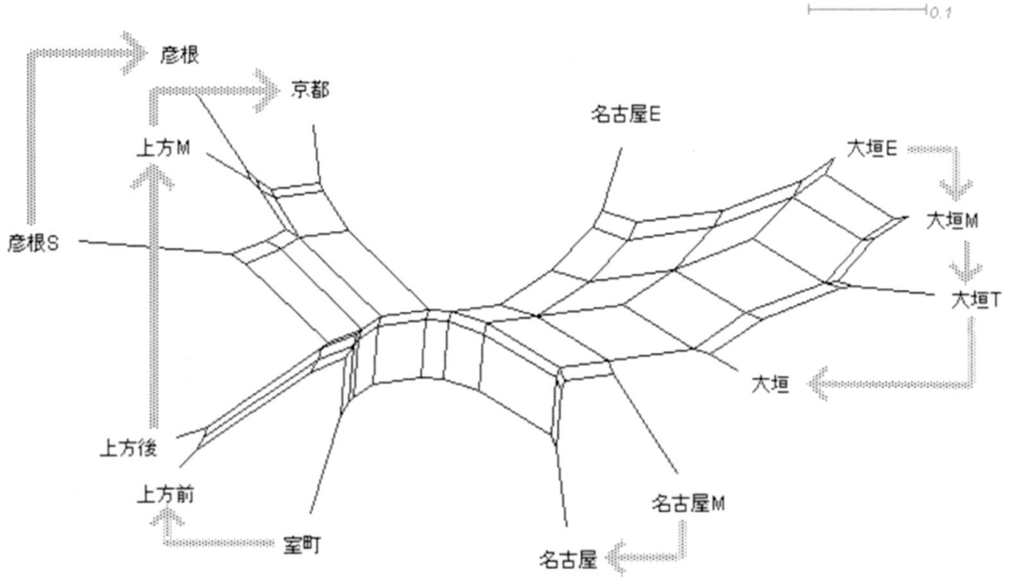

　次に、待遇表現における各時代語と全調査地点を合わせた46言語における待遇表現31語をもとに、クラスター分析とNeighbor Net法を用いてこれらの関係を示すと、図4-66～4-67のようである。

　米原や柏原などが昭和中期の古い彦根方言と、彦根や鳥居本が明治期の古い上方語（京阪語）と、綾戸や久瀬川が江戸期～大正期の古い大垣方言と待遇表現の使用傾向が近いことがわかる。松尾や関原などが明治期の古い名古屋方言に近い点も注目される。

　一方、両者に挟まれた今須地区の各地点は室町語や江戸前期・後期上方語に近い。ネットワーク図の中央に取り残された今須地区は古い方言の残存市域であり、両側の都市の新しい方言の影響を受けていない可能性が考えられる。歴史的な考察は、〈下巻〉において改めて行っていく予定である。

図4-66　10の各時代語と36地点の待遇表現の類似関係

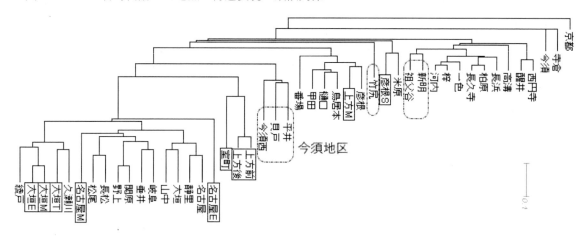

図4-67　10の各時代語と36地点の待遇表現の系統関係

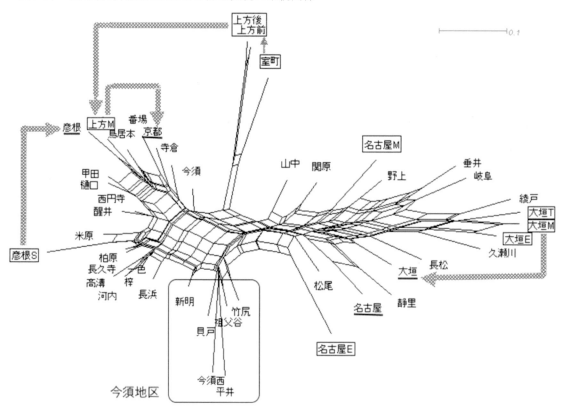

４．３．４　大垣語

　待遇表現における大垣語は表4-6のうち、ｃ準共通語の中の３語「ゴザル、ミエル、イカッサル」と、ｇ～ｊの15語の、計18語を選定した。18語の大垣語の各地点における使用数を示すと、図4-68のようである。表4-6を元に大垣語を名古屋系（ゴザル、ミエル、イカッセル、クダレル、イキャース、イリャース、チョー、オクリャース）、岐阜系（イキナサル、イカッサル、イカッシャル、イキナサ

レル、イキンサル）、大垣系（イキール、イテール、クダシ、オイジャース、オクジャース）の３つに分類した。図4-68をもとに大垣語の使用数を丸の大きさで地図上に示したのが、図4-69である。黒丸は大垣語の総数を表わし、中の白丸は大垣系・岐阜系の総数を表わしている。

図4-68　大垣語待遇表現の使用数

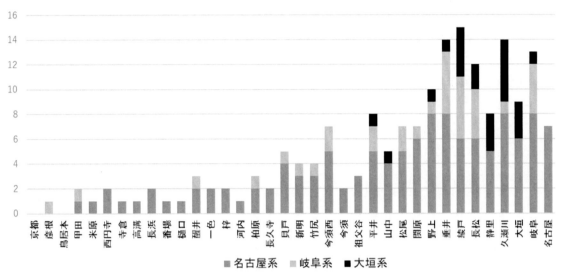

図4-69　大垣語待遇表現の影響度

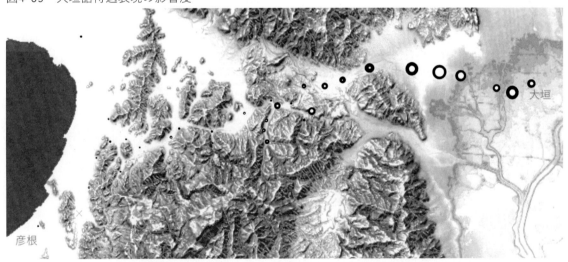

　図4-68〜68より、以下の点が指摘できる。
　①滋賀県における大垣語待遇表現の使用は少ない。
　②今須地区以西は大垣語の影響が少ないが、今須西と平井だけは大垣語の影響を比較的大きく受けている。関原以東は大垣語の影響が大きい。垂井以東は岐阜系・大垣系の影響がかなり大きい。大垣・静里は岐阜系の影響が小さい。
　③河内・祖父谷・今須などは周辺の地点と比べて大垣語の影響が特に小さい。

4.3.5　近江語

　待遇表現における近江語は表4-6のうち、a〜eの10語（ゴザル、ミエル、イカッサルを除く）を選定した。10語の近江語の各地点における使用数を示すと、図4-70のようである。近江語は、表4-6を元に、さらに京都系（イカハル2、オクレヤス、オイデヤス、イキヤス、イキヨル）の5語、近江系（イカンス、ゴンス、イカール、イカル、タイナ）の5語に分類することができる。図4-70をもとに近江語の使用数を丸の大きさで示したのが、図4-71である。黒丸は近江語の総数を表わし、中の白丸は近江系の総数を表わしている。

図4-70　待遇表現における近江語の使用数

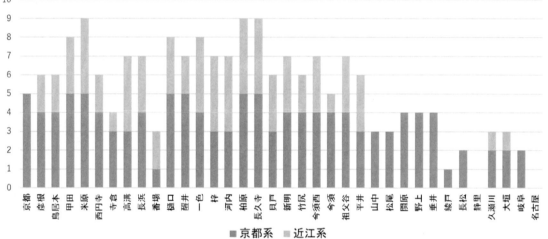

図4-71　近江語待遇表現の影響度

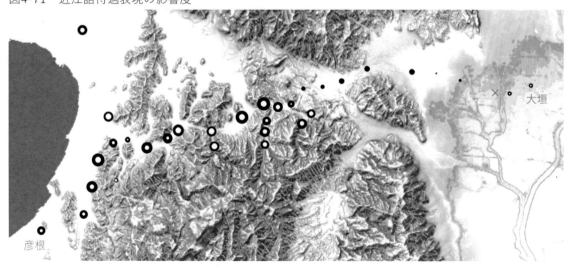

図4-70〜図4-71より、以下の点が指摘できる。
　①京都系が岐阜まで広く波及しているのに対し、近江系の影響は今須地区以西に限られている。
　②滋賀県側でも、主要道から外れた番場は近江語の待遇表現の影響が小さい。
　③彦根〜醒井間は京都系・近江系とも使用数が多く、一色〜今須地区は近江系が優勢である。
　④関原付近は京都系のみで、近江系の波及はみられない。綾戸以西は、近江語の影響が小さい。

> コラム6
>
> # はびろネット

　2014年（平成26）6月、調査の際に立ち寄った垂井町図書館で、柏原の市民グループ「はびろネット」が主催する講演会が開催されるとのチラシを発見しました。そのテーマが、「江濃国境で考える『境目の歴史文化』連続講座」でした。本調査と同様、滋賀岐阜県境の文化の考察を行っているということに興味を覚えたこと、この時のテーマが「街道」ということもあり、今須の妙応寺で開催された講演会に参加してみました。

　ここで意気投合したのが、同世代である事務局の山本さん。私の方言調査活動に理解いただけたことや、同講座の次の年のテーマが方言ということもあり、その後も連絡を取り合うようになりました。また、浄土真宗寺院と関係が薄い集落では話者探しが難航していた中、山本さんには今須門前を始めとした4地点の方のご紹介をいただけました。

　はびろネットの2015年（平成27）度のテーマが「ことば（方言）と文化」。県境を挟んだ多人数調査を行う計画で、私も調査語彙の選定に協力させていただくことになりました。県境を挟んだ5学区の3世代、総勢806名の大規模調査を実施されました。この調査の成果は、2016年、『滋賀・岐阜県境を越えた方言ハンドブック』（はびろネット）として公表されています。

今須・妙応寺にて（2014/08/18）

> コラム7
>
> # 樋口に始まり、樋口に終わる

　滋賀県側調査の初日、午後からは樋口へお邪魔しました。こちらは千年の歴史があるという正覚寺のご住職の樋口さんに調査をご協力いただけました。ご先祖様に皇室と繋がりのある樋口式部という方がいらっしゃったそうで、ご住職の樋口さんはその22代目。当域の歴史を感じるお話しでした。退院されたばかりで体調がすぐれずアクセント調査は難しいとのことで、そのままお暇。ご無理言って申し訳なかったです。

　調査後、お寺を後にして周囲を散策。真ん前の神社（西羅神社）ではちょうどお祭りが終わった所のようでした。社務所でお話しした男性、70代後半。お聞きすると樋口生まれの方。ということで、この方にアクセントのアンケートを急遽お願いすることにしました。

　1年後に調査の途中で西羅神社の前を通ると、またまたお祭りの後。前年にお会いした方と再会し、その場で再調査をお願いしました。その場に居合わせた他のお二人にもいろいろと当域の話を聞けたのは幸運でした。そのお一人の山下さん、畳職人であり、米原の「狼煙保存会」の会長さん。当域の畳には、京間と中京間の間の大きさの合間というサイズがあること、全国的に珍しい狼煙の保存に取り組んでいるというお話しは貴重でした。

　2014年（平成26）12月に3度目の訪問、この日が滋賀県側の調査の最終日となりました。このような偶然の出会いは樋口だけ、想い出深い場所になりました。

樋口・西羅神社（2013/09/12）

第５章　語彙と文法からみた地域分類

　第３・４章を通して、36地点における語彙・文法・待遇表現の統計分析を行った。本章ではこれらの分析結果をもとに調査域の総合的な地域分類を行うと同時に、大垣語がどのように滋賀県側に影響を与えているかを考察していくことにする。

１．36地点の分析結果

　36地点の３項目のクラスター分析による結果（図3-84，4-53，4-61）をまとめて示すと、表5-1のようである。参考のため、動詞ウ音便の調査結果（図4-52）も併記しておく。表5-1の結果を元に、３項目の分類結果（A〜F）が共通する地点を統合した上で、滋賀・岐阜県域の34地点を表5-2のようにⒶ〜Ⓘの９グループに分類した。

表5-1　36地点における分析結果

	K	S1	S2	S3	S4	S5	S6	S7	SN	S8	S9	S10	S11	S12	S13	S14	S15	G1	G2	G3	G4	G5	G6	G7	G8	G9	G10	G11	G12	G13	G14	G15	G16	G17	GG	N
	京都	彦根	鳥居本	甲田	米原	西円寺	寺倉	高溝	長浜	番場	樋口	醍井	一色	梓	河内	柏原	長久寺	貝戸	新明	竹尻	今須西	今須	祖父谷	平井	山中	松尾	関原	野上	垂井	綾戸	長松	久瀬川	静里	大垣	岐阜	名古屋
語彙	·	A	A	A	B	A	A	C	C	A	B	C	B	B	C	D	D	D	E	E	E	D	E	E	F	F	F	F	F	F	F	F	F	F	F	D
文法	·	A	A	A	C	B	B	B	C	A	C	B	A	A	B	C	C	D	D	D	D	D	F	E	E	E	F	F	F	E	F	F	F	F	E	E
待遇	·	A	A	A	A	B	A	B	C	A	A	B	C	C	C	C	C	D	C	D	D	A	C	D	D	E	E	E	E	F	E	F	F	F	E	F
動詞ウ音便	A	B	C	B	C	B	A	A	A	A	C	B	A	B	A	A	A	B	B	C	C	D	B	A	B	C	C	C	C	E	E	D	E	E	C	E

表5-2　分析結果を元にした分類

	·	Ⓐ						Ⓑ				Ⓒ				Ⓓ		Ⓔ		Ⓕ					Ⓖ			Ⓗ			Ⓘ					·
	京都	彦根	鳥居本	甲田	番場	寺倉	西円寺	米原	樋口	一色	梓	高溝	醍井	河内	長浜	柏原	長久寺	貝戸	今須	祖父谷	新明	竹尻	今須西	平井	山中	松尾	関原	長松	野上	垂井	岐阜	綾戸	久瀬川	静里	大垣	名古屋
語彙	·	A	A	A	A	A	A	B	B	B	B	C	C	C	C	D	D	D	D	E	E	E	E	E	F	F	F	F	F	F	F	F	F	F	F	D
文法	·	A	A	A	A	B	B	C	C	A	A	B	B	B	C	C	C	D	D	F	D	D	D	E	E	E	F	F	F	F	E	E	F	F	F	E
待遇	·	A	A	A	A	A	B	A	A	C	C	B	C	C	C	C	C	D	A	C	C	D	D	D	D	E	E	E	E	E	E	F	F	F	F	F

　語彙、文法、待遇表現の３項目を元にした分布図は、図3-86、4-55、6-63で示したとおりである。各地点をグループごとに線で囲み、各方言圏の範囲を地図で示すと、図5-1〜5-3のようである。

図5-1　語彙からみた地域分類

図5-2　文法からみた地域分類

図5-3　待遇表現からみた地域分類

　次に、大垣語と近江語が36地点にどのように波及しているのかを再確認しておきたい。各地点における大垣語と近江語の使用数は、語彙は図3-88・90、文法は図4-57・59、待遇表現は図4-68・70で示したとおりである。これらの図のデータを元に、大垣と近江語の各地点における使用比率についてまとめると、図5-4のようである。

図5-4　36地点における大垣語・近江語の影響

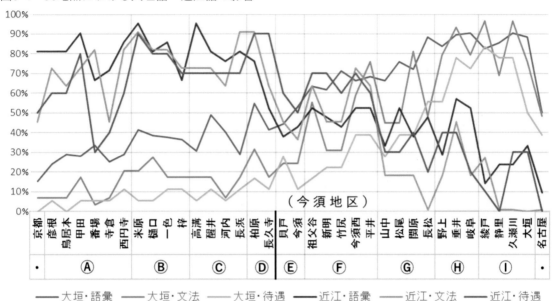

2　語彙と文法からみた調査域の特徴

　第3章・第4章における分析結果のほか、図5-1〜図5-4を参照しながら本調査であきらかになった点について簡単にまとめておきたい。

1）岐阜県側と滋賀県側の対立
　滋賀県側（Ⓐ〜Ⓓ）と岐阜県側（Ⓔ〜Ⓘ）の間には県境を境に断層がみられる。特に、文法や待遇表現では明確な対立がみられる。大垣語や近江語が容易に県境を越えることができないことは図5-4からも見て取れる。

2）緩和地帯としての今須地区
　滋賀県と岐阜県の県境域付近に、両方言圏の緩和地帯として「今須方言圏」（ⒺⒻ）がある。図5-4からもわかるように、今須地区は滋賀県側からの波及も、岐阜県側からの波及も比較的少なく、両者の間にあって独自の方言圏を形成していることがわかる。
　今須地区のもう1つの特徴は、各集落間の地域差が大きい点である。この点については今須地区の話者から指摘があったが、差異の大きさは予想以上であった。

3）湖北地方と湖東地方の対立

　滋賀県の方言区画によると、調査域は湖東方言（彦根犬上方言）と湖北方言（坂田方言）に地域分類されている（図1-8参照）。本調査でも同様の結果が得られた。彦根を中心としたグループ（Ⓐ）が「湖東方言圏」、長浜や柏原（ⒸⒹ）が「湖北方言圏」である。

4）岐阜県側のまとまり

　滋賀県側が湖東と湖北とで対立しているのに対し、岐阜県側は「今須方言圏」（ⒺⒻ）と、関原以東の「大垣・関原方言圏」（Ⓖ〜Ⓘ）とに区分することができる。後者の特徴としては、大垣から北西方向に16km離れた岐阜との差異がほとんどない点が挙げられる[1]。「大垣・関原方言圏」の背後には、岐阜を中心とした美濃平野部の方言の基盤が広がっている可能性が考えられる。

5）地方の中心地

　滋賀県側の米原・醒井・柏原の3地点は、語彙面において大垣語の影響が大きい。反対に、岐阜県側の関原・垂井・大垣・岐阜は近江語の影響が大きい。これらはいずれも東海道線の駅があり、地域の中心地である。

　馬瀬（1992）が、「地方の村落は、中央からの語の放射をダイレクトに受け止めるのではなしに、地方の中心がキャッチし周辺に流すものだけを、間接的にうけいれるのである」と指定しているように、県外の有力方言が鉄道を通じて地域の中心地であるこれらの地点にダイレクトに運び込まれた可能性が考えられる。大西（2016）は、「ガタガタのへこみのところを飛ばして頂点から頂点に伝わるような伝播は『飛び火的伝播』と呼ばれている」と指摘しているが、米原・醒井・柏原が大垣語の影響を大きく受けているのは、この「飛び火的伝播」の典型であろう。

6）主要道沿いのベルト地帯

　語彙・動詞・待遇表現の地域区分図である図5-1〜5-3をみると、東海道線の駅がある地点だけではなく、旧中仙道・国道21号線沿いの地点だけは、クラスター分析による結果が周辺域と異なっていることがわかる。例として、Ⓑグループの米原・樋口・一色・梓などが挙げられる。これらの地域は「湖東方言圏」と「湖北方言圏の」境界域であると同時に、主要道を通じて岐阜県側の影響も大きく受けている。

7）項目ごとに異なる境界線

　図5-1〜5-3、表5-2からも分かるように、調査域の境界線は項目ごとに異なることがわかった。文法と待遇表現では県境に断層があるが、語彙では滋賀県側に境界線が食い込んでいる。動詞ウ音便については、語彙・文法・待遇表現とは全く異なる。これらの3項目とは異なり、新しい時代になって鉄道により岐阜県側から滋賀県側に促音便が運ばれた可能性も考えられる。

---

[1] 大垣方言の特徴的な語彙・文法が、岐阜でもかなり高い割合で使用されていることが本調査であきらかになった。ただし、岐阜方言にみられる中濃方言的な要素が大垣方言にはみられず、大垣方言と岐阜方言が同一の方言であるということを意味しない。

３．36地点の特徴

36地点の特徴をみていきたい。

１）京都

　クラスター分析では他の35地点とは異なるグループに属し、ＮＪ法では語彙・文法はＢグループ、待遇表現はＡグループに属している。

　36地点のうち京都だけ使用が見られなかった語彙として、「アビル、ヒビリ、ヨメリ、イシナ、ドベ、カザガク、オク、マゼル、ゴエンサン、エライ、ダダクサ、トロクサイ、カジカム」など13語が挙げられる。文法や待遇表現では、京都だけに使用がみられない語はなかった。

２）彦根・鳥居本・甲田・番場・寺倉・西円寺

　彦根と鳥居本・甲田とも、語彙・文法・待遇表現の３項目の分析結果ですべてＡに分類されていて（表5-1～5-2参照）、「湖東方言圏」Ⓐの中核ということができる。

　京都と彦根だけ使用が見られなかった語彙として、「アゴタ、ホトビル、アッチベタ、カマレル、ヨーエー、オダイジン、ヒヤケル、カバカバ、ツラッテ、ドバッチが当たる」など10語が挙げられる。京都では使用されず、彦根以東の滋賀県側で使用されている文法項目に「イコホン、あかんホン、ナーシ、イコマイ、～デ」、待遇表現に「タイナ、イカル」などがある。

　番場は３項目ともＡに分類されているが、近江語の語彙・待遇表現の使用が滋賀県内では比較的少ない。江戸期は中仙道の宿場町であったが、東海道本線開通後は主要道から離れたことにより、周辺域からの近江語の影響が減少したと考えられる。

　寺倉は文法がＢに分類されているし、近江語の文法・待遇表現の使用が比較的少ない。番場と同様、主要道から離れていたため周辺域からの近江語の影響が少なかったと考えられる。大垣語の影響も少なく、番場以上に東西の影響が少ない地点である。西円寺は湖東方言の北端に位置しているが、隣接する米原や湖北方言の影響を受けている可能性も考えられる。

３）米原・樋口・一色・梓

　Ⓑグループに分類されるこれらの４地点は、語彙はＢに分類されるが、米原・樋口は文法がＣ、待遇表現がＡ、一色・樋口は文法がＡ、待遇表現がＣである。近江語と大垣語の使用数が多い点も共通している。地理的にみると湖東方言圏と湖北方言圏の境界域であると同時に、交通の要衝に位置していることから大垣語の影響が大きい点などが共通している。このことからも、これらの４地点は周辺域の方言の影響を受けている混交方言ということができる。

４）高溝・醒井・河内・長浜

　長浜は３項目ともＣに分類されていて、「湖北方言圏」Ⓒの中核と考えられる。高溝や醒井は、湖東方言圏と湖北方言圏の境界域に位置していることから、湖東方言の影響を受けた湖北方言であろう。河内は地理的にみると谷奥の閉鎖された地域であったため、梓のように湖東方言の影響を受けず、古い湖北方言が残存している可能性も考えられる。醒井は、語彙と待遇表現で大垣語の影響を受けているが、話者が国鉄勤務時代に大垣方言の影響を受けていたのが要因と考えられる。

5）柏原・長久寺

　滋賀県域の東端に位置し、岐阜県域との接合地帯である。文法や待遇表現が湖北方言のCであるのに対し、語彙では岐阜県側の今須・貝度と同じDである点が特徴的である。湖北方言に岐阜側の方言が被さった混交方言ということもできる。柏原と今須地区は県境をまたいで同一の婚姻圏・文化圏を形成していることから、語彙だけが岐阜県側から滋賀県側に流入した結果、混交方言が形成されたものと思われる。

6）貝戸・今須

　岐阜県側の西端に位置する今須地区の中で、この２地点だけを⑤グループに分類した。今須の中心地門前の話者は大正8年(1919)生れと今須地区の中では最高齢であること、貝戸は「上の谷」の中でも最奥に位置することから、この２地点は今須地区の中でも古い方言を保持している可能性が考えられる。特徴として、語彙や文法では大垣語・近江語の影響が他地点よりも少ない点が挙げられる。

　貝戸と今須へ波及していない大垣語として、語彙では「アセビッチャ、ヂバッチが当たる」、文法では「あかんガヤ、オトラカス」などがある。貝戸と今須へ波及していない地域共通語として、語彙では「ターケ、チンチン、アサッパラ、オボワル」、文法では「イコマイ」などがある。

7）祖父谷・新明・竹尻・今須西・平井

　今須地区のうち上記の２地点を除いた５地点を⑥グループに分類した。今須地区の⑤⑥グループは、滋賀県域と関原以東の岐阜県域の間において独自の「今須方言圏」を形成している。図5-5からもわかるように、滋賀県域と関原以東の岐阜県域との緩衝地帯といえる。地区内7地点の差異も非常に大きい。特に平井は、文法面では平野部の⑧①グループに近い点が注目される。大垣方面からではなく、平井道を通じて濃尾平野部からの影響を大きく受けた可能性が考えられる。

　今須地区へ波及していない大垣語として、語彙では「キツクレー、ヒラクタイ、ヒマガアク、ツラマル、クルー、バリカク、ゾゾゲタツ、チョーラカス、ヘッツク」、文法では「ケッタ、イコッケ、アカンゲー、ワンナル、ドコイクヤ、私カッテ」、待遇表現では「イキャース、オクリャース」などがある。一方、今須地区に波及している近江語としては、語彙では「アガリト、ボス、モリコス」、文法では「私カテ、〜サカイ。イコホン、フッタル」、待遇表現では「イカンス、ゴンス、イカール」などがある。

8）山中・松尾・関原・長松

　今須峠を越えた旧関原村の３地点と長松を⑦グループに分類した。岐阜県側は、今須峠をはさんで「今須方言圏」と「大垣・関原方言圏」に大別できる。これらの４地点は、語彙は平野部と同じFに分類されるが、文法や待遇表現はEに分類されていて、「大垣・関原方言圏」の下位グループ「関原方言圏」と考えることもできる。関ケ原盆地に閉ざされた「関原方言圏」は、今須方言圏⑤⑥と平野部の大垣方言圏⑧①の緩衝地帯とも考えられる。

　山中は⑥グループに近いが、近江語の影響が少ない点が今須地区の各地点とは異なる。今須地区と関原の緩和地域に当たる。長松は、近江語の文法・待遇表現の使用が少ないのが特徴的である。

9）野上・垂井・岐阜

　大垣から地理的に遠い地点である。語彙・文法は大垣と同じFに分類されるが、待遇表現は関原と同

じEに分類されている。大垣から離れた垂井と岐阜が同じ小グループに含まれる点が興味深い。上記で記したように、当域は大垣系の待遇表現が波及していない、もしくは消滅した地域、そして岐阜系・尾張系の待遇表現を保持している地域といえる。

10）綾戸・静里・久瀬川・大垣

　平野部の4地点は語彙・文法・待遇表現すべてがFに分類されていて、「大垣・関原方言圏」の下位グループ、「大垣方言圏」の中核ということができる。当域では、岐阜系・名古屋系（p207参照）の待遇表現「イカッシャル、イキナサレル、イキンサル、オクリャース」などが消滅し、大垣系の待遇表現「イキール、イッテール、クダシ、オイジャース、オクジャース」が保持されている点が特徴的である。

11）名古屋

　名古屋が大垣よりも関原に近いという結果は予想外であった。表5-2が示すように、名古屋は語彙では柏原・今須と同じD、文法では関原と同じE、待遇表現では大垣とFに分類されている。歴史的にみると、名古屋と関原・今須とは、九里半街道や平井道を通じて関係が深かった可能性が考えられる。一方で、名古屋と関原・今須は、単に大垣・岐阜などの美濃平野部方言の影響が及んでいないという点が共通している。

　36地点で名古屋だけ使用が見られなかった語彙として、「オッサン、ホカス、ホンマ、ジュルイ、ダカマエル」が挙げられる。岐阜県域に分布しているが名古屋では見られなかった文法項目として、「イコッケ、あかんゲー、ワンナル、私カッテ、トサイガ、イコーヤ、イキーヤ、イキカラカス、雨ンタ、イケノ、知らんウェー」などがみられる。

4．まとめ

　県境調査のまとめとして、大垣語がどのように滋賀県側に波及しているのか、地形との関わりという視点から考察していきたい。語彙・分布・待遇表現の語数を元に比較すると、図5-5のようである。今須地区の調査地点は地区内の差異を強調するため、地名を枠で囲って示した。

図5-5　36地点における大垣語（語彙・文法・待遇表現）の使用数

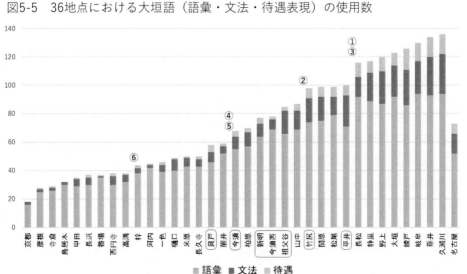

　大垣語の使用数をもとに、岐阜県側から滋賀県側への波及の様子を地形図に示すと図5-6のようである。各地点の記号は、表5-2の⒜～①の9グループを示したものである。図5-5を元に方言圏の境界線を赤線で示した。青線の太さは、大垣語の使用数に対応している。岐阜県側から滋賀県側に掛けて、①～⑥の境界線が確認できた。

①伊吹山系熊ケ谷-南宮山

　濃尾平野を中仙道沿いに西進すると突き当たる「第一の関門」が、伊吹山系の熊ケ谷（424m）と南宮山（419m）に挟まれた野上周辺である。最も狭い地点は幅が600mであり、関ケ原の戦において徳川家康が初陣地を置いた場所である。この谷間が「大垣方言圏」Ⓗ①と「関原方言圏」Ⓖの境界線となっている。

②今須峠

　関ケ原盆地を過ぎると関ケ原地溝帯へと入っていく。「不破の関」や山中を過ぎると県境域最大の難所と言われた今須峠がある。これが「第二の関門」となっている。昭和の大合併（1954年）以前は関ケ原村と今須村の境界線であった。

　今須峠の東に位置する山中は、大垣語の影響度からみると今須側に分類できる。今須峠が「大垣・関原方言圏」ⒼⒽ①と「今須方言圏」ⒺⒻの境界線となっている。

③平井道

　美濃平野部から平井道沿いに今須に至る平井道は、中仙道と共に大垣語が西へ波及するもう一つのルートである。平井は平井道ルート経由で大垣語の影響を受けていると考えられるが、祖父谷や今須は平井ほど大垣語の影響を受けていない。

④県境

　滋賀・岐阜県境（近江・美濃国境）が「第三の関門」となっている。県境は大垣語が近江へ波及する関門であると同時に、近江語が美濃へ波及する関門でもあった。

⑤上の谷

　今須地区「上の谷」においても、中仙道寄りの竹尻・新明と谷奥の貝戸との間は大きな差異がみられる。中仙道から3kmの谷奥の貝戸には、大垣語も近江語もあまり波及していない。

⑥かぶと山-松尾寺山

　滋賀県域の中仙道沿いはリアス状の複雑な地形が続き、湖北方言と湖東方言の接触地帯でもある。伊吹山系のかぶと山（284m）と鈴鹿山系の松尾寺山（503m）に挟まれた幅600mの狭い回廊が、「第四の関門」となっている。江戸期は彦根藩と大和郡山藩・宮川藩、昭和の大合併（1956年）以前は息郷村と醒ヶ井村の境界線であった。

　この西側は、彦根グループⒶ＝湖東方言の領域が広がり、大垣語の西側への波及を阻止していたものと考えられる。樋口は、大垣語の影響を強く受けた湖北方言と、湖東方言の境界上に位置している。

図5-6　大垣語の波及と境界線

　参考のため、36地点のおける近江語の使用数についても示しておくことにする。グラフで示すと図5-7のようである。

図5-7　36地点における近江語（語彙・文法・待遇表現）の使用数

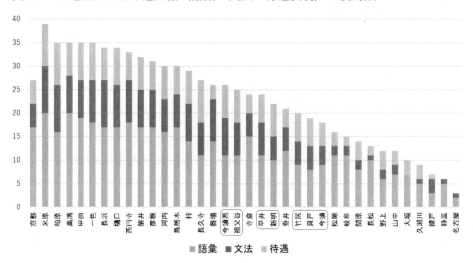

　近江語については調査語彙が少ないため、大垣語でみられたような段差はみられなかった。今まで見てきたことの再確認となるが、滋賀県側では湖北方言圏や主要道沿いの地点で近江語の使用が多いこと、長久寺や番場のような主要道から外れた地点では近江語の使用が少ないことが確認できる。

　岐阜県側についても、今須地区内では貝戸や今須における近江語の使用が少ないこと、今須峠の東側は近江語の使用がさらに減少していることも確認できる。

5．おわりに

　「大垣から彦根にかけてどのように方言が移行しているのか」という長年の課題に対し大まかではあるが一定の答えが出たように思う。〈下巻〉では、アクセントについても考察していく予定である。

　滋賀岐阜県境域の方言の分布状況をより明らかにしていくためには、調査域を線から面へと広げていく必要があると、本調査の終了後に痛感した。今後の計画としては、今回の調査域の北側に当たる伊吹山麓域と、南側に当たる養老山脈周辺域の調査を予定している。予備調査として、滋賀県側の東草野地区（甲津原・曲谷・吉槻）と岐阜県側の春日地区美束の４地点での臨地調査を行った。平野部より古態を示していることや峠を越えて隣県の方言の影響を受けていることなどが明らかになった。

　県境域の調査地点を増やし、本調査を含めた全調査地点の調査データを統計解析することにより、県境域の方言の歴史も浮かび上がってくるのではないかと考えている。

コラム8

県立図書館巡り

　調査語彙の語誌を解説するに当たり、調査語彙150語の全国分布を調べることにしました。当初は、収録語彙が最大とされる『日本方言大辞典』を参照しましたが、超ローカル語はあまり記載されていないことが判明しました。次に、全国各地で出版されている方言集・方言辞典で確認することにしました。手元の文献のほか、地元の名古屋市鶴舞中央図書館、愛知県図書館、岐阜県図書館、三重県立図書館などで、多くの都道府県の文献を利用できました。

　中部・近畿地方の府県別方言辞典がない府県については、各地の府県立図書館に直接訪問することにしました。2017年（平成26）、趣味の城郭巡りを兼ねて、山梨・静岡・石川・福井・奈良・大阪・兵庫・和歌山の8府県を訪問しました。調べた方言集や方言辞典は全国で300冊余りになります。2018年（平成27）には文法の項目を調べるために、上記の図書館を再訪しています。

　それまで考察されることもなかった超ローカル語の分布が随分と明らかになりました。方言集は、どれも著者の郷土方言に対する情熱が伝わってくるものばかり。このような先人の貴重な著作を参照させていただけたことに、この場を借りて感謝申し上げます。

　城郭や万博パビリオンなど、非日常的な建築物に興味がある私としても、文化財である大阪府立中之島図書館ほか、著名な建築家による斬新なデザインの図書館の建築物も堪能することができ、楽しい旅となりました。

大阪府立中之島図書館（2017/03/29）

コラム9

地図模型とカシミール3D

　小学生の頃に地図好きになったきっかけのひとつが「地図模型」との出会いです。「地図模型」とは、等高線ごとに厚紙を切り抜いて張り重ねていくことにより、地図上の地形が立体的に再現できるという、今から思うとかなりアナログな教材でした。富士山、箱根山、阿蘇山、そして中部地方や近畿地方などなど種類も豊富で、制作に夢中になったものです。

　地図模型に魅せられ、地形をコンピューターグラフィックで再現するソフトウェア「カシミール3D」を開発された方が、杉本智彦氏です。ランドサットから撮影された衛星写真を彷彿とさせるようなリアルな地形図だけでなく、特定の場所から見える光景を再現することができます。現在は、フリーソフトとして公開されています（https://www.kashmir3d.com/）。

　20年前、たまたま書店で手に取った『カシミール3D入門』（杉本智彦2002、実業之日本社）が、カシミール3Dとの出会いでした。趣味の城郭訪問には不可欠なツールとなり、城郭周辺域の地形を再現することにより、城郭と地形の関係をより深く知ることができるようになりました。

　方言研究に初めて活用したのは杉崎（2011）からです。白地図を眺めていただけでは理解できない方言の分布や境界線も、3D地図を重ねることによりその歴史が浮かび上がってきます。今回の県境調査の分布図でもカシミール3Dによる地形図を利用したことにより、県境域の方言分布の状況がもよりわかりやすくなりました。カシミール・ファンの一人として厚くお礼申し上げます。

図5-8　カシミール3Dで作成した箱根山の3D地図

第6章　大垣語からみた日本列島

　第5章では、大垣語[1]が滋賀県域にどのように波及しているのかを考察してきた。本章では、対象を県境域から列島規模へと拡大し、大垣語の視点から東西方言境界域の状況や形成史を考察していくことにする。第一に、歴史的中央である畿内が新しい語彙・文法形式の生産地点とする「方言周圏論」を前提とした上で、畿内から大垣に伝播した大垣語と同じ形式が列島にどのように分布しているのかをみていきたい。第二に、東西方言境界域が形成された要因や経過を歴史的に考察していきたい。

1．項目別にみた地域分類

1．1　語彙

1．1．1　列島における大垣語語彙の使用傾向

　大垣語語彙125語[1]にクラスター分析を用いて都道府県における使用傾向を示すと図6-1のようである。クラスター分析を用いる理由としては、クラスター分析の基本的発想が方言区画の考え方に似ていて、方言の分類や区画に最適であると考えられているからである（井上2001）。

　各都道府県の横の関係を示すために、近隣結合法（ＮＪ法）でも分析を試みた。ＮＪ法による各地域のグループ分けは、クラスター分析によるグループ分けをそのまま応用したもので、各地域のグループは二つの分析結果とも共通とした。それぞれの分析におけるグループ分けは、筆者の任意によるものである。各都道府県における系統関係を示すと図6-2のようである。

　図6-3は、図6-1の分類を地図上の位置と対応付けて示したものである。北海道と沖縄県は、東西方言境界線の形成や大垣方言の形成との関連性が薄いので、地図は省略した。地図の色分けは、図6-1のグループの色と対応している。図6-4は、表3-2「調査語彙の全国における分布」を元に、都道府県別に大垣語語彙の使用数を比較したグラフである。図6-1～6-4より、以下のことが指摘できる。

　①2種類の手法を用いた分析結果とも、地域分類に関してはほぼ同様の結果が得られた。岐阜は東海・滋賀と小グループを形成し、さらにＡ近畿・福井、Ｂ北陸、長野・静岡、Ｃ中国・四国、Ｄ九州の順で結合しつつ、西日本グループを形成している。それに対し、Ｅ西関東、Ｆ東関東、Ｇ東北は東日本グループを形成している。

　②中国四国の中でも、山口・島根は岡山・鳥取より岐阜に近い。

　③山梨は、中国四国と九州の間に位置し、周辺域の中部や関東とは異なる独自の位置を占めている。

　④西日本における大垣語の使用が西へ向かうしたがって徐々に減少しているのに対し、東日本との間は断層がみられる。

1　大垣語として語彙125語（表3-5のⅠ群、Ⅱ群J、Ⅲ群）、文法28語（表4-4のａ～ｄ、フッタル・フッテルを除くｇ、ｈ）、待遇表現25語（表4-4のｇ～ｊ、ゴザル・ミエル・イカッサル）の178語を選定した。

　第5章では大垣語と近江語の対立という視点から考察してきたことから、大垣語「メンボ、カッテ」の同系語で形式が異なる滋賀県側「メーボ、カテ」は近江語とした。本章では、列島の中の大垣語という視点から考察するため、「メーボ、カテ」は大垣語の異形態として集計することにした。

図6-1　大垣語語彙125語の各都道府県における使用傾向

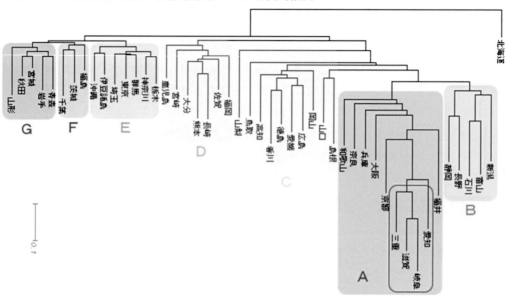

図6-2　大垣語語彙125語の各都道府県における系統関係

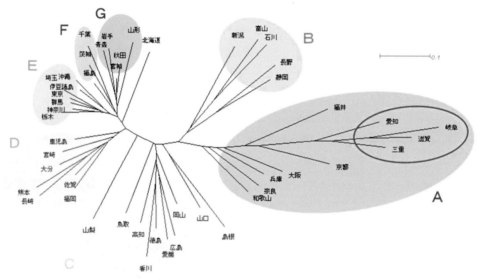

図6-3　大垣語語彙の使用傾向を示した列島地図

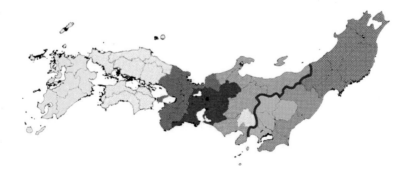

図6-4　都道府県別にみた大垣語語彙の使用数

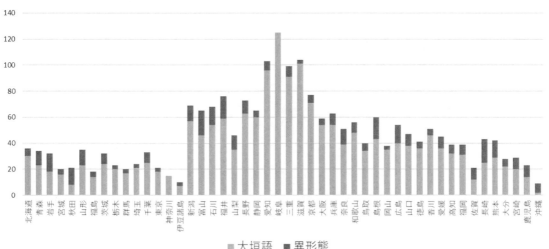

1．1．2　大垣語語彙の地域性

　大垣語語彙125語の地域性を確認していきたい。クラスター分析すると、図6-5のようである。Ⅰ〜Ⅲの３つの語群、a〜vの22グループに分類した。125語の地域性を示すと表6-1のようである。文献における初出の年代は以下のように分類した。時代区分は山崎（1963）によるが、明治期以降の語彙もNに含めた。近代以降の学校方言Gは統計から除外した。

　　　O　＝　戦国期以前（〜1572）
　　　M　＝　安土桃山期〜江戸前期（1573〜1764）
　　　N　＝　江戸後期以降（1765〜）
　　　G　＝　近代以降の学校方言（ビーシ、コーカ）

図6-5と表6-1から以下の点が指摘できる。
　①Ⅲ群はⅠ・Ⅱ群とは別のグループを形成している。中部以西に分布し、初出年が古い。
　②Ⅰ群は４つのグループに分類した。Ⅲ群と比較すると、bは東北や関東にも点在し初出年の古い語も多い。cは全国に分布していて、共通語とも考えられる。dは九州では異形態が使用されているか、分布していない語である。eは関東・東北か、中国・四国・九州での分布は見られない語で、初出年が新しい。
　③Ⅱ群は17のグループに分類した。fはg以下の16グループの外側に位置している。近畿と東海（愛知・岐阜・三重）・北陸に分布し、ナヤシ（長野・山梨・静岡）にはみられない。
　④gは東海以外の地域で異形態が多く使用されている語である。関東や近畿を通り越して東北や九州に多く分布し、初出年も古い。hは中部以西に分布し、gと同様に異形態が多く使用されている。iは近畿をはさんで中部と九州という離れた２地域に分布していて、「西日本辺境分布」（後述）とも考えられる。jは近畿をはさんで中部と中国・四国・九州と離れた２地域に分布しているが、東日本にはまったくみられない。g〜jの４グループが上位で結合してひとつのグループを形成している。共通点は、分布域の中心が中部にあることである。

図6-5　全国における大垣語語彙125語の地域性

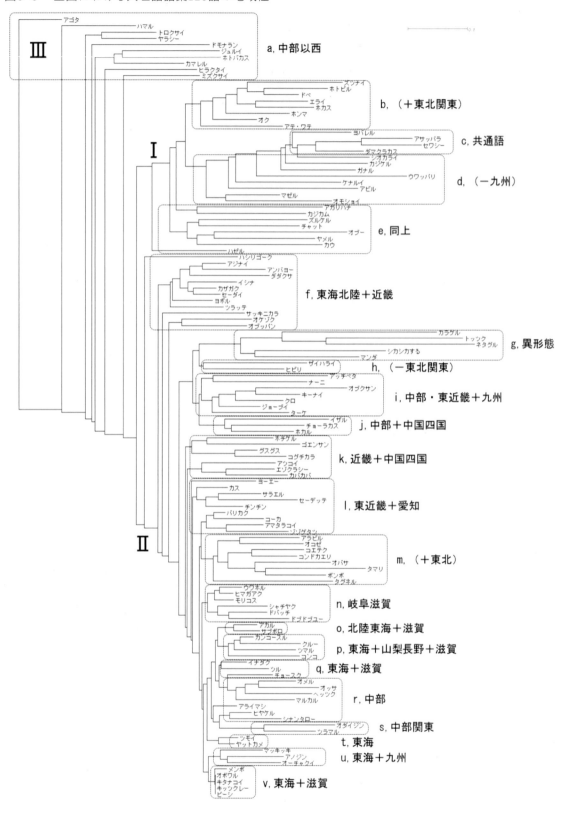

表6-1（その１）　大垣語語彙124語の地域性

区分		語彙	初出	北海道	東北						関東							伊豆諸島	中部									近畿							中国					四国				九州							沖縄
					青森	岩手	宮城	秋田	山形	福島	茨城	栃木	群馬	埼玉	千葉	東京	神奈川		新潟	富山	石川	福井	山梨	長野	静岡	愛知	岐阜	三重	滋賀	京都	大阪	兵庫	奈良	和歌山	鳥取	島根	岡山	広島	山口	徳島	香川	愛媛	高知	福岡	佐賀	長崎	熊本	大分	宮崎	鹿児島	
Ⅲ	a	アゴタ	M		□					□										●	●	●		●		●	●	●	●	●	●	●	●	●	●	●	●	●	●	●			●	●		●	●	□	●	●	●	□
		ハマル	O		●	●			●										●	●	●	●	●	●	●	●	●	●	●	●	●	●	●	●	●	●	●	●	●		●	●	●			●	●	●				●
		トロクサイ	M	●	●									●							●	●	●	●	●	●	●	●	●	●	●	●	●	●	●	●		●	●	●	●	●			●	●		●				
		ヤラシー	M								●	●							●	●	●			●	●	●	●	●	●	●	●	●	●	●	●	●	●	●		●	●	●			●							
		ドモナラン	M	□	□				□				□	□			□	●	●	●	●								●	●	●	●	●			●	●	●	●			●	●		●			●	●		
		ジュルイ	O													●	□	□	●	□	□			●	●	●	●	●	●	●	●	●	●	●	●	●		●		●	□	□	●	●	□	●	□				
		ホトバカス	O				□									□	●				□				●	●	●	●	●	●	●	●	●	●				●		●	●	●	●	□							
		カマレル	−				●															●	●	●	●	●	●	●	●	●	●	●	●	●	●	●	●	●		●	●	●	●		●						
		ヒラクタイ	−				□									□		●				●	●	●	●	●	●	●	●	●	●	●	●	●				●		●			□	●	●						
		ミズクサイ	O	●	○											●					●			●	●	●	●	●	●	●	●	●	●	●		□		●													
	b	ズツナイ	O	●				●	●	●						●		●	●					●	●	●	●	●	●	●	●	●	●	●	●	●		●													
		ホトビル	O	●								●			●		●	●	●					●	●	●	●	●	●	●	●	●	●	●				●													
		ドベ	−															●	●	●	●	●	●	●	●	●	●	●	●	●	●	●	●	●	●			●													
		エライ	N	●		●										●		●	●	●	●			●	●	●	●	●	●	●	●	●	●	●	●				●		●											
		ホカス	O	●												●		●	●					●	●	●	●	●	●	●	●	●	●	●	●				●												●	●
		ホンマ	N	●												●		●	●					●	●	●	●	●	●	●	●	●	●	●	●				●												●	●
		オク	O	●	●						●					●		●	●					●	●	●	●	●	●	●	●	●	●	●				●													
		アテ・ワテ	N	●							●	●			●			●	●					●	●	●	●	●	●	●	●	●	●	●	●				●													
Ⅰ	c	ヨバレル	N	●		●		●		●							●	●						●	●	●	●	●	●	●	●	●	●	●	●						●			□	□							
		アサッパラ	N	●	●	●	●	●	●	●	●	●	●	●	●	●	●	●			●	●	●	●	●	●	●	●	●	●	●	●	●	●	●	●		●			●	●		□	●		●				
		セワシー	O	●	●	●	●	□	●	●	●	●	●	●	●	●	●	●	●	●	●	●	●	●	●	●	●	●	●	●	●	●	●	●	●	●		●		●	●	●	●	●	●	●	●	●				□
		ダマクラカス	N	●	●	●											●	●	●	●	●	●	●	●	●	●	●	●	●	●	●	●	●	●	●			●			●			●	●							
	d	シオカライ	O		●		●									○	●	●			●	●	●	●	●	●	●	●	●	●	●	●	●	●	●	●		●			●			□	□	□	□	□				
		カジケル	N	●	●				●	●	●	□			●			●	●					●	●	●	●	●	●	●	●	●	●	●				●							□	□	□	□				
		ガナル	N	●	●						●			●				●						●	●	●	●	●	●	●	●	●	●	●				●														
		ウワッパリ	N	□	●	●		●	□	□	●	●	□		●	□	□	●			□		●	●	●	●	●	●	□	□	●	●	●	●	●							□		●	●					□		□
		ケナルイ	O	●			□	●	●	●				●	●	●		●	●					●	●	●	●	●	●	●	●	●	●	●				●	●	●						□	□					
		アビル	−												●	●			●					●	●	●	●	●	●	●	●	●	●	●				●														
		マゼル	N	●											●									●	●	●	●	●	●	●	●	●	●	●				●			●											
		オモショイ	−	●	●	●	●	●	●	●				●										●	●	●	●	●	●	●	●	●	●	●				●														
	e	アガリハナ	N									□	□	●	□	□	□	●		●					●	●	●	●	●	●	□	●	●	●				●			●							●				
		カジカム	M	□								●	●	●	●	●	●	●	●			□			●	●	●	●	●	●	●	●	●	●				●	□		●	●		□	□	●						
		ズルケル	N	●	●	●							●	●		●		●						●	●	●	●	●	●	●	●	●	●	●	●		□		●		□		●	□								
		チャット	O	●	●	●	●	□	□		□							□	●	●	●	●	●	●	●	●	●	●	●	●	●	●	●				●							□		●						
		オブー	−	□	□	□		●	●	●					●				●					●	●	●						●						●							●		●	●				
		ヤメル	N	●	●	●	●		●	●	●								●	●	●	●	●	●	●	●	●	●	●	●	●	●	●				●			●							●	●	●	●	
		カウ	N	●	●	●	●			●				●		●	●				●	●	●	●	●	●	●	●	●	●	●	●		●	●	●		●				●					●	●	●	●	
		ハゼル	M		●													□	●			□	●	●	□	●	●	●	●	●	●	●	●	●	●	●		●		□	●	●										
Ⅱ	f	ハシリゴーク	M																●		●				●	●				●	●	●	●					□	□		●	●		●		□		□	□			
		アジナイ	M										●	□					●	●	●				●	●	●	●	●	●	●	●	●					●														
		アンバヨー	N										●	●					●	●	●				●	●	●	●	●	●	●	●	●				●															
		ダダクサ	M																●	●	●	●			●	●	●	●	●	●	●	●	●							●	□		□	●	●	●					
		イシナ	N							●									●	●	●	●			●	●	●	●	●	●	□	●	●	●				●			●											□
		カザガク	N			□													●	●	●				●	●	●	●	●	●	●	●	●																		
		セーダイ	N											□					●	●	●				●	●	●	●	●	●	●	●	●																		
		ヨボル	M												●			●	●																									●	●	●	●	●	●	●	●	
		ツラッテ	N																●	●	●				●	●	●	●	●	●	●	●	●				□	□													
		サッキニカラ	N												□			□			□						●	●	●	●	●	●	□	●							●	●								□	
		オケゾク	O	●															●		□					●	●	●	●	●	●	●												●		□	●				
		オブッパン	−																			□				●	●	●	●	●	●	●		□										●							
	g	カラゲル	O	●	●	●	□	□	□	□		□		●	●	●	□		●	□					●	●	●	●			●	□		●	□			●				●			□	□			□	□	□	□
		トツク	−		□	□	□	□	□	□		□		□	□	□			□	●			□	□						□						□		●				□		□	□	□	□		□	□	□	□
		ネタグル	M	□	□			□	□	□	□								□		●		□	□	□	□	□	●	□	□	●				□	□	□	●	□			□	□	□	□	□	□	□	□	□	□
		シカシカする	O		□	□		□	□	□																●	●	●				●							□	□		□	●	●	□		□					
		マンダ	M	□	□				□	□									●		□														□															□	□	□
	h	ザイハライ	N									□	□	□	□	□	□	●	●		●	●										□					□							□	□	□	□				
		ヒビリ	O									●	●	●			□		●	●				●				●			□	□		□							●				□					□	□
	i	アッチベタ	−						●			●	●					●	●	●								□	□		□	□				□	□			□							●		●	●		
		ナーニ	N		●		●							●				●	●	□	□	□						●							□								●									
		オブクサン	M		□	□			□									●	●	●			□					●									●			●	●			●	●	●	●	●			
		キーナイ	N																□	●	●	●										●							●			□				●	●	●			
		クロ	−										□						●	●	●	●						●																		●	●	●	●		
		ジョーブイ	−																	●	●	●				●	●	●	●	●	●																●	●	●		
		ターケ	M							●	●			●		●			●					●	●	●	●	●	●							●			●							●	●				

表6-1（その2）

区分		語彙	初出	北海道	東北						関東								中部									近畿							中国					四国				九州							沖縄
					青森	岩手	宮城	秋田	山形	福島	茨城	栃木	群馬	埼玉	千葉	東京	神奈川	伊豆諸島	新潟	富山	石川	福井	山梨	長野	静岡	愛知	岐阜	三重	滋賀	京都	大阪	兵庫	奈良	和歌山	鳥取	島根	岡山	広島	山口	徳島	香川	愛媛	高知	福岡	佐賀	長崎	熊本	大分	宮崎	鹿児島	沖縄
II	j	イザル	O																●	●	●	□	●	●		●	●	●		●	□			●		□		□	□	□	□	●		●	●				●				□
		チョーラカス	N		●														●	●	●	□	●	●	●	●	●							●	●	●			●	●							□	□		●			
		ホカル	N																●	●	●	□	●	●	●	●	●												●	●					●	●	●	●		●		●	
	k	ホチケル	N																	□	●	□		□	□		●	□	●	□									□													
		ゴエンサン	–	●										□								●			□	●	●	●	●	□		●		□		●			□								□		●			□	
		グスグス	–																						●	●	●	●					●	●							●	●										
		コグチカラ	N																					●		●	●	●	●	●	○	●	●	●	●			●	●	●												
		アツコイ	–			□					●	●						●						●	●										□		●															
		エゾクラシー	N	●	□															□	□	□			●	●	●		□						□	□																
		カバカバ	–		□	□			●											□	□			●	●	●										□					●						□				
	l	ヨーエー	–																□	□	●			□		●	●	●		●	□		●	□				●													
		カス	O																	□	□				●	●	●	●	●	●																					
		サラエル	O																□	□			□		●	●	●	●												●					□	□					
		セーデッテ	–																□	□	●			□		●	□		□		□	□	□				□								□						
		チンチン	–																□	□	●			●	●	●		●										□								□					
		バリカク	–																						●	●		●										□													
		コーカ	G	●															●	●	●				●		●																								
		アマタラコイ	–																□				□		●	●		●			●		●										●								
		ゾゾゲタツ	–			□											●		●		●			●	●	●		●	●												●		●								
	m	アラビル	O	●	●	●		●																●		●	●	●								●		●	●											
		オコゼ	N		●																●			●	●	●		●					●			●	●		●												
		コエテク	O	●	●	●	●	●	●	●														●	●	●																								
		コンドカエリ	N	●		●		●	□			●											●	●	●											●											●			
		オバサ	–		●			●	●	●		●						●	●	□		●	●	□	●			□																							
		タマリ	O	●		□	●	□	●	●		●						●	□		□		●	●	●	●	●	●	●	●	●		□			●															
		ボンボ	–		●	□		●	●	●		●						●	□		●		●	●	●							●																			
		タグネル	–				●						□	□							□		●	□			□					□			□			●					□							
	n	ウワホル	O				□																●	●			●								□															
		ヒマガアク	O											●									●	●			●																							
		モリコス	–																			●				●																								
		シャチヤク	–																			□	□	●	□	□							●			□		□											
		ドバッチ	–																		□	□			●	●									□			□	□											
		ドブドブユー	–																□				□		●	●										□	□	□	□											
	o	アカル	–		●															●	●			●	●	●	●																								
		サブボロ	–																●	●	●			●	●	●	●														●									
	p	カンコースル	N																	●	●	●		●	●	●										●														
		クルー	M																	●	●	●				●											●		●	●	●		●							
		ツマル	–																	●	●	●				●						□		□			□			□		●							
		コンコ	–		□	□		□												●	●	●				●																		□	□	□				
	q	イナダク	N																●		□		●	●	●	●		●																						
		ツル	M																				●	●	●	●		●		●			●	□	●															
		チョースク	–																□				□	□	●	●																								
	r	オメル	O																	●				●	●		●		●	●	●		●	●																
		オッサ	–					●											●	□	●	●		●	●	●			●																						
		ヘッツク	–																	□	●	●	□		●	●									●	□	□				●									
		マルカル	O					●											●	●	□	□		●	●	●	□						□																	
		アライマシ	–																●				●	●	●																										
		ヒヤケル	–																●	●	●			●	●																										
		シナンタロー	N					●											●	●	●			●	●												●													
	s	オダイジン	M					●	●		□	□	□	●	●					●	●	●		●	●	●	●	●													□			●					
		ツラマル	N					●	●			●	□	□	●	●			●		●	●		●	●	●									●															
	t	ツモイ	–																		●	●																		●									
		ヤットカメ	–																	●		●	●	●																●									
	u	マッキッキ	–					□															●	●	●	□	□	●															●	●				
		アノジン	M																				●	●	●	●			●		●	□									●	●							
		オーチャクイ	–																	●			●	●	●																	●	□	□	●	●		
	v	キタナコイ	–																				●	●	●																								
		キッツクレー	M																				●	●	●																								
		ビーシ	G	●																			●	●	●																								
		メンボ	–	●																			●	●	●																								

⑤ｋとｌは東海や京都・滋賀を中心に分布する語である。ｋは西日本にも点在し、ｌは北陸に異形態が多くみられる。ｍは東海以外に東北と千葉にも分布している。ｎは岐阜・滋賀の共通語で、四国に異形態がみられる。

⑥ｖは東海と滋賀、ｏは中部と滋賀、ｐとｑは北陸を除く中部、ｒは中部と三重・滋賀、ｓは北陸を除く中部と関東、ｔは東海など、狭い地域に分布する語である。ｕは東海以外に九州にも分布している。

1．2　文法

1．2．1　列島における大垣語文法の使用傾向

大垣語の文法28語[2]を元にクラスター分析とＮＪ法を用いて都道府県における使用傾向、系統関係を示すと図6-6〜6-7のようである。図6-8は、図6-6の分類を地図上の位置と対応付けて示したものである。地図の色分けは、図6-6のグループの色と対応している。図6-9は、表4-2「文法項目の全国における分布」（①②④⑤）を元に都道府県別に大垣語文法項目の使用数を比較したグラフである。

図6-6〜6-9より、以下のことが指摘できる。

①岐阜を含む東海３県が小グループを形成し、さらにＡ近畿・瀬戸内海沿岸の香川・愛媛・山口、Ｂ北陸、Ｃ九州・和歌山、Ｄ中国四国の順で結合しつつ、西日本グループを形成している。それに対し、Ｅ甲信越、Ｆ関東・東北は東日本グループを形成している。大垣語文法の使用傾向からみると、語彙と同様、岐阜は西日本に属していることを示している。

②瀬戸内海沿岸の香川・愛媛・山口や九州と使用傾向が似ている点が注目される。東海とこれら西日本西部が近い関係にあるのは、「西日本辺境分布」（後述）を示す文法形式がこれらの地域に多く分布することによるものと考えられる。

③関東東北と西日本が大きく対立している点は、語彙の場合と同様である。図6-9からも、東日本では大垣語の文法形式数が少ないことがわかる。信越・静岡はその緩和地帯といえる。畿内から西方向へ伝播した文法形式は語彙の場合と同様、東日本への伝播が少なかったことがわかる。

---

[2] 表4-4のａ〜ｄ・ｈ、「フッタル・フッテル」を除くｇグループの計28語を大垣語文法に選定した（p199〜200参照）。

図6-6　大垣語文法28語の各都道府県における使用傾向

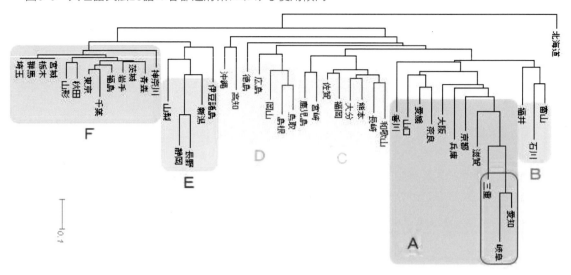

図6-7　大垣語文法28語の各都道府県における系統関係

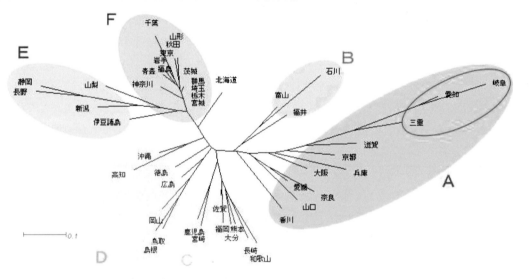

図6-8　大垣語文法の使用傾向を示した列島地図

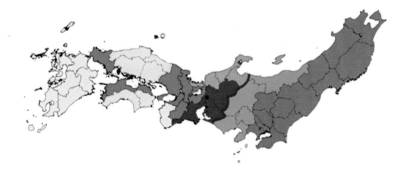

図6-9　都道府県別にみた大垣語文法の使用数

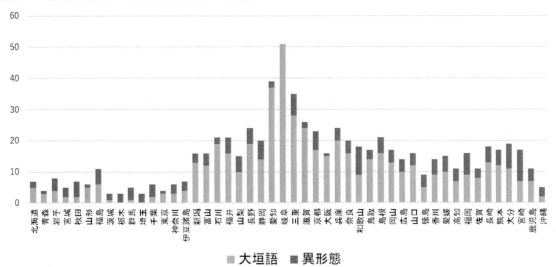

■ 大垣語　　■ 異形態

1．2．2　大垣語文法の地域性

　大垣語文法28語の地域性を確認していきたい。クラスター分析すると図6-10のようである。a～dの4グループに分類した。28語の地域性を示すと表6-2のようである。図6-10と表6-2より、以下のことが指摘できる。

図6-10　全国における大垣語文法28語の地域性

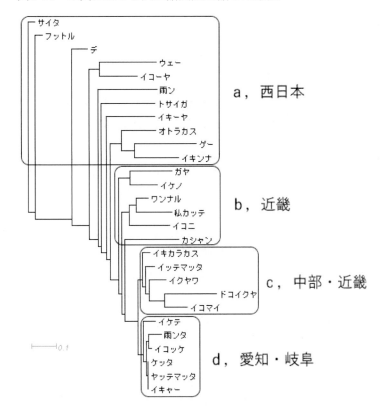

表6-2　大垣語文法28語の地域性

分類	方言	初出	北海道	東北						関東							中部										近畿							中国					四国				九州							
				青森	岩手	宮城	秋田	山形	福島	茨城	栃木	群馬	埼玉	千葉	東京	神奈川	伊豆諸島	新潟	富山	石川	福井	山梨	長野	静岡	愛知	岐阜	三重	滋賀	京都	大阪	兵庫	奈良	和歌山	鳥取	島根	岡山	広島	山口	徳島	香川	愛媛	高知	福岡	佐賀	長崎	熊本	大分	宮崎	鹿児島	沖縄
a	サイタ	—															●	●	●	●	●	●	●	●	●	●	●	●	●	●	●	●	●	●	●	●	●	●	●	●	●	●	●	●	●	●	●	●	●	●
	フットル	M	●														●	●	●	●	●	●	●	●	●	●	●	●	●	●	●	●	●	●	●	●	●	●					●	●	●	●	●	●	●	●
	～デ	M															●		●	●	●		●	●	●	●	●	●	●	●	●	●	●										●	●	●	●	●		
	知らんウェー	M	□					□				□					□	●	●	□	●	□	●	●	●	□	●	●	□	●	●	□		●	●		□		□				□	□	□	□			
	イコーヤ	—															●			●	●		●		●	□	●	●	□	●	●	●	●	●	●	●	●		□		●		□	□	□	□
	雨ン	—												●	□	●		●		●		●	—				●	●					●	●					□	□	□	□
	～トサイガ	M				□	□									●	□	●		●	●	●	●	●	●	●				□	□	□					●			●	□	□
	イキーヤ	M										●	□		●	□	●		●	●	●	●	●				□	□	□					●			●		□
	オトラカス	—												□	□	●	●	●										□					●
	あかんゲー	N	●		●								□	●	●		□	□	□	□	□	□		□		●					□	□	□	□	□
	イキンナ	M									□	●	●	□	□	□	□	□	□		□	●			□	□	□
b	あかんガヤ	N	●										●	●	●	●	●		●					●	●		●	●	●
	イケノ	M	●								□	●		●	●	●					●				●
	ワンナル	—									●	●	●	●						●
	私カッテ	N				□				□	●	●	●	●	●	●	●	□	□		●	□		□
	イコニ	—					□			●	□	●	●	●				□	□	□	●
	降るカシャン	N			□	□		□	□	●	●	●	●	□	●	●	□	□	□	●	□	□	□
c	イキカラカス	N								●	●	●	●	●					□
	イッテマッタ	M	●							●	●	●	●	●
	イクヤワ	—							●		●	●	●			●	●
	ドコ イクヤ	—	●	●		●	●	●		●	●	●	●		●		●		●	●
	イコマイ	M						●	●	●	●	●	●	●	●		●		●	●
d	イケテ	—		●						●	●	●		●
	雨ンタ	—							●	●	●	●
	イコッケ	—							□	●
	ケッタ	—							●	●
	ヤッテマッタ	—							●	●
	イキャー	—							●	●

　①語彙に比べると初出年が新しく、分布のパターンが限られている。言い換えると、大垣語の文法形式は、比較的新しい形式が多いということになる。

　②aは西日本に分布している語である。枝が上部で結合している語ほど分布が密であり、下部で結合している語ほど異形態が多く使用されている。

　③bは近畿と岐阜を中心に分布している語である。西日本には異形態が点在している。cは東海を中心に長野・静岡や滋賀に分布している。近畿をはさんで鳥取・島根にも分布している点が興味深い。dは愛知・岐阜に分布するローカル語である。

1．3　待遇表現

1．3．1　列島における大垣語待遇表現の使用傾向

　大垣語の待遇表現25語[3]を元にクラスター分析を用いて都道府県における使用傾向・系統関係を示すと図6-11～6-12のようである。図6-13は、図6-11の分類を地図上の位置と対応付けて示したものである。地図の色分けは、図6-11のグループの色と対応している。図6-14は、表4-2「文法項目の全国における分布」（③）を元に都道府県別に大垣語待遇表現の使用数を比較したグラフである。

3　表4-4のg～jグループと「ゴザル・ミエル・イカッサル」の25語を大垣語待遇表現に選定した（p206～207参照）。

図6-11　大垣語待遇表現25語の各都道府県における使用傾向

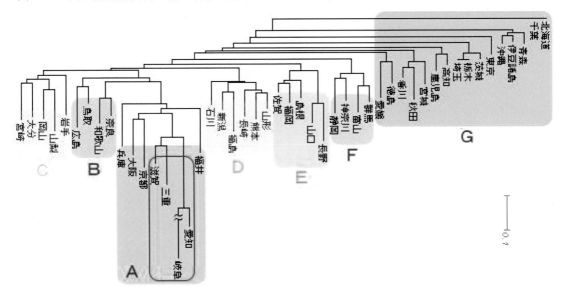

図6-12　大垣語待遇表現25語の各都道府県における系統関係

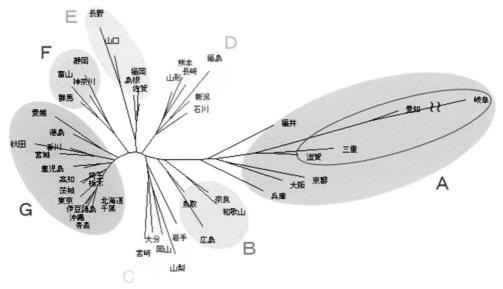

図6-13　大垣語待遇表現の使用傾向を示した列島地図

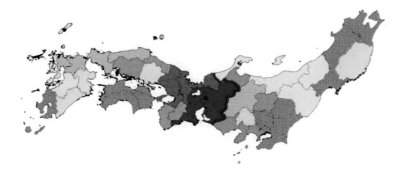

図6-14　都道府県別にみた大垣語待遇表現の使用数

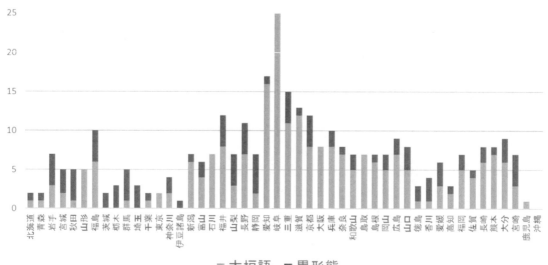

図6-11〜6-14より、以下のことが指摘できる。

①東海3県と滋賀県で小グループを形成し、A近畿・福井、B近畿南部の順で結合している。近畿や福井と使用傾向が似ているのは語彙・文法の場合と同様である。

②語彙や文法と異なる点は、周圏分布を示していることである。グループCは岩手・山梨と岡山・九州西部、Dは山梨と東北南部・北陸と九州中西部、Eは長野と中国西部・九州の日本海側と近畿・東海をはさんで列島に東西に均等に広がっている。東北北部・関東・四国・鹿児島に大垣語の待遇表現があまりみられないし、沖縄は皆無である。

③語彙や文法のように東西日本の明確な境界線がみられないが、愛知・岐阜・福井以西と以東では断層がみられる。。

１．３．２　大垣語待遇表現の地域性

　大垣語待遇表現25語の地域性を確認していきたい。クラスター分析すると、図6-15のようである。a〜eの5グループに分類した。25語の地域性を示すと表6-3のようである。表の右蘭には各時代語の分布も示した。

　図6-15と表6-2より、以下のことが指摘できる。

①aは初出年が古い。全国的に分布しているが、その中心は中部・山陰・九州である。東北は異形態の使用が多い。

②bは東海とナヤシの他、東北や西日本に点在するなど「三辺境分布」（後述）を示している。

③cは岐阜と近畿、dは岐阜、eは愛知・岐阜に分布が限られている。

図6-15　全国における大垣語待遇表現25語の地域性

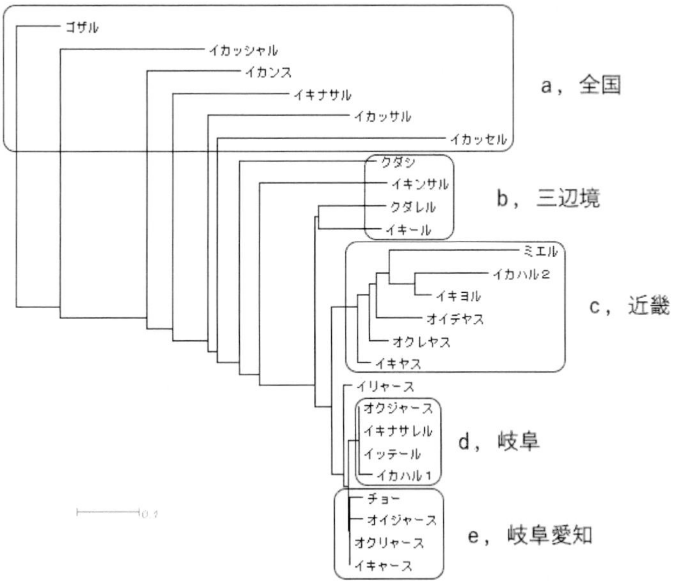

表6-3　大垣語待遇表現25語の地域性

分類	方言	初出年	北海道	東北						関東								中部									近畿							中国					四国				九州							沖縄	時代語									
				青森	岩手	宮城	秋田	山形	福島	茨城	栃木	群馬	埼玉	千葉	東京	神奈川	伊豆諸島	新潟	富山	石川	福井	山梨	長野	静岡	愛知	岐阜	三重	滋賀	京都	大阪	兵庫	奈良	和歌山	鳥取	島根	岡山	広島	山口	徳島	香川	愛媛	高知	福岡	佐賀	長崎	熊本	大分	宮崎	鹿児島		室町	上方前	上方後	上方M	彦根S	名E	名M	大E	大M	大T
a	ゴザル	M			●	□	□	●	□		□	□	□					●	●	●	●	●	●	□	●	●	●	●	●	●		●		●	●	●	●	●		□		●	●	●	●	●	●	●	●		●	●	●		●	●	●	●	●	●
	イカッシャル	M			□	□	□	●	●	□	□	□	□		●	●		●	●	●	●	□	●	□	●	●	●	●	□		●	□	□	●	●	□	●	●	□	□	□	□	●	●	●	●	□	□				●	●			●		●	●	
	イカンス	M			●	□	□		□									□		●	●		□		●	●	●	●	●		●	●	●	●		●	●	□	□	□	●	●	●		●		●					□	●		●	●	●	●	●	●
	イキナサル	M	●						●					●	●			●		●	●		●		●	●	●	●		●	●	●	●	●	●	●	●			●	●		●	●		●	●	●			□	●	●	●		●	●	●	●	●
	イカッサル	—		●	□	●		●	●			●				●		●	●	●	□		□	●	●	●	●	●				●		●	●			●			□				●	●	●													●
	イカッセル	N	□	□	□	●			□	□	□	□	□	□		□	□		□	●	□	□	●	□	●	●	●	●	□		□				□								□	□	□	□	●	□								●	●	●	●	●
b	クダシ	—			□		●	●	●									●		●	□	□				●	□	□	□		□		□			□	□								●	●	□	□				□	□		□			●	●	●
	イキンサル	—							●							□		●				□	●	□	●	●					●			●	●	●	●	●					●	●	□		□											●	●	
	クダレル	N							□			□							□		□		□		●	●	□											□										□								●	●	●	●	●
	イキール	N																					□	□	□	●	□		□								□	□			□												□	□		□		●	●	●
c	ミエル	M																			●		●	●	●	●	●	●	●	●		●	●		●		●	●	●		●		□				●	●				●	●			●	●	●	●	●
	イカハル2	N			●			●	●																	●	●	●	●	●	●	●	●	●			●								●	●								●	●					
	イキヨル	M																			●					●	●	●	●	●	●	●	●													●					□	□	□	●	●	●	●	●	●	●
	オイデヤス	N																			●	●	●		●	●	●	●	●	●	●					●																		●	●	●	□	●	●	●
	オクレヤス	—																			●					●		●	●	●	●																							●	●	□	□	□	□	
	イキヤス	N																							●	●	●	●	●	●																						□	□	●	●	□				
d	オクジャース	—																								●																																●	●	●
	イキナサレル	M																								●																									□					●		●	●	●
	イッテール	—																								●																																●	●	●
	イカハル1	—																	●							●																																		●
e	イリャース	—																							●	●	□																														●		●	●
	チョー	N																				●			●	●																															□			
	オイジャース	—					□																		●	●																																●	●	●
	オクリャース	—																							●	●																														□	●	□	●	●
	イキャース	—																							●	●																															●		●	●

1．3．3　大垣語待遇表現の歴史的変化

各都道府県と各時代語の待遇表現25語（表6-3参照）をクラスター分析とNeighbor Net法を用いて分析すると図6-16～6-17のようである。時代語は網掛けで示した。

江戸・明治期の名古屋方言と大垣方言は、現在の愛知・岐阜とグループを形成している。明治期の上方語は、現在の大阪・京都・滋賀・三重とグループを形成している。これらの地域は、明治期以降の待遇表現を現在に継承し、独自のグループを現在に至るまで維持しているといえる。

江戸期の上方語と同じグループを形成しているのが広島である。奈良や和歌山も距離が近い。古い上

方語（表6-3のａ）が残存し、新しい上方語（表6-3のｃ）が波及していない点が共通している。

　室町語と一番距離が近い地域は鹿児島である。室町語のゴザルが唯一共通しているだけである。江戸期以降の上方語や名古屋方言の影響を受けている近畿・東海のグループから距離の大きい地域ほど、上方語の影響が少なく、鹿児島や青森、関東では特にその傾向が著しいことがわかる。

図6-16　10の時代語と各都道府県の待遇表現の類似関係

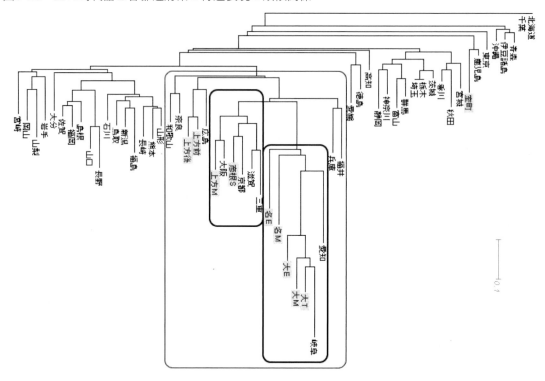

図6-17　10の時代語と各都道府県の待遇表現の系統関係

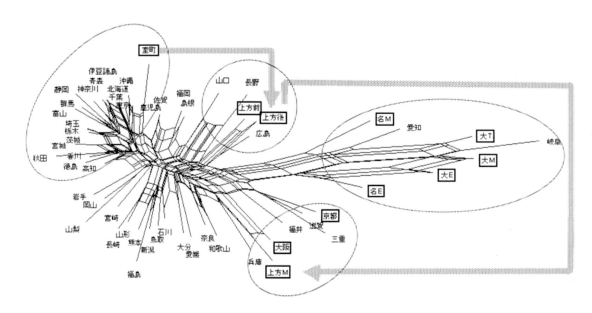

２．時代別にみた地域分類

　表6-1〜6-3において、大垣語の語彙・文法・待遇表現の初出年を示した。これらのデータより、各時代の大垣語を元に列島を地域区分していきたい。

２．１　戦国期以前（〜1572）

　戦国期以前（以下、Ｏ期）に初出がみられる「ハマル、ジュルイ、ホトバカス」などの語彙25語に、クラスター分析とＮＪ法を用いて全国の都道府県における使用傾向、系統関係を示すと図6-18〜6-19のようである。図6-20は、図6-18の分類を地図上の地域と対応して付けて示したものである。

図6-18　Ｏ期初出の大垣語25語の各都道府県における使用傾向

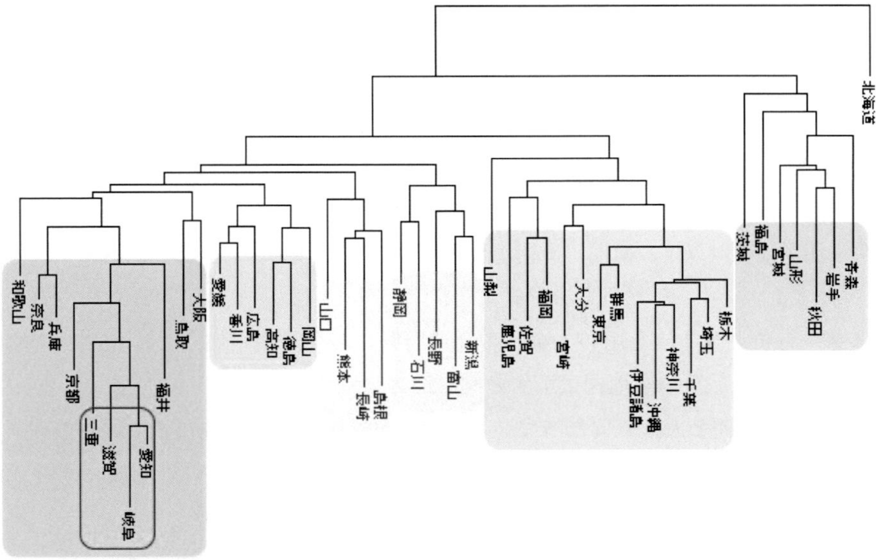

図6-19　Ｏ期初出の大垣語25語の各都道府県における使用傾向

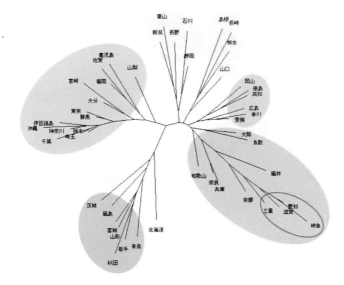

図6-20　O期初出の大垣語25語の使用傾向を示した列島地図

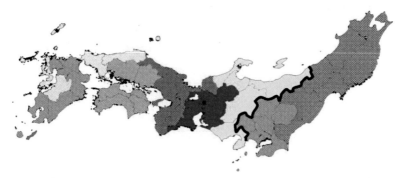

　東海３県と京都・滋賀を核としたグループは、西近畿、中国・四国、さらには九州西部など西側のグループと次々に枝が合流し、さらに東側の静岡・長野、北陸へと繋がっている。静岡・長野や北陸が緩和地帯となり、西日本と関東東北などの東日本と対立しているのがわかる。

　注目すべき点として、西日本の九州中西部の熊本・長崎や山陰の島根・山口が、岐阜に隣接する北陸や静岡・長野よりも岐阜に近いことが挙げられる。O期初出の語彙は、岐阜・愛知県域より東への波及が少なかったこと、「西日本辺境分布」（後述）を示していることがわかる。

２．２　安土桃山期〜江戸前期（1573〜1764）

　安土桃山期〜江戸前期（以下、M期）に初出がみられる「アゴタ、ヤラシー、ドモナラン」などの語彙22語、「イケノ、イコマイ」などの文法形式７語、「ゴザル、イカッシャル」などの待遇表現５語の計34語をクラスター分析とＮＪ法を用いて全国の都道府県における使用傾向、系統関係を示すと図6-21〜6-22のようである。地域分類を地図に示すと図6-23のようである。

　M期の地域分類は、O期と大きく異なっている。O期が近畿より西に波及しているのに対し、M期は北陸や長野など北西方向へと波及している点である。西日本だけできれいな周圏分布を示している点も注目される。中部以西の西日本と関東以北の東日本とは断層がみられる。

図6-21　M期初出の大垣語23語の各都道府県における使用傾向

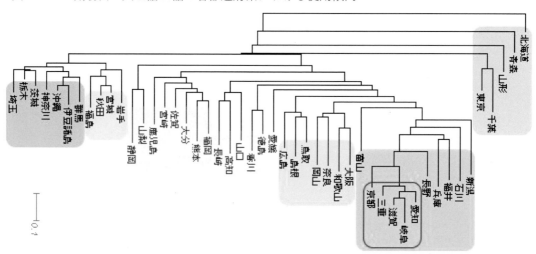

図6-22　M期初出の大垣語23語の各都道府県における系統関係

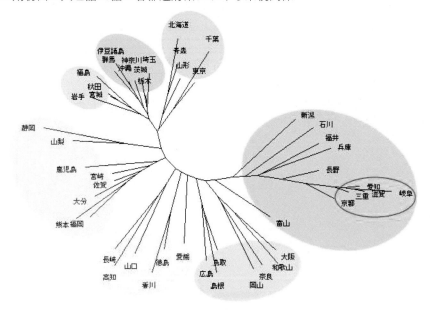

図6-23　M期初出の大垣語23語の使用傾向を示した列島地図

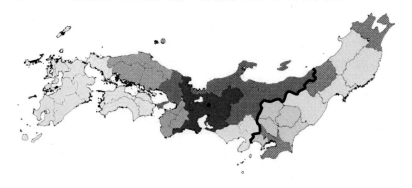

２．３　江戸後期以降（1765〜）

　江戸後期以降（以下、N期）に初出がみられる「エライ、アサッパラ、カジケル」などの語彙30語、「あかんゲー、イキカラカス」などの文法形式５語、「クダレル、イキール」などの待遇表現６語の計41語を元にクラスター分析とＮＪ法を用いて全国の都道府県における使用傾向、系統関係を示すと図6-24〜6-25のようである。地域分類を地図に示すと図6-26のようである。

　N期もM期と同様、近畿・東海を中心にきれいな周圏分布を示している。北陸との結びつきが強いのは、M期を継承している。注目すべき点として、中国西部が、中国東部や四国よりも岐阜に近い点、関東東北の中では秋田と千葉が西日本に近い点などがあげられる。岩手の位置はNJ法による。

　以上、大垣語を元に時代別に地域分類を試みた。その結果、時代を通じて中部以西の西日本と関東東北の間に断層がみられること、M期以降、北陸との結びつきが強くなっている点が明らかになった。

図6-24　N期初出の大垣語37語の各都道府県における使用傾向

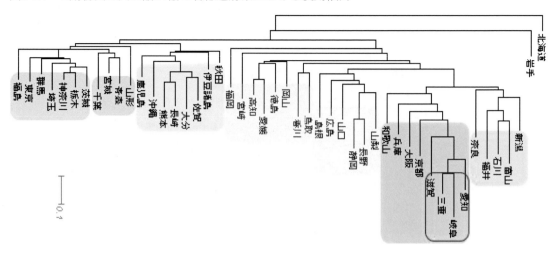

図6-25　N期初出の大垣語37語の各都道府県における系統関係

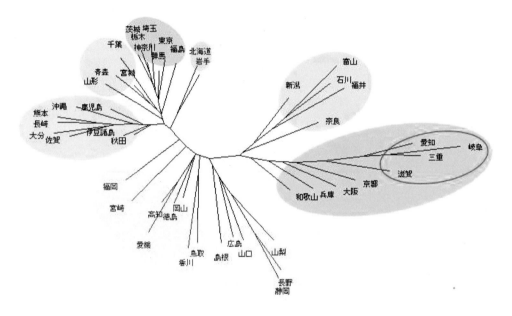

図6-26　N期初出の大垣語37語の使用傾向を示した列島地図

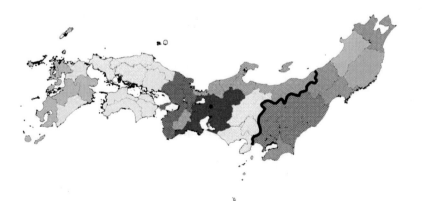

3．東西日本の対立

　東西日本の対立を、方言からだけではなく文化人類学や歴史学などの視点から考察し、東西方言境界線が成立した過程をみていくことにする。

3．1　方言からみた東西対立

　大垣語を元にした項目別・初出時代別の地域分類を試みた。大垣語の語彙・文法・待遇表現を基準とすると、日本列島は図6-27のような地域区分を想定することができる。近畿・東海から西方向に向けて大垣語が徐々に減少しているのに対し、東方向は「糸魚川-浜名湖」線に阻まれて東進できず、日本海側へと波及の方向が反れているのがわかる。関東・東北とはさらに距離がみられる。「糸魚川-浜名湖」線が語彙・文法からみた東西日本の境界線に当たり、以西が西日本方言、関東・東北が東日本方言、静岡・山梨・長野・新潟が緩和地帯ということができる。この結果は、国語調査委員会（1906）や牛山（1969）などの調査結果、井上（2001）の統計分析による方言区画と一致している。

図6-27　大垣語からみた東西対立

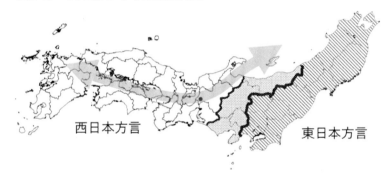

3．2　文化人類学からみた東西対立

　文化人類学の大林（1990）は、東日本と西日本の文化領域を図6-28のように分類している。「若狭湾-伊勢湾」線（Ⓐ）以西を西日本、「糸魚川-浜名湖」線（Ⓑ）以東を東日本、その間の愛知・岐阜・富山・石川・福井東部を「東西の移行地帯」と位置づけしている。

図6-28　文化人類学からみた東西対立

東西日本の差異として、以下の例が指摘されている（坪井1979、宮本1981、木下1981）。

	《西日本》	《東日本》
a，	水田優位（稲作民的農耕文化）	畠作（畑作民的農耕文化）
b，	母系的（ムラ中心社会、婚姻重視）	家父長制的（イエ中心社会、同族重視）
c，	血忌みの習俗あり	血忌みの習俗なし

このような東西日本の差異が生じた要因として以下の点が指摘されている。

①生態学的要因

縄文前期（6000年前）のヒプシサーマル期、日本列島の植生が現在に近いものになり、「若狭湾-伊勢湾」線（図6-22の⒜）が植生の境界線となった。東日本にはナラ林帯が、西日本には照葉樹林帯が広がると同時に、それぞれの森に対応した文化圏が形成された（佐々木1991）。

②ヒト集団の対立

弥生期初頭（2300年前）、春秋戦国時代の戦乱を逃れた新モンゴロイド集団が中国大陸から渡来、山口県・北九州に上陸しわずか十数年の間に「若狭湾-伊勢湾」線まで到達した。境界線をはさんで、西側の渡来系弥生人と東側の先住系縄文人が対峙した。網野（1990）は、「西日本が弥生時代に入って以降も東日本は縄文時代にとどまっていたといわれていて、いわばその間には歴史時代からみればかなりの長い間、二つの全く異質といってもよい文化が併存していたことになる」としている。

文化人類学における東西対立を示す指標である、a 水田優位と c 血忌みの習俗は弥生期の風習に由来するとされている（大林1990）。

③文化領域の固定化

大林（1990）は、「文化領域は一度成立してしまうと継続し固定化する傾向がある。境界が一度できてしまうと、その後の伝播もなかなかこの境界線を越えていくことができなくなる」と述べている。鈴木（1978）は、「文化領域（文化圏）とは具体的には、通婚圏、流通圏など人の動きを規定するものがあるからおのずから形成されるもの」とした上で、「通婚圏のようなものは、時代が変わっても容易に変わらなかったと思われるから、方言圏の成立をずっと昔までさかのぼらせることができるのである（中略）。個々の方言の成立は新しくても、方言圏の成立は古い」としている。

「糸魚川-浜名湖」線にきわめて近い東西境界線をはさんだ分布としては、民家の形式が知られている。境界線以西の入母屋と以東の寄棟である。近畿を中心に分布する入母屋は、奈良・平安期に寺院の屋根の形式として大陸から畿内に入った形式であり（石原1978）、畿内の高い文化中心からの放射沈降の跡を示しているとされる。しかし、「糸魚川-浜名湖」線より東側へ入母屋が侵入できなかった点について、「東の中心の影響圏には、西の中心からの要素がいかに入り難かったかを物語っている」（大林1990）と指摘されている。

3．3　統治領域からみた東西対立

646年、律令国家の時代になると「若狭湾-伊勢湾」線（Ⓐ）にきわめて近い境界線（図6-29のA）上に三関（鈴鹿関・不破関・愛発関）が置かれた。西側が畿内を中心とした西国国家＝大和朝廷の領域、東側が「原則として国家の外に置かれた特殊未開地域」の東国である。

図6-29　統治領域からみた東西対立

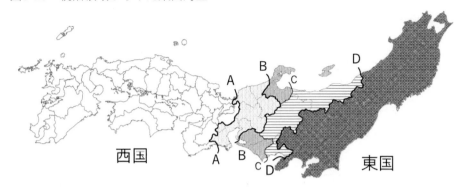

大和朝廷の東国経営が発展し、やがて西よりの東国と東よりの東国が区別されるようになった。駿河・信濃までが「内国としての東国」、相模・上野以東が「外国としての東国」、陸奥・出羽は「道の奥（国の外）」とされた。大和朝廷はこの順序で、その支配を東に及ぼしていった（高橋1972）。

鎌倉幕府（1192年）の成立により、朝廷の「植民地」[4]であった東国は政治的に独立を果たした。その結果、列島には「東国の武家国家」と「西国の朝廷国家」という二つの国家が並立することになった[5]。御成敗式目（1232年）の制定後、東国は鎌倉幕府の管轄、西国は六波羅探題（西国の行政裁判所）の管轄となった。東西の境界線は律令期のAからBへと移動し、東国だった美濃・尾張などの八国が西国化していることがわかる。

室町幕府（1336年）の成立後も、鎌倉幕府の東西分割統治が継承された。京都に室町幕府、鎌倉に鎌倉府（関東幕府）[6]が置かれた。関八州に甲斐・伊豆を加えたD以東の八国が鎌倉府の直轄となり、1391年には陸奥・出羽が管轄下に入っている。室町幕府の直轄地は越中と遠江まで広がり、Cへと移動した。問題は越後・信濃・駿河の三国である。三国の所属は固定的なものでなく、両府の緩和地帯と考えられていた。当域は、鎌倉期より鎌倉の幕府を守る「関東の外壁」と位置づけされていたが、鎌倉府が安定してきた応永年間初頭（1394年頃）には室町幕府の管轄下に置かれ、「国境」と認識されるようになっ

---

[4]「古代史上の東国は『植民地的隷属』をその特徴とする（中略）。大和朝廷は畿内とともに東国を直轄支配地域としていた」（高橋 1972）。

[5]「将軍は関東・東国を統治し、王朝は関西・西国を統治し、内政不干渉とするのが幕府の基本方針（だった）」（森・網野 2000）。「（御成敗式目の制定後も、鎌倉幕府は）西国に対する朝廷―国司・領家の支配については、『内政不干渉』の姿勢をとったとみなさなくてはならない」（網野 1982）。

[6]「鎌倉府は決して室町幕府の下部組織や出先機関ではなく、両府は双生の政治権力であり、ともに列島を支配する足利政権の両輪だった（中略）。この東西の分掌により、東国は中央の直接的な支配から切り離され、おおよそ鎌倉府の支配するところとなった。その結果東国で起きたのが、中央とのかかわりの希薄化である。南北朝内乱の収束とともに、列島の人々が東西を移動する機会は減少し（た）。列島は東西で分化し、室町時代を通じて政治・経済・宗教・文化など各方面で東国の自律性は高まっていった」（上田 2022）。

ていった。

　享徳の乱（1454〜1482）により室町幕府と鎌倉府の対立が激化し、乱の収束後に双方で「都鄙和睦」が締結された。以後、室町幕府が東国に対して大規模に関わることはなくなった。同時に、東国は鎌倉府を継承した古河公方と関東管領・堀越公方に分裂し、古河公方方が利根川以東を、堀越公方方が利根川以西を統治することになった（杉山2019）。この境界線は、安部（1998）が東西境界線の一つとする「関東・越後線」と一致する。

3．4　文化領域の維持

　以上、見てきたように日本列島は縄文初期の6000年前から戦国末期に至るまで、文化的・政治的に以下のような二つの勢力が並立してきた。既に縄文初期には形成されていた東西対立が、中世の二つの武家政権による東西分割統治によりさらに固定化していったことがわかる。列島が統一されたのは、秀吉の小田原征伐（1590）による天下統一後のことである。

		《西日本》	《東日本》
a，	縄文期	照葉樹林文化圏	ナラ林文化圏
b，	弥生期	弥生文化圏	縄文文化圏
c，	律令期	大和朝廷	東国
d，	鎌倉期	朝廷・六波羅探題	鎌倉幕府
e，	室町期	室町幕府	鎌倉府

　東日本と西日本という二つの領域が維持されてきた要因として、以下の点が挙げられる。
①二大中心の存在
　東西対立が並立してきた上でもっとも大きな役割を果たしてきたのが、それぞれに重要な中心が存在してきた点が大林（1990）により指摘されている。鎌倉幕府成立以後、東日本に鎌倉という重要な政治の中心が形成された。以後、鎌倉府を経て、後北条氏の小田原、徳川幕府の江戸、新政府の東京へと継承されている。
　高橋（1972）は、「秀吉は畿内的・西国的・上方的なものを最終的に『大坂支配』に再編成し、この形態で近現代における西日本秩序の原形まで定めたのである（中略）。これに対し家康は坂東的・東国的・関東的なものを最終的に『江戸支配』に再編成し、そのまま近現代における東日本的世界の原形を確立した」と指摘している。

②婚姻圏の維持
　鎌倉期・南北朝期に作成された古系図より、西国である若狭ではごく例外的にしか東国人と結婚していない。東国においても同様で東国人同士の婚姻がほとんどで、西国に所領を持っていても圧倒的に東国出身の人同士で結婚する指向が強かった。中世の東国人と西国人の婚姻には、多少なりとも拒否的な力が働いていた。昭和42年（1972）の調査でも同様の傾向がみられる。東日本（新潟・静岡・長野以西）と西日本（東海三県を除く北陸以西）の男女同士の組み合わせは9割以上とされる。東西日本の間では人口の動きが全体としてきわめて少なかったのである（網野1982）。

３．５　まとめ

　縄文初期より鎌倉期初頭に至るまでの5000年間、生物学的要因（植生）によって形成された「若狭湾
-伊勢湾」線Ａが列島の東西境界線であった。やがて東西境界線は、近畿勢力の東進に伴い鎌倉期には
Ｂへ、室町期にはさらにＣ・Ｄへ移動している。そして、ＡとＤにはさまれた領域が概ね現在の中部域に
当たる。このように中部域の歴史は西からの絶え間ない浸食の歴史であり、中部域は歴史的にみて東国
が西国化した地域ということがわかる。中部域西部が文化人類学的にみた「東西の移行地帯」であるこ
とも同様の要因であろう。

　東西境界線としては、「若狭湾-伊勢湾」線と「糸魚川-浜名湖」線とがよく知られている。前者が縄
文前期に形成された一次的な境界線であるのに対し、後者は西側の勢力が東国に波及することによっ
て中世に形成された二次的な境界線ということになる[7]。この位置に二次的な境界線が形成されたのは、
西からの波及が北アルプス（図6-30）に阻まれた地理的要因も影響していると考えられる[8]。大垣語か
らみた東西方言の対立（図6-28）も、文化人類学や統治領域からみた東西の対立と酷似している。畿内
から波及した新しい語彙が西日本へ波及しやすかったのに対し、西日本とは歴史的に異なる東日本で
は波及しにくかったことがわかる。民家の形式である入母屋も同様である。

図6-30　日本列島の地形図（国土地理院・デジタル標高地形図（全球版）を加工）

　一方で、戦国期においても美濃以東を「関東」とする表現の仕方が依然としてあったという点を指摘
しておかなければならない。網野（1982）は、律令期の境界線Ａ以東を「広義の東国」、室町期の境界
線Ｄ以東を「狭義の東国」としている。戦国期にも美濃以東を「東国」とする意識が残っていて、実際
に異なる里制の慣習が残っていた。16ｃ中頃までは美濃以東に六町一里の規制が残っていたのに対し、
西国では三六町一里制であったと指摘している。江戸期においても貨幣は近江側が銀、美濃側が金を使
用するなど、差異がみられた（『近江輿地史略』1734）。

---

[7]　「日本における文化領域設定にとって指標として役立つ特徴の多くは、おそらく中世以降に拡がったものと思
われる」（大林1990）。

[8]　この点について井上（2001）は「方言分布パターンの説明として、自然条件・文化的（政治的）条件などがと
りあげられている」とし、その一例として東西境界である北アルプスを挙げている。

4．大垣語の分布パターン

　第3章・第4章において、大垣語の語彙・文法形式の列島における分布図118枚を作成した[9]。各分布はそれぞれ異なっているが、共通の分布傾向がみられる。その中から代表的な分布パターンについてみていきたい。使用地点が中心的な分布域から離れた地点に点在する場合、周圏分布か飛火的伝播かの判断は難しいので、分布パターンの類別も絶対的なものではないことを記しておきたい。

1）近畿周辺分布

　近畿周辺部に分布するパターンである。代表的な例として、近畿中央部に分布する近畿語のソードス（初出・1907年）[10]や近畿を中心に東海・北陸などの近畿外縁部まで分布するアジナイ（初出・1707年）があげられる。これらの分布簡略図は、他の分布パターンとともに図6-31に示すことにする。ソードスは大垣語ではないが、比較参考のためにとりあげた。これらの二つの語彙から、京都で発生した語彙が近畿外縁部へと伝播した様子が推測できる。

　ソードスは山城・近江に分布域が限られているが、その200年前に発生しているアジナイは近畿全域や東海・北陸へと分布域を広げている。西の中国方面と比べて北西の北陸方面への拡がりが大きいが、太平洋側では尾張までしか波及していない。アジナイの分布域の西側の境界線は、図6-21「大垣語からみた東西対立」の西日本方言の区域の西限とほぼ一致している。

　同様の分布パターンを示す語彙は、カス(898)・セーデッテ・ダカマエル(1768)・ツラッテ(1821)・トロクサイ・ホチケルの6語、文法ではイコニ・カッテ(1914)の2語、待遇表現はイキヨル(1703)・イキヤス(1835)・オクレヤス[1800]・オイデヤス(1832)の4語がある。初出年が江戸中期と比較的新しい傾向がみられる。

2）周圏分布

　近畿をはさんで、両側の中国四国と中部に分布しているパターンである。「近畿周辺分布」の発展形ということになる。代表的な例として、広い分布域を持つトロクサイ(1728)や、分布域がさらに縮小しているドバッチがあげられる。

　同様の分布パターンを示す語彙は、アマタラコイ・オッサ・オメル(1220)・クルー(1676)・コグチカラ[1792]・シャチヤク・ツマル・ツモイ・ハゼル(1591)・ヒヤケル・ヘッツク[1809]・マンダ(1674)・メンボ[1603]・ヨーエーの14語、文法はイキーヤ(1804)・イケノ(1698)・ワイ・カシャンの4語、待遇表現はイキール(1786)の1語がみられる。

3）西日本分布

　西日本全域に分布するパターンである。代表的な例として、フツトル(1716-36)があげられる。

　同様の分布パターンを示す分布事項として、動詞イ音便・動詞ウ音便・イコーヤ・イキンナなど4項目がみられる。いずれも文法項目であり、大垣語の語彙・待遇表現では西日本全域に分布する形式はみ

　9　作成した分布図のうち、近江方言・京都方言の語彙・文法の分布図13枚は除外した。
10　以下、カス(898)のように初出年を記すことにする。ヘッツク[1809]は、その形式が原義で使用された年代を示す（p39参照）。

られなかった。これらの共通点として、分布域の西側の境界線が上記のアジナイの分布域と同様、西日本方言の西限とほぼ一致している点が挙げられる。図6-21「大垣語からみた東西対立」の具体例といえる。

4）西日本辺境分布

　西日本の辺境というべき東西方言境界地帯の東海・北陸・滋賀、中国・四国・九州に分布域がみられるパターンである。本書ではこのような分布パターンを「西日本辺境分布」と呼ぶことにする。

　同様の分布パターンを示す語彙は、アッチベタ・アノジン（1707）・イザル（970）・エブクラシー（1769）・オケゾク（1560）・オダイジン（1681）・オブクサン（1600）・オブッパン・キーナイ[1736]・グスグス・クロ・ゴエンサン（13ｃ前）・ザイハライ・ジョーブイ・タグネル・ダダクサ（1660）・チョーラカス・ハシリゴーク・ヒラクタイ・ホトバカス・マッキッキなど20語、文法はワンナル・イキカラカス（1835）・ガヤ（1804）・ンタ・サイガ・デ（1722）・雨ンなど7語、待遇表現ではイカンス（1665）・ミエル（1721）の2語がみられた。語彙では江戸前期以前の古い語彙が多いのが特徴といえる。初出年が不明な語彙も発生が古い可能性が考えられる。

　歴史的にみると、西日本方言の領域・緩和地帯に波及した各語彙が、域内の辺境である東海北陸・紀伊半島・中国四国・九州に残存したものと考えられる。言い換えるなら、西日本方言の領域・緩和地帯だけで伝播が完結していて、東日本方言の領域はもうひとつの異なる方言圏ということになる[11]。分布域の東限が東西方言境界地帯であるのに対し、西限は九州北西部であることが多い。

5）＋日本海

　西日本分布や西日本辺境分布のパターンに加えて東北地方の日本海側へと分布域が伸びている例がみられる。代表的な例としてチャット（1439）があげられる。日本海側が隠岐から若狭・能登・佐渡から下北半島を廻って宮城県北部まで達しているのに対し、太平洋側では紀伊半島から志摩半島・渥美半島を抜けて伊豆半島で停止し、関東へは到達していない。

　同様の分布パターンを示す語彙は、ズルケル（1786）・ナーニ（1779）の2語、待遇表現はイカッシャル・イカッサルの2語がみられる。

6）三辺境分布

　東西方言境界域、列島外縁部の東北日本と南西日本の3地域に分布域がみられる分布パターンは「三辺境分布」[12]と呼ばれている。代表的な例として、クダシ（1781）があげられる。図6-25では、図4-30より異形態クダインセ・クランセは除外し、クダシと原形クダンセの分布域を示した。

　西日本に関しては、西日本辺境分布と同様、東は東西方言境界地帯、西は九州・四国・中国に分布域

11　この点について、安部（1997）が「西日本中央語伝播層」「東日本伝播層」、小林（2002）が「広義の西日本」「狭義の東日本」という用語を用いて解説している。大西（2002）は、西日本には相当数の語形が存在し、東日本には大きな変異がないような対立を「東西Ｂ型」とした上で「東日本に目をつぶることで、西日本を中心として歴史が描ける」と述べている。

12　「京阪と東京の二つを中心とする『二重周圏分布』が形成されたため、近畿圏と関東圏に挟まれた北陸・中部・東海にも古語が残ることが多い。南北とこの中間部の三箇所に同じ語が残存するような分布を『三辺境分布』と呼ぶことにする」（安部1991）。

がみられる。東日本に関しては、日本海側分布域が縮小し一部が東北北部域に取り残されたものと考えられる。関東域にほとんど分布がみられないのは、上記の分布パターンと同様である。

同様の分布パターンを示す語彙は、アツコイ・アラビル・カラゲル・カバカバ・コンコ・コンドカエリ・シカシカ(1477)・ゾゾゲタツ(1534)・トッツク・ドブドブ・ドモナラン（1686年）・ナーニ・ネタグル・ボンボ[1603]など13語、待遇表現はゴザル(1593)・イカッサル・イカハル2の3語がみられる。初出年が室町期～江戸初期の5語を除くと文献にはみられず、オノマトペが多いのが特徴的である。

7）中部域分布

上記と異なり、中部域に集中して分布するパターンである。代表例としてイコマイ（室町期末）があげられる。室町期に初出がみられるイコマイは近畿の両側に分布域が拡がっていたが、西側だけが縮小したと考えられる。東側は滋賀県や中部域に拡散している。

同様の分布パターンを示す語彙は、アカル・アライマシ・イナダク・カンコースル(1802)・チンチン・マルカルなど6語、待遇表現はイカッセルの1語がみられた。

8）東海域分布

濃尾平野を中心に三重や滋賀など、狭い地域に分布しているパターンである。代表例としてメンボがあげられる。

同様の分布パターンを示す語彙は、オボワル(1893)・キタナコイ・チョースク・バリカクの4語、文法はイコニ・イキャーの2語、待遇表現はイキャース(1860)・イキナサレル(室町末)・イキャース・オイジャース・イリャース・クダレル(1800)・チョー(1864)の7語がみられる。一部の例外を除いた文法・待遇表現は19cに名古屋で発生した新しい形式である点が共通している。キッツクレー[18c前]だけが例外的にも滋賀にも分布域が伸びている。

9）その他

以上の8種類の分布パターンの共通点として、関東にはほとんど分布域がみられない点があげられる。関東に分布域がみられる場合は、上記で示したパターンに関東域の一部が加わるという例がほとんどである。オダイジン(1681)・アッチベタ・雨ンは西日本辺境分布の東限から中部・関東域へと分布域が伸びたパターンである。

例外的に分布の中心地が関東である語彙として、ツラマル(1793)が挙げられる。初出が江戸であることから、江戸から東海域に伝播した可能性も考えられる。東海・中部と東北のみに分布するパターンとしては、コエル・イッテマッタなどがみられる。

10）まとめ

上記で示した分布パターンの系統を推定すると、図6-31のようになる。近畿中央部から近畿周辺域に伝播した大垣語は東日本に波及することなく、西日本へと拡散していった。近畿中央部が新しい形式に変わられて消滅していく中、西日本の辺境域で残存した。近畿から日本海経由で東北へ拡散した大垣語はやがて分布域が縮小する中、西日本の辺境域と東日本の辺境域で残存した。これが「三辺境分布」の形成過程ではないかと推定される。

図6-31　分布パターンの推移

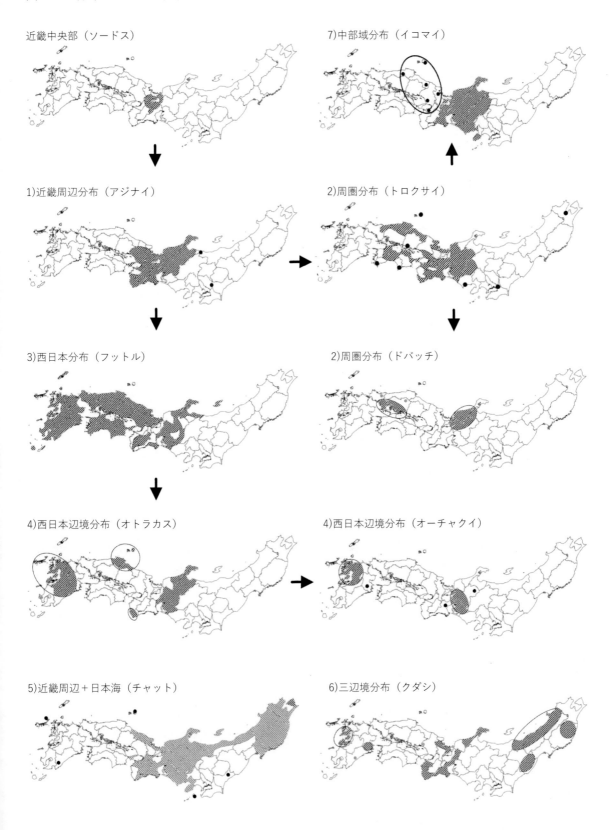

近畿中央部（ソードス）

1)近畿周辺分布（アジナイ）

3)西日本分布（フットル）

4)西日本辺境分布（オトラカス）

5)近畿周辺＋日本海（チャット）

7)中部域分布（イコマイ）

2)周圏分布（トロクサイ）

2)周圏分布（ドバッチ）

4)西日本辺境分布（オーチャクイ）

6)三辺境分布（クダシ）

246

各分布パターンを示している語彙・文法・待遇表現の数を比較すると、図6-32のようになる。

図6-32　分布パターン別にみた各項目数の比較

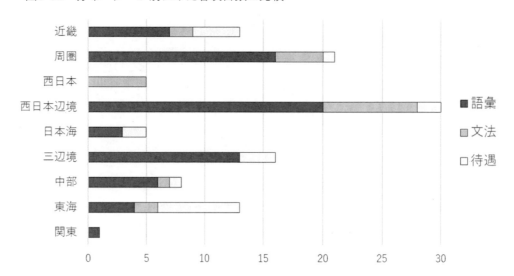

近畿を中心とした周圏分布の21形式と比べると、西日本辺境分布や三辺境分布などの「辺境分布」は46形式と倍近くみられる。それに対して中部域や東海域に限られたローカル形式は21形式と非常に少ない。以上より、大垣語は近畿中央部から放射された諸形式の中でも西日本辺境に残る古い形式が多いと言える。

　今後の課題として、東北や関東、九州に孤立して点在している大垣語が伝播した経路の考察がある。周圏的伝播か飛火的伝播の判断は言語学的な考察だけでなく、海路を通じた交流史が参考になるかと思う。

　畿内と日本海側との交流については江戸期の北前船が有名である。日本近海における水運については、時代をさらにさかのぼると縄文期には既にネットワークが確立していたことが明らかにされている（網野・森1992）。奈良期には税の海上輸送が重視されていて、図6-33が示すように日本海側と瀬戸内海に限り、税の海上輸送が許可され規制が設けられていた。これらの地域が、瀬戸内海と日本海側に集中するチャットの分布域と類似している点が興味深い。

図6-33　延喜式に海運の規定がある国（近江2020をもとに作図）

　千葉・茨城の海岸沿いに分布が点在している例も多くみられ、こちらも海路による伝播の可能性がる。太平洋側について、日向〜土佐〜紀伊、そして紀伊〜伊豆〜房総を結ぶ海民の交流圏が12cには形成されていたと考えられているし（網野1990）、戦国期末から江戸初期に掛けて摂津・和泉・紀伊の漁師がイワシ漁と魚肥生産のために房総半島へ進出していたのはよく知られている（安藤1996、原2017）。

　文化人類学者の大林（1990）は、東日本と西日本という二大文化領域のほかに、もう一つ重要な文化領域として「沿岸文化」を挙げている。日本海に拡がる方言分布、太平洋側にみられる飛び火分布の謎を解く鍵が、「海人文化」を始めとした海路による交流史にあることを示唆しているように思う。

5．おわりに

　「なぜ方言があるのか」という素朴な疑問の解明は、大西（2016）が指摘しているように「方言学の究極の目標」であろう。東西方言の対立についても、1906年の国語調査委員会の『口語法調査報告書』以降、多くの研究者により各種の方言区画や東西方言境界線が提唱されてきた。近年も井上（2001）、大西（2002・2016）、小林（2002）、澤村（2011）、小林・澤村（2014）らにより東西日本方言の差異がより明らかにされている。

　それではいったい、「なぜ東西方言境界線があるのか」という素朴な疑問に対しては、「東日本と西日本とは異なる」で議論が終了していて、「いつ、どのような要因・過程で、東西方言境界線が形成されたのか、東西日本方言の差異が形成されたのか」という「方言形成論」の本質にはまったく触れられていない。馬瀬（1977）が指摘しているように日本語系統論に関わってくる問題[13]であることから、言語学モンロー主義・古典的な単一民族説の立場からは、人類学や考古学、歴史学との学際的研究が未だにタブー視されているのが現状である。前著（2011）の繰り返しになるが、歴史的・地理的環境を下部構造とすると、方言はその上部構造に過ぎない。

　1990年代の考古学・文化人類学では、日本列島は東日本と西日本という異なった地域が並立したきたと提唱されるようになった。歴史学では高橋（1970）が同様の視点から日本史を展開している。戦後の日本歴史学の主流であった「日本民族単一論」からの転換といえる。

　東西方言境界線には、縄文初期に形成された第一次境界線＝「若狭湾-伊勢湾」線と、中世に形成された第二次境界線＝「糸魚川-浜名湖」線とがある。両者の間の中部域が「西国化された旧東国」であり「近畿語の影響を受けた東国語地域」ということになる。

　本章では、大垣語の分布をもとに列島には東日本方言圏と西日本方言圏が並立していること、大垣を含む岐阜県は語彙・文法からみると西日本方言圏の西限・辺境に位置することを示してきた。今回は都道府県単位で地域の類別化を試みたが、機会があれば対象地域を旧国単位、さらにはもう少し地域を細分化して分析・考察してみたいと考えている。

13　「（母音性優位の基層方言と子音性優位の新しい方言と対立は）言語面における問題解決にとどまらず、考古学・民族学・人類学など他の学問への幅広い参照も必要である。これは『東西両方言の対立』という与えられたテーマを越え、日本語の系統論に足を踏み入れて（いる）」。

［県別語彙集・方言辞典］

1945年以降発行の都道府県別方言辞典がある地域は、アンダーラインで示した。ここで示した文献は、重複するため参考文献リストにはその掲載をしなかった。

<u>北海道</u>　石垣福雄（1983）『北海道方言辞典』北海道新聞社
〃　　　　川内谷繁三（1990）『北海道弁・函館弁』幻洋社
〃　　　　見野久幸（2015）『岩内方言辞典』響文社
<u>青森県</u>　菅沼喜一/編（1935）『青森県方言集』青森県師範学校（国書刊行会 1975 再刊）
〃　　　　木村国史郎（1979）『津軽 森田村方言集』文芸協会出版
〃　　　　山村秀雄/編（1980）『青森県平内方言集』平内町教育委員会
〃　　　　能田多代子（1982）『青森県五戸方言集』国書刊行会
〃　　　　佐藤政五郎/編（1987）『南部のことば』伊吉書院
〃　　　　渋谷龍一（1987-96）『図夢 in 津軽弁』1 - 3　路上社
〃　　　　小笠原功（1998）『津軽弁の世界』北方新社
〃　　　　成田秀秋/編（2002）『木造町方言集〜青森県西津軽郡』青森県文芸協会出版部
<u>岩手県</u>　小松代融一（1959）『岩手方言集』岩手方言研究会（国書刊行会 1975 再刊）
〃　　　　金野菊三郎/編（1978）『気仙方言辞典』大船渡市芸術文化協会
<u>宮城県</u>　土井八枝（1919）『仙台方言集』自家版
〃　　　　浅野建二/編（1985）『仙台方言辞典』東京堂出版
〃　　　　角田市郷土資料館/編（1994）『角田の方言』角田市教育委員会
<u>秋田県</u>　仁賀保町教育委員会（1996）『仁賀保の方言集』仁賀保町教育委員会
〃　　　　秋田県教育委員会/編（2000）『秋田のことば』無明舎出版
<u>山形県</u>　山形県方言研究会/編（1970）『山形県方言辞典』山形県方言研究会
〃　　　　佐藤雪雄（1992）『庄内方言辞典』東京堂出版
<u>福島県</u>　児玉卯一郎（1935）『福島県方言辞典』西沢書店
〃　　　　福島郷土文化研究会/編（1986）『誰にでもわかる福島県の方言』歴史春秋社
<u>茨城県</u>　茨城教育協会/編（1904）『茨城方言集覧』茨城教育協会（国書刊行会 1975 再刊）
〃　　　　赤城毅彦（1991）『茨城県方言民俗語辞典』東京堂出版
<u>栃木県</u>　森下喜一（2010）『栃木県方言辞典』随想舎
<u>群馬県</u>　大田栄太郎/編（1929）『群馬県方言』日本大学図書館
〃　　　　山田郡教育界/編（1939）「方言」（『山田郡誌』山田郡教育会）
〃　　　　吾妻教育会/編（1929）「方言訛語」（『吾妻郡誌』吾妻教育会）
〃　　　　朝日新聞社前橋支局/編（1964）『上州ことば』朝日新聞社前橋支局
<u>埼玉県</u>　手島良編（1989）『埼玉県方言辞典』桜楓社
〃　　　　篠田勝男（2004）『埼玉のことば』さいたま出版会
<u>千葉県</u>　海上郡教育会/編（1917）『千葉県海上郡誌』海上郡教育会
〃　　　　夷隅郡/編（1924）『千葉県夷隅郡誌』夷隅郡
〃　　　　君津郡教育会/編（1927）『千葉県君津郡誌、下』君津郡教育会
〃　　　　塚田芳太郎（1934）『千葉方言 山武郡編』千葉方言刊行会
〃　　　　浦安市教育委員会社会教育課/編（1982）『浦安のことば』浦安市教育委員会
〃　　　　阿部義雄（1988）『印西方言録』崙書房
〃　　　　銚子市教育委員会/編（1996）『銚子のことば』銚子市教育委員会
〃　　　　星野七郎（1997）『手賀沼周辺生活語彙』崙書房出版
〃　　　　安藤操/編（2005）『房総のふるさと言葉』国書刊行会
<u>東京都</u>　斉藤秀一/編（1935）『東京方言集』自家版
〃　　　　鈴木樹造（1983）『八王子方言考』かたくら書店
〃　　　　金端伸江（2012）『東京ことば辞典』明治書院
<u>神奈川県</u>　日野資純・斉藤義七郎/編（1965）『神奈川県方言辞典』神奈川県教育委員会
〃　　　　　厚木市教育委員会/編（1986）『厚木の民俗 5　ことば』厚木市教育委員会

〃	城山町/編（1988）『城山町史4　民俗』城山町	
〃	三橋利男（1989）『相模の方言　訛のあれこれ』市民かわら版出版局	
〃	石崎勇（1990）『三浦半島の方言』石崎勇	
〃	海老名市/編（1993）『海老名市史9　民俗』海老名市	
〃	小田原市お年寄りの生活体験聞き取り調査会/編（1997）『おだわら　ふるさとの記憶』小田原市	
伊豆諸島	柳田国男/編（1942）『伊豆大島方言集』中央公論社	
〃	国立国語研究所/編（1950）『八丈島の言語調査』国立国語研究所	
〃	平山輝男/編（1965）『伊豆諸島方言の研究』明治書院	
〃	内藤茂（1979）『八丈島の方言』自家版	
〃	浅沼良次（1999）『八丈島の方言辞典』自家版	
〃	山田平右エ門（2010）『消えゆく島言葉〜八丈語の継承と存続を願って』郁朋社	
新潟県	廣田貞吉（1974）『佐渡方言辞典』自家版	
〃	中戸賢亮（1978）『直江津ことば』北越出版	
〃	渡辺富美雄/編（1978）『新潟県方言辞典-上越編』野島出版	
〃	桑原昭夫（1993）『せなかあぶり　名ケ山の方言（十日町市）』自家版	
〃	大久保誠（1996）『佐渡国中方言集』考古堂書店	
〃	渡辺富美雄/編（2001）『新潟県方言辞典-下越編』野島出版	
〃	渡辺富美雄/編（2004）『新潟県方言辞典-中越編』野島出版	
〃	大久保誠（2010）『越後魚沼方言集』考古堂	
〃	大久保誠/編（2017）『越後水原郷方言集』考古堂	
〃	外山正恭/編（2019）『新潟県方言集成』新潟日報事業社	
富山県	富山県教育会（1919）『富山県方言』富山県教育会（国書刊行会1975再刊）	
〃	佐伯安一（1961）『砺波民俗語彙』高志人社（国書刊行会1975再刊）	
〃	簑島良二（2001）『日本のまん中富山弁』北日本新聞社	
〃	高木千穂ほか（2009）『最古の富山県方言集』桂書房	
石川県	石川県教育委員会/編（1901）『石川県方言彙集』近田書店（国書刊行会1975再刊）	
〃	白峰村史編集委員会/編（1959）「方言」（『白峰村史・下』白峰村役場）	
〃	白峰村史編集委員会/編（1962）「白峰方言の分布と変化」（『白峰村史・上』白峰村役場）	
〃	浜田諒一（1977）『鹿島路方言集（羽咋）』自家版	
〃	門野実・岡崎昭/編（1980）『鹿西地方の方言集成（鳥屋町）』鳥屋町公民館	
〃	志受俊孝（1983）『金沢の方言』北国出版社	
〃	福田與盛（1984）『石川県松任地方の方言と訛言』自家版	
〃	馬場宏（1985）『能登内浦町の方言』自家版	
〃	新田露子（1996）『七尾地方の方言集』自家版	
〃	中島桂三（1996）『ワガミのことば辞典（野ノ市町）』自家版	
〃	松任市教育委員会/編（2001）『松任の民俗文化史3〜松任の方言』松任市教育委員会	
〃	馬場宏/編（2002）『二十世紀　石川県方言集』自家版	
〃	加藤継満津（2005）『石川県白峰村方言の生活語彙辞典（石川郡）』白峰村	
〃	野田浩/編（2007）『加賀市生活語彙辞典〜大聖寺地区編』自家版	
〃	野田浩/編（2012）『加賀市続生活語彙辞典〜続加賀市の方言』自家版	
〃	大倉克男（2012）『在郷弁まるだし』自家版	
〃	藤島学陵（2016）『加賀・能登アイサの生活語辞典（河北郡）』能登印刷出版部	
〃	邑知の方言集編集委員会/編（2020）『羽咋市邑知の方言集』邑知地区まちづくり推進協議会	
福井県	福井県福井師範学校/編（1931）『福井県方言集』福井師範学校（国書刊行会1975再刊）	
〃	松崎強造（1933）『福井県大飯郡方言の研究』自家版（国書刊行会1975再刊）	
〃	若狭方言研究会（1969）『若狭方言集』品川書店	
〃	天野義広/編（1974）『福井県勝山市の生活語彙』勝山市	
〃	松本善雄（1981）『福井県方言集とその研究』自家版	
〃	盆出芸『山干飯ことば集（武生市）』（1983）自家版	
〃	天野俊也（1989）『昭和時代の猪野の言葉』白山稚児神社御造営実行委員会	

250

〃	蓑輪寿栄治（1990）『さばえ方言考（鯖江市）』自家版
〃	中川幾一郎/編（1994）『福井ことば～特に福井市広域圏を中心に』自家版
〃	松本善雄（1994）『福井県方言辞典』自家版
〃	美浜町誌編纂委員会/編（2002）『わかさ美浜町誌・5 美浜の文化』美浜町
〃	大野市史編さん委員会/編（2006）『大野市史 方言編』大野市役所
山梨県	羽田一成（1925）『甲斐方言稿本』大和屋書店（国書刊行会1976再刊）
〃	稲垣正幸ほか（1957）『奈良田の方言』山梨民俗の会
〃	深沢泉（1979）『甲州方言』甲陽書房
〃	小西与志夫（1979）『やまなしの方言と俚諺』泰流社
〃	棚本安男/編（1986）『奈良子谷ことば拾遺（大月市）』自家版
〃	上條甚之甫/編（2000）『山梨県北都留郡上野原町方言集』自家版
〃	小林秀敏/編（2000）『大月周辺の方言小辞典』自家版
〃	小俣善熙（2001）『いってんべー～吉田っことば』自家版
〃	津田信吾/編（2001）『甲州方言文献別語彙集計表』山梨ことばの会
〃	石原望（2002）『甲州の方言』文芸社
〃	笠井元洋/編（2004）『新明解 古郷語辞典～懐かしの甲州西嶋言葉・用例集』西嶋民俗史研究会
〃	藤原源弘・大場源昭（2004）『方言散策～須玉町比志を中心に』自家版
〃	梶谷礼（2016）『からっ風の立ち話（中巨摩郡田富）』自家版
長野県	長野県/編（1992）『長野県史 方言編』長野県史刊行会
〃	山口儀高（1998）『上村の方言（下伊那郡）』上村役場
〃	馬瀬良雄/編（2010）『長野県方言辞典』信濃毎日新聞社
〃	松下悟（2016）『和合の方言～ありまんじょう（下伊那郡）』自家版
静岡県	静岡県師範学校ほか（1955）『静岡県方言辞典』赤春堂（国書刊行会1975再刊）
〃	井沢隆俊/編（1960）『本川根方言考』本川根町教育委員会
〃	佐藤義人（1967）『岡部の方言と風物（志太郡）』大学書林
〃	小池誠二（1968）『遠州方言集（浜名郡）』江西史談会
〃	坂野徳治/編（1977）『静岡県島田方言誌』1～3、自家版
〃	下田市教育委員会/編（1978）『下田市の方言』下田市教育委員会
〃	伊東郷土研究会（1980）『増補 伊東方言かき集め』伊東郷土研究会
〃	山口幸洋（1985）「方言体系」（新居町史編さん委員会編『新居町史 風土編』新居町）
〃	静岡県方言研究会・静岡大学方言研究会/編（1987）『図説 静岡県方言辞典』吉見書店
〃	石田茂/編（1990）『私の焼津地方の言語集』自家版
〃	佐藤英明（1996）『奥伊豆の言語手帳』自家版
〃	加藤丘（1998）『東海道島田方言考』自家版
〃	大東町方言研究会・おたいらの会/編（2002）『遠州大東弁2』大東町方言研究会ほか
〃	中川根史研究会「本川根の方言」編集委員会/編（2006）『本川根の方言』同編集委員会
〃	小笠原宏（2006）『かんばら弁』自家版
〃	望月良英/編（2007）『「ゆい」方言辞典』自家版
〃	小林一之/編（2008）『八幡野の方言 これでわかった！』城ヶ崎文化資料館
愛知県	黒田鉱一（1920）『愛知県方言集』愛知県郷土資料刊行会（1971再刊）
〃	鈴木則夫/編（1933）『南知多方言集』土俗趣味社（国書刊行会1976再刊）
〃	山田秋衛/編（1961）『名古屋言葉辞典』名古屋泰文堂
〃	伊藤正之助/編（1968）『岩倉地方方言集』岩倉町
〃	吉川利明・山口幸洋（1972）『豊橋地方の方言』豊橋文化協会
〃	あらかわそおべえ（1972）『ナゴヤベンじてん』自家版
〃	加藤重一（1972）『ふるさとの方言とまつり（海部郡）』愛知県郷土資料刊行会
〃	加藤治雄（1932）『尾張の方言』土俗趣味社（国書刊行会1975再刊）
〃	野村精（1976）『丹陽地方の方言（一宮市）』自家版
〃	師勝町郷土史編集委員/編（1988）『師勝の方言（西春日井郡）』師勝町教育委員会
〃	瀬戸市/編（1990）『瀬戸のことば』瀬戸市

〃	神谷孝明（1994）『大府市域のじげことば』自家版
〃	舟橋武志（1992-2003）『名古屋弁重要単語』1〜5、ブックショップマイタウン
〃	伊藤義文（1996）『ザ・尾張弁』ブックショップマイタウン
〃	豊田市郷土資料館/編（1996）『豊田の方言』豊田市教育委員
〃	高橋壽雄（1997）『三河・新城の言葉』自家版
〃	高橋昌也（2001）『三河ふるさと辞典』風媒社
〃	永田友一（2003）『知立・刈谷の方言』自家版
〃	若園地域方言研究会（2010）『若園地域方言集（豊田市）』若園地域方言研究会
岐阜県	瀬戸重次郎（1934）『岐阜県方言集成』大衆書房
〃	多治見市教育研究所/編（1957）『多治見を中心とした土岐方言集』多治見市教育研究所
〃	土田吉左衛門（1959）『飛騨のことば』濃飛民俗の会
〃	大久保甚一（1963）『本巣郡根尾村大須の言葉』自家版
〃	多治見ことば編集委員会/編（1974）『多治見のことば』多治見市教育研究所
〃	柴田八郎/編（1982）『ふるさとのことばあつめ（瑞浪市）』自家版
〃	白川町ふるさと研究会/編（1983）『美濃白川の方言（美濃加茂市）』白川町中央公民館
〃	大野町/編（1985）「方言」（『大野町史・通史編』大野町）
〃	二村利明/編（1988）『馬瀬村の方言（益田郡）』自家版
〃	多賀秋五郎（1989）「高山線全通以前の飛騨の言語」（多賀秋五郎編『濃飛史研究序説』教育出版文化協会）
〃	浅野収吉（1994）『ふる里の方言（安八町）』自家版
〃	加藤毅/編（1994,95,98）『日本の真ん中　岐阜県方言地図』1〜3、岐阜県方言研究会
〃	鷲見玄次郎（1997）『岐阜県の関の方言集』自家版
〃	辻下榮一/編（1997）『上石津の方言　ふる里のことば』上石津教育委員会
〃	金山町婦人学級/編（1999）『子どもたちに伝えたい金山の方言』金山町婦人学級
〃	岐阜新聞社・岐阜新会（2001）『飛騨弁　美濃弁』岐阜新聞情報センター
〃	郡上郡教育研究所/編（2003）『郡上の方言』郡上郡教育研究所
〃	南濃町教育委員会（2003）『南濃町の方言つれづれ』南濃町
〃	山岡町読書サークル協議会（2004）『山岡の方言』山岡町読書サークル協議会
〃	白川町文化協会/編（2005）『美濃しらかわの里ことば』白川町文化協会
〃	東白川村教育委員会/編（2009）『東白川村なんでも百科』東白川村教育委員会
〃	渡辺寛（2010）『伊深の方言あれやこれや（美濃加茂市）』自家版
〃	山田敏弘/編（2012-14）『岐阜県方言辞典』1〜5、自家版
〃	山田敏弘（2017）『岐阜県方言辞典〜岐阜県・愛知県　方言地図』自家版
〃	玉置秀年/編（2020）『可児の方言』下恵土地区センター
三重県	江畑哲夫（1995）『三重県方言民俗語彙集覧』1〜6、自家版
〃	原口博幸（1999）『志摩町和具の方言と訛』志摩町教育委員会
〃	江畑哲夫（2001）『三重県方言民俗語分布一覧』1〜6、自家版
滋賀県	藤谷一海（1947）『彦根ことば』サンライズ出版
〃	井之口有一（1952）「滋賀県方言の調査」『滋賀県立短期大学雑誌』1-2
〃	藤谷一海/編（1975）『滋賀県方言調査』教育出版センター
〃	ふる里の歴史を学ぶ会（1995）「樺ケ畑の方言」『醒井宿　平成かわらばん』113
〃	増井金典/編（2000）『滋賀県方言語彙・用例辞典』サンライズ出版
京都府	井之口有一・堀井令以知/編（1979）『分類京都辞典』東京堂出版
〃	中井幸比古（2002）『京都府方言辞典』和泉書院
大阪府	小林清次（1974）『大阪府能勢方言事典』能勢郷土文化の会
〃	やお文化協会（1977）『河内のことば辞典』やお文化協会
〃	牧村史陽/編（1979）『大阪ことば事典』講談社
〃	出水良三（1979）『方言集〜羽曳野周辺』羽曳野市役所秘書広報課
〃	小中利一郎（1985）『星田方言集』自家版
〃	能勢町史編纂委員会/編（1985）『能勢町史』5、能勢町

〃　　　岬町教育委員会/編（1990）『岬の方言』岬町教育委員会

〃　　　富田林河内弁研究会/編（2003）『河内弁大辞典やぃわれ!』リブロ社

〃　　　境民俗会（2006）『なつかしい境のことば』境泉州出版会

〃　　　向井俊生（2006）『泉南の方言』自家版

〃　　　岸江信介・中井精一・鳥谷善史/編（2009）『大阪のことば地図』和泉書院

〃　　　東燃ゼネラル石油(株)境工場フェニックス編集室/編（2011）『今昔いずみ言葉拾遺』

兵庫県　兵庫県民俗研究会/編（1933）『兵庫県民俗資料』上・下、兵庫県民俗研究会

〃　　　鹿谷典史/編（1939）『神戸方言集』神戸郷土研究会（国書刊行会 1976 再刊）

〃　　　井口宗平/編（1965）『兵庫県佐用郡俗語方言集』自家版

〃　　　松本多喜（1983）『播磨方言拾掇』太陽出版

〃　　　興津憲作（1990）『淡路方言』淡路文化会館運営協議会

〃　　　和田實・鎌田良二/編（1992）『ひょうごの方言・俚言』神戸新聞総合出版センター

〃　　　上郡プロバスクラブ清流会方言編集委員会/編（2003）『千種川流域方言集』上郡プ清流会

〃　　　岩本孝之（2013）『淡路ことば辞典』神戸新聞総合出版センター

〃　　　西村忠孜（2014）『北摂の郷土方言』六甲タイムス社

〃　　　橘幸男（2019）『明石日常生活語辞典』武蔵野書院

奈良県　大田榮太郎（1930）『奈良県方言』自家版

〃　　　中市謙三（1936）『野邊地方言集』三元社

〃　　　新藤正雄（1951）『大和方言集』大和地名研究所

〃　　　榊本利清（1975）『十津川言葉』十津川村

〃　　　平山輝男（1979）『地域周辺方言基礎語彙の研究(十津川村)』国学院大学日本文化研究所

〃　　　大西重太郎/編（1989）『洞川のことば：方言の孤島』自家版

〃　　　千葉政清（1996）『千葉政清氏遺稿十津川方言集』十津川村教育委員会

〃　　　大和高田市老人クラブ連合会（1996）『大和高田界隈方言集』大和高田市

〃　　　西田悛也（1998）『宇陀のことば』榛原町教育委員会

和歌山県　多屋秀太郎（1928）『田辺方言』自家版

〃　　　吉川静雄/編（1933）『和歌山県方言』和歌山県女子師範学校・県立日方高等女学校

〃　　　杉村楚人冠（1936）『和歌山方言集』刀江書店（国書刊行会 1975 再刊）

〃　　　安宅常助（1969）『ふるさとのことば』日置川町

〃　　　安田穂積（1982）『田辺の方言』1、自家版

〃　　　田嶋威夫/編（1983）『串本地方の方言』串本町公民館

〃　　　宮本恵治/編（1988）『田辺地方のことば』自家版

〃　　　楠本静哉/編（1996）『口熊野の方言』自家版

〃　　　林邦有（1998）『橋本の方言』自家版

〃　　　話言葉研究サークル/編（1999）『古座地域のはなしことば集』古座町教育委員会

〃　　　林邦有（2001）『橋本周辺のはなしことば』自家版

〃　　　鈴木宏昌/編（2002）『龍神村のふるさと言葉研究』自家版

鳥取県　生田彌範（1953）『西伯方言集』稲葉書房

〃　　　森下喜一/編（1999）『鳥取方言辞典』富士書店

島根県　広戸惇・矢富熊一郎/編（1963）『島根県方言辞典』島根県方言学会

〃　　　牧野辰雄/編（2001）『出雲のことば早わかり辞典』自家版

岡山県　嶋村智章・桂又三郎（1930）『岡山県方言集』文献研究会（国書刊行会 1976 再刊）

〃　　　十河直樹（1966）『児玉地方の方言集』自家版

〃　　　岡山方言事典刊行会/編（1981）『岡山方言事典』日本文教出版

〃　　　今石元久（2000）『岡山言葉の地図』日本文教出版

〃　　　井原市教育委員会/編（2014）『井原地方の話しことば』井原市教育委員会

広島県　広島県師範学校郷土研究室/編（1933）『広島県方言の研究』芸文堂書店

〃　　　村岡浅夫/編（1980）『広島県方言辞典』南海堂

〃　　　高橋孝一（1986）『びんごばあ〜備後福山地方の方言辞典』キングパーツ

〃　　　井原郷土誌史同好会/編『ふるさといばらの方言集』自家版

	岡本馨（2000）『因島の方言辞典』因島ジャーナル
〃	浅尾程司/編（2015）『府中周辺の備後ことば』自家版
〃	竹島薫（2010）『ふるさとの方言辞典(備北地方)』ふるさと方言研究会
山口県	華城村役場（1928）『華城村誌（佐波郡）』華城村役場
〃	重本多喜津/編（1937）『長門方言集』防長文化研究会（国書刊行会 1976 再刊）
〃	山中六彦（1967）『山口県方言辞典』マツノ書店
〃	須佐町教育委員会/編（1977）『須佐地方の方言』須佐町教育委員会
〃	岩国市立岩国図書館/編（1987）『岩国地方の方言集』岩国市立岩国図書館
〃	市立柳井図書館/編（1991）『柳井の方言』市立柳井図書館
〃	阿部啓治/編（2016）『山口弁（周南地方）辞典』阿部啓治
徳島県	金沢治（1960）『阿波言葉の辞典』徳島県教育会
〃	高田豊輝（1985）『徳島の方言』自家版
〃	仁木堯（1989）『大正期徳島市の方言』自家版
〃	岸江信介ほか/編（2008）『大洲のことば』徳島大学国語学研究室
〃	岸江信介ほか/編（2014）『徳島県吉野川流域言語地図』徳島大学日本語学研究室
香川県	近石泰秋（1976）『香川県方言辞典』風間書房
〃	中川三郎『坂出の方言』自家版
〃	塚田教一（2000）『香川の方言とその特徴』自家版
〃	岸江信介ほか/編（2012）『四国北部地方の言語変異』徳島大学国語学研究室
愛媛県	岡野久胤（1938）『伊予松山方言集』春陽堂書店（国書刊行会 1975 再刊）
〃	久門正雄（1960）『愛媛新居方言精典』新紀元社
〃	森田虎雄（1972）『宇和島方言語彙』自家版
〃	森田虎雄（1975）『宇和島方言語彙拾遺』自家版
高知県	土井重俊・浜田数義/編（1985）『高知県方言辞典』高知市文化振興事業団
〃	橋尾直和（2000）『土佐弁ルネサンス』高知県文化環境政策課
福岡県	福岡県三瀦郡役所/編（1925）『福岡県三瀦郡誌』三瀦郡
〃	福岡県教育会本部/編（1934）『福岡県内方言集』土俗玩具研究会
〃	原田種夫（1956）『博多方言』文林堂（国書刊行会 1975 再刊）
〃	青柳孫文（1983）『福岡県嘉穂郡方言集』自家版
〃	松田康夫（1991）『筑後方言辞典』久留米郷土研究会
〃	江藤光（2011）『博多ことば』海鳥社
佐賀県	志津田藤四郎（1970-71）『佐賀の方言』上・中、佐賀新聞社
〃	福山裕（1981）『佐賀東部方言（みねことば）』自家版
〃	有田町史編纂委員会/編『有田皿山の方言』（1985）有田町
〃	篠原眞/編（2004）『とす市域の方言』鳥栖市教育委員会
長崎県	本山桂川（1931）『長崎方言の研究』（国書刊行会 1976、『長崎方言集』として再刊）
〃	郡家真一（1976）『五島方言集』国書刊行会
〃	滝山政太郎（1977）『対馬南部方言集』国書刊行会
〃	原田章之進（1993）『長崎県方言辞典』風間書房
〃	森村旦/編（2000）『壱岐島方言辞典』自家版
〃	諫早方言の会/編（2000）『諫早地方方言集』諫早方言の会
〃	古川初義（2017）『長崎県小値賀町 藪路木島方言集』自家版
熊本県	倉岡幸吉（1938）『肥後方言集』自家版（国書刊行会 1975 再刊）
〃	前田一洋（1982）『球磨弁まっ出し』熊本日日新聞社
〃	京小町・京町太郎/編（2001）『熊本弁覚書』ブックショップマイタウン
〃	中川義一/編（2002）『こらおもしろか肥後弁辞典』熊本出版文化会館
〃	藤本憲信/編（2004）『熊本県菊池方言辞典』熊日出版
〃	藤本憲信/編（2011）『熊本県方言辞典』創想舎
〃	鶴田功（2016）『天草方言集　第 9 版』自家版
大分県	土肥健之助/編（1902）『大分県方言類集』甲斐書店（国書刊行会 1975 再刊）

　　〃　　　大分県総務部総務課/編（1991）『大分県史 方言篇』大分県

　　〃　　　月刊シティ情報おおいた（1992）『大分弁語録解説』おおいたインフォメーションハウス

　　〃　　　野津原方言調査会/編（1998）『野津原方言集』野津原町教育委員会

　　〃　　　阿南光彦（2011）『忘れなんねえ大分弁～奥豊後方言集』郁朋社

宮崎県　　　原田欣三（1968）『西臼杵方言考』高橋書店

　　〃　　　原田章之進/編（1979）『宮崎県方言辞典』風間書房

　　〃　　　亀山孝一/編（1980）『木花方言辞典』木花方言辞典刊行会

　　〃　　　河辺周矩（1981）『高鍋ことば』鉱脈社

　　〃　　　国富町方言集作成委員会/編（2021）『国富町の方言』国富町

鹿児島県　　鹿児島県教育会/編（1906）『鹿児島方言集』久永金光堂（国書刊行会 1975 再刊）

　　〃　　　橋口満（1987）『鹿児島県方言辞典』桜楓舎

　　〃　　　石野宣昭（2012）『鹿児島弁辞典』南方新社

（琉球諸島）菊千代・高橋俊三（2005）『与論方言辞典』武蔵野書院

沖縄県　　　国立国語研究所/編（1963）『沖縄語辞典』大蔵省印刷局

　　〃　　　『沖縄古語大辞典』編集委員会/編（1995）『沖縄古語大辞典』角川書店

　　〃　　　生塩睦子（1999）『沖縄伊江島方言辞典』伊江村教育委員会

　　〃　　　与那国方言辞典編纂委員会/編『どぅなんむぬい辞典』与那国町教育委員会

〈Web〉　　『但馬方言のページ』http://www2.nkansai.ne.jp/users/ytaniguchi/tajimah.htm

［参考文献］

1、言語学関係

安部清哉（1991）「三辺境分布」（佐藤亮一/監修『方言の読本』小学館）

安部清哉（1997）「『日本言語地図』偏在分布＝語形地図集」『フェリス女学院大学文学部紀要』32

安部清哉（1998）「日本列島上の歴史と文化におけるもう一つの東西方言境界線"関東・越後線群"」『フェリス女学院大学文学部紀要』33

飯豊毅一ほか/編（1982-84）『講座方言学』4～10、国書刊行会

井上史雄・川西秀早子（1982）「標準語形による方言区画」『計量国語学』13-6

井上史雄（2001）『計量的方言区画』明治書院

井上文子（1998）『日本語方言アスペクトの動態～存在型表現形式に焦点をあてて』秋山書店

入江さやか・金明哲（2019）「方言録音文字化資料における拍 bigram からみた方言分類～岐阜・愛知方言の所属は東か西か」『計量言語学』32-1

牛山初男（1969）『東西方言の境界』自家版

楳垣実編（1962）『近畿方言の総合的研究』三省堂

江端義夫（1981）「『シャル』敬語法の分布と進化方向」（『方言学論叢』1、三省堂）

大西拓一郎（2002）「方言表現法の分布類型と分布形成」（国立国語研究所研究発表会；平成14年度『表現法の地理的多様性～方言地図で見る表現法の世界』）

大西拓一郎（2016）『ことばの地理学』大修館書店

奥村三雄/編（1976）『岐阜県方言の研究』大衆書房

奥村三雄（1990）『方言国語史研究』東京堂出版

小野原彩香（2011）「岐阜県旧徳山村におけるアクセント様相と交通状況との関係性」『じんもんこん 2011 論文集』

筧大城（1962）「滋賀県方言」（楳垣実編『近畿方言の総合的研究』三省堂）

筧大城（1982）「滋賀県の方言」（飯豊毅一ほか/編『講座方言学7 近畿地方の方言』国書刊行会）

金沢裕之（1998）『近代大阪語変遷の研究』和泉書院

岸江信介ほか/編（2017）『近畿言語地図』徳島大学日本語学研究室

岸江信介ほか/編（2019）『中国地方言語地図』徳島大学日本語学研究室

岸江信介ほか（2011）「四国方言地図」（岸江信介/編『大都市圏言語の影響による地域語形成の研究』徳島大学日本語学研究室）

岸田浩子（1974）「近世後期上方語の待遇表現〜命令表現を中心に」『国語国文』43-3

芥子川律治（1971）『名古屋方言の研究』名古屋泰文堂

国語調査委員会/編（1906）『口語法調査報告書』日本書籍

国語調査委員会/編（1907）『口語法分布図』日本書籍

国立国語研究所/編（1989）『日本方言親族語彙資料集成』秀英出版

国立国語研究所/編（1989-2006）『方言文法全国地図』1-6、財務省印刷局

五條啓三（1985）「日本言語地図を利用した語彙による日本語の方言区画」『国語学』141

小林隆（2002）「日本語方言形成モデルのために」（馬瀬良雄/監修『方言地理学の課題』明治書院）

小林隆・澤村美幸（2014）『ものの言いかた西東』岩波書店

小松寿雄（1985）『江戸時代の国語〜江戸語』東京堂出版

坂梨隆三（1987）『江戸時代の国語〜上方語』東京堂出版

真田信治/編（1991）『彦根‐岐阜間グロットグラム調査報告書』大阪大学文学部社会言語学講座

尚学図書/編（1989）『日本方言大辞典』小学館

新村出/編（1991）『広辞苑』〈第4版〉岩波書店

澤村美幸（2011）『日本語方言形成論の視点』岩波書店

杉崎好洋・植川千代（2002）『美濃大垣方言辞典』美濃民俗文化の会

杉崎好洋（2009）「『お行きる』の系譜と分布域の形成〜城下町における受容と再生」『名古屋・方言研究会会報』22

杉崎好洋（2011）「大都市圏言語の影響による地域言語形成の研究〜大垣編」（岸江信介編/『大都市圏言語の影響による地域言語形成の研究』徳島大学日本語学研究室）

杉崎好洋（2021）『岐阜県大垣市赤坂方言の記述的研究』三恵社

瀬戸重次郎（1934）『岐阜県方言集成』大衆書房

高橋徳雄・高橋八重子（1993）「関ケ原の方言」（『関ケ原町史 通史編別巻』関ケ原町）

辻加代子（2009）『「ハル」敬語考〜京都語の社会言語史』ひつじ書房

都竹通年雄（1949）「日本語の方言区分けと新潟県方言」『季刊国語』6

都竹通年雄（1965）「『お行きる』という言い方の歴史と分布」（近代語学会編『近代語研究』1）

土井忠生ほか/編（1995）『邦訳 日葡辞書』岩波書店

東條操（1953）『日本方言学』吉川弘文館

戸田直温（1967）「大垣言葉の系統」『美濃民俗』4

中村幸彦/編（1982-99）『角川古語大辞典』角川書店

日本大辞典刊行会/編（2000-02）『日本国語大辞典』〈第2版〉小学館

はびろネット（2016）『滋賀・岐阜県境を越えた方言ハンドブック』はびろネット

はびろネット・小野原彩香・杉崎好洋（2016）『滋賀・岐阜県境を越えた方言アンケート調査報告』はびろネット

法雲俊邑（2014）『落人と木地師伝説の地 甲津原のまちおこし』一粒書房

彦坂佳宣（1977）「後期近世語資料としての雑排〜尾張・三河狂俳の場合」『国語学研究』16

彦坂佳宣（1984）「近世後期上方語資料としての雑排〜ナ変・敬語辞を例として」『文芸研究』107

彦坂佳宣（1988）「近世語の言語景観小見〜近畿・東海方言の地理的状況を巡り」『論究日本文学』51

彦坂佳宣（1997）『尾張周辺を主とする近世期方言の研究』和泉書院

彦坂佳宣（2006）「『行くダ』などの言い方をする方言群とその性格」『名古屋・方言研究会会報』23

平山輝男ほか/編（1992-94）『現代日本語方言大辞典』明治書院

藤原与一（1978）『方言敬語法の研究』春陽堂

藤原与一（1979）『方言敬語法の研究 続篇』春陽堂

藤原与一（1982-86）『方言文末詞〈文末助詞〉の研究』上・中・下、春陽堂

藤原与一（1988）『瀬戸内海方言辞典』東京堂出版

前田勇/編（1964）『近世上方語辞典』東京堂出版

前田勇/編（1974）『江戸語大辞典』講談社

馬瀬良雄（1977）「東西両方言の対立」（『岩波講座 日本語11 方言』岩波書店）

宮地弘明（1994）「近畿方言の『ル・ラル』敬語に関する一考察」『阪大日本語研究』6

真下三郎（1966）『遊里語の研究』東京堂出版

室町時代語辞典編集委員会/編（1985-2001）『時代別国語大辞典 室町時代編』1～5、三省堂

森下喜一（1987）『東北地方方言辞典』桜楓社

柳田征司（1985）『室町時代の国語』東京堂出版

柳田征司（2010）『日本語の歴史1～方言の東西対立』武蔵野書院

山口幸洋（2003）『日本語東京アクセントの成立』港の人

山崎久之（1963）『国語待遇表現体系の研究～近世編』武蔵野書院

山崎久之（1990）『国語待遇表現体系の研究 続』武蔵野書院

湯沢幸吉郎（1943）『国語史概説』八木書店

湯沢幸吉郎（1970）『徳川時代言語の研究』風間書房

吉町義雄（1976）「とさいが考」（『九州のコトバ』双文社出版）

米山英一（1996）『ふるさと不破のコトバ』不破郡出版文化協会

2．地理・歴史関係ほか

青野壽郎ほか（1969）『日本地誌 12 愛知県・岐阜県』二宮書店

青野壽郎ほか（1976）『日本地誌 13 近畿地方総論・三重県・滋賀県・奈良県』二宮書店

網野善彦（1982）『東と西の語る日本の歴史』そしえて

網野善彦（1990）『日本論の視座～列島の社会と国家』小学館

網野善彦・森浩一（1992）『馬・船・常民～東西交流の日本列島史』河合出版

岩田巌/編（1996）『今須の伝承 上の谷』自家版

上田真平（2022）『鎌倉公方と関東管領』吉川弘文館

近江町史編さん委員会/編（1989）『近江町史』近江町役場

近江俊英（2020）『海から読み解く日本古代史』朝日新聞出版

淡海文化を育てる会/編（2002）『近江中山道』サンライズ出版

大垣市/編（1968）『新修大垣市史 通史編1』大垣市

大野晋・宮本常一ほか（2006）『東日本と西日本～列島社会の多様な歴史社会』洋泉社

大林太良（1990）『東と西 海と山～日本の文化領域』小学館

「角川日本地名大辞典」編纂委員会/編（1979）『角川地名大辞典 25 滋賀県』角川書店

「角川日本地名大辞典」編纂委員会/編（1980）『角川地名大辞典 21 岐阜県』角川書店

木下忠（1981）『埋甕～古代の出産風俗』雄山閣出版

岐阜県記録課（1881a）『安八郡各町村略史』岐阜県

岐阜県記録課（1881b）『不破郡各村略史』岐阜県

岐阜新聞社編（2016）『ぎふ峠ものがたり』岐阜新聞社総合メディア局出版室

建設省国土地理院（1990）『新版 日本国勢地図』日本地図センター

小林健太郎（1993）「滋賀県の地形区区分」『滋賀大学教育学部紀要 人文科学.社会科学.教育科学』43

山東町史編さん委員会（1990）『山東町史 別編』山東町

滋賀県教育委員会（1989）『滋賀県中世城郭分布調査6』滋賀県教育委員会

滋賀県市町村沿革史編さん委員会（1960）『滋賀県市町村沿革史』4、弘文堂書店

滋賀県市町村沿革史編さん委員会（1964）『滋賀県市町村沿革史』3、弘文堂書店

清水孝治（2013）『近代美濃の地域形成』古今書院

杉山一弥/編（2019）『図説 鎌倉府』夷光祥出版

関ケ原町/編（1990）『関ケ原町史 通史編・下』関ケ原町

高橋富雄（1972）『日本史の東と西』創元社

垂井町/編（1996）『垂井町史 通史編』垂井町

坪井冨美子/編（1974）『ふるさと今須』今須小学校開校百年記念事業委員会

坪井洋文（1979）『イモと日本人～民俗文化論の課題』未来社

長浜市史編さん委員会/編（1996）『長浜市史 1～湖北の古代』長浜市役所

西尾寿一（1987）『鈴鹿の山と谷 1』ナカニシヤ出版

原直史（2017）『近世商人と市場』山川出版社

彦根史談会/編（2002）『城下町彦根』サンライズ出版

伏木貞三（1972）『近江の峠』白川書院

不破郡教育会/編（1927）『不破郡史 下』不破郡教育会

「まいはら字史編さん委員会」/編（2013）『交通の要 まいはら』米原区

米原市教育委員会/編（2006）『戦国の山城・近江鎌刃城』サンライズ出版

米原町史編さん委員会/編（2002）『米原町史 通史編』米原町役場

宮本常一（1981）「常民の生活」（『東日本と西日本』日本エディタースクール出版部）

三浦正幸・中井均ほか（2006）『城の歴史１〜よみがえる日本の城28』学習研究社

三中信宏（2006）『系統樹思考の世界』講談社

森浩一・網野善彦（1990）『日本史への挑戦〜「関東学」の創造をめざして』大巧社

盛本昌弘（2021）『境界争いと戦国諜報線』吉川弘文館

図版出典

【表紙】　「木曽海道六拾九次之内今須　六拾」を一部改変　　国立国会図書館デジタルコレクション

【見返し】「木曾路名所図会　磨針峠」を一部改変　　　　　埼玉県立図書館デジタルライブラリー

　図2-8　「天保国絵図　近江国」を改変　　　　　　　　　国立公文書館デジタルコレクション

　図2-9　「天保国絵図　美濃国」を改変　　　　　　　　　国立公文書館デジタルコレクション

あとがき

　11年前の2011年から、たった1人で企画し準備を始めた滋賀岐阜県境における方言調査も、紆余曲折ありましたがなんとか報告書〈上巻〉の出版までこぎつけることが出来ました。当初は街道沿いの18地点のみの簡素な調査を予定していました。ところが、調査を進めるにつれどんどんと好奇心が膨らみ、旧中仙道から南に伸びる谷筋、旧北国街道の集落、さらには京都市・岐阜市・名古屋市などの都市も調査地点に追加し、結果的には36地点にまで増えました。

　一人のアマチュア研究者に過ぎない筆者がこれだけ多くの地点での調査を行うことができたのも、一重に多くの皆様のご理解とご協力があったからこそです。ご協力いただいた方は総勢90名近くに上ります。

　それぞれの調査地点ではご紹介者や話者、およびご家族の皆様にいつも温かく迎えていただきました。そして、まだまだ調査地域の方言もよく分からない中、丁寧にご教示いただきました。調査終了後、「調査報告書が完成するのを楽しみにしています、ご成功をお祈りしています」との温かい言葉を掛けていただき、とても励みになりました。さらに、近隣地域の方をご紹介下さるようお願いすると、快く応じていただけました。調査の過程で不備が見つかり、追加調査に1度・2度とお邪魔したり、手紙や電話で再確認させていただいたこともありました。振り返ってみると随分とご迷惑をお掛けしたものです。

　臨地調査での収穫のひとつが、実際に自分自身の目で調査域の地形を確認できたことです。関ケ原地溝帯は、旧中山道・国道21号線・名神高速道路・ＪＲ東海道本線・東海道新幹線などが通過し、全国的にみても有数の交通の要衝とされています。狭い地溝帯の中にも盆地が連なり、複雑な地形が形成されています。盆地ごとに文化圏・方言圏が形成されていることも調査で明らかになりました。他の趣味である城郭や街道歩きなど同様、実際に自分自身で地形を確認することの重要性を再認識しました。

　調査語彙の語誌や全国分布の解説執筆の準備段階で、大垣ローカル語についてはこれまで方言学会ではあまり詳しく考察されていないことがわかりました。そこで、全国各地で出版されている方言集・方言辞典300冊あまりを参考に、語誌や全国分布を調べました。随分と遠回りをしましたが、長年、疑問に思っていた大垣ローカル語の全国分布や語誌も明らかになりましたし、このことにより列島における東西対立や方言圏の形成史についても改めて考察することができました。

　最後になりましたが、石川顕博氏を始めとした浄土真宗寺院のご住職・ご門徒の皆様、岐阜大学教授の山田敏弘氏、中部地名研究会会長の服部真六氏、「はびろネット」の山本克巳氏、親戚・友人の皆様、系統樹の作成をご教授下さいました小野原彩香氏、そして多くの話者とご家族の皆様にこの場をお借りして、心より御礼申し上げます。

［著者紹介］

杉崎好洋

1960年岐阜県生まれ。岐阜県立大垣東高等学校卒業。愛知大学法経学部経済学科（現経済学部）卒業。会社員。方言研究者。

20代中頃から独学で方言研究を始め、30代で名古屋・方言研究会に入会後、先生方の指導を受けながら大垣方言の論文を書き始める。研究テーマは、大垣方言の形成。主な著作は、共著/『美濃大垣方言辞典』（美濃民俗文化の会、2002）、『岐阜県大垣市赤坂方言の記述的研究』（三恵社、2021）　主要論文/「大正期の旧大垣城下にみられた言語の位相差」（『地域語研究論集　山田達也先生喜寿記念論文集』港の人、2002）。

趣味は、城郭・街道歩き・万博・バリトンサックス演奏など。

東西日本境界地帯の方言
滋賀県彦根〜岐阜県大垣間方言調査報告書〈上巻〉

2022年9月25日　　初版発行

著　者　　杉崎　好洋

発行所　　株式会社　三恵社
〒462-0056 愛知県名古屋市北区中丸町2-24-1
TEL 052 (915) 5211
FAX 052 (915) 5019
URL http://www.sankeisha.com

乱丁・落丁の場合はお取替えいたします。
ISBN978-4-86693-691-8